manual

PARA PROCLAMADORES DE LA PALABRA

Feliciano Tapia

LTP
RECURSOS
CATÓLICOS
EN ESPAÑOL

Las lecturas que corresponden al *Leccionario Mexicano* han sido publicadas bajo el permiso de Obra Nacional de la Buena Prensa, A.C. © 1992. La Editorial Buena Prensa es la casa editora oficial de los textos litúrgicos de la Conferencia Episcopal Mexicana.

© 2011 Arquidiócesis de Chicago
Liturgy Training Publications
3949 South Racine Avenue
Chicago IL 60609
1-800-933-1800
fax: 1-800-933-7094
e-mail: orders@ltp.org

Visítanos en internet: www.LTP.org.

Editor: Kris Fankhouser
Composición tipográfica: Kari Nicholls
Actualización del diseño y arte en el interior: Anna Manhart
Diseño original: Jill Smith
Caligrafía de portada: Barbara Simcoe

Impreso en los Estados Unidos de América

ISBN 978-1-56854-969-9

MP12

ÍNDICE

LTP se vuelve verde! Ahora LTP imprime el texto para *Manual para proclamadores de la palabra* con tinta que contiene aceite de linaza renovable en papel que es 100% reciclable y que contiene un mínimo de 40% de desperdicios posconsumo. El papel para este producto se purificó de tinta por un proceso que usa la técnica PCF (sigla en inglés para procesado sin cloro), que es diferente a las técnicas de purificación de tinta que usan cloro tóxico. ☢

El proceso de impresión para este libro usa un proceso sin heatset que reduce la emisión de compuestos orgánicos volátiles (VOCs) en la atmósfera.

LTP sigue asumiedo su correspon-sabilidad hacia la conservación del ambiente. Para más información sobre estos esfuerzos, visita www.LTP.org/environment (en inglés).

Nihil Obstat
Reverendo Daniel A. Smilanic, JCD
Vicario de Servicios Canónicos
Arquidiócesis de Chicago
6 de mayo de 2011

Imprimatur
Reverendísimo John F. Canary, STL, DMIN
Vicario General
Arquidiócesis de Chicago
6 de mayo de 2011

El *Nihil Obstat* e *Imprimatur* son declaraciones oficiales de que un libro es libre de errores doctrinales y morales. No existe ninguna implicación en estas declaraciones de que quienes han concedido el *Nihil Obstat* e *Imprimatur* estén de acuerdo con el contenido, opiniones o declaraciones expresas. Tampoco ellos sumen alguna responsa-bilidad legal asociada con la publicación.

INTRODUCCIÓN

Querido lector y proclamador de la palabra, te damos la bienvenida a este camino del año litúrgico (Ciclo B) en el que toda la Iglesia celebra en el mismo Espíritu la fe en Jesús a través de la liturgia y el anuncio de la Palabra de dios. Tu persona y tu respuesta al llamado de Jesús son un testimonio de que la Palabra habita entre nosotros y se comunica mediante una inmensa variedad de modos y momentos, entre ellos la liturgia en donde tiene lugar la lectura proclamada. Al respecto, el *Catecismo de la Iglesia* (1100) nos dice una bella afirmación que nos llena de confianza para que nuestro servicio de lectores no sea realizado con temor: nos dice que al proclamar la Palabra es, ante todo, el Espíritu Santo quien recuerda a la asamblea litúrgica el sentido del acontecimiento de la salvación. El da vida a la Palabra de Dios que es anunciada para ser recibida y vivida. Dicho anuncio de la Palabra de Dios tiene una importancia máxima en la liturgia y debemos esforzarnos mucho para hacerlo bien, conscientes de que la obra es de Dios. De tal modo te deseamos una experiencia llena de fe y esperanza donde la dedicación y entrega te colmen de alegría y amistad con los hermanos y hermanas en la comunidad.

Esta introducción al *Manual para proclamadores de la palabra* se compone de tres partes. Primero aludimos a Palabra de Dios en el corazón de la Iglesia y como fermento y luz para el mundo en que vivimos. Esto nos lleva a pensar en la identidad y misión del laico como persona del mundo en el corazón de la Iglesia y, al mismo tiempo, persona de Iglesia en el corazón del mundo. En un segundo apartado hacemos referencia directa a este manual que tienes en tus manos como un instrumento que te ha de guiar para tu ministerio como lector con la esperanza de ir más allá del ministerio mismo: edificar una espiritualidad bíblica del servicio y anuncio del Evangelio en todo momento. En la tercera parte ofrecemos algunas anotaciones sobre el Evangelio según san Marcos dado que es el eje que guía el ciclo de lecturas en este año que nos corresponde. Que en Cristo nuestra esperanza, nuestras comunidades tengan vida en abundancia (Juan 10,10).

La Palabra de Dios en la Iglesia y para el mundo

La Palabra de Dios es uno de los dones más preciados en la Iglesia y patrimonio para toda la humanidad. En ella encontramos la sabiduría, el Verbo encarnado, que ha de animar dando vida a la Iglesia en la misión y de cada uno de los ministros y ministerios que en ella crecen y se desarrollan. Cada vez que nos reunimos motivados por la fe y la Palabra de Dios, estamos respondiendo al mismo Espíritu que convocó a la comunidad de discípulos para responder viviendo, celebrando y anunciando el reino inaugurado por Jesucristo. En la celebración de los sacramentos, la vida y la Palabra de Dios se encuentra dotando de un nuevo sentido nuestra realidad personal y comunitaria, de manera especial en la Eucaristía, en la cual celebramos y reavivamos la salvación nuestra identidad cristiana y católica como testimonio entre nosotros y para la sociedad completa.

En este tiempo estamos viviendo un renovado espíritu eclesial asumiendo la Palabra de Dios en el corazón de la vida de la Iglesia y de todos los

En el príncípio ya exístía aquél que es la Palabra, y aquél que es la Palabra estaba con Díos y era Díos.

ministerios que constituyen la tarea de una nueva evangelización. De tal manera que la Sagrada Escritura se convierte en fuente primordial que ilumina, inspira y acompaña toda actividad pastoral para conducirnos a un encuentro personal y fecundo con la persona de Jesús y su mensaje. No somos una religión del "libro" sino una comunidad de fe que tiene su centro y vitalidad en una persona concreta: Jesús de Nazaret en su misterio pascual: vida, muerte y resurrección. Este nuevo enfoque y renovado amor por la Palabra tiene un punto de arranque clave en el Concilio Vaticano II que, con una gran sensibilidad pastoral puso a la Iglesia en una consciente apertura al mundo, un sincero diálogo con otros hermanos en la fe (ecumenismo) y en una clara y decida opción por una Iglesia de los pobres y marginados de este mundo. Para asomarnos a este espíritu de renovación bíblica desde los propósitos de este manual y de los lectores podemos señalar algunas puertas de entrada que nos sirvan de guía o criterios en el ministerio de la proclamación de la Palabra.

Dios nos habla con lenguaje humano

Dios está vivo y se revela en la historia y la vida de todas las culturas. La Sagrada Escritura nos transmite la obra salvífica de Dios en la historia del pueblo Judío que, a partir de la plenitud en Jesucristo y su envío misionero de la Iglesia, se abre en modo totalmente nuevo al encuentro con todo el mundo. Lo anterior nos conduce como lectores y proclamadores a realizar este servicio con una mayor sensibilidad histórica y cultural, con actitud y esfuerzo de discípulos y con una visión más amplia del ministerio.

La sensibilidad. Al meditar y proclamar las lecturas bíblicas de cada domingo, seamos conscientes del tiempo, el lenguaje y las actitudes del mundo de la Biblia y así como de nuestro propio mundo latino y multicultural con el que nos acercamos a la Palabra de Dios. Esto nos ayudara a comprender y a comprendernos en diálogo con los textos sagrados.

Como discípulos. Que Dios habla con lenguaje humano, es una afirmación (*Dei Verbum*) de suma importancia que nos conduce, entre otras cosas, a cultivar una actitud de escucha atenta a la Palabra como revelación de Dios. Por más buenos comunicadores y proclamadores que seamos, seguimos siendo discípulos de un mensaje que se comunica por sí mismo a todos. Solo si sabemos escuchar profundamente podremos entrar en dialogo (interlocución) con la Palabra de Dios, con nuestros hermanos

> Tanto amó Dios al mundo, que le entregó a su Hijo único, para que todo el que crea en él no perezca, sino que tenga vida eterna.

y con nosotros mismos. En segundo lugar, nos ubica en cuanto al esfuerzo de preparación como lectores. La preparación espiritual, técnica y litúrgica no es un fin en sí misma, sino un medio. Afinamos el instrumento para servir mejor en la celebración de un sacramento que también y sobre todo obra por sí mismo en el Espíritu de Jesús presente en la Sagrada Eucaristía. Prepararnos a conciencia es signo de responsabilidad, abrir el ministerio a la participación de la comunidad es un signo de liderazgo eclesial maduro. Cuantos más años de experiencia como lector tenemos, más grande es la responsabilidad de animar y acompañar a otros en el ministerio.

Amplitud de la visión. El mismo respeto que ofrecemos a la Palabra de Dios deberá agudizar nuestros ojos y corazón para verlo y sentirlo vivo en todos los momentos de la vida, especialmente en aquellos en los que nos cuesta más dificultad, o estamos menos acostumbrados a buscarlo. Proclamar la Palabra no es pues una mera función dominical, es una actitud de fe que nos conduce a escuchar y compartir a Dios en todo momento. El Papa Juan Pablo II nos recordaba en el Sínodo sobre la Iglesia en América (1999) los lugares clave de la revelación de Dios: la Sagrada Escritura, la liturgia, los sacramentos y especialmente en nuestros hermanos los más pobres y necesitados. Seamos lectores con una visión amplia, con un corazón nuevo y una conciencia clara.

La Iglesia se expresa y se renueva continuamente

El Concilio Vaticano II puso a toda la Iglesia en camino de comunión en la misión con la meta de infundir "en las venas de la humanidad actual la virtud perenne, vital y divina del Evangelio" (Convocación, 1961: *La humanidad y la Iglesia hoy,* 2) y en la medida que nos esforzamos por cumplir ese cometido, no como predicadores vacíos/llenos de ideas, sino como testimonio vivo del encuentro con la persona de Jesús, en esa medida nos vamos transformando y recreando como Iglesia y como discípulos; surge un nuevo horizonte en nuestra vida, una orientación decisiva diría el Papa Benedicto XVI. Por eso, en la proclamación del Evangelio en sentido amplio, es decir en la evangelización, se encuentra el centro de la misión de la Iglesia, en la que toda ella es ministerial. La diversidad de servicios (ministerios) son el rostro concreto de una Iglesia viva desde las primeras comunidades cristianas hasta nuestros días. En la celebración de la Eucaristía, el ministerio máximo de Cristo, todos somos llamados y enviados a servir a la misión de una humanidad nueva. Toda la asamblea es ministerial entre sí y para el mundo. Un bello y efectivo signo de ello será la comunión entre ministerios litúrgicos y pastorales.

La Palabra de Dios en la asamblea. Mediante el servicio de proclamar la Palabra, ayudamos a que todos los presentes escuchen, sientan y vivan la cercanía con Jesús. La fe y el corazón de cada persona constituyen una presencia viva de lo que se proclama en las lecturas. El mensaje de Dios bien proclamado irá creando un ambiente nuevo en la vida y la fe de todos los fieles, en donde todos como un solo cuerpo damos gracias a Dios por su encarnación en la historia mediante el sacrificio de Cristo presente en la Eucaristía.

El camino del ministerio en la historia. La Palabra de Dios y la vida de la Iglesia van de la mano. Cada vez que camines y avances en la preparación y realización de este ministerio recuerda que estas siendo parte de un gran proceso: la misión de la Iglesia de anunciar el Evangelio. La formación, la meditación, la organización y el acto mismo de proclamar las lecturas dominicales son un gran signo de tu fe como discípulo.

Realizando modelamos la Iglesia que somos y queremos ser. Mencionamos los dos puntos anteriores porque es muy importante estar atentos en el tipo de Iglesia que estamos modelando desde lo concreto de nuestras acciones. La visión del Concilio, la vida del Evangelio y el anhelo de quienes participan expresamente cada domingo deberán entretejerse dando mayor sentido y esperanza en todo momento.

Cual ministerio es el más importante. También nosotros estamos acostumbrados a preguntarnos por los "primeros lugares". Es una preocupación que se encuentra en todo y en todos: en la escuela, la política, el trabajo, los deportes y, desafortunadamente, también en la Iglesia. ¿Qué tiene más importancia las lecturas o la bienvenida de las personas, el coro o los ministros de la sagrada comunión? Y así sucesivamente. Esta mentalidad viene de imponiéndose por todos lados. Pero, recordando a Jesús, este no es el modo adecuado de preguntarse por lo más importante, ni tampoco de responder. Primero, hay que partir del mayor bien y servicio como medida propuesta por Jesús. También ayudaría mucho unir en vez de separar. Es decir que donde regularmente ponemos una "o" coloquemos siempre una "y". El sacerdote "y" el laico, el lector "y" el ministro de la comunión, el pobre "y" el rico. Todos somos importante en la medida que ofrecemos nuestro servicio a los demás para celebrar con dignidad y sentido el misterio de Cristo en la Eucaristía.

La Palabra de Dios y la Eucaristía en la vida y misión de la Iglesia

El Papa Benedicto XVI nos pone ante una certeza de capital importancia: la Palabra de Dios es el corazón

Éste es mí mandamiento: que se amen los unos a los otros como yo les he amado.

Proclamemos la grandeza del Señor y alabemos todos juntos su poder.

mismo de la vida cristiana, al mismo tiempo que la Eucaristía es fuente y culmen de la vida y la misión de la Iglesia (*Verbum Domini*, 3). Ante la renovación del Misal Romano y del compromiso por ser oyentes e intérpretes de la Palabra, nuestras diócesis y parroquias se encuentran ante una doble oportunidad crecimiento y madurez eclesial: bíblico y litúrgico. La recepción e implementación de los cambios litúrgicos y la centralidad de la Palabra de Dios deberán ir de la mano con eficacia y responsabilidad para renovar la vida completa de la Iglesia con buenos resultados en la comunidad parroquial.

El amor y la fe del pueblo latino por la Sagrada Escritura y la Sagrada Eucaristía es ejemplar. La Misa y la Biblia acompañan a nuestros hermanos migrantes más recientes desde su lugar de origen, su trayectoria y su llegada a este país. La Misa de despedida, las bendiciones de los padres y la familia en las intensiones de Misa diaria contienen una devoción sagrada por quien se pone en camino con esperanza. Muchos de los que vienen traen una Biblia consigo, y cuando llegan lo primero que buscan es la Iglesia y donde se ofrezca la "Misa".

La celebración de la Eucaristía esta en el centro de la vida de un pueblo que busca a Dios. La mayoría de las veces es el punto de partida para sentirse parte de la Iglesia y con ella ha iniciado en miles de parroquias el ministerio y la atención a los latinos en la historia reciente de la pastoral hispana.

La formación y animación bíblica en grupos y parroquias representa una promesa. Es una promesa para que la comunidad hispana pase de ser receptor a ejecutor de la misión de la Iglesia. El encuentro y la misión del pueblo hispano será más de conservación que de misión si no cuenta con la fuerza y la frescura que otorga el encuentro con Jesucristo vivo

en su Palabra acompasando el proceso con la celebración de liturgias eucarísticas vivas y vivificantes.

El ministerio de proclamar la Palabra parecería pequeño en nuestra grandiosa misión. Sin embargo, es un importante punto de partida ya que se encuentra bien inserto en la comunidad y en medio de ambos valores. La Palabra de Dios y la Eucaristía son dos fuentes de una espiritualidad que debe acompañar continuamente nuestra identidad y misión como discípulo de Jesús y miembros de la Iglesia los domingos y todos los días.

Resumiendo, es verdad que el ministerio de ser proclamadores de la Palabra se realiza en forma clara mediante el oficio del lector en la celebración de la Eucaristía y otras celebraciones litúrgicas. Pero también nos lleva a ver mayor profundidad que ser "lector" nos conduce a un nuevo modo de entender y vivir la fe en la escucha y anuncio del Evangelio. Es más, ser un buen lector y proclamador los domingos con una espiritualidad de discípulos y misioneros todos los días nos pone en el gran momento para la Iglesia hoy: acoger la Palabra para configurarnos con Cristo y vivir una transformación radical (Benedicto XVI, *Verbum Dei*, 50).

Nuestro manual: un instrumento para una espiritualidad viva

El encuentro personal con Dios en la Eucaristía y en su Palabra debe ocupar un lugar prioritario en la vida de la persona. De esto modo se garantiza una espiritualidad fecunda en la propia vida y en el servicio a los hermanos en la comunidad eclesial. Ahora bien, para hacer un mejor uso de este *Manual para proclamadores de la palabra* es muy oportuno tener en cuenta su estructura, la motivación que animó a quien escribió los comentarios y algunas indicaciones prácticas.

Estructura del manual

Como ya sabemos, el Evangelio ocupa un lugar central en las tres lecturas dominicales. Casi siempre, la primera lectura guarda relación temática con el Evangelio y la segunda aporta una luz para la vida de la comunidad a partir del testimonio de las primeras comunidades cristianas. La tradición viva de la Iglesia muestra su sabiduría en vivir y celebrar la Palabra de Dios a lo largo de todo el Año Litúrgico, por ello debemos estar muy atentos a cada lectura,

Dichosos los pobres de espíritu, porque de ellos es el Reino de los cielos.

a la relación que guardan entre sí y al sentido que cobran en toda la celebración eucarística. Los comentarios o reflexiones son un apoyo secundario, que servirán si primero nos detenemos a leer y meditar el texto bíblico. Es lo primero y más importante, y solo después recurrir a la reflexión de apoyo. Dicha reflexión no es una interpretación que siga un único estilo en todo el manual. En ocasiones se inicia haciendo referencia al contexto de nuestra vida. En la mayoría de los casos damos una ubicación de la lectura mencionando algún dato histórico, cultural o literario. De uno u otro modo siempre estuvimos pensando en el sentido del ministerio del lector en la realidad de la Iglesia latina y multicultural en la que Dios nos ha sembrado. Las notas técnicas son indicaciones prácticas para que la lectura sea proclamada, no leída. Esperamos que sean de ayuda especialmente para quienes están iniciándose en este servicio que es al mismo tiempo un don, una responsabilidad y un digno arte. Cada diócesis, parroquia y equipo de ministerios vive contextos y momentos diferentes, así como cada celebración es única en sí misma. Esperamos que estas sugerencias de modulación, actitud y entonación sean aprovechadas en el sentido que más convenga según los dones y cualidades de cada lector y pueda ofrecer un mejor servicio adecuado a la vida de la comunidad con quien comparte y celebra la fe.

Motivaciones

Escribir este manual fue para mí, además una grandiosa oportunidad, una jornada de fe en varios sentidos: encontrarme con la Palabra de Dios me llenó de esperanza en mi vida personal, familiar y de servicio a la Iglesia. Me sentí dentro del plan de salvación que Dios tiene reservado para todos y del modo misterioso y revelador en que se va mostrando a través de la historia. Aumentó mi fe en Jesús y mi esperanza en la Iglesia. Pensaba continuamente en las personas que aman su ministerio de proclamadores, y manifiestan su amor a Dios en la entrega a la comunidad y en la lectura asidua de la Sagrada Escritura. Unos ya muy experimentados, ojalá que no caigan en la rutina. Otros que viven con entusiasmo los primeros pasos como lectores. Me sentí agradecido por los estudiosos que dedican gran parte de su vida para darnos apoyo en una mejor comprensión del mensaje de Jesús. Recordé, de manera especial a las personas sencillas que, como sucedió con mi padre (+), tienen hambre de la Palabra de Dios y se alimentan de ella asiduamente en medio de las limitaciones que da la falta de formación escolar. Continuamente me animó el sueño de que la Sagrada Escritura sea vigor y sustento de toda nuestra acción pastoral como hispanos y que nos lleve a un encuentro de corazón entre hermanos de otras culturas. Al escribir las indicaciones prácticas para la proclamación, no pude resistir la motivación de hacer algunas recomendaciones que nos puedan conducir a vivir este servicio más allá del acto mismo de proclamar. Consciente también de que este ministerio estaría incompleto si no forma parte de una espiritualidad cristiana, comunitaria y eclesial alimentada por la Palabra y el espíritu de servicio. Te invito a vivir y descubrir tu propio camino o itinerario espiritual en este ministerio.

Agradezco, finalmente, las reflexiones bíblicas y conversaciones con mi hermano P. Toribio Tapia; Miguel Arias; P. José Cárdenas Pallares; los escritos sobre el cristianismo primitivo de P. Jesús Aguirre Monasterio; las reflexiones sobre Marcos del P. Jerome Nery, SJ; y de quienes armaron el *Comentario Bíblico Latinoamericano*, vols. I–III, Estella, Verbo Divino, 2005.

Indicaciones prácticas

Es muy conveniente y no está de más recordar y apuntar algunos criterios para la práctica del ministerio de lector como proclamador. Como todo ministerio, es un don de servicio y en esto consiste su dignidad. Es un acto de fe como Iglesia, en la celebración eucarística y como testimonio al mundo.

Es un servicio a la Iglesia que debe hacer con sumo respeto y dedicación, poniendo atención en los detalles prácticos y concretos así como en las actitudes más profundas que nos animan. Es también una oportunidad para crecer en la relación con los demás—con la comunidad, en el conocimiento de la Sagrada Escritura. Todos nosotros tenemos habilidades que son necesarios compartir.

Es recomendable que la asamblea escuche la proclamación en lugar de estar siguiendo con su propia lectura. Siendo conscientes de las necesidades que broten en la comunidad por razón del idioma o por problemas de audición.

La formación y capacitación es muy importante. Si bien no debe ser un impedimento para abrir la participación a otros miembros de la comunidad, debe ser tomada en serio como un proceso de profundización en el conocimiento de otras habilidades y destrezas, los estudios bíblicos más recientes y un buen conocimiento de la liturgia y sus normas.

Es muy saludable reconocer que si bien la familiaridad con la Palabra de Dios es una tarea de toda la vida, el ministerio del lector no lo es. Este, al igual que otros ministerios laicos específicos, deberían ser temporales a criterio de la diócesis y/o la parroquia. Será también un buen proclamador aquel que promueva la participación representativa de miembros de la comunidad: ancianos, jóvenes, niños, hombres, mujeres.

El amor por la Palabra de Dios y por la Iglesia ha de dar vida a tu corazón en todo momento fortaleciendo tu fe y tu trato amable y fraterno con los hermanos y hermanas al estilo de Jesús en todo momento.

El Evangelio según san Marcos

Te hago una cordial invitación a leer y meditar el Evangelio según san Marcos. El nos guía en este año litúrgico y tener una suficiente familiaridad con su mensaje nos dará una espiritualidad para descubrirlo y descubrimos en él como discípulos y como Iglesia. A continuación expongo algunos puntos que nos puedan servir de apoyo para este encuentro con el Evangelio según san Marcos que nos narra la vida y la obra de Jesucristo, el Hijo de Dios.

La primera generación de cristianos abarcar aproximadamente del año 30 al año 70 después de Cristo. Al morir Jesús, los discípulos fueron confirmados por el Espíritu para salir del temor de que el

Síncera es la palabra del Señor y todas sus accíones son leales.

Maestro hubiese sido anulado por la muerte fatal en la cruz. Bien podríamos afirmar que es con la experiencia del Resucitado en estos primeros cristianos cuando inicia propiamente—en sentido histórico—el cristianismo: estamos ante la proclamación pascual de la que la primera carta a los Corintios (15,3–7) nos da el primer y más antiguo testimonio. La fe cristiana se funda en Cristo resucitado y vencedor de la muerte. Esta generación de cristianos es, además de un hecho temporal, un movimiento socio-religioso en el que el recuerdo y los testimonios sobre Jesús alimentan y animan la vida de las personas/discípulos y sus comunidades.

Marcos pertenece a la segunda generación de cristianos. Es el segundo momento clave del nacimiento del cristianismo. Los testimonios orales y escritos iban formando parte ya del patrimonio cristiano de la Iglesia naciente. Se va configurando el Evangelio, y en este proceso dos hechos marcan fuertemente esta época: la guerra judía y su consecuencia más fuerte (destrucción del templo de Jerusalén), y la muerte de los apóstoles con más influencias en la naciente Iglesia: Santiago, san Pablo y san Pedro, mártires los tres. En este período es cuando es cuando aparecen la mayoría de los textos cristianos, entre ellos el Evangelio de Marcos, que comúnmente se piensa que fue redactado finalmente por el año 70. Las ciencias sociales, especialmente la sociología y antropología cultural han sido de gran ayuda para comprender el ambiente en el que nace el Evangelio. De modo especial sobresale la importancia de mantener viva la memoria de la obra de Jesús y el testimonio de los cristianos de la primera generación. Estos "hijos" y "nietos" muestran un fino y potente interés por recuperar y actualizar la raíz y el sentido originario de su fe y esperanza. Es aquí la memoria histórica una fuerza para la identidad y la misión y el Evangelio puesto por escrito es el testamento de ello. Como sucede muchas veces en nuestro caso, lo que para los padres resulta obvio o se oculta para adaptarse a las nuevas situaciones, para los hijos y los nietos es una necesidad imperiosa de identidad el recuperar y actualizar sus raíces.

Algunas claves de lectura de este Evangelio se centran contemplando los lugares, o lo que se conoce como la "geografía de Marcos". Siguiendo esta línea de lectura el Evangelio se puede ver organizado en tres secciones: la sección que se ubica en Galilea (Marcos 1,14—9,50), la subida a Jerusalén (Marcos 10,1—52) y la que se desarrolla en Jerusalén mismo (Marcos 11,1—16,18). El camino y la obra de Jesús en estos escenarios nos revela mucho del mensaje de san Marcos sobre Jesús y su tiempo, los discípulos y la comunidad en la que este Evangelio nace. Otros recomiendan poner atención en el desarrollo de la narración, su drama. Siguiendo esta línea de lectura, el Evangelio se puede organizar en dos grande secciones (1,14–8,26 y 8,27—16,8) preparadas con una introducción clave (1,1–13) en la que se anuncia de forma sintética y elocuente cual será el contenido de todo el Evangelio. En esta forma de organizar la lectura Marcos 8,27.29 son la pregunta y respuesta clave que divide una sección de la hora y en la que se revela la intención del Evangelio, es decir la identidad de Jesús y el centro de su mensaje. En cualquier modo que nos guiemos para leer el Evangelio debemos de estar bien conscientes de que estamos meditando el escrito en el que se nos muestra la memoria social de una comunidad. Su fe viva y encarnada. No es una transmisión fría de recuerdos de Jesús, es más bien y sobre todo una tradición viva que tiene un sabor celebrativo y ritual de la vida del Hijo de Dios crucificado y resucitado dando vida a la comunidad de creyentes. El Evangelio estaba vivo en la vida de la comunidad: sus desafíos históricos y sus celebraciones litúrgicas. Digamos que se realizaba una lectura en voz alta convirtiéndose en una auténtica representación de fe. Que esta imagen nos anime a llenar de vitalidad nuestro ministerio como proclamadores en la comunidad.

El propósito del Evangelio según san Marcos de recuperar y actualizar la vida y la persona de Jesús en la vida de la comunidad cristiana ante la muerte de los apóstoles y testigos oculares es de suma importancia. Algo muy serio está en juego y es el peligro de perder la memoria y la vinculación con la persona de Jesús que vivió y predicó el reino de Dios, que murió como un criminal de alta peligrosidad ante el poder religioso y político de su tiempo y que fue resucitado por Dios como una verificación incuestionable de que en él se encarna el plan definitivo de salvación. San Marcos nos está diciendo que solo se puede confesar a Cristo resucitado cuando se ha seguido y caminado con Jesús crucificado.

El secreto mesiánico es otra característica de nuestro Evangelio. Notaremos que después de presentarnos a Jesús como Hijo de Dios al inicio (1,1) en adelante Jesús impondrá continuamente guardar silencio tanto a los espíritus impuros como a los propios discípulos; después de la confesión de Pedro (8,27-30) se volverá a imponer el silencio para ir descubriendo al verdadero Mesías camino a Jerusalén y en la Crucifixión donde al final será reconocido y proclamado como verdadero Hijo de Dios, por el centurión romano (15,39). Aquel soldado de un batallón de cien, pagano de quien muchos dudan que pueda reconocer y proclama a Jesús. Mucho podemos aprender de Jesús y de la comunidad de san Marcos si nos abrimos de corazón y mentalidad a este Evangelio. Por ejemplo, sobre el camino de Jesús que se nos va revelando poco a poco y en las situaciones más contradictorias y conflictivas de la vida. Como discípulos, nunca debemos detenernos en el camino con Jesús en nuestras vidas, pero tampoco debemos apresurarnos demasiado—como Pedro—y asegurar que ya sabemos todo de Jesús, o que somos discípulos con fidelidad garantizada. Por otro lado, el testimonio de las mujeres en san Marcos es también una gran luz para comprender el mensaje y nuestra vocación de discípulos. Todos estamos invitados a saber reconocer a Jesús confiando en el testimonio de nuestras hermanas y hermanos a quienes social o culturalmente no estamos acostumbrados a escuchar y tomar en serio en la fe. Los apóstoles recibirán serios reclamos de parte del resucitado por su falta de fe en el testimonio de sus hermanas y hermanos que, especialmente en Marcos, son los pobres quienes por vivir social, cultural y hasta religiosamente marginados su palabra y testimonio no tiene fuerza ni credibilidad.

Disfruta tu ministerio de servicio como proclamador de la Palabra como un signo de que la Palabra de Dios vivida y transmitida en san Marcos anima tu corazón transformándote en una persona nueva, profética, alegre, libre y decidida como fue Jesús.

I DOMINGO DE ADVIENTO

Al proclamar esta lectura, ubícate en el corazón de tu comunidad. Esta porción del pueblo de Dios merece sentirse desafiada y animada por esta lectura que ha de proclamar con convicción y certeza de que Dios mismo nos está hablando hoy.

Elige con anterioridad los énfasis que darás (entonación, pausa, contacto visual) para que se perciban con claridad los dos elementos de esta lectura: la situación del pueblo y el poder amoroso de nuestro Padre, Dios.

Toma en cuenta de que esta lectura podría reforzar una tentación muy común en la gente más sencilla: quedarse en el sentimiento de pecador sin llegar a la confianza de Dios que trabaja en nosotros y con nosotros.

I LECTURA   Isaías 63,16–17.19; 64,2–7

Lectura del libro del profeta Isaías

Tú, Señor, eres nuestro **padre** y nuestro **redentor;**
   ése es tu nombre desde **siempre.**
¿Por qué, Señor, nos has permitido **alejarnos** de tus mandamientos
   y dejas **endurecer** nuestro corazón
   hasta el punto de no temerte?
Vuélvete, por amor a tus siervos,
   a las tribus **que son tu heredad.**
Ojalá rasgaras los cielos y bajaras,
   estremeciendo las montañas con tu presencia.

Descendiste y los montes **se estremecieron** con tu presencia.
Jamás se oyó decir, ni **nadie** vio jamás
   que otro Dios, fuera de ti,
   hiciera tales cosas en favor **de los que esperan** en él.
Tú sales al encuentro
   del que practica **alegremente** la justicia
   y **no pierde de vista** tus mandamientos.

Estabas **airado** porque **nosotros** pecábamos
   y te éramos **siempre rebeldes.**
Todos éramos **impuros**
   y nuestra justicia era como trapo **asqueroso;**
   todos estábamos **marchitos,** como las hojas,
   y nuestras culpas nos **arrebataban,** como el viento.

I LECTURA   El mensaje de este texto se ubica en la tercera parte del libro de Isaías. La deportación a Babilonia ha terminado gracias al nuevo imperio, el de los persas, con Ciro a la cabeza que permite la repatriación de judíos a Israel. Ha sido mucho tiempo (se habla de 70 años) y las cosas ya no son igual para nadie. Todos han cambiado. Los que se fueron y ahora regresan con la experiencia y la mezcla de Babilonia, los que se quedaron tratando de conservar a su modo la identidad judía y los que optaron por quedarse en Babilonia, pero se sienten

parte del pueblo elegido. Cada grupo ve los defectos del otro, todos apelan al mismo Dios de Israel y todos tienen la misma tarea: rehabilitar al pueblo judío y su identidad en base al culto, la ley y la raza. Es una tarea de todos, exigente y dolorosa al mismo tiempo.

La primera actitud es de súplica a Dios como Padre y redentor—una súplica que no disimula un cierto reclamo a Dios por permitir los desvíos y el endurecimiento del corazón del pueblo. Todos conocemos por experiencia propia ese sentimiento. Sin embargo, de lo que se trata en esta lectura y en la lectura de nuestra vida es de reco-

nocer con sincera humildad la realidad del pueblo y el proyecto de Dios que se desprende de su propio ser—un pueblo que reconoce sus desvíos y pone a revisión seria sus actitudes ante Dios y sus hermanos: un pueblo que reconoce la práctica de la justicia como fuente de alegría pura y camino de encuentro con el Señor. Cuando este pueblo y cada grupo y personas que lo conforman descubren las causa del mal que los aqueja y marchita, cuando no pierde de vista los mandatos de Dios, entonces puede abrir los ojos y reconocer al verdadero Dios y proclamar con toda su fe y apertura: "Tú

Nadie invocaba tu nombre,
   nadie se levantaba para **refugiarse en ti,**
   porque nos **ocultabas** tu rostro
   y nos dejabas a merced de **nuestras** culpas.
Sin embargo, Señor, tú eres nuestro **padre;**
   nosotros somos el barro **y tú** el alfarero;
   todos somos hechura de tus manos.

II LECTURA   1 Corintios 1,3–9

Prepárate para leer esta lectura haciendo una oración en la que asumes el llamado que el Señor te hace para ser evangelizador(a), con el ardor de un apóstol de la esperanza en medio de los desafíos actuales.

Esfuérzate en proclamar con la convicción del apóstol Pablo y tu propia fe este hermoso saludo a la asamblea presente.

Lectura de la primera carta del apóstol san Pablo a los corintios

Hermanos:
Les deseamos **la gracia y la paz** de parte de Dios,
   nuestro Padre, y de **Cristo Jesús,** el Señor.

Continuamente **agradezco** a mi Dios
   los **dones divinos** que les ha concedido a ustedes
      por medio de **Cristo Jesús,**
   ya que por él los ha enriquecido **con abundancia**
   en **todo** lo que se refiere a la palabra y al conocimiento;
   porque el **testimonio** que damos de Cristo
   ha sido **confirmado** en ustedes a tal grado,
   que no carecen de **ningún don,** ustedes,
   los que esperan **la manifestación** de nuestro Señor Jesucristo.
Él los hará permanecer **irreprochables** hasta el fin,
   hasta el día de su **advenimiento.**
Dios es quien **los ha llamado** a la unión con su Hijo Jesucristo,
   y Dios **es fiel.**

Asume personalmente el propósito de llevar este mismo mensaje en otros ambientes de tu vida en la parroquia, la familia y el trabajo.

---

eres nuestro Padre y estamos en tus manos". Sea esta nuestra actitud común al inicio de este Adviento.

II LECTURA   El mensaje que da san Pablo a los cristianos que viven en Corinto es de suma importancia: ¿cómo animar a una comunidad que vive en medio de grandes conflictos? Sin duda, la mejor manera es manteniendo vivo el recuerdo de pertenecer al Señor Jesús. La certeza de merecer su gracia y de pertenecer a la Iglesia, nuestra comunidad, es la manera como Pablo saluda y motiva a la

comunidad de Corinto, a quien también hará una serie de llamadas de atención y una fuerte invitación a la concordia. Hablar bien a la comunidad no es una simple estrategia que antecede un regaño. Es una expresión de fe que penetra en lo profundo y ve la obra de Dios en la vida y la presencia de los hermanos. De este modo saluda solemnemente Pablo a la joven Iglesia de Corinto que lleva apenas unos años en el camino del cristianismo, y que lucha por superar el desánimo que provocan las divisiones, las desigualdades y una diversidad que parece superar sus propias capacidades.

He aquí un hermoso ejemplo de lo que debemos continuar haciendo en nuestra Iglesia en todo momento: mostrarnos agradecidos por la presencia del "otro". Apreciar su persona y la gracia que el Señor nos ofrece por medio de su historia y sus dones. De otro modo parece imposible proclamar la gracia y la paz de parte del Señor. Esto implica en primer lugar un acto de fe, seguido de gestos y actitudes concretas: ver a Jesús en la otra persona sin esquivar o ignorar su realidad, su rostro, sus luchas y su esperanza. Agradeciendo a Dios su presencia y participación en la Iglesia.

El contexto litúrgico para la aclamación del Evangelio enfoca y dispone a la comunidad para la escucha atenta. Tú puedes ahora propiciar ese encuentro entre el Evangelio y corazón de las personas.

Al proclamar el Evangelio, dirige tu mirada a diversos sitios de la asamblea litúrgica, procurando hacer sentir la cercanía y urgencia de la invitación de Jesús a la vigilancia.

La apertura al futuro de Dios y el discernimiento de su presencia es un gran desafío en medio de un estilo de vida actual planificado y tecnificado. ¿Es posible proclamar este Evangelio sin condenar los avances del mundo actual?

EVANGELIO   Marcos 13,33–37

Lectura del santo Evangelio según san Marcos

En aquel tiempo, Jesús dijo a sus discípulos:
"Velen y **estén preparados,**
porque **no saben** cuándo llegará el momento.
Así como un hombre que **se va de viaje,**
deja su casa y encomienda a cada quien **lo que debe hacer**
y encarga al portero que **esté velando,**
así también **velen** ustedes,
pues **no saben** a qué hora va a regresar el dueño de la casa:
si al anochecer, a la medianoche, al canto del gallo
o **a la madrugada.**
No vaya a suceder que **llegue de repente** y los halle durmiendo.
Lo que les digo a ustedes, lo digo **para todos:** permanezcan **alerta**".

Exaltando el valor de su testimonio y su manera de conducirse en las relaciones dentro de la Iglesia y con todos. Sobre todo inyectando a tiempo y a destiempo buenas dosis de esperanza y confianza en la continua presencia del Señor en cada momento y hasta el fin. El mensaje de Pablo a los corintios se extiende para nosotros hoy.

EVANGELIO   Estamos ante una parábola que nos muestra una actitud clave para todo cristiano: el discernimiento continuo, es decir, vivir atentos en todo momento desde el querer y sentir de Dios. Cuando vemos hoy en la programación una virtud y en el logro de cosas siguiendo el tiempo del calendario y del reloj un éxito, Jesús pone una perspectiva sorprendente y totalmente nueva: es el tiempo de Dios. Es lo inesperado y sorpresivo del momento del Señor que nos invita a estar listos y preparados. El Evangelio aquí no está motivando a una espera angustiada y nerviosa del discípulo. Está poniendo el hecho infalible del poder de Dios para irrumpir en la historia en cualquier momento, y—una vez más—"momento" no se refiere aquí a "nuestro modo", sino al modo de Dios.

Con Jesús y su mensaje del reino de Dios, la historia y la realidad de las cosas toman otra dimensión y otro valor. La actitud de vigilancia es, en el mejor sentido de la palabra, una preparación para el adviento. Ponen a prueba el sentido más profundo de la esperanza: abierta al futuro de Dios desde una espera activa y responsable en toda situación presente. A vivir despiertos de las cosas que nos adormilan y a traspasar las apariencias ordinarias de las cosas y los acontecimientos de la vida buscando el sentido profundo, el sabor a reino, de Dios en todo.

II DOMINGO DE ADVIENTO

Imagina y visualiza las semejanzas que podría haber en la vida de los presentes con la del pueblo de Israel en el destierro. Que esto inspire tu proclamación.

Conviene que leas varias veces el texto para que descubras los énfasis que nos indica: mensaje de anuncio (vv. 1–2) de fuerte invitación (vv. 3–4) de certeza (v. 5) y de misión (vv. 9–11).

Busca un momento para compartir con alguien más de los proclamadores el sentimiento que ha provocado en ustedes la Palabra de Dios este domingo.

I LECTURA Isaías 40,1–5.9–11

Lectura del libro del profeta Isaías

"**Consuelen,** consuelen a mi pueblo,
    dice nuestro Dios.
Hablen **al corazón** de Jerusalén
    y díganle a gritos **que ya terminó** el tiempo de su servidumbre
    y que **ya ha satisfecho** por sus iniquidades,
    porque ya ha recibido de manos del Señor
    castigo doble por todos sus pecados".

Una voz clama:
    "**Preparen** el camino del Señor en el desierto,
    construyan en el páramo
    una calzada para nuestro Dios.
Que todo valle **se eleve,**
    que **todo monte** y colina se rebajen;
    que lo torcido **se enderece** y lo escabroso se allane.
Entonces **se revelará** la gloria del Señor
    y todos los hombres la verán".
Así ha **hablado** la boca del **Señor.**

Sube a lo alto del monte,
    mensajero de **buenas nuevas** para Sión;
    alza **con fuerza** la voz,
    tú que anuncias noticias **alegres** a Jerusalén.
Alza la voz y **no temas;**
    anuncia a los ciudadanos de Judá:
    "**Aquí** está su Dios.

I LECTURA   Consolar y animar al Pueblo es la misión primordial del verdadero profeta. Isaías es voz de Dios que busca el corazón de Jerusalén para darle consuelo y urgir la preparación del camino para el Señor. La consolación de la que aquí se habla no tiene nada que ver con una aceptación pasiva de los sucesos históricos. Todo lo contrario. Es una consolación que apunta al centro de la vida—al corazón—para reanimar y poner a todo un pueblo en marcha. Tarea no fácil pero urgente.

La dificultad consiste en que Jerusalén está en crisis por la experiencia del exilio en Babilonia. Se sienten derrotados y deshonrados: aun recuerdan la saña con que fueron arrancados de su tierra y de su pueblo, aun ven y sienten la injusticia que acorrala a todo exiliado y hasta la interpretan como un castigo de Dios. Juntando todo esto y sumándolo a la destrucción del Templo, lugar de Dios, todo parecía perdido para siempre. En estas mismas circunstancias radica la urgencia de mostrar a este pueblo el mensaje del Señor. Primero, que es un Dios vivo y que no ha sido, ni será,

vencido por nada ni por nadie. Tan vivo que cuida de su pueblo y le anuncia el perdón. En segundo lugar, la mención de "el camino" del Señor. El pueblo de Dios, el pueblo perdonado y reconciliado no puede quedarse parado, quieto y angustiado, pues urge preparar el camino del Señor y todo esto tiene que ver con cambios indicados en los modos de "trazar", "preparar", "enderezar", "emparejar" y "transformar"—cambios que hay que realizar para que el Señor se manifieste, cambios que hay que escudriñar y reconocer en la historia para poder reconocer su presencia. En este caso, el imperio de

Aquí llega el Señor, lleno **de poder,**
  el que con su brazo **lo domina todo.**
El premio de su victoria **lo acompaña**
  y sus trofeos lo anteceden.
Como pastor **apacentará** su rebaño;
  llevará **en sus brazos** a los corderitos recién nacidos
  y atenderá **solícito** a sus madres".

II LECTURA   2 Pedro 3,8–14

Lectura de la segunda carta del apóstol san Pedro

Queridos hermanos:
No olviden que para el Señor,
  un día es como **mil años**
  y mil años, **como un día.**
No es que el Señor **se tarde,** como algunos suponen,
  en **cumplir** su promesa,
  sino que les tiene a ustedes **mucha paciencia,**
  pues no quiere que **nadie perezca,** sino que **todos**
    se arrepientan.

El día del Señor llegará como los ladrones.
Entonces los cielos **desaparecerán** con gran estrépito,
  los elementos serán **destruidos** por el fuego
  y perecerá la tierra **con todo lo que hay en ella.**

Puesto que todo va a ser destruido,
  piensen con **cuánta santidad y entrega** deben vivir ustedes
  esperando y **apresurando** el advenimiento del día del Señor,
  cuando **desaparecerán** los cielos, consumidos por el fuego,
  y se **derretirán** los elementos.

Antes de proclamar esta lectura en la asamblea eucarística, conviene reflexionar: ¿qué relación hay entre proclamar la Palabra de Dios y vivir en santidad?

Te invito a extender los brazos y la mirada a la comunidad presente en el momento en que finalizas la lectura haciendo sentir que "nosotros, sin embargo, según la promesa de Dios, esperamos un cielo nuevo y una tierra nueva, donde habite la justicia".

Elabora una lista de los dones que hay en tu parroquia como signo de ser una comunidad en camino a la santidad. Puedes compartirlos con otros u ofrecerlos en tu oración al Señor.

Babilonia está a punto de caer y el pueblo sentiría la presencia de Dios por medio de Ciro, rey persa, que permitirá la repatriación y reconstrucción del Templo.

Es, en resumen, la transformación de la historia mediante la presencia activa de Dios que escucha, perdona y libera a su pueblo. Es el camino del mismo Dios con el mismo pueblo en el que nosotros ahora nos encontramos llamados a cumplir nuestra misión.

| II LECTURA | Los cristianos de Asia Menor vivían el anuncio de la venida del Señor como un fuerte desafío y con implicaciones muy serias pues debían plenamente convencidos de ello. Los apóstoles, testigos inmediatos de la obra de Jesús, iban muriendo y las cosas de la vida no parecían responder a los criterios de la salvación anunciada y esperada. Además del peligro de la duda, estaba la burla y el reproche continuo de quienes no creían en el anuncio de salvación que la comunidad cristiana celebraba y anticipaba.

El anuncio del día del Señor, el tiempo de Dios, puede entenderse aquí en dos sentidos: como argumento y respuesta, ante los reclamos externos y el posible debilitamiento de la fe al interior de las comunidades. También, y sobre todo, es una invitación a una vida intachable como signo de una esperanza verdadera. Se trata pues de vivir en el tiempo de Dios. El aparente retraso de su manifestación plena puede entenderse como una muestra de su paciencia, pero sobre todo como un signo de la amplitud y alcance de su proyecto salvador. **El proyecto de Jesús no es exclusivo,**

Pero nosotros **confiamos** en la promesa del Señor
y esperamos **un cielo nuevo** y una tierra nueva,
en que habite la justicia.
Por tanto, queridos hermanos,
apoyados **en esta esperanza,**
pongan **todo su empeño** en que el Señor
los halle **en paz** con él,
sin mancha **ni reproche.**

EVANGELIO   Marcos 1,1–8

Lectura del santo Evangelio según san Marcos

Éste es **el principio** del Evangelio de Jesucristo, Hijo de Dios.
En el libro del profeta Isaías **está escrito:**

*He aquí que yo envío a mi mensajero **delante de ti,**
a **preparar** tu camino.
Voz del que **clama** en el desierto:
"**Preparen** el camino del Señor,
enderecen sus senderos".*

En **cumplimiento** de esto,
apareció **en el desierto** Juan el Bautista
predicando un bautismo **de arrepentimiento,**
para **el perdón** de los pecados.
A él acudían **de toda la comarca** de Judea
y muchos habitantes de Jerusalén;
reconocían sus pecados y él **los bautizaba** en el Jordán.

Juan usaba un vestido **de pelo de camello,**
ceñido con un cinturón de cuero
y **se alimentaba** de saltamontes y miel silvestre.

En este Evangelio aparece un claro espíritu profético (Isaías, Juan y Elías) que anuncia a Jesús que viene. ¿Qué signo o gesto visible podrías evocar para actualizar este mensaje hoy?

---

incluye a toda la humanidad. Tampoco es parcial, abarca a toda la persona, todos los aspectos y dimensiones de su vida.

Si bien esta lectura nos invita a darle un sentido nuevo a nuestra vida como signo de nuestra convicción de la llegada inminente del Señor resucitado, no nos ofrece un perfil de lo que significa vivir una vida santa, pero si nos pone una visión y un criterio: la visión de un mundo (cielo y tierra) totalmente nuevo en base la justicia como criterio. San Agustín nos dejo una hermosa

frase que resume el sentido y entendimiento de esta lectura: "Que teniendo fe espere y que esperando ame". Dicho de otro modo, vivir y relacionarnos con amor y caridad es la mejor manera de mostrar nuestra esperanza, nuestro sueño y nuestra meta en la vida. Así demostramos que nuestra fe está viva.

EVANGELIO San Marcos muestra su mensaje claro y rotundo: Jesús es el Evangelio de Dios hecho persona. Para conocerlo hay que conocer su

obra salvadora (Mesías) y su íntima relación con Dios, como Hijo. En eso consiste nuestra vida de discípulos y en eso consistirá también todo el relato del Evangelio.

Pero conviene que antes pongamos mucha atención en la persona y el mensaje de Juan, reconocido como el Bautista. No es un hombre débil, ni tímido, mucho menos cobarde. La fuerza de su personalidad y el talante de su predicación quedo claro tanto con la gente como con las autoridades políticas de su tiempo. Con todo, no se predica a sí mismo, sino de aquel que viene detrás

Procura que en la proclamación se perciban los diferentes aspectos (literarios) del texto. Esto ayudara a comprender el sentido y su mensaje teológico.

Busquemos medios sencillos para fomentar una austeridad cristiana solidaria.

Proclamaba:

"Ya viene **detrás de mí** uno que es **más poderoso** que yo,
uno ante quien no merezco **ni siquiera** inclinarme
para **desatarle** la correa de sus sandalias.
Yo los he bautizado a ustedes **con agua**,
    pero él los bautizará **con el Espíritu Santo**".

de él y que es más fuerte y, como sabemos ahora, más tierno.

La invitación del Bautista es tajante y radical pues no estamos ante un cambio histórico sino ante el cambio de la historia misma. De tal modo que la llegada del que viene no será un gran suceso a recordar sino un giro y rumbo nuevo en el destino de la humanidad.

Juan lleva en su propia persona el sello de lo que significa esta preparación de conversión y arrepentimiento. Es un excéntrico en el autentico sentido de la palabra. Se ha auto marginado en su forma de vivir,

de vestir y de pensar como una forma de romper con un sistema caduco y sin sentido. Hasta su dieta le merecía las críticas de cualquier judío normal. Es por eso que el anuncio del Bautista hay que entenderlo como el desafío a un cambio total, en todos los aspectos de la vida. A eso nos lleva el desierto. En el desierto pueden suceder muchas cosas según la tradición bíblica: es lugar donde se experimenta la tentación, el hambre y la sed; también puede ser espacio para la idolatría y el olvido de Dios; o lugar marcado por el encuentro con Dios. Todo eso puede suceder en el desierto y

más. Por eso, san Marcos y en concreto Juan ponen a la sociedad en aprietos anunciando el triunfo de Dios en la llegada de Jesús que inicia un tiempo totalmente nuevo y lleno del Espíritu de Dios.

INMACULADA CONCEPCIÓN

Que el Espíritu de Dios infunda en tu ser la ternura y claridad para que su Palabra llegue a la asamblea a través de tu persona.

Toma en cuenta que esta lectura es un diálogo muy vivo. Haz que los oyentes perciban con claridad los diferentes personajes: el narrador, Dios, Eva y Adán.

Marca los énfasis necesarios para que la asamblea perciba la relación Dios-Eva.

I LECTURA   Génesis 3,9—15.20

Lectura del libro del Génesis

Después de que el hombre y la mujer **comieron**
      del fruto del árbol **prohibido**,
   el Señor Dios **llamó** al hombre y **le preguntó**:
   "**¿Dónde estás?**" Este le respondió:
   "**Oí** tus pasos en el jardín, y **tuve miedo**,
      porque estoy **desnudo**, y me **escondí**".
Entonces le dijo Dios:
   "**¿Y quién** te ha dicho que **estabas desnudo?**
¿Has comido acaso del árbol del que te **prohibí** comer?"

Respondió **Adán**:
   "**La mujer** que me diste por compañera
      me ofreció del fruto del árbol y **comí**".
El Señor Dios dijo **a la mujer**: "**¿Por qué** has hecho **esto?**"
Repuso la mujer: "La serpiente **me engañó y comí**".

Entonces dijo el Señor Dios **a la serpiente**:
   "**Porque** has **hecho esto**,
      serás **maldita** entre **todos** los animales
      y entre **todas** las bestias salvajes.
Te **arrastrarás** sobre tu vientre y **comerás** polvo **todos** los días
      de tu **vida**.

I LECTURA   Que la Iglesia nos indique celebrar la fiesta de la Inmaculada Concepción de María tomando en cuenta esta narración del Génesis puede parecer contradictorio y extraño a primera vista. Aquí se habla de castigo y de expulsión del paraíso como consecuencia de la culpa cometida, propiciando el entendimiento de la culpa como "el problema en los demás". Así nació el "yo no fui" como defensa y como ataque. Culpar a la serpiente es una muestra de irresponsabilidad humana, culpar a la mujer como la causa del pecado es una triste y dura mentalidad debida al machismo de cada cultura y etapa histórica. El caso es mucho más claro: Dios busca a la persona, el quiere sabe dónde estamos y que decimos de nuestra propia realidad y desnudez. Dios no está buscando culpables sino personas que respondan por la realidad de la vida y su participación en ella.

Esta lectura nos pone ante la condición humana como un tejido de limitaciones que pueden devenir en bondad o maldad. Es un proceso en el que todos estamos implicados, pero que responde a un proyecto más total y pleno: el proyecto de Dios. Todos recibimos la consecuencia de lo que hacemos o dejamos de hacer, aquí se menciona lo que corresponde a cada quien, pero pongamos atención la forma como Dios trata a la mujer. Es ella la protagonista de la enemistad perpetua entre la descendencia humana y la del mal representado en la serpiente. Es Eva la madre de los vivientes. Ella aparece en nuestra lectura como dadora de vida, como la Vitalidad ("Eva") de la humanidad. La celebración de María concebida sin pecado (Inmaculada Concepción) no es lo mismo que la virginidad de María. Esta distinción es importante y vale mencionarla, pero me parece más

María es una de las figura centrales del Adviento. Ojalá que podamos hacer visible este valor en las diversas advocaciones que enriquecen la devoción mariana del pueblo católico y latino.

> Pondré **enemistad** entre ti **y la mujer**,
> entre tu descendencia **y la suya**;
> y su descendencia te **aplastará** la cabeza,
> mientras tú **tratarás** de morder su talón".

> El hombre le puso a su mujer el nombre de "**Eva**",
> porque ella fue **la madre** de **todos** los vivientes.

Que la proclamación de esta Palabra de Dios sea expresión de tu fe a los hermanos y hermanas presentes.

II LECTURA   Efesios 1,3–6.11–12

Lectura de la carta del apóstol san Pablo a los efesios

Habla con el corazón rebosante de quien agradece a Dios la gracia de participar del Misterio de Cristo y de la Iglesia aquí presente.

> **Bendito** sea Dios, **Padre** de nuestro **Señor Jesucristo**,
> que nos ha bendecido **en él**
> con **toda clase** de bienes espirituales y **celestiales**.
> Él **nos eligió** en Cristo, **antes** de crear el mundo,
> para que fuéramos **santos**
> e irreprochables **a sus ojos**, por el amor,
> y **determinó**, porque **así** lo quiso,
> que, por medio de **Jesucristo, fuéramos** sus hijos,
> para que **alabemos** y glorifiquemos la gracia
> con que nos **ha favorecido** por medio de su **Hijo amado**.

> Con Cristo somos **herederos** también nosotros.
> Para esto estábamos **destinados**,
> por **decisión** del que lo hace todo **según** su voluntad:
> para que **fuéramos** una alabanza **continua** de su gloria,
> **nosotros**, los que ya antes **esperábamos** en Cristo.

Comparte con los hermanos y hermanas para animarlos a gozar el don de Cristo y de la Iglesia en nuestras vidas.

---

decisivo lo que el catolicismo popular pone como central: la persona de María. En la devoción mariana popular los dogmas y las advocaciones son vías de acceso a una fe viva, alegre y creadora de vínculos familiares, comunitarios y culturales. En María, madre nuestra, se hace realidad el plan de salvación de Dios y se nos revela cercano y posible a nosotros. La inmaculada, la Virgen pura, es nuestra madre comprensiva y milagrosa. Ella aparece más viva en el ritmo y sabor de nuestros hermanos y hermanas centroamericanos.

II LECTURA Éfeso fue una ciudad de las más importantes del Asia Menor, localizada en lo que hoy es la República de Turquía. Lo que conocemos como carta a los Efesios es más bien un comunicado dirigido a todos los cristianos de esa región. Sabemos el rol y la importancia que juegan ahora las grandes ciudades y sus Iglesias. Algo similar pudo haber sucedido con Éfeso y las iglesias vecinas. Puede ser un asunto de importancia y representación, o que, como posible Iglesia mayor, haya conservado mejor esta carta. También sabemos que esta Iglesia urbana era del gusto de san Pablo para el desarrollo de su misión en esa región.

El texto que leemos tiene la forma de un saludo. Y en él se contiene una confesión de fe centrada en el misterio de Jesucristo y de la iglesia. La contemplación de estos misterios es imprescindible para el cristiano y el sentido de su vida en el mundo: mantener un sincero agradecimiento a Dios por la bendición que Jesús significa para toda la humanidad. Haber sido elegidos por

EVANGELIO   Lucas 1,26–38

Lectura del santo Evangelio según san Lucas

En **aquel** tiempo,
  el **ángel** Gabriel fue enviado por Dios
  a una ciudad de Galilea, llamada Nazaret,
  a una **virgen** desposada con un varón
    de la **estirpe** de David, llamado **José**.
La virgen se llamaba **María**.

Entró el ángel a donde ella estaba y **le dijo**:
  "**Alégrate, llena** de gracia, **el Señor** está contigo".
Al oír **estas palabras**, ella se preocupó **mucho**
  y se preguntaba **qué** querría decir **semejante** saludo.

El **ángel** le dijo:

  "**No temas**, María, porque has hallado **gracia** ante Dios.
Vas a **concebir** y a **dar a luz** un hijo
  y le pondrás por nombre **Jesús**.
Él será **grande** y será llamado **Hijo** del Altísimo;
  el **Señor Dios** le dará el **trono** de David, su padre,
  y él **reinará** sobre la casa de Jacob **por los siglos**
  y su reinado **no tendrá fin**".

María le dijo entonces al ángel:
  "**¿Cómo** podrá ser **esto**, puesto que yo permanezco **virgen**?"
El **ángel** le contestó:
  "El Espíritu Santo **descenderá** sobre ti
  y el **poder** del Altísimo **te cubrirá** con su sombra.
Por eso, el Santo, que **va a nacer de ti**, será llamado **Hijo** de Dios.

Ofrece tu persona al Señor para proclamar su palabra. Es un signo de fe y digna humildad.

Proclama de tal modo que la comunidad sienta la presencia de María como vivo modelo de respuesta a Dios y su voluntad.

---

el don de la fe a ser parte del pueblo de Dios y la misión de la Iglesia es causa de una gran alegría y de una esperanza indestructible. Sabernos hijos de Dios en el Hijo y su obra redentora basta y sobra para conducirnos en la vida sin temor y sin egoísmos. Dicha certeza en la fe como don gratuito es la fuente de vida en plenitud para la Iglesia en toda la historia. De igual modo, la celebración de la Eucaristía, la profesión del credo y toda la liturgia católica debieran ser un gozo sin límites y un testimonio sin fronteras.

EVANGELIO Creer en la Virgen María y su papel en la salvación de la humanidad exige la convicción de que Dios se comunica con la humanidad en la historia y trabaja con ella. Esta mujer jovencita recibe un anuncio grande y sorprendente: el hijo que espera es Hijo de Dios y Salvador del mundo.

San Lucas nos da el dato de Isabel, quien, estando ya en el sexto mes de embarazo, es prueba patente del milagro de la vida como obra de Dios. María será testigo solidario de este gozo con su prima, Isabel.

El hecho de estar ya comprometida con José significaba que, al cumplirse el año de dicho compromiso, se celebraría la boda. A partir de ahora la fidelidad se convertía en ley y guía para ambos y en su futuro matrimonio. La ley de Moisés, las costumbres judías y los acuerdos de honor entre las familias regían la vida de la mujer en forma casi de amenaza. "Salir" embarazada en este momento de su vida era para la joven desposada con José una sorpresa que la sumía en un laberinto de dudas, temores y preguntas. En el caso de José, la cosa no era menos fácil tampoco. La presión que

Enfoca tu mirada a la comunidad teniendo en mente la imperiosa necesidad que tiene nuestro pueblo de recibir buenas noticias.

Ahí tienes a tu parienta **Isabel**,
    que **a pesar** de su vejez, **ha concebido** un hijo
    y ya va en el **sexto** mes la que llamaban **estéril**,
    porque **no hay nada** imposible para Dios".
María contestó:
    "**Yo soy** la esclava del Señor;
        cúmplase en mí lo que me has dicho".
Y el ángel **se retiró** de su presencia.

vivía no lo dejaba conciliar el sueño. Se juntaba el amor a María con los derechos que le daba la ley y la presión de amigos y familiares. En todo caso el hijo sería considerado legítimo según la costumbre judía.

María, llena de preguntas, de fe, de miradas sospechosas y de la fuerza que da la maternidad, recibe un anuncio muy especial. No es el saludo deseando paz u ofreciendo la gracia de parte de Dios. Es una invitación al júbilo: "¡Alégrate, llena de gracia! ¡No tengas miedo!".

Es la misma María con su misma realidad, pero iluminada de un modo totalmente diferente solo por estas primeras palabras del ángel. Dios ha tomado la iniciativa en la vida de María y en ofrecimiento de su Hijo al mundo. La respuesta valiente y confiada de la Virgen: "Hágase en mi según tu palabra" llego a ser comparada por los primeros cristianos con la palabra creadora de Dios: "Hágase la luz . . .".

Pidamos a Dios que aumente nuestra fe para, a ejemplo de María, no dejarnos vencer por las adversidades y descubrir la gestación de la gracia en medio de lo que no entendemos y muchas veces nos agobia. ¡Que podamos ir renaciendo continuamente ante la iniciativa de Dios y proclamemos con valentía: "¡Hágase en mí tu voluntad!". Así, volviendo los ojos a nuestra realidad sencilla y ordinaria, podamos descubrir el rostro de Jesús en nuestros hermanos y hermanas.

III DOMINGO DE ADVIENTO

Es un bello privilegio y una gran responsabilidad proclamar esta Palabra de Dios. Gózalo y medítalo.

La comunidad presente debe captar el mensaje de Dios que ama la justicia y el profeta que ama su misión. Une la fuerza y claridad de tu voz con el amor en tu corazón hacia el pueblo de Dios para transmitir el espíritu de esta lectura.

Reflexiona y comparte con otro ministro de la liturgia dominical: ¿qué tiene que ver este mensaje de Isaías con el Adviento?

I LECTURA Isaías 61,1–2.10–11

Lectura del libro del profeta Isaías

El espíritu del Señor **está sobre mí,**
    porque me ha **ungido**
        y me **ha enviado** para anunciar la **buena nueva** a los pobres,
        a curar a los de corazón **quebrantado,**
        a proclamar **el perdón** a los cautivos,
        la libertad a los prisioneros
        y a pregonar **el año de gracia** del Señor.

Me alegro en el Señor **con toda el alma**
    y me **lleno de júbilo** en mi Dios,
    porque me **revistió** con vestiduras de salvación
        y me **cubrió** con un manto de justicia,
    como el **novio** que se pone la corona,
    como la novia que **se adorna** con sus joyas.

Así como la tierra **echa** sus brotes
    y el jardín hace **germinar** lo sembrado en él,
        así el Señor **hará brotar** la justicia
        y la alabanza ante **todas** las naciones.

I LECTURA **Meditando esta lectura nos adentramos a una de las más bellas descripciones de la vida y la misión del profeta. De hecho, según el testimonio del Evangelio según san Lucas, Jesús asume esta perspectiva y la entiende como la declaración de su propia misión. La proclamación inicia con la firme convicción de estar bajo el amparo del Espíritu divino. Isaías además, se concibe plenamente elegido, ungido, sin ningún sentido de inferioridad ante aquellos que dirigían al pueblo desde el ámbito sociopolítico (los reyes) y religioso cultural (los sacerdotes).**

Nos muestra con toda claridad que Dios ama y prefiere la justicia y la liberación de los humildes ante todo.

El anuncio de la salvación a los pobres no es palabrería hueca. Es una visión clara de la voluntad de Dios que desborda de alegría la vida y genera en todo momento actitudes y propuesta de acción con los hermanos: sanar el corazón herido, lastimado y angustiado de los hermanos exige de nosotros no solo superar el egoísmo, sino una delicada sensibilidad por el sufrimiento del otro y gestos concretos de cuidado y ternura: proclamar la libertad

implica, de entrada, reconocer la dignidad de todo ser humano hecho a imagen de Dios. La herida y aflicción que ocasiona el retraso de la justicia puede ser mortal cuando carcome la esperanza y amenaza con volver vacía la fe. Dios nunca claudica en su promesa. Él mismo es la promesa para cada hombre y cada mujer. Su presencia no solo reconforta, sino que transforma nuestras vidas de tal modo que todo nuestro ser y quehacer queda, como Isaías y con Jesús, constituido en un ser-para-Dios y ser-para-los-demás.

Esta lectura nos presenta la oportunidad para reforzar el mensaje con una rica variedad de entonaciones: saludo e invitación solemne, enérgicas recomendaciones, recomendación fraterna y conclusión solemne.

Hace sintonía con el tiempo litúrgico que celebramos. Dale importancia ante la comunidad con tu mirada.

En tu preparación y proclamación de esta lectura ten en mente el espíritu de la primera y del Evangelio.

Todos hemos pasado por momentos muy oscuros en la vida. Recuerda el más intenso de ellos, e identifica lo que significó la "luz" para ti entonces. Que esta experiencia guíe la proclamación del Evangelio.

II LECTURA 1 Tesalonicenses 5,16–24

Lectura de la primera carta del apóstol san Pablo a los tesalonicenses

Hermanos:
Vivan **siempre** alegres,
    oren **sin cesar**, den gracias **en toda ocasión**,
    pues esto es lo que Dios **quiere de ustedes** en Cristo Jesús.
No **impidan** la acción del Espíritu Santo,
    ni des**precien** el don de profecía;
    pero **sométanlo todo** a prueba y **quédense** con lo bueno.
Absténganse **de toda clase** de mal.
Que el Dios de la paz **los santifique** a ustedes
    en todo y que **todo su ser,** espíritu,
    alma y cuerpo, se conserve **irreprochable**
    hasta **la llegada** de nuestro Señor Jesucristo.
El que los ha llamado es **fiel** y **cumplirá** su promesa.

EVANGELIO Juan 1,6–8.19–28

Lectura del santo Evangelio según san Juan

Hubo un hombre **enviado** por Dios,
    que se llamaba **Juan.**
Éste vino como **testigo**, para dar **testimonio** de la luz,
    para que **todos** creyeran por medio **de él.**
Él **no era** la luz, sino **testigo** de la luz.

Éste es el **testimonio** que dio Juan el Bautista,
    cuando los judíos enviaron **desde Jerusalén**
    a unos sacerdotes y levitas para preguntarle:
    "**¿Quién** eres tú?"

II LECTURA Hacía ya unos veinte años que Jesús había sido condenado a la peor forma de muerte: colgado de una cruz como signo de castigo y escarmiento para todos. Pero, los mismos que anduvieron con él por los caminos, dieron testimonio de su Resurrección. Él se les apareció en varias ocasiones; ellos lo sintieron y lo vieron muy vivo, lleno de paz y del Espíritu Santo, más interesado que nunca en continuar la misión que el Padre le había encomendado. Apóstoles y discípulos recibieron el envío y desde entonces el anuncio y la celebración del Señor resu-

citado no se ha detenido por nada. Ha florecido la fe. Las limitaciones y problemas han sido parte del camino, pero nunca han detenido el crecimiento de las iglesias y su organización en torno al anuncio del Evangelio al mundo (evangelización), la celebración (liturgia) de la Cena del Señor, el Bautismo y el perdón de los pecados; el cuidado de la unidad (comunión), la práctica de la justicia *(diaconía)* y la catequesis. Tanta vida en la Iglesia no se puede llevar a cabo sin la organización y distribución de responsabilidades, y con mayor razón en una ciudad como esta de Tesalónica con

su importante puerto marítimo y su economía, la interacción entre nativos, visitantes y viajeros. Los negocios y políticas de la ciudad, los intereses de diversos grupos y la vida de los cristianos se relacionaban necesaria e inevitablemente. A veces se contraponían; otras se veces se mezclaban al grado de la confusión. Estamos en la historia; así es.

EVANGELIO En el Segundo Domingo de Adviento, san Marcos nos mostró a Juan Bautista con fuerte empuje a preparar el camino del Señor. San

Incorpora la personalidad del Bautista y su testimonio en la lectura, enfatizando las palabras que refuerzan su identidad.

Él reconoció y **no negó** quién era.
Él **afirmó:** "Yo **no soy** el Mesías".
De nuevo le preguntaron:
   "**¿Quién** eres, pues? ¿Eres Elías?"
Él les respondió: "**No lo soy**".
   "¿Eres el **profeta**?" Respondió: "**No**".
Le dijeron: "Entonces dinos **quién** eres,
   para poder llevar **una respuesta** a los que nos enviaron.
¿Qué dices **de ti mismo**?"
Juan les contestó:
   *"Yo soy la voz que **grita** en el desierto:*
   *'**Enderecen** el camino del Señor',*
   como **anunció** el profeta Isaías".

Los enviados, que pertenecían a la secta de **los fariseos,**
   le preguntaron: "Entonces ¿**por qué** bautizas,
   si no eres el Mesías, ni Elías, **ni el profeta**?"
Juan les respondió:
   "Yo bautizo **con agua**, pero en medio de ustedes
   hay **uno**, al que ustedes **no conocen**,
   alguien que viene **detrás** de mí,
   a quien yo **no soy digno** de desatarle las correas
      de sus sandalias".

Esto sucedió en **Betania**, en la otra orilla del Jordán,
   donde Juan **bautizaba**.

Una fuerte característica del sentido de la fe católica en el pueblo es el valor y la importancia del testimonio. Procura reavivar esa virtud popular de autenticidad cristiana.

Juan ahora nos muestra al hombre, apelando al fundamento de todo misionero: el ser enviado de parte de Dios. Es la razón de la dignidad del testigo y de su testimonio. El Evangelio según san Juan es más maduro por el tiempo transcurrido en la vida de las primeras comunidades y por la luz de su mensaje teológico. Pone muy en alto la misión de ser testigo de la Luz.

El Bautista da testimonio en persona. Jesús que viene al mundo a iluminar dando un nuevo sentido a la historia y el destino universal del pueblo elegido. Los sacerdotes y levitas están llenos de preguntas que ponen en duda la identidad de Juan y el valor de su anuncio. Son las dudad y preguntas de quienes sienten amenazas en su honor y posición de privilegio. No se muestran interesados en lo más mínimo en el contenido y el alcance de su mensaje. Solo increpan y cuestionan, con la actitud acostumbrada de quién teme a lo nuevo y no acepta nada que no esté previsto y controlado por su propia visión.

El anunciador de la esperanza, el precursor y amigo del novio no evita la confrontación, pero tampoco se enfrasca en ella. Él sabe perfectamente quien es. No está confundido, sino infundido totalmente de su misión: presentar al Cordero de Dios al mundo en su totalidad, comenzando por el mundo estrecho de las autoridades judías, el mundo maltrecho y agotado en la vida del pueblo de Israel. El Cordero de Dios no es, pues, una posibilidad futura, sino una realidad presente en medio de nosotros.

El Adviento no es una invitación a la espera pasiva de Jesús en nuestras vidas. Es una intensa llamada de atención a mirar con nuevos ojos la vida de la Iglesia, de nuestras comunidades parroquiales y de toda la familia humana.

NUESTRA SEÑORA DE GUADALUPE

Que tu corazón vibre en sintonía con la sabiduría divina en su Palabra y en la fe del pueblo guadalupano.

Proclama con intensidad la verdad de Dios como sabiduría en nuestra vida.

Mientras vives y celebras esta fiesta mariana, busca encontrarte con el alimento que la Iglesia nos ofrece en la celebración del acontecimiento de María de Guadalupe.

I LECTURA   Eclesiástico 24,23–31

Lectura del libro del Eclesiástico

Yo soy como una **vid de fragantes** hojas
　　y mis flores son producto de **gloria** y de **riqueza**.
Y soy la **madre** del amor, del temor,
　　del **conocimiento** y de la santa **esperanza**.
En **mí está** toda la **gracia** del camino y de la **verdad**,
　　toda **esperanza** de vida y virtud.

Vengan a mí, ustedes, los que **me aman**
　　y **aliméntense** de mis frutos.
Porque mis **palabras** son más **dulces** que la miel
　　y mi **heredad**, mejor que los panales.

Los que me **coman** seguirán teniendo **hambre de mí**,
　　los que me beban seguirán teniendo **sed de mí**;
　　los que me **escuchan** no tendrán de qué **avergonzarse**
　　y los que se **dejan guiar** por mí no **pecarán**.
Los que me **honran** tendrán una vida **eterna**.

I LECTURA En plena celebración de nuestra Madre, María de Guadalupe, las lecturas bíblicas de ven desbordadas por la fe mariana y la devoción guadalupana de toda la Iglesia. De manera muy especial en la religiosidad o catolicismo al modo y sentir del pueblo. La preparación de la fiesta es ya parte de la celebración, y la celebración de un día se extiende días antes y después en una explosión de sentimientos y emociones por vernos en los ojos de la Madre nuestra que nos cubre con su manto y nos consuela siempre en el camino. Siguiendo un criterio pastoral y litúrgico, en este día se invierten un poco los papeles en cuanto a la interpretación bíblica y su aplicación pastoral. El contexto es más fuerte que el texto en la experiencia del pueblo. Y, en ese sentido, el mensaje del Eclesiástico sobre la sabiduría es muy iluminador.

El texto no se refiere a la Virgen. Es un himno a la Sabiduría que tiene su origen en Dios y se encuentra en toda la creación. Es don de Dios y forma parte de lo que nosotros somos. Dios nos da y se nos da en la sabiduría y como Sabiduría. El don de la Sabiduría crea consciencia de la condición histórica del ser humano: su capacidad de destrucción y odio, así como su posibilidad de engendrar el amor y la esperanza.

Un criterio clave para encontrar ese sabor en la vida que nos llena y completa es el temor de Dios. Ese "temor", como lo entiende y vive el pueblo es uno de los aspectos a reconocer y clarificar como medio evangelizador en el sentido que el acontecimiento guadalupano significó y ofrece a la misión pastoral de la Iglesia hoy. El sentido de la fe del pueblo es un desafío y promesa para encontrarnos, también ahí, con la sabiduría de Dios.

Ora al Padre Dios con la sencillez y confianza de ser hijo(a) suyo(a), ofrece tu vida y tus dones poniéndolo todo en sus manos.

Dios siempre habla a través del corazón de las personas. Nosotros ayudamos, proclamando con fe, claridad y dignidad. Con esa confianza, cierra la afirmación de la lectura: "Así que . . .".

El acontecimiento de Guadalupe ha estado madurando la vida de la Iglesia y del pueblo en los últimos siglos. ¿Qué signos de libertad cristiana descubres en la vida de quienes celebramos a la Reina y evangelizadora de las Américas?

II LECTURA Gálatas 4,4–7

Lectura de la carta del apóstol san Pablo a los gálatas

Hermanos:
Al llegar la **plenitud** de los **tiempos**,
    envió Dios a su **Hijo**,
    nacido de una **mujer**, nacido bajo **la ley**,
    para **rescatar** a los que **estábamos** bajo la **ley**,
    a fin de hacernos **hijos suyos**.

Puesto que ya son **ustedes** hijos,
    Dios **envió** a sus **corazones**
    el **Espíritu** de su Hijo,
    que clama "**¡Abbá!**", es decir, **¡Padre!**
Así que ya no **eres siervo**, sino hijo;
    y **siendo** hijo, eres también **heredero** por voluntad de **Dios**.

II LECTURA Dios existe desde la eternidad y el mundo es obra de sus manos. De esto no había duda, ni en la conciencia del pueblo hebreo ni en Pablo. La lectura a los Gálatas nos pone ante la verdad de la revelación de Dios en su Hijo; al madurar la historia el Hijo de Dios entró en ella para darle plenitud. No lo hizo por medios mágicos que menosprecien el proceso de la vida humana: nació de una mujer. Tampoco irrumpe en la historia cortando de tajo los elementos que articulan la vida de un pueblo: nació bajo la ley.

La vida de Dios hecha persona en el Hijo entra al mundo para rescatarlo. Lo asume para darle plenitud de sentido. La creación, la historia humana, la misión de un pueblo y la vida personal entran a una etapa nueva. Es un horizonte nuevo que desborda los límites y derriba todas las fronteras (culturales, políticas y religiosas) que hemos creado. Es el Espíritu del Hijo que recurre a su Padre con ternura y confianza total. No se ha encontrado una palabra apropiada en español que se acerque al significado de ¡Abbá! en la experiencia religiosa de Jesús. Pero podemos darnos una mejor idea de su

relación con el Padre contemplando su vida como Hijo. Es la obra de Dios-comunidad (Padre, Hijo y Espíritu Santo) que elimina toda forma de discriminación entre los hermanos, y establece la libertad de los hijos que pueden decir su propia palabra al Padre nuestro. La ley ha perdido su función de mediadora entre Dios y el pueblo. Ha sido completada y desbordada (superada) por Jesús, el único camino (puente) de salvación. Vivir en libertad con él es la vocación de los gálatas y cristianos de todos los tiempos.

EVANGELIO Lucas 1,39–56

Lectura del santo Evangelio según san Lucas

En **aquellos** días,
  María se **encaminó** presurosa
  a un **pueblo** de las **montañas** de Judea,
  y **entrando** en la casa de Zacarías, **saludó** a Isabel.
En cuanto ésta **oyó** el saludo de María,
  la **criatura saltó** en su seno.

Entonces Isabel **quedó llena** del Espíritu Santo,
  y **levantando** la voz, **exclamó**:
  "¡**Bendita** tú entre las **mujeres**
  y bendito el **fruto** de tu **vientre**!
¿**Quién** soy yo para que la **madre** de mi **Señor** venga a verme?
Apenas **llegó** tu **saludo** a mis oídos,
  el niño **saltó de gozo** en mi seno.
Dichosa tú, que has creído,
  porque **se cumplirá** cuanto te fue **anunciado**
    de parte del Señor".

Entonces **dijo** María:
  "Mi alma **glorifica** al Señor
  y mi **espíritu** se **llena** de júbilo en Dios, mi **salvador**,
  porque **puso** sus ojos en la **humildad** de su **esclava**".

La maternidad es un signo de vida; la maternidad divina de María es un signo universal de salvación. Busquemos transmitir con intensidad y convicción esta verdad de fe.

Expresa con fuerza y júbilo las dos exclamaciones que brotan del corazón de Isabel y de María, propiciando sintonía y emoción en la asamblea.

Sería conveniente que en algún otro momento oportuno de la celebración, todos proclamemos el Magnificat.

EVANGELIO **Existe** una devoción en las generaciones que nos preceden, nuestros padres y abuelos, que es necesario rescatar: la oración del Magnificat acompañándonos en la vida y en los momentos más difíciles.

La visita de la jovencita de Nazaret a su prima, Isabel, nos enseña las consecuencias que tienen el entender la vida bajo la perspectiva de Dios: ponerse en camino. La gracia de tener a Dios en la vida no nos conduce al quietismo solitario. Es vitalidad y dinamismo para encontrarnos con nuestros semejantes. Solo una madre puede comprender cabalmente el regocijo del encuentro de María e Isabel. El salto de gozo en el seno de la vida de Isabel nos recuerda la alegría de los pobres que esperan ardientemente al Mesías. De igual modo puede entenderse la exclamación en voz alta: "¡Bendita tu entre las mujeres y bendito el fruto de tu vientre!". Nadie puede proclamar en forma callada y timorata un gozo inmenso.

La visitación es un preámbulo al himno profético de la Madre de Nuestro Señor. Con profunda emoción entona su canto que, en sintonía con la tradición profética más genuina, afirma el favor de Dios con los pobres y humildes en detrimento de los ricos y poderosos. El Señor es fiel a su promesa, es bueno y misericordioso, y esta certitud llena de gozo a María quien está viviendo en carne propia la preferencia divina por la humildad de su persona.

Que la fe en nuestra Madre, María de Guadalupe, y en todas sus advocaciones nos acerque más a Cristo y se traduzca en serio y continuo compromiso por edificar un mundo justo y fraterno en donde reine la paz y la concordia digna de nuestra condición de hermanos y hermanas.

IV DOMINGO DE ADVIENTO

En una lectura prolongada como esta, es muy necesario cautivar a la comunidad metiéndolos en la narración. Inténtalo distinguiendo los personajes y haciendo contacto visual con la asamblea en cada cambio del diálogo.

I LECTURA 2 Samuel 7,1–5.8–12.14.16

Lectura del segundo libro de Samuel

Tan pronto como el rey David **se instaló** en su palacio
  y el Señor le concedió **descansar** de todos los enemigos
    que lo rodeaban,
  el rey dijo al profeta Natán:
  "¿Te has dado cuenta de que **yo vivo** en una mansión de cedro,
    mientras **el arca de Dios** sigue alojada en una **tienda
    de campaña?**"
Natán le respondió:
  "Anda **y haz todo** lo que te dicte el corazón,
    porque el Señor **está contigo**".

Aquella **misma noche** habló el Señor a Natán y le dijo:
  "**Ve** y dile a mi siervo David que el Señor
    le manda decir esto:
  '¿Piensas que **vas a ser tú** el que me construya una casa,
    para que **yo** habite en ella?
Yo **te saqué** de los apriscos y de andar tras las ovejas,
    para que fueras **el jefe de mi pueblo,** Israel.
Yo estaré contigo **en todo** lo que emprendas,
    acabaré con tus enemigos
    y te **haré tan famoso** como los hombres más famosos
    de la tierra.

Le **asignaré** un lugar a mi pueblo, **Israel;**
    lo plantaré allí para que habite en **su propia tierra.**

La promesa de Dios a David es el centro del mensaje. Manifiéstalo por un tono solemne y profundo.

I LECTURA Existen varios tipos de profetas. Natán es de los profetas cortesanos, aquellos que están junto al rey y viven bajo su protección. Aquí leemos su profecía hacia el rey David, sucesor de Saúl, ungido por Samuel para guiar a su pueblo en el nombre de Yahvé. David se ha ganado a pulso la gracia de Dios llevando al mayor esplendor como nación. Su historia personal es fascinante por el realismo con que presenta la vida, llena de glorias y amargura, de pecado y arrepentimiento, su experiencia de vida lo hace más cercano a nosotros. Interesante que su figura sobresalga en la historia de la salvación como prototipo del Mesías. David vivió mil años antes de Cristo; pero se mantuvo vivo en el pueblo judío. La principal razón era la promesa de Dios. Natán la describe en su profecía y debemos poner atención que guarda relación con José, descendiente del rey David y que asume la paternidad de Jesús, mismo que será llamado "hijo de David", en quien los discípulos veían el cumplimiento de todas las promesas.

El arca sagrada, símbolo de la presencia de Dios, habitaba en una tienda, tipo casa de campaña. Y es que Dios era móvil, el Dios que acompaña al pueblo. Con la monarquía el templo se afirmo como el lugar excelso de su presencia. El rey es por lo demás sincero y bien intencionado; consulta al profeta que, viendo su buen corazón, le apoya. Pero el discurso profético muestra dos perspectivas: la de David preocupado por construir una casa a Dios y la de perspectiva de Dios que aclara y ratifica su promesa de construir la casa-dinastía (destino, descendencia) de David y su pueblo. La visión de situar y encontrar a Dios en el templo como lugar concreto es buena, pero

Vivirá **tranquilo**
y sus enemigos ya **no lo oprimirán más,**
como lo han venido haciendo
desde los tiempos en que **establecí** jueces
para **gobernar** a mi pueblo, Israel.
Y a ti, David, te haré **descansar** de todos tus enemigos.

Además, yo, **el Señor,**
te hago saber que te daré **una dinastía;**
y cuando tus días se hayan **cumplido**
y descanses para siempre con tus padres,
engrandeceré a tu hijo, sangre de tu sangre,
y **consolidaré** su reino.
Yo seré para él **un padre** y él será para mí **un hijo.**
Tu casa y tu reino
permanecerán para siempre **ante mí,**
y tu trono será estable **eternamente**'".

Reflexiona para ti mismo el significado de la promesa de Dios a David.

II LECTURA   Romanos 16,25–27

Lectura de la carta del apóstol san Pablo a los romanos

Hermanos:
A aquél que puede darles fuerzas para **cumplir** el Evangelio
que yo he proclamado, **predicando** a Cristo,
conforme a la **revelación** del misterio,
mantenido **en secreto** durante siglos,
y que ahora, en cumplimiento del **designio eterno** de Dios,
ha quedado **manifestado** por las Sagradas Escrituras,
para atraer **a todas** las naciones a la **obediencia** de la fe,
al Dios **único, infinitamente** sabio,
démosle **gloria,** por Jesucristo, para **siempre.** Amén.

La seguridad de Pablo como apóstol y predicar del Evangelio era clara y manifiesta en toda su persona. Que esa misma convicción esté presente en ti siempre y en el momento de transmitir este mensaje.

Nuestro pueblo necesita más confianza en su capacidad de conocer el misterio de Cristo, transmite esa confianza mientras proclamas la lectura.

---

insuficiente. A Dios se le encuentra en la historia y destino del pueblo elegido. En el camino de nuestra historia, Dios sigue cumpliendo su promesa: el es nuestro Padre y nosotros sus hijos.

II LECTURA Existe una amistad incomparable en los que creemos en Cristo y vivimos con alegría el compromiso de ser Iglesia. Es la amistad que nace del ser convocados por el mismo Evangelio. Es la amistad que nos hace hermanos y en la que Pablo se enorgullece. Dicho Evangelio consiste en vivir anun-

ciando y anunciar viviendo la cercanía a la persona de Jesús, el Cristo. La fe cristiana es más que un convencimiento de ideas, incluso va mucho más allá de una lista de comportamientos. Todo esto está incluido en vivir en Cristo; en conducir nuestra vida en relación a su persona y su anhelo por hacer la voluntad de Dios.

Él es la revelación completa del misterio de Dios, ese secreto inmenso que poco a poco fue viviendo y entendiendo el pueblo de Israel, pero que en Jesús se manifiesta en su máximo sentido. En cuanto al misterio divino, conviene aclarar dos riesgos que

aparece constantemente en nuestra vida: uno—el de los expertos y entendidos en teología—consiste en pretender que poseemos la verdad de Dios y de su plan salvífico; el otro, latente en la mayoría del pueblo sencillo, se muestra en la actitud pasiva de no "entender" lo que Dios es y quiere, o no buscar comprender el misterio de Jesús, el misterio de la Iglesia. Para estas dos actitudes, san Pablo nos recuerda que la manifestación del misterio de Dios en Cristo tiene como principal consecuencia la atracción obediente a la fe. Una obediencia que nos libera de la pasividad y también de las

EVANGELIO   Lucas 1,26–38

Lectura del santo Evangelio según san Lucas

En aquel tiempo,
  el ángel Gabriel **fue enviado** por Dios
  a una ciudad de Galilea, llamada **Nazaret,**
  a una **virgen** desposada con un varón de la estirpe de David,
  llamado **José.**
La virgen se llamaba **María.**

Entró el ángel a donde ella estaba y le dijo:
  "**Alégrate,** llena de gracia, el Señor está **contigo".**
Al oír estas palabras, ella se **preocupó mucho**
  y se preguntaba **qué querría decir** semejante saludo.

El ángel le dijo:
  "**No temas,** María, porque **has hallado** gracia ante Dios.
Vas **a concebir** y a dar a luz un hijo
  y le **pondrás** por nombre Jesús.
Él será **grande** y será llamado **Hijo del Altísimo;**
  el Señor Dios le dará **el trono de David,** su padre,
  y él **reinará** sobre la casa de Jacob
  por los siglos y su reinado **no tendrá fin".**

María le dijo entonces al ángel:
  "**¿Cómo** podrá ser esto,
  puesto que yo **permanezco** virgen?"
El ángel le contestó:
  "El Espíritu Santo **descenderá** sobre ti
  y el **poder** del Altísimo **te cubrirá** con su sombra.
Por eso, el Santo, que **va a nacer de ti,**
  será llamado **Hijo de Dios.**

**Que el saludo a María llegue al corazón
de la comunidad.**

falsas pretensiones de ser "sabio". Dios es el infinitamente sabio y, en su sabiduría, se nos revela en Jesús para siempre.

EVANGELIO   El anuncio del ángel a María nos lleva al misterio de la Encarnación, el nacimiento del Señor. De ahí que la fiesta de la anunciación guarde una estrecha relación con la Navidad. Por eso, debemos mantener una estrecha relación entre María y Jesús. Los testimonios del Evangelio y el relato que estamos considerando no tienen ningún problema con eso. El riesgo de separación está más

bien en la pastoral y las prácticas devocionales, por ese motivo, a partir del Concilio Vaticano II se ha procurado evitar los extremos de "minimizar" o "maximizar" la figura de María. Es en el misterio de Cristo y el misterio de la Iglesia donde mejor se comprender y celebrar su persona, su maternidad divina y su lugar primordial en la historia de salvación.

Sucedió en un pueblo arrumbado e insignificante, Nazaret de Galilea, en la colonia más atrasada del Imperio. En una casa que solo un pobre de nuestros días puede recordar o imaginar. Ahí vivía esta muchacha

sencilla, sobreviviendo al ambiente y la cultura donde las mujeres eran un cero a la izquierda y su valía dependía del hombre, sus habilidades en el hogar y la gracia de procrear hijos varones. Un especialista en Biblia, al terminar de comentar esta lectura concluye: "la plenitud de la mujer es Dios, no el varón".

La visita del Señor a su pueblo había sido anunciada ya muchas veces; no había duda de que vendría. Lo que no se sabía era precisamente cuando y como. Jerusalén, había sido invitada por el profeta Zacarías (9,9) a llenarse de gozo y lanzar gritos de

Haz el propósito de mantener la respuesta de María en tu camino personal y ministerial durante este Adviento.

Ahí tienes a tu parienta **Isabel,**
que **a pesar** de su vejez, ha **concebido** un hijo
y ya va en el **sexto** mes la que llamaban **estéril,**
porque no hay **nada imposible** para Dios".
María contestó:
"**Yo soy** la esclava del **Señor;**
cúmplase en mí lo que me has **dicho**".
Y el **ángel** se retiró de su **presencia.**

júbilo ante la cercanía de Dios como rey victorioso. Lo que entonces fue proximidad, es ahora en María realidad actual: "Alégrate, llena de gracia, el Señor está contigo". Recibe un nombre de acuerdo de lo que ella es: "llena de gracia". Esta plenitud de gracia se debe a la presencia de Dios, y es el destino de todos los hijos en el Hijo, del cual María es privilegio anticipado y primordial.

Un elemento digno de tomar en cuenta es el consentimiento de la Virgen Madre.

Esto nos ayuda a entender que Dios no rebaza la libertad humana. La respuesta consiste justamente en un ejercicio de la propia libertad en al ámbito de la fe. El "cúmplase en mi lo que has dicho" involucra toda la existencia de María. Dicho en otras palabras, es Madre y discípulo toda la vida y en toda la vida.

La Anunciación, la maternidad de María y la Encarnación de Jesús son misterios de la fe cristiana que meditamos y celebramos y compartimos. Pero también son misterios que debemos contemplar en silencio. Antes y después de hacer el esfuerzo de comprender la fe, todos somos llamados a dejarnos abrazar por la presencia de Dios en la actitud que expresa un humilde y agradecido "¡Amén!".

NATIVIDAD DEL SEÑOR: MISA VESPERTINA DE LA VIGILIA

Que el matrimonio de Dios con su pueblo y su fidelidad a toda prueba sean la motivación y espiritualidad de tu ministerio proclamando su palabra.

Haz una excepción, mientras proclamas la lectura no pienses en las personas, sino en nuestra madre tierra, en el pueblo que nos vio nacer y en los lugares donde vivimos ahora.

Escribe una oración que refleje el grito y la esperanza de nuestra madre tierra hoy.

I LECTURA   Isaías 62,1–5

Lectura del libro del profeta Isaías

Por **amor** a Sión **no me callaré**
  y por **amor** a Jerusalén no me daré **reposo**,
  hasta que **surja** en ella esplendoroso el justo
  y **brille** su salvación como una antorcha.

Entonces las naciones **verán** tu justicia,
  y tu gloria **todos** los reyes.
Te llamarán con un nombre **nuevo**,
  pronunciado por **la boca** del Señor.
Serás corona de gloria en la **mano** del Señor
  y **diadema** real en la palma de su mano.

Ya no te llamarán "**Abandonada**",
  ni a tu tierra, "**Desolada**";
  a ti te llamarán "**Mi complacencia**"
  y a tu tierra, "**Desposada**",
  porque el Señor se ha complacido **en ti**
  y se **ha desposado** con tu tierra.

Como un joven se **desposa** con una doncella,
  se desposará **contigo** tu hacedor;
  como el esposo **se alegra** con la esposa,
  así se **alegrará** tu Dios contigo.

I LECTURA   El amor de Dios es incontenible: no cabe en ningún molde y cualquier comparación se queda corta. El profeta gusta mucho de compararle con el amor de los esposos que se comprometen para toda la vida y en el cual se sostendrá toda la vida en común. Esta imagen de amor y nuevo proyecto de vida juntos entre Dios y su pueblo muestra una clara visión del significado de la alianza en el plan de salvación a realizarse en la historia. Esta visión del amor de Dios con su pueblo tiene implicaciones concretas en la forma como el pueblo de relaciona entre sí. Las instituciones religiosas, de culto, sociales y políticas sirven como instrumento para garantizar que el pueblo se transforma en un nuevo pueblo. Dos dimensiones íntimamente ligadas de la gloria de Dios, se puede percibir con claridad.

Por un lado, la presencia viva de Dios vivo, que no descansa en manifestar su amor, nos habla incluso cuando sentimos su silencio. Se manifiesta en todo momento; revelación es su manera de ser, el modo mejor como podemos nombrarlo: Jesucristo, la manifestación más clara del Dios de la vida. En otras palabras, el pueblo de Israel y toda la humanidad representada desde ahí es un pueblo con sentido y finalidad divina en la historia. La segunda dimensión que se desprende de esta verdad es la misión de la humanidad. Llegar a ser lo que estamos llamados a ser significa entrar en el proceso de salvación mediante el encuentro con Dios en nuestros hermanos. Sí, es personal y comunitario, pero es y deber algo mucho más notable y real, como la llama de una antorcha, como la aurora iluminando la ciudad. El sentido verdadero de un pueblo, sus culturas, su religión e instituciones educativas, políticas y sociales está en la

II LECTURA Hechos 13,16–17.22–25

Lectura del libro de los Hechos de los Apóstoles

Al llegar Pablo a Antioquía de Pisidia,
se puso **de pie** en la sinagoga
y haciendo una señal **para que se callaran,** dijo:

"Israelitas y cuantos temen a Dios, **escuchen:**
El Dios del pueblo de Israel **eligió** a nuestros padres
y **engrandeció** al pueblo,
cuando éste vivía como **forastero** en Egipto
y lo sacó de allí **con todo su poder.**
Les dio por rey a David, de quien **hizo esta** alabanza:
He **hallado** a David, hijo de Jesé,
hombre **según mi corazón,**
quien realizará **todos** mis designios.

Del **linaje** de David, conforme a la **promesa,**
Dios hizo nacer para **Israel** un Salvador, **Jesús.**
Juan **preparó** su venida,
predicando **a todo el pueblo** de Israel
un bautismo de **penitencia,**
y hacia **el final** de su vida,
Juan decía:
" 'Yo **no soy** el que ustedes piensan.
Después de mí viene uno a quien **no merezco**
desatarle las sandalias' ".

Piensa en por lo menos tres maneras de ser proclamador de la Palabra sin leer textos bíblicos. Esto podría ampliar la misión de nuestro ministerio.

Sin excesivo dramatismo, marca la diferencia entre el narrador y las palabras del apóstol Pablo a los presentes. Puedes conjugar el todo de tu voz con un discreto lenguaje corporal.

alegría de contemplar la justicia en medio de nosotros.

II LECTURA Cuando escuchamos a Pablo, sus viajes y predicaciones nuestra atención no se debe quedar en su persona como si fuera el "súper apóstol", debemos contemplar más bien la misión de la Iglesia. De eso se trata precisamente: la elección que Dios hizo de su pueblo se transforma en misión y compromiso que sigue vigente en las circunstancias propias de la comunidad de cristianos en Antioquia. Una característica clave del

apóstol es recordar y mantener viva la memoria histórica del pueblo. Este recuerdo de personas y acontecimientos mediante los cuales se ha ido forjando la vida, es el punto de partida para entender el destino de los creyentes. El pueblo de Israel, tal vez más que ningún pueblo en la historia, vivía el presente arraigado en su pasado; interpretando su historia, celebrando los acontecimientos que dieron sentido a su elección como nación de Dios: la conformación a través de los patriarcas, la liberación de la esclavitud en Egipto, la monarquía que les daba presencia interna-

cional como nación. Pero, algo pasó en el entendimiento presente de su pasado que recorto la visión. Tal vez el nacionalismo les ganó, se sentían más israelitas que pueblo de Dios. Tal vez la cerrazón a la novedad de Dios y la promesa, confundieron su proyecto de nación con el proyecto de Dios. Pablo recuerda con gratitud y fuerza el sentido de la historia que en Jesús alcanza su plenitud.

Una de las tareas de la liturgia católica es celebrar la historia y otorgar un nuevo sentido al presente de la Iglesia. Esto implica encontrarnos con Jesucristo vivo

EVANGELIO   Mateo 1,1–25

Lectura del santo Evangelio según san Mateo

Genealogía de Jesucristo,
   hijo de David, hijo de Abraham:
   Abraham **engendró** a Isaac, Isaac a Jacob,
   Jacob a Judá **y a sus hermanos;**
   Judá **engendró** de Tamar a Fares y a Zará;
   Fares a Esrom, Esrom a Aram, Aram a Aminadab,
   Aminadab a Naasón, Naasón a Salmón,
   Salmón engendró de **Rajab** a Booz;
   Booz engendró de Rut a Obed,
   Obed a Jesé, y Jesé **al rey David.**

David engendró de la mujer de Urías **a Salomón,**
   Salomón a Roboam, Roboam a Abiá, Abiá a Asaf,
   Asaf a Josafat, Josafat a Joram, Joram a Ozías,
   Ozías a Joatam, Joatam a Acaz, Acaz a Ezequías,
   Ezequías a Manasés, Manasés a Amón, Amón a Josías,
   Josías engendró a Jeconías y a sus hermanos,
   durante **el destierro** en Babilonia.

Después del destierro en Babilonia,
   Jeconías **engendró** a Salatiel, Salatiel a Zorobabel,
   Zorobabel a Abiud, Abiud a Eliaquim,
   Eliaquim a Azor, Azor a Sadoc, Sadoc a Aquim,
   Aquim a Eliud, Eliud a Eleazar, Eleazar a Matán,
   Matán a Jacob, y Jacob engendró **a José,**
   el **esposo** de María, de la cual nació **Jesús,** llamado Cristo.

De modo que el **total** de generaciones
   desde Abraham hasta David, es de **catorce;**

---

entre nosotros. Para ello precisamos de una gran variedad de ministerios que acompañan la vida de las parroquias, grupos y comunidades. Haciendo memoria, haciendo historia.

EVANGELIO La genealogía o lista de la descendencia de Jesús que nos muestra el Evangelio es un pasaje que muchas veces pasamos de largo. Sin embargo, tiene un gran significado para comprender a Jesús. Podríamos tomar como ejemplo nuestra propia realidad personal. La comprensión de nuestra propia persona está incompleta si ignoramos el tejido social del que venimos, si ocultamos o menospreciamos alguna parte de nuestra herencia y nuestra historia. Mucho se ha hablado de la necesidad de crear pasados gloriosos y sin mancha para beneficio de la propia identidad. Familias, culturas, instituciones y la misma Iglesia ha echado mano de este recurso que consiste en idealizar el pasado. Congregaciones religiosas muy importantes perderían mucho si su fundador no fuera santo, o si se descubrieran aspectos sombríos del pasado en que se cimentan. Las historias de las grandes familias son elaboradas en línea directa, más que en entretejidos marañosos. Pues bien, con todo y la validez de este recurso de pureza original, Mateo tiene una propuesta muy nueva y provocadora de ver la historia de salvación y la historia misma de Jesús.

Jesús no cayó del cielo. Se encarnó en la historia de la humanidad a través de la cultura y valores del pueblo judío. Específicamente formó parte de la historia de amor de María y José. Es verdad que el texto de la genealogía de Jesús es una elaboración teológica de Mateo, que no existe en otro

desde David **hasta la deportación** a Babilonia, es de **catorce**,
y de la deportación a Babilonia **hasta Cristo**, es de **catorce**.

Cristo vino al mundo de la siguiente manera:
Estando María, su madre, **desposada** con José,
y **antes** de que vivieran juntos,
sucedió que ella, **por obra** del Espíritu Santo,
estaba **esperando** un hijo.
José, su esposo, que era hombre **justo**,
no queriendo ponerla en **evidencia**,
pensó dejarla **en secreto**.

Mientras pensaba en estas cosas,
un ángel del Señor le dijo **en sueños:**
"José, **hijo** de David,
no dudes en recibir en tu casa a María, tu esposa,
porque ella **ha concebido** por obra del Espíritu Santo.
Dará **a luz** un hijo
y **tú** le pondrás el nombre de **Jesús,**
porque él **salvará** a su pueblo de sus pecados".

Todo esto sucedió
para que se **cumpliera** lo que había **dicho** el Señor
por boca del profeta **Isaías:**
*He aquí que la virgen **concebirá** y dará a luz un hijo,*
*a quien pondrán el nombre de **Emmanuel,***
*que quiere decir **Dios-con-nosotros.***

Cuando José **despertó** de aquel sueño,
hizo lo que **le había mandado** el ángel del Señor
y **recibió** a su esposa.
Y sin que él **hubiera tenido** relaciones con ella,
María dio a luz un Hijo y él le puso por nombre **Jesús.**

Forma breve: Mateo 1,18–25

Haz una meditación sobre tu historia familiar descubriendo la presencia de Dios en los momentos más dolorosos y difíciles de aceptar.

Evangelio y que pretende mostrarnos a Jesús como descendiente de Abraham y por tanto, parte del nuevo pueblo de Dios. También es verdad que se basa en la realidad de Jesús como judío, y parte de la historia de este pueblo.

La Iglesia lo asumió desde el principio como revelación y hay que tomar en serio su mensaje: los excluidos e impuros forman parte de la historia de de Jesús. Dios no construye su plan salvífico en los terrenos inmaculados donde habitan los buenos e intachables. Cuatro mujeres (Tamar, Rajab, Rut y la mujer de Urías) de origen pagano y

mala reputación aparecen en la lista de la familia rompiendo así el modelo de la historia basada en hombres y de buena fama. No es la supuesta pureza étnica o racial, ni los diversos grados de santidad que se tengan lo que cuenta sino la acción de Dios en la historia de todos y con la participación de todos. Con esta manera de considerar el origen del nacimiento de Jesús, se abre una esperanza nueva para toda la humanidad. Igual que los primeros cristianos, nosotros también hoy, podemos vernos vinculados y desafiados por la presencia de la salvación en Jesús.

En 1999, en la Basílica de Guadalupe en México, decía el Papa Juan II que, "desde la perspectiva histórica, la navidad es una fecha concreta: Es la noche en que el Hijo de Dios vino al mundo en Belén". En esa misma línea podemos afirmar que la obra salvadora de Jesús tiene fecha, nombre y lugares concreto. Pidamos a Dios que podamos llenar de realismo evangélico nuestra tarea evangelizadora como Iglesia que celebra la Navidad.

NATIVIDAD DEL SEÑOR: Misa de medianoche

La Luz es el concepto y tema central de la lectura. Visualiza tu voz y tu presencia como una luz viva que dice algo a la asamblea.

En el espíritu de los primeros cristianos, también nosotros identificamos al niño de este texto con Jesús recién nacido. Asegúrate de poner júbilo especial a partir de este versículo.

Unas horas o días después, todo volverá a la normalidad. ¿Qué podríamos hacer para mantener este espíritu vivo hasta el día de la Epifanía?

I LECTURA   Isaías 9,1–3.5–6

Lectura del libro del profeta Isaías

El pueblo que caminaba **en tinieblas**
vio **una gran luz**;
sobre los que vivían en tierra **de sombras**,
una luz **resplandeció**.

Engrandeciste a tu pueblo
e hiciste grande **su alegría**.
Se gozan **en tu presencia** como gozan al **cosechar**,
como **se alegran** al repartirse el botín.
Porque tú **quebrantaste** su pesado yugo,
la barra que **oprimía** sus hombros y el cetro de su tirano,
como en el día de Madián.

Porque un niño **nos ha nacido, un hijo** se nos ha dado;
lleva sobre sus hombros el signo **del imperio** y su nombre será:
"Consejero **admirable**", "Dios **poderoso**",
"**Padre** sempiterno", "**Príncipe** de la paz";
para **extender** el principado con una paz **sin límites**
sobre el **trono** de David y sobre **su reino**;
para establecerlo y **consolidarlo**
con la **justicia** y el derecho, desde ahora y **para siempre**.
El **celo** del Señor lo **realizará**.

I LECTURA   Entre guerras y amenazas de conquista en el siglo VIII a.C., los dirigentes del pueblo buscan crear alianzas y nuevos caminos para proteger la nación. La crítica del profeta no se hace esperar es tajante y certera: de nada sirve todo esfuerzo y estrategia si dejan a Dios fuera de sus proyectos. Con esta nota proponemos revalorar la función profética de Isaías, de Jesús y de la misión de la Iglesia.

Isaías sabe muy bien que un pueblo que camina en tinieblas no solo sufre y tropieza sino que muestra una gran tenacidad y deseos de salir adelante. Un pueblo que siembra y no ve frutos es porque vive bajo el yugo de la ignorancia o son otros los que cosechan sus frutos. Un pueblo bajo estas circunstancias puede recibir todo tipo de promesas que no lo sacan de tal situación. Los sistemas políticos y militares no están siendo capaces de cumplir lo mínimo de sus propuestas; son más bien una carga. Bajo estas circunstancias, el pueblo corre el peligro mayor: perder la esperanza. Por eso, se empeña en dar ánimos y rehabilitar la fe en Dios que engrandece a su pueblo. Una Luz resplandeciente, como el naci-miento de un niño en el seno familiar, es el verdadero consejero y el signo del autentico poder que trae paz.

Este niño que nace ha de restablecer la paz duradera como destino del trono de David. La tradición cristiana ha visto aquí el anuncio del Mesías que se realiza en forma plena en la persona de Jesús. De ahí que lo reconozcamos y adoremos como el Príncipe de la Paz. Un pueblo es grande no por la fuerza de sus armas, sino por aceptar la intervención de Dios en su historia. ¿Es posible imaginar un futuro así?

El apóstol pone la clave para un auténtico espíritu navideño. Anuncia con fuerza de hermano este mensaje.

II LECTURA Tito 2,11–14

Lectura de la carta del apóstol san Pablo a Tito

Querido hermano:
La **gracia** de Dios
    se ha manifestado para **salvar** a **todos** los hombres
    y nos ha enseñado
      a **renunciar** a la vida **sin religión** y a los deseos **mundanos**,
      para que vivamos, ya desde **ahora**,
      de una manera **sobria**, justa y fiel a Dios,
      en espera de la **gloriosa venida** del gran Dios y **Salvador**,
    Cristo Jesús, nuestra **esperanza**.
Él se **entregó** por nosotros
    para **redimirnos** de todo pecado y **purificarnos**,
    a fin de convertirnos en pueblo **suyo**,
    fervorosamente entregado a practicar el **bien**.

Concluye en forma solemne el sentido de la venida de Jesús a su pueblo.

EVANGELIO Lucas 2,1–14

Lectura del santo Evangelio según san Lucas

Por aquellos días,
    se **promulgó** un edicto de César Augusto,
    que ordenaba un censo de **todo** el imperio.
Este **primer** censo se hizo cuando Quirino
    era gobernador de Siria.
Todos iban a empadronarse, cada uno en su **propia** ciudad;
    así es que **también** José, perteneciente a la casa y **familia**
      de **David**,
    se **dirigió** desde la ciudad de **Nazaret**, en **Galilea**,

---

II LECTURA Esta lectura refiere a la organización de la comunidad cristiana en Creta, donde Tito es responsable. La gracia de Dios es salvación y tiene nombre: Jesucristo, nuestra esperanza. Esto es lo que creemos, pero, en la práctica, ¿cómo se vive esto? El apóstol recomienda, con una fe ardiente, una libertad de renuncia y un estilo de vida sobrio, sin excesos. La simplicidad de esta recomendación pastoral tiene mucho que decir a los latinos. Es una invitación a vivir de otra manera. Vivir sobrio nos lleva a pensar inmediatamente en mantenerse libre de "borracheras" y sus consecuencias. Necesitamos este tipo de sobriedad y mucho más.

El estilo de vida americano está en crisis, aunque se siga imponiendo como lo mejor. No es posible ni sostenible; necesitaríamos cinco planetas-tierra para ello. Mientras tanto las masas minoritarias—latinos, en este caso—continuamos bebiendo el modelo y embriagándonos del anhelo de tener, de comprar, de aparecer y de controlar.

En este caso, la cultura rebasa a la etnia, es decir, se trata de un modo de vivir y entender la vida que penetra en todas las razas. Es notorio el afán de poder y control en ciertos sectores del liderazgo latino. Es doloroso ver a un pueblo hundido en el endeudamiento a través de un sistema que se lleva más de lo que ganamos y pagamos por un estilo de vida que no es nuestro.

Vivir en sobriedad no es asunto de un día de Cuaresma. Es una actitud cristiana para un estilo de vida diferente. Es una categoría moral que nos siembra en la realidad, haciendo más viva la fe en Jesús y recordando nuestras sencillas raíces.

a la ciudad de David, llamada Belén, para **empadronarse,**
juntamente con María, su esposa, que **estaba encinta.**

Mientras estaban ahí,
le llegó a María el tiempo de dar a luz
y tuvo a su hijo **primogénito;**
lo envolvió en pañales y lo recostó **en un pesebre,**
porque **no hubo** lugar para ellos en la posada.

En aquella región había unos **pastores** que pasaban la noche
en el campo,
vigilando **por turno** sus rebaños.
Un ángel del Señor se les apareció
y **la gloria** de Dios los **envolvió** con su luz y se llenaron
de temor.
El ángel les dijo:
"**No teman.** Les traigo una **buena** noticia,
que **causará** gran alegría a **todo** el pueblo:
hoy les ha nacido, en la ciudad de David,
un **salvador,** que es el Mesías, el **Señor.**
Esto les servirá **de señal:**
encontrarán **al niño** envuelto en pañales
y **recostado** en un pesebre".

De pronto se le unió al ángel
una **multitud** del ejército celestial,
que **alababa** a Dios, diciendo:
"¡**Gloria** a Dios en el cielo,
y en la tierra **paz** a los hombres **de buena voluntad!**"

La Navidad devuelve un sentido a la vida y a la humanidad entera. ¿Qué puedo hacer yo en esta gran misión desde mi propia persona?

EVANGELIO Imaginemos la celebración de la Natividad del Señor sin el "apoyo" que ofrece el mercado de esferas, regalos, colores y la moda de nuestro tiempo. Se vislumbra un paisaje un poco triste y desolado. Sin embargo, el esfuerzo de imaginarlo así, nos enfoca en el realismo del Evangelio del sencillo nacimiento de Jesús.

La familia de Nazaret vive en tiempos de César Augusto que ordena un censo en el cual hay que participar y en medio de lo ordinario de la vida de este tiempo el plan de Dios no se detiene. María está embara-

zada y, como solemos decir, no hay fecha que no se llegue ni plazo que no se cumpla: nace la vida, "da a luz" a Jesús como lo habían anunciado los profetas y el mensajero de Dios. El niño Dios está ahí envuelto en pañales y recostado en un pesebre. La gloria de Dios en el cielo y la paz en los hombres de buena voluntad tiene como punto de partida la contemplación que se da entre el niño y los pastores. Los pastores acogieron la noticia con prontitud venciendo el miedo. Eran gente mal vista que, al vivir en el desierto de Judá, no tenían aspecto limpio.

Los aspectos crudos de este escenario nos muestran el sentido de la gloria de Dios en el nacimiento del Salvador del mundo. Todo el universo se desborda de alegría en la salvación personificada en un niño Dios. En este sentido, la Navidad es un mensaje de Dios que, en su ternura y amor, mira a la humanidad entera desde la perspectiva de los pastores para la paz de todos y de todas en el mundo.

NATIVIDAD DEL SEÑOR: MISA DE LA AURORA

Comienza pausadamente la lectura haciendo resonar la voz del profeta en la asamblea presente.

I LECTURA   Isaías 62,11–12

Lectura del libro del profeta Isaías

Escuchen lo que el Señor hace oír
    hasta el **último** rincón de la tierra:

 "**Digan** a la hija de Sión:
    Mira que **ya llega** tu salvador.
El **premio** de su victoria lo acompaña
    y **su recompensa** lo precede.
Tus hijos serán llamados '**Pueblo santo**',
    '**Redimidos** del Señor', y **a ti** te llamarán
    'Ciudad **deseada**, Ciudad **no abandonada**' ".

Usa un tono imperativo al llegar al mandato para la hija de Sión.

II LECTURA   Tito 3,4–7

Lectura de la carta del apóstol san Pablo a Tito

Hermano:
Al **manifestarse** la bondad de Dios, nuestro **Salvador**,
    y su amor **a los hombres**, él **nos salvó,**
    no porque nosotros hubiéramos hecho algo **digno de merecerlo**,
    sino por **su misericordia.**
Lo hizo mediante **el bautismo**, que nos **regenera** y nos renueva,
    por **la acción** del Espíritu Santo,
    a quien Dios derramó **abundantemente** sobre nosotros,
    por Cristo, nuestro **Salvador.**

La Palabra de Dios viene a confirmar lo que ya somos. Transmite esta convicción.

I LECTURA **Los "rescatados por Señor" serán conocidos** por su capacidad de escuchar lo que el Señor hace oír en todos los rincones de la vida por medio del centinela. El profeta pone este gran anuncio en la boca de una figura de gran impacto en la vida y el destino del pueblo. Un centinela casi siempre anunciaba los peligros que se avecinaban. En esta ocasión el pueblo no escucha amenazas ni peligro alguno, sino una gran noticia: la llegada del Salvador que otorga a todos el premio invaluable de la libertad, el retorno de los exiliados para llegar a ser una gran nación de redimidos, y no por mérito de gobierno alguno, sino por la presencia victoriosa de Dios. Este pueblo santo y rescatado tiene la misión de oír y hacer oír sin reserva alguna las maravillas que implica ser pueblo de Dios, pueblo santo.

II LECTURA **Es muy común en nuestro ambiente eclesial y** ministerial la palabra hermano. La carta a Tito la pone como puerta de entrada a la vida en Jesús que se transforma en salvación colmada de misericordia. Es imprescindible que reconocer que somos hermanos no por méritos propios sino por el don gratuito de Dios. El signo imborrable del Bautismo inicia en nosotros una nueva vida en donde el Salvador derrama sin límites su gracia y dones abundantes. Esta verdad de fe de la Iglesia debiera surtir en nosotros efectos incomparables de fraternidad y comunión. Los dones del Espíritu no nacen de la contradicción. No responden a nuestros intereses. Son gracia abundante para vivir en esperanza pronunciando la palabra "hermano(a)" entre nosotros más como confirmación de lo que somos que como deseo o costumbre mecanizada. En este sentido La Iglesia pueblo de Dios es la comunidad de perdonados.

Un tono exhortativo puede concluir invitando a los presentes a la aceptación plena de la misericordia de Dios.

Así, **justificados** por su gracia,
nos convertiremos en **herederos**,
cuando se realice **la esperanza** de la vida eterna.

EVANGELIO   Lucas 2,15–20

Lectura del santo Evangelio según san Lucas

Proclama el Evangelio con el júbilo de quien contempla a Dios vivo en la vida de la Iglesia y de toda la humanidad.

Cuando los ángeles los dejaron para **volver** al cielo,
los pastores se dijeron unos a otros:
"**Vayamos** hasta Belén,
para ver **eso** que el Señor nos ha **anunciado**".

Se fueron, pues, **a toda prisa** y encontraron a María,
a José **y al niño**, recostado en el pesebre.
Después de verlo, **contaron** lo que se les había dicho
de aquel niño,
y cuantos los oían quedaban **maravillados**.

Proclama con seguridad y fuerza la figura de María, pensando en la contemplación de nuestras madres en el momento de nuestro nacimiento.

María, por su parte,
guardaba todas estas cosas y las **meditaba** en su corazón.

Los pastores se **volvieron** a sus campos,
alabando y **glorificando** a Dios
por **todo** cuanto habían visto y oído,
según lo que se les había **anunciado**.

EVANGELIO   Este Evangelio nos arroja indicaciones serias en cuanto a la revelación de Dios. No basta decir: "Creemos". Es necesario precisar más, y aquí hay unos ejemplos. Dios se revela en la historia, en el mundo de la vida más que en el mundo de las ideas. Los pastores, personas pobres, sencillas y no bien vistas son el punto de llegada de la revelación del Dios encarnado. Ellos reciben anticipadamente el anuncio, y contemplan el nacimiento con entusiasmo incomparable. También son los primeros en recibir la palabra y los signos del reino por parte de Jesús. Ellos son los primeros en reconocer, agradecer y anunciar el acontecimiento de salvación que celebramos. Además del ángel, nadie más los motivó más que su deseo común.

Ante este escenario de la revelación de Dios hecho hombre, la actitud de María es un modelo para nosotros: contemplar, asimilar y meditar el modo como están sucediendo estas cosas. Dicha contemplación nos invita a guardar distancia y silencio ante el misterio de Dios que se hace presente en el entusiasmo y el anhelo del mundo de la vida de las personas humildes y abiertas al Señor. El corazón como centro y fuente de meditación y comprensión no es, como suele entenderse, una referencia a cierto sentimentalismo pasajero. Tiene que ver con el centro más profundo de la persona en donde todo su ser y su destino se ve implicado. En este sentido se cumple la intención del Evangelio según san Lucas que pone acento fuerte en la oración y la alabanza a Dios por parte de quienes contemplan su presencia y dan gloria a Dios por haber puesto su morada en la propia humanidad. La contemplación del misterio de Dios pasa por la vida de los pastores y de todos los que en ellos están representados.

NATIVIDAD DEL SEÑOR: MISA DEL DÍA

I LECTURA   Isaías 52,7–10

Lectura del libro del profeta Isaías

Haz sentir la emoción de esta bella imagen de la realidad.

¡Qué **hermoso** es ver correr sobre los montes
al mensajero que **anuncia** la paz,
al mensajero que trae la buena nueva,
que **pregona** la salvación,
que dice a Sión: "Tu Dios **es rey**!"

Anima a la comunidad con este mensaje, dirigiéndote a ellos con fuerza en tu voz y ternura en tu corazón.

Escucha: Tus centinelas **alzan** la voz
y todos a una gritan alborozados,
porque ven **con sus propios** ojos al Señor,
que retorna a Sión.

Prorrumpan en gritos **de alegría,** ruinas de Jerusalén,
porque el Señor **rescata** a su pueblo, **consuela** a Jerusalén.
Descubre el Señor su santo brazo
a la vista de **todas** las naciones.
Verá la tierra **entera**
la salvación que viene de nuestro Dios.

II LECTURA   Hebreos 1,1–6

Lectura de la carta a los hebreos

Inicia con un tono solemne y pausado, con la confianza de que tú y la asamblea forman parte viva de "nuestros padres".

En **distintas** ocasiones y de **muchas** maneras
habló Dios en el pasado a nuestros padres,
por boca de los **profetas.**

I LECTURA La salvación-liberación se ha cumplido para los desterrados en Babilonia, Dios está vivo y reina. Quien la ve con sus propios ojos es testigo y no puede quedarse quieto ni callado corre anunciando a grito abierto a todos para que vean lo que está sucediendo. Quien ve al heraldo de tan grande y buena noticia no puede menos que apreciar la belleza de lo que ve, la hermosura de lo que escucha y unirse al regocijo con la misma actitud. Entonces no es uno, sino una comunidad entera de testigos que anuncian a todos lo que está sucediendo con Dios reinando entre nosotros. El texto de Isaías es un claro anticipo de lo que sucederá en Nazaret de Galilea y sus alrededores con la presencia de Jesús. Con su persona y su misión se siente y se vive la cercanía del Dios de la vida, el Dios que reina liberando y sanando, curando y devolviendo la dignidad a los pobres y marginados en forma social, cultural y religiosa.

II LECTURA Son incontables los modos y lugares de cómo Dios se revela. El Antiguo Testamento es, podríamos decir, la narración de este proceso vivido en el pueblo de Israel. Pero el prólogo de la carta a los Hebreos hace referencia directa al profetismo. Es sin duda un nervio central de la historia de salvación. Dicha revelación no solo es asumida, sino completa y llevada a una plenitud nueva en

Ahora, en **estos** tiempos,
nos ha hablado **por medio de su Hijo,**
a quien constituyó **heredero** de todas las cosas
y por medio del cual **hizo** el universo.

El Hijo es el **resplandor** de la gloria de Dios,
la imagen **fiel** de su ser
y el **sostén** de todas las cosas con su palabra **poderosa.**

Él mismo, después de efectuar la **purificación** de los pecados,
se sentó a la diestra de la majestad de Dios,
en las **alturas,** tanto más **encumbrado** sobre los ángeles,
cuanto más **excelso** es el nombre que, como **herencia,**
le corresponde.

Porque ¿**a cuál** de los ángeles le dijo Dios:
*Tú eres mi Hijo; yo te he **engendrado** hoy?*
¿O de qué ángel dijo Dios: *Yo seré para él **un padre**
y él será para mí **un hijo**?*
Además, en otro pasaje,
cuando introduce en el mundo a su primogénito, dice:
__Adórenlo__ todos los ángeles de Dios.

Pon especial importancia a la mención de la revelación por medio de su Hijo.

Pronuncia las preguntas con tono de sabiduría al reflexionar sobre este tema.

EVANGELIO   Juan 1,1–18

Lectura del santo Evangelio según san Juan

En el principio **ya existía** aquel que es la Palabra,
y aquel que es **la Palabra** estaba con Dios y **era Dios.**
Ya en el principio él estaba **con Dios.**
Todas las cosas vinieron a la existencia **por él**
y sin él **nada** empezó de cuanto existe.

Medita este texto como un mensaje divino para toda la humanidad a partir de tu persona.

Lee pausadamente cada afirmación del Evangelio sobre el Palabra de Dios.

Jesús. Los profetas hablaban de Dios, ahora es Dios mismo el que habla y está presente. No hay caso semejante en ninguna de otra religión. Jesús, Dios y hombre verdadero, rompe todos los moldes y representaciones de deidades y humanidades en la historia. Desde entonces la fe cristiana ha consistido en mantener este vínculo indisoluble entre divinidad y humanidad. Muchos han intentado separar, matizar, sobreponer o erradicar alguna de estas dos dimensiones reales

del misterio cristiano. Las consecuencias de intentos semejantes son desastrosas para la fe, el sentido de la humanidad y en nuestra practica pastoral ni se diga. Este resplandor de la gloria de Dios que celebramos en navidad parte de Dios y nosotros hemos sido creados a su imagen y semejanza. "Imagen" no como "reflejo" proyectado en un espejo, sino como parte constitutiva de la misma realidad. Por eso, podemos adorarle.

EVANGELIO   **San Mateo nos mostró el origen divino de Jesús a través de la historia y genealogía de su pueblo. San Juan por su parte se remonta mucho más allá: antes del origen del cielo y la tierra. Está dando mayor plenitud y sentido a la narración de los orígenes narrada por el libro del Génesis. El principio**

Él era **la vida**, y la vida era **la luz** de los hombres.
La luz **brilla** en las tinieblas
  y las tinieblas **no la recibieron**.

Marca un énfasis diferente el entrar en la escena Juan Bautista.

Hubo un hombre **enviado** por Dios, que se llamaba Juan.
Éste vino como **testigo**, para dar **testimonio** de la luz,
  para que todos creyeran **por medio de él**.
Él no era la luz, sino **testigo** de la luz.

Aquél que es la Palabra era la luz **verdadera**,
  que ilumina **a todo hombre** que viene a este mundo.
En el mundo **estaba**;
  el mundo había sido hecho **por él**
  y, sin embargo, el mundo **no lo conoció**.

Vino a **los suyos** y los suyos **no lo recibieron**;
  pero a todos los que lo **recibieron**
  les **concedió** poder llegar a ser **hijos** de Dios,
  a los que **creen** en su nombre,
    los cuales no nacieron **de la sangre**,
  ni del deseo de la carne, ni por **voluntad** del hombre,
  sino que **nacieron** de Dios.

Y aquél que es la Palabra se hizo hombre
  y **habitó** entre nosotros.
Hemos visto **su gloria**,
  gloria que le corresponde como a **Unigénito** del Padre,
  lleno de **gracia** y de verdad.

Juan el Bautista dio **testimonio** de él, clamando:
  "A éste me refería cuando dije:
  'El que viene después de mí, tiene **precedencia** sobre mí,
  porque ya existía **antes que yo'** ".

y fin (destino) de todo lo que existe, aun antes de llegar a ser, está en Jesús. Él es el Verbo de Dios, su Palabra creadora. Es Dios.

Este extenso prólogo del Evangelio según san Juan encierra una teología de Cristo con profundo significado: en Jesús todo tiene sentido y plenitud. La creación entera es asumida en su vida y su misterio redentor. La historia del pueblo elegido se abre como patrimonio de todos los pueblos, y toda la humanidad encuentra explicación en el Dios hecho hombre, Dios-con-nosotros. Esta síntesis de la historia de la salvación nos adentra en la vida divina al mismo tiempo que nos centra en el corazón de la fe cristiana: la Encarnación del Verbo. A partir de ahora contemplar a Dios no trae miedo ni temor a su poder. Contemplar y dejarnos abrazar por el misterio divino supone fe y confianza en la persona de Jesús. En él recibimos el don de la filiación divina, por él conocemos a la voluntad de Dios y su plan salvífico. En él somos humanidad nueva. Esta humanidad que está entrando en una nueva conciencia de sí misma gracias a la cercanía de nuevos

De su plenitud hemos recibido **todos** gracia sobre gracia.
Porque **la ley** fue dada por medio de Moisés,
 mientras que la gracia y la verdad vinieron **por Jesucristo.**
A Dios nadie lo ha visto **jamás.**
El Hijo **unigénito,** que está en el seno del Padre,
 es quien lo ha **revelado.**

Forma breve: Juan 1,1–5.9–14

pueblos y culturas hermanas y gracias a la
gran responsabilidad común que enfrentamos en el destino de nuestro planeta entero.

SAGRADA FAMILIA

I LECTURA   Génesis 15,1–6; 21,1–3

Lectura del libro del Génesis

En aquel tiempo, el Señor se le apareció a Abram y le dijo:
    "**No temas**, Abram. Yo soy tu protector
    y tu recompensa será **muy grande**".
Abram le respondió:
    "Señor, Señor mío, ¿**qué** me vas a poder dar,
    puesto que voy a morir **sin hijos**?
Ya que no me has dado **descendientes**,
    un criado de mi casa será **mi heredero**".

Pero el Señor le dijo:
    "Ése **no será** tu heredero,
    sino uno que **saldrá** de tus entrañas".
Y haciéndolo **salir** de la casa, le dijo:
    "Mira el cielo y **cuenta** las estrellas, si **puedes**".
Luego añadió: "Así será **tu descendencia**".
Abram **creyó** lo que el Señor le decía,
    y **por esa fe**, el Señor lo tuvo **por justo**.

Poco tiempo después, el Señor tuvo **compasión** de Sara,
    como lo había dicho y le **cumplió** lo que le había **prometido**.
Ella **concibió** y le dio a Abraham un hijo **en su vejez**,
    en el tiempo que Dios había **predicho**.
Abraham le puso por nombre **Isaac** al hijo
    que le **había nacido** de Sara.

Lectura alternativa: Eclesiástico 3,3–7.14–17

Que las palabras de Dios a Abraham salgan de ti con fortaleza de una tradición de miles de años.

Haz el propósito mental de que tanto hombres como mujeres encuentre en esta lectura una esperanza de parte de Dios.

Haz una oración y meditación personal por quienes asisten a Misa con el dolor de vivir con la separación familiar o la pérdida de seres queridos.

I LECTURA   Hoy está siendo cada vez más variada y debatida la vivencia y comprensión de lo que significa ser familia. Básicamente, la entendemos como esposo, esposa e hijos (familia nuclear), o en un sentido más amplio: esposos, abuelos, tíos, nietos y sobrinos (familia extensa). Este modo de entender y vivir la familia se ve fuertemente desafiado en nuestra Iglesia y sociedad por una inmensidad de problemas. No es el momento de enumerarlos. Solo quiero poner en la mesa la magnitud del problema: la familia ha sido siempre la Institución más fuerte y fundamental en la transmisión de los valores de la fe y de la vida. No solo se trata de la gravedad del presente que vive la familia cristiana, sino del futuro de la fe y de nuestra sociedad que ahí se está diluyendo. Y andamos sedientos de vivir el sentido de familia en todos lados: en casa, en el trabajo, el deporte y el grupo; con los amigos, la empresa, los recuerdos, internet y hasta en las pandillas; en la comunidad de fe y en los ministerios de servicio.

En medio de los cambios y las crisis, la familia cristiana está buscando y recreando nuevos sentidos de ser comunidad de amor y amistad, de apoyo y acompañamiento en la vida. Este panorama nos da una buena base para entender el sentido del texto bíblico que nos convoca hoy. Dios celebra con Abraham y Sara una alianza que alcanzará a todo el pueblo y sus generaciones futuras. Este es el asunto central. No hay padre sin madre, así que no se trata de "nuestro padre Abraham" en solitario. En la familia de Sara y Abraham se realiza la promesa de Dios para la humanidad de un pueblo. En esta familia sin esperanza alguna Dios se complace y se hace presente con hechos increíbles. Donde lo único que

Contempla tu comunidad parroquial, sus vidas, sus tareas, ministerios y desafíos, todos forman el pueblo a quien Dios elige y llama desde siempre.

Marca énfasis en las formas verbales donde se hace sentir la promesa de Dios.

II LECTURA   Hebreos 11,8.11–12.17–19

Lectura de la carta a los hebreos

Hermanos:

Por **su fe**, Abraham, **obediente** al llamado de Dios,
  y **sin saber** a dónde iba,
  partió hacia la tierra que habría de recibir como **herencia.**

Por **su fe**, Sara, aun siendo **estéril** y a pesar de su **avanzada** edad,
  pudo **concebir** un hijo,
  porque **creyó** que Dios habría de ser **fiel** a la promesa;
  y así, de un **solo** hombre, ya **anciano,**
  nació una descendencia, **numerosa** como las estrellas del cielo
  e **incontable** como las arenas del mar.

Por **su fe**, Abraham, cuando Dios le puso **una prueba,**
  se dispuso a **sacrificar** a Isaac, su hijo **único,**
  garantía de la promesa,
  porque Dios le había dicho:
  *De Isaac **nacerá** la descendencia que ha de **llevar** tu nombre.*
Abraham pensaba, en efecto,
  que Dios tiene poder hasta para **resucitar** a los muertos;
  por eso **le fue devuelto** Isaac,
  que se **convirtió** así en un símbolo **profético.**

Lectura alternativa: Colosenses 3,12–21

---

parece haber es vejez sin fruto alguno, ahí brota la vida y la fecundidad y el futuro de un pueblo entero con Dios en su destino. La familia de Abraham y Sara son el fundamento de las tres familias—religiones—monoteístas más grandes en el mundo: judíos, musulmanes y cristianos. ¿Serán capaces estas grandes religiones de crear un nuevo sentido de familia en la humanidad? Entre nosotros mismos, los cristianos, podemos reforzar el diálogo ecuménico con frutos visibles en el bien común. La propia familia (Iglesia) católica es un reflejo de la realidad y promesa de la familia de Dios en el mundo.

II LECTURA El símbolo profético en que se convirtió Isaac hijo de Abraham y Sara alcanza para todo el pueblo judío y para nosotros hoy. Es la fe de Abraham, y nunca olvidemos a Sara, la que se nos muestra como una enseñanza sólida de respuesta a la alianza. Es una fe a toda prueba. No se deja vencer por nada; ahí donde parece que es imposible creer, permanece viva y se nota en la fuerza para dejarlo y ponerse en camino. La disposición a sacrificar el hijo tan deseado y esperado es signo de la prueba máxima. Dios no deja sin recompensa a los que muestran su espe-

ranza poniéndose en camino. Un pueblo que camina por el mundo, como es el pueblo migrante hoy, es como diría el Papa Benedicto XVI, un signo de los tiempos. No solo porque caracteriza nuestra época, sino porque refleja la presencia de Dios en la fe y la búsqueda de la vida por parte de pueblos, culturas, personas y familias enteras. El pueblo migrante que somos y representamos es, en pleno sentido, un pueblo profético al mostrar desde sí mismo las injusticias que lo obligan a dejarlo todo, pero sobre todo por mostrar el anhelo de una vida mejor animado por la fe en Dios

EVANGELIO Lucas 2,22–40

Lectura del santo Evangelio según san Lucas

Transcurrido el tiempo de la **purificación** de María,
   según la ley de Moisés,
   ella y José llevaron al niño a Jerusalén
   para **presentarlo** al Señor, de acuerdo con lo escrito **en la ley:**
*Todo **primogénito** varón será **consagrado** al Señor,*
   y también para **ofrecer,** como dice la ley,
   un par de tórtolas o dos pichones.

Vivía en Jerusalén un hombre llamado Simeón,
   varón **justo** y temeroso de Dios,
   que **aguardaba** el consuelo de Israel;
   en él **moraba** el Espíritu Santo,
   el cual le había revelado que **no moriría**
   sin haber visto antes al Mesías del Señor.
Movido por el Espíritu, fue al templo,
   y cuando José y María entraban con el niño Jesús
   para cumplir con lo **prescrito** por la ley,
   Simeón lo tomó en brazos y **bendijo** a Dios, diciendo:

"Señor, ya puedes dejar morir **en paz** a tu siervo,
   según lo que me habías prometido,
   porque mis ojos **han visto** a tu Salvador,
   al que has **preparado** para bien de **todos** los pueblos;
   luz que **alumbra** a las naciones
   y **gloria** de tu pueblo, Israel".

El padre y la madre del niño estaban **admirados**
   de semejantes palabras.

Usa un tono de voz distinto para la narración y otro para la proclamación de fe de Simeón y la actitud solícita de Ana.

en medio de las más duras pruebas. Los pueblos migrantes de hoy son minorías abráhamicas que fermentan el futuro del nuevo pueblo de Dios.

EVANGELIO **La familia y la humanidad nacen y crecen juntas.** La familia es célula que da vida a la sociedad y, al mismo tiempo, ejemplo denso de la crisis del tiempo en que se vive. Esta institución humana y cultural de todos los tiempos tiene desde la perspectiva cristiana y de la fe católica una identidad y misión sacramental invaluable. En otras palabras, la familia cristiana tiene una misión dentro de la familia humana a la que pertenece. Desde el punto de vista que se la quiera ver, los desafíos son inmensos. De la familia de Jesús propiamente hablando no sabemos mucho, es desde el Evangelio y el reino de Dios desde donde podemos iluminar el camino de nuestras familias de hoy. Ni la teología ni de las ciencias sociales se preocupa suficiente por analizar el asunto. Desamparado como esta, la familia cristiana latina en los Estados Unidos recibe el impacto directo de la época: la migración, las nuevas tec-nologías, la fragmentación, decisiones políticas y otras cuantas crisis que construimos y padecemos. Son las familias mismas las que buscan crear brotes de vida y esperanza por medio de la fe y los recursos culturales propios. Sin embargo, el llamado de Dios a la familia para que sea fermentos del reino de Dios en la sociedad y en la Iglesia misma sigue más vigente que nunca. En esta densa misión es donde cobra actualidad el Evangelio: Jesús nace en las circunstancias normales y comunes de la historia. Tiene a su padre y su madre con sus propias historias familiares y la lucha

Simeón los **bendijo,** y a María, la madre de Jesús, le anunció:
"Este niño ha sido puesto para ruina y **resurgimiento**
de muchos en Israel,
como signo que provocará **contradicción,**
para que queden al **descubierto**
los pensamientos **de todos** los corazones.
Y a ti, una espada te **atravesará** el alma".

Había también una **profetisa,**
Ana, hija de Fanuel, de la tribu de Aser.
Era una mujer **muy** anciana.
De joven, había vivido siete años casada
y tenía ya **ochenta y cuatro** años de edad.
No se apartaba del templo ni de día ni de noche,
sirviendo a Dios con ayunos y oraciones.
Ana se acercó en aquel momento,
dando gracias a Dios y hablando del niño
a todos los que aguardaban la **liberación** de Israel.

Y cuando cumplieron **todo** lo que prescribía la ley del Señor,
se volvieron a Galilea, a su ciudad de **Nazaret.**
El niño iba creciendo y **fortaleciéndose,**
se llenaba de **sabiduría** y la gracia de Dios estaba con él.

Forma breve: Lucas 2,22.39–40

de cumplir la voluntad de Dios en su proyecto matrimonial. Jesús nace en una cultura y una religión con sus propias normas leyes y costumbres. Sus padres caminan con en él en el crecimiento y cumplimiento de la vida. Es ahí, en las circunstancias ordinarias de la vida, si no ¿dónde más? donde Jesús se va haciendo presente como realización de la promesa de salvación. El viejo Simeón y Ana, una pareja regular y común del pueblo, tienen la actitud clave para nosotros hoy: saber ver (reconocer) y proclamar a Jesús vivo entre nosotros, anunciarlo sin miedo y sin odio, con fuerza y claridad. Bien conscientes de las implicaciones de su presencia en la sociedad, la Iglesia y la familia: para ruina y resurgimiento de muchos, con grandes desafíos para todos, comenzando con desnudar el fondo de nuestras intenciones, hacer transparentes nuestros corazones, no sin dolor, mucho menos sin consuelo. Y en medio de este proceso el gozo inmenso de ver con nuestros propios ojos la presencia del reino, de Jesús mismo, en una familia regular con sentido extraordinario de la fe.

SANTA MARÍA, MADRE DE DIOS

I LECTURA   Números 6,22–27

Lectura del libro de los Números

En aquel tiempo, **el Señor** habló a Moisés y le dijo:
  "Di a Aarón **y a sus hijos:**
  'De esta manera **bendecirán** a los israelitas:
  El Señor te bendiga y **te proteja,**
  haga **resplandecer** su rostro sobre ti y te conceda su favor.
Que el Señor te mire **con benevolencia** y te conceda la paz'.

Así **invocarán** mi nombre sobre los israelitas y **yo los bendeciré**".

Una lectura tan corta e importante te da la oportunidad de sembrar el mensaje con la certeza y entonación de tu voz.

Elige los verbos con los cuales quieres poner énfasis en la bendición de Dios a tus hermanos y hermanas presentes en la asamblea.

II LECTURA   Gálatas 4,4–7

Lectura de la carta del apóstol san Pablo a los gálatas

Hermanos:
Al llegar la **plenitud** de los tiempos,
  envió Dios a su Hijo, nacido de una mujer, nacido **bajo la ley,**
  para **rescatar** a los que estábamos bajo la ley,
    a fin de hacernos **hijos suyos.**

Puesto que **ya son** ustedes hijos,
Dios **envió** a sus corazones el **Espíritu** de su Hijo,
  que clama "**¡Abbá!**", es decir, ¡Padre!
Así que ya **no eres** siervo, sino **hijo;**
  y siendo **hijo,** eres también **heredero** por voluntad de Dios.

La Sagrada Escritura es un patrimonio de la humanidad y un tesoro en la vida de la Iglesia. Proclamarla en la asamblea es un fecundo y bello ministerio.

Cada vez que pronuncies la voz "hijo" trata de combinar la elocuencia con la ternura, mirando a tus hermanos y hermanas presentes.

I LECTURA Los números, los censos y las cantidades son importantes en cuanto que expresan una realidad más profunda. El libro así conocido por nosotros, nos muestra un texto litúrgico de una bendición hermosamente estructurada. Las tribus hebreas tenían bien grabado en el corazón la experiencia del desierto al salir de Egipto. Esta bendición al pueblo por parte de los sacerdotes, menciona con solemnidad el santo nombre de Dios que muestra su amor y benevolencia, su protección y la paz como signos patentes de su presencia.

Cuando un pueblo invoca el nombre de Dios, no solo expresa su fe sino que deja al descubierto la presencia salvadora del Dios de la historia que, de hecho, ya está presente en la vida de quienes aceptan la invitación a liberarse de toda forma de esclavitud. Esta bendición que aun hoy pronunciamos en nuestra liturgia cristiana y católica representa una fuente de vida para un pueblo que busca al Señor en medio del desierto de la vida. Los actuales ministros en la Iglesia, laicos u ordenados, deberíamos buscar nuevas formas creativas y llenas de sentido para que el pueblo sienta la bendición de Dios. La religiosidad y el catolicismo popular nos llaman a crear una nueva actitud de bendecirnos unos a otros, a tiempo y a destiempo hasta llegar a reconocer al otro, al extranjero, al diferente como una bendición de Dios en nuestras vidas.

II LECTURA Dios está siempre presente. No manipula la historia ni la deja totalmente al capricho humano. Es una presencia continua, de proceso fermentando en medio de su plan salvífico y la libertad responsable de la

La Navidad no debe terminar con la entrega de regalos. Esta lectura es una invitación a mantener vivo el espíritu cristiano del nacimiento de Jesús en nuestra humanidad.

Con la confianza de estar en un tiempo nuevo, proclama el Evangelio con el entusiasmo de los pastores, poniendo énfasis en la persona de María y el rito de poner el nombre a Jesús.

Para la mayoría de nuestro pueblo, vivir el nuevo año es un signo de bendición, esperanza y compromiso con la vida. Anima y promueve esta actitud popular de fe.

EVANGELIO   Lucas 2,16–21

Lectura del santo Evangelio según san Lucas

En aquel tiempo,
   los pastores fueron **a toda prisa** hacia Belén
   y encontraron a María, a José y al niño, **recostado** en el pesebre.
Después de verlo,
   contaron lo que se les había dicho de **aquel niño**
   y cuantos los oían, quedaban **maravillados.**
María, por su parte, **guardaba** todas estas cosas
   y las **meditaba** en su corazón.

Los pastores se volvieron a sus campos,
   alabando y **glorificando** a Dios
   por **todo** cuanto habían **visto y oído,**
   según lo que se les había **anunciado.**

Cumplidos **los ocho días,** circuncidaron al niño
   y le pusieron el nombre de **Jesús,**
   aquel **mismo** que había dicho el ángel,
   antes de que el niño fuera **concebido.**

humanidad. En este proceso, él eligió grandes momentos, lugares y modos de revelarse poco a poco y más. Es el gran pedagogo de la historia de la humanidad. En su iniciativa divina, eligió el momento de mayor plenitud para enviarnos a su Hijo. Si ponemos atención, el misterio del nacimiento de Jesús nos deja ver que la plenitud de Dios no se ajusta a nuestros criterios sobre qué es lo pleno. Nuestro Salvador no nació en la cuna de familias reales, ni en el pueblo más potente del mundo. Es en la nación más sufrida y agobiada, con la familia más humilde del pueblo menos importante,

donde Dios nos revela nuestra realidad salvífica y nuestro destino para siempre como hijos y hermanos. Jesús da un giro total al modo de entender, vivir y comunicarnos con Dios, pasando del miedo a la confianza plena de un Hijo con su Padre amoroso. San Pablo nos invita a ver este misterio para entender su mensaje.

EVANGELIO Este Evangelio es similar a la lectura de la Misa de la Aurora de la Navidad. Aquel comentario nos ayuda en la reflexión de hoy. Es muy conveniente fijar nuestra atención en la

voluntad de Dios por manifestarse en la vida de los sencillos y humildes representados por los pastores. La alegría de los pastores y su entusiasmo sin límites al reconocer a Dios es una invitación abierta a descubrir la gratuidad de Dios para todos.

El encuentro con Jesucristo vivo en medio de nosotros es un camino para recibir y apreciar los frutos de su presencia. El niño Jesús que el ángel anuncia, que María nos ofrece y que los pastores dan testimonio, es el mismo que vive y camina en la fe y la esperanza de nuestros pueblos y en la fe de la Iglesia.

EPIFANÍA DEL SEÑOR

8 DE ENERO DE 2012

I LECTURA Isaías 60,1–6

Lectura del libro del profeta Isaías

Esta es una exhortación poderosa. Proclama con entusiasmo aquellas palabras que animan y levantan.

Levántate y resplandece, Jerusalén,
  porque **ha llegado** tu luz
  y la gloria del Señor **alborea** sobre ti.
Mira: **las tinieblas** cubren la tierra
  y espesa niebla **envuelve** a los pueblos;
  pero sobre ti **resplandece** el Señor
  y en ti **se manifiesta** su gloria.
Caminarán los pueblos **a tu luz**
  y los reyes, **al resplandor** de tu aurora.

Levanta los ojos y **mira** alrededor:
  todos se reúnen y vienen **a ti**;
  tus hijos llegan **de lejos**, a tus hijas las traen **en brazos**.
Entonces verás esto **radiante** de alegría;
  tu corazón se **alegrará**, y se **ensanchará**,
  cuando se **vuelquen** sobre ti los tesoros del mar
  y te traigan **las riquezas** de los pueblos.
Te **inundará** una multitud de camellos y dromedarios,
  procedentes de Madián y de Efá.
Vendrán **todos** los de Sabá
  trayendo **incienso y oro**
  y **proclamando** las alabanzas del Señor.

Ejercita en ti mismo una actitud de confianza en Dios y de fuerza interior. Transmite este mismo espíritu de confianza a la asamblea.

I LECTURA **El sentido de esta lectura no se encuentra precisamente las palabras sobre camellos y dromedarios, incienso y oro. La fuerza de la tradición de los "reyes magos" y sus regalos nos puede empujar a buscar por aquí el mensaje. Por eso, debemos tomar muy en cuenta que el profeta Isaías tiene aquí la misión de edificar a la comunidad de los repatriados. Después de vivir la humillación de la esclavitud, luego de cruzar el desafiante desierto de liberación camino a su nuevo destino. Llegan al país de sus recuerdos y de sus sueños, pero no es el mismo,** ni ellos son iguales. Todo ha cambiado. La misión de Dios se presenta como desafío. No se puede construir un pueblo con gente desanimada, y que, aun liberada por Dios, se empeña en vivir en actitud de humillación. ¡Levántense! Que sea vea en ustedes la gloria y la luz de Dios. Es una serie de secuencias en la misión: Dios anima y edifica al pueblo, el profeta esta en medio de esta tarea. El mismo pueblo así como es bendecido y edificado, es fuertemente llamado a resplandecer y dar testimonio de Dios. Aunque la lectura tiene también un sabor de nacionalismo cerrado, como cuando decimos que "como México no hay dos", debe ser leída e interpretada por el sentido que el profeta Isaías le da y a la luz del Evangelio. Que la salvación de Dios resplandezca en la vida de nuestro pueblo y nuestras comunidades latinas como luz y misión profética dentro de la Iglesia y de la sociedad.

II LECTURA En la Iglesia actual, tenemos la tendencia a ser "más de Pedro que de Pablo"; en ocasiones rayamos en la desgracia de confundir el grupismo o el culturalismo con la Iglesia

Visualízate a ti mismo como proclamador de la palabra en medio de otras culturas, dentro de la misma Iglesia o parroquia. Además del idioma, ¿que otros desafíos y promesas ves?

Esfuérzate por que tu voz ponga en relevancia más el mensaje de Pablo que su figura misma.

II LECTURA   Efesios 3,2–3.5–6

Lectura de la carta del apóstol san Pablo a los efesios

Hermanos:
Han oído hablar de la **distribución** de la gracia de Dios,
    que se me ha confiado **en favor** de ustedes.
Por revelación se me dio a conocer **este misterio,**
    que no había sido **manifestado** a los hombres en **otros**
        tiempos,
    pero que ha sido revelado **ahora** por el Espíritu
        a sus santos apóstoles y profetas:
    es decir, que por el Evangelio,
    también los paganos son **coherederos** de la **misma** herencia,
    miembros del **mismo** cuerpo
    y **partícipes** de la misma promesa en Jesucristo.

EVANGELIO   Mateo 2,1–12

Lectura del santo Evangelio según san Mateo

Jesús nació en **Belén de Judá,** en tiempos del rey Herodes.
Unos **magos** de Oriente llegaron entonces a Jerusalén
    y preguntaron:
    "¿**Dónde está** el rey de los judíos que acaba **de nacer**?
Porque vimos **surgir** su estrella y hemos venido **a adorarlo".**

Al enterarse de esto, el rey Herodes se **sobresaltó**
        y **toda** Jerusalén con él.
Convocó entonces a los **sumos sacerdotes**
        y a los escribas del pueblo
        y les preguntó **dónde** tenía que nacer el Mesías.

El Evangelio no tiene nada de ingenuo. Nos presenta el desafío del poder que tiene miedo al poder salvador del reino de Dios. Seamos siempre conscientes de esto en nuestro ministerio de la palabra.

de Jesús. Esta tendencia de pretender acaparar a Dios para uno mismo no es nueva, es parte de nuestra humanidad, y es el desafío de toda religión. Los judíos se fueron sobre-centrando en sí mismos cuando Jesús vino al mundo. Él abrió desde dentro esta visión. Los primeros cristianos fueron judíos y les costó mucho resistir a la tentación de sentirse los únicos y los mejores ante Dios y ante los demás. El primer paso de un sentimiento como este es apartarse de los demás; luego se busca entender la misión de una manera muy rudimentaria y hasta chistosa: incluir a los otros o misio-

nar, anunciarles la buena noticia de que también son llamados, pero con la condición de que dejen de ser como son y se parezcan a "nosotros". Este es el desafío más grande que ha vivido la Iglesia desde siempre. Tanto que mereció el primero Concilio en Jerusalén y hasta nuestros días. Ninguna cultura está fuera del plan de Dios. Ninguna cultura representa a cabalidad lo que Dios quiere para el mundo entero. San Pablo, el rabino y judío de hueso colorado, entendió, vivió y proclamó esta visión mejor que nadie en la historia de la Iglesia. ¿Han oído hablar de la distribución de la gracia

de Dios? nos pregunta san Pablo. ¿Saben de las semillas del Verbo en toda cultura y de que Dios se nos adelanta en la misión? Apunta el Concilio Vaticano II desde hace 45 años.

EVANGELIO Con el nombre de esta fiesta, celebramos que Dios se manifiesta, se revela. Él no es un Dios escondido, distante y desentendido del mundo de la vida. Si con la conciencia de que él está presente en nuestro mundo somos aprendices en fraternidad humana, cuanto más peligro acecha a la humanidad

Ellos le contestaron:
"En **Belén de Judá,** porque así lo ha escrito el profeta:
Y tú, **Belén,** *tierra de Judá,*
no eres en ***manera alguna***
la menor entre las ciudades ilustres de Judá,
pues ***de ti*** *saldrá un jefe,*
que será ***el pastor*** *de mi pueblo, Israel".*

Entonces Herodes llamó **en secreto** a los magos,
para que le **precisaran** el tiempo en que se les había **aparecido**
la **estrella**
y los mandó a Belén, diciéndoles:
"**Vayan** a averiguar cuidadosamente **qué hay** de ese niño,
y cuando lo encuentren,
avísenme para que yo también vaya a adorarlo".

Después de oír al rey, los magos se pusieron en camino,
y **de pronto** la estrella que habían visto surgir,
comenzó **a guiarlos,**
hasta que se detuvo **encima** de donde estaba el niño.
Al ver de nuevo la estrella, **se llenaron** de inmensa alegría.
Entraron en la casa y **vieron al niño** con María, su madre,
y postrándose, **lo adoraron.**
Después, **abriendo sus cofres,** le ofrecieron regalos:
oro, **incienso** y mirra.
Advertidos durante el sueño de que **no volvieran** a Herodes,
regresaron a su tierra **por otro camino.**

Ayuda a la asamblea a distinguir la actitud de Herodes y la de los magos poniendo énfasis en las palabras de unos y de otros.

Regresar "por otro camino" implica un cambio de rumbo en nuestras vidas, intenta transmitir ese mismo espíritu con tu presencia.

---

cuando anulamos o falsificamos la imagen de su ser y su presencia. En este sentido, la revelación divina, si bien tiene momentos especiales, se da en forma continua y permanente: en la Creación, en el pueblo de Dios, en Jesús, en la vida de la Iglesia, la celebración litúrgica, en la vida sacramental y en la esperanza de los pobres.

La escena que nos narra Mateo nos lleva a reflexionar en dos actitudes ante dicha revelación de Dios y sus consecuencias. Por un lado, tenemos la actitud de Herodes, un hombre enfermo de poder, desconfiado y sin escrúpulos para quitar del camino a cualquiera que represente una amenaza para su situación de privilegio, capaz de asesinar a su propia familia. En su aparente interés por Jesús, esconde el miedo asesino y calculador. Por otro lado, Mateo nos muestra a los Magos de Oriente que se ponen en camino para encontrarse con la buena noticia del Salvador. Ellos representan a la diversidad de nuestra humanidad. La tradición cristiana les ha otorgado una variedad de significados que se podrían sintetizar en la apertura, la búsqueda y la generosidad. San Juan Crisóstomo dijo que ellos "no se pusieron en camino por haber visto la estrella, sino que la encontraron porque ya iban en camino". En esta imagen encontramos una invitación a salir de nosotros mismos, a ponernos en camino siguiendo la señal de la estrella.

Como inmigrantes en una sociedad multicultural, somos llamados, mediante la fiesta de la Epifanía, a encontrarnos con Jesús en las otras familias culturales, desde una sana conciencia de nuestra propia identidad que, en el encuentro con los otros, encontrará mayor plenitud y sentido.

BAUTISMO DEL SEÑOR

Proclama la lectura como un gran prego-
nero de la Buena Nueva de Dios, llamando la atención de todos los
presentes.

Resalta con entusiasmo certero las frases que ponen a Dios como el centro de
nuestra vida.

I LECTURA   Isaías 55,1–11

Lectura del libro del profeta Isaías

Esto dice el Señor:
   "**Todos ustedes,** los que tienen sed, **vengan** por agua;
      y los que no tienen dinero,
      vengan, tomen trigo y coman;
      tomen vino y leche **sin pagar.**
¿Por qué **gastar** el dinero en lo que no es pan
      y el salario, en lo que **no alimenta**?

Escúchenme atentos y comerán bien,
      saborearán platillos sustanciosos.
Préstenme atención, **vengan a mí,**
      escúchenme y vivirán.

Sellaré con ustedes **una alianza perpetua,**
      cumpliré las promesas que hice a David.
Como a él **lo puse por testigo** ante los pueblos,
      como príncipe y **soberano** de las naciones,
      así tú reunirás a un pueblo **desconocido,**
      y las naciones que no te conocían **acudirán a ti,**
      por **amor del Señor,** tu Dios,
      por el **Santo** de Israel, que te ha honrado.

Busquen al Señor mientras lo pueden **encontrar,**
      invóquenlo mientras está cerca;
      que el malvado **abandone** su **camino,**
      y el **criminal,** sus **planes;**

I LECTURA   Este hermoso y extenso
texto del profeta Isaías
nos muestra a un Dios vivo, generoso y
cercano a la vida de su pueblo. Él nos ofrece
a manos llenas todo lo necesario para vivir,
con la condición de que lo pongamos en el
centro de nuestra vida y confiemos en la
fuerza de su palabra. Decir a un sediento
que algún día llegará el agua o a un hambriento que haremos oración por él es una
mentalidad que no tiene aprobación en esta
lectura del profeta Isaías. Los que no quieren cambios dirán siempre "veremos más
adelante".

Sin embargo, para el pobre la justicia
postergada es una justicia negada. Viendo
el mensaje de este texto en forma amplia
e integral podríamos decir que encierra un
programa de vida muy apropiado a nuestros
tiempos: los bienes que hay en el mundo
son más que suficientes para que haya una
vida digna para todos. Es imposible imaginar siquiera cuando la combinación de
poder, el tener y el placer se endiosan y
empiezan a tener nombres propios de orga-
nizaciones, países, políticas, grupos y hasta
personas concretas que ven todo apegado
a sus propios intereses.

Es muy claro que los caminos y los pensamientos del Señor están muy lejos de los
pensamientos y los caminos que nos han
llevado a lo que la doctrina social de la
Iglesia ha catalogado como el pecado más
grave de nuestro tiempo: la pobreza extrema
y la brecha inmensa entre ricos y pobres.
La vergüenza de nuestra humanidad queda
al desnudo frente a la invitación de Dios a
una vida plena de sentido, donde para comer
lo único que se necesita es hambre, no
dinero; donde no basta saber usar y vender
el agua, mucho mejor sería saber para qué

Tú, como el profeta Isaías, eres portador de este gran y nuevo mensaje. Procura que se note en todo tu ser.

que **regrese al Señor,** y él tendrá piedad;
a nuestro Dios, que es **rico** en perdón.

Mis pensamientos **no son** los pensamientos de ustedes,
sus caminos **no son** mis caminos.
Porque así como **aventajan** los cielos a la tierra,
así aventajan **mis caminos** a los de ustedes
y mis pensamientos a sus pensamientos.

Como **bajan del cielo** la lluvia y la nieve
y no vuelven allá, sino después de **empapar** la tierra,
de **fecundarla** y hacerla germinar,
a fin de que **dé semilla** para sembrar y pan para comer,
así será la palabra que sale de mi boca:
no volverá a mí **sin resultado,**
sino que **hará** mi voluntad
y **cumplirá** su misión".

Lectura alternativa: Isaías 42,1–4.6–7

Lectura de la primera carta del apóstol san Juan

Queridos hijos:
Todo el que **cree** que Jesús es el Mesías, **ha nacido** de Dios.
Todo el que **ama** a un padre, ama **también** a los hijos de éste.
Conocemos que **amamos** a los hijos de Dios,
en que amamos a Dios y **cumplimos** sus mandamientos,
pues el amor de Dios consiste **en que cumplamos**
sus **preceptos.**
Y sus mandamientos **no son pesados,**
porque **todo** el que ha nacido de Dios **vence** al mundo.
Y nuestra fe es la que nos **ha dado** la victoria sobre el mundo.

Dirígete a la asamblea con un tono contundente de hermano a su familia a vivir en el Espíritu de Jesús.

nos sirve la sed. Dios y su palabra penetran—como la lluvia—la realidad y el corazón del mundo avisándonos que, en el plan de Dios, ¡es tiempo de cosecha y generosa solidaridad!

II LECTURA **El mensaje central de Jesús esta en el reino del amor. No porque el amor sea Dios, sino porque Dios es amor. Vivir en el amor, es el modo como la carta de san Juan aborda el asunto de la fe, en plena consonancia con el Evangelio de Jesucristo: no todo el que**

dice: "Señor, Señor", sino el que vive la fe en medio de sus hermanos. Los primeros cristianos se encontraron en medio de la necesidad de anunciar el evangelio; para ello celebraban y anunciaban su fe buscando entenderla y comprenderla mejor. El entendimiento y comprensión de los misterios de la fe implica cambio, búsqueda y muchas veces errores en el camino. Algunos en la comunidad a quien se dirige esta carta llegaron a dudar y negar la divinidad de Jesús y hasta la misma Encarnación. El texto remarca la divinidad y humanidad de Jesús

con símbolos muy fuertes para la mentalidad de ese tiempo, poniendo el amor vivo al centro de la fe. La fe, como el amor, no es ni irracional ni vacía. El texto nos pone en la dinámica del amor a través del testimonio. Un concepto que incluye y supera esta y otras tendencias pastorales en nuestro tiempo.

EVANGELIO **El Bautismo es muy rico en significados en el Nuevo Testamento. Nos hace Iglesia, miembros del cuerpo de Cristo y partícipes de su**

Porque, ¿**quién es** el que vence al mundo?
Sólo **el que cree** que Jesús es el **Hijo** de Dios.

Jesucristo es el que **se manifestó** por medio del agua
    y de la sangre;
    él vino, no sólo con agua, sino **con agua y con sangre**.
Y **el Espíritu** es el que da testimonio,
    porque el Espíritu **es la verdad**. Así pues, los testigos son tres:
    el **Espíritu, el agua y la sangre**. Y **los tres** están de acuerdo.

Si aceptamos el testimonio de los hombres,
    el testimonio de Dios vale **mucho** más
    y ese testimonio es el que Dios **ha dado** de su Hijo.

Lectura alternativa: Hechos 10,34–38

EVANGELIO   Marcos 1,7–11

Lectura del santo Evangelio según san Marcos

En aquel tiempo, Juan predicaba diciendo:
    "Ya viene **detrás de** mi uno que es **más poderoso** que yo,
    uno ante quien no merezco **ni siquiera** inclinarme
    para **desatarle** la correa de sus sandalias.
Yo los he bautizado a ustedes **con agua,**
    pero él los bautizará con el **Espíritu Santo**".

Por esos días, vino Jesús desde Nazaret de Galilea
    y fue bautizado **por Juan** en el Jordán.
Al salir Jesús del agua, vio que los cielos **se rasgaban**
    y que el **Espíritu,** en figura de paloma,
    descendía **sobre él.**
Se **oyó** entonces una voz del cielo que decía:
    "Tú eres **mi Hijo amado;** yo tengo **en ti** mis complacencias".

Imprime a la conclusión final un tono solemne, como quien está finalizando un mensaje que es para siempre.

Con la destreza de un heraldo de Dios, proclama el Evangelio describe con entusiasmo y claridad el inicio del ministerio público de Jesús.

Contempla tu asamblea y fija tus ojos en las orillas y los extremos; asegúrate que todos ellos sientan que les estás hablando a ellos.

La Palabra de Dios es una invitación constante a vivir en fraternidad. Toma esta invitación como la base de tu espiritualidad como ministro de la palabra.

---

sacerdocio y misión. Nos quita el pecado original capacitándonos por la gracia para vivir orientados al bien. El Bautismo requiere la fe, la conversión y el compromiso de toda una comunidad. Esta entrada básica sobre el Bautismo nos ayuda a situar las tres lecturas en el contexto de la fiesta litúrgica. Siempre partimos del Evangelio como perspectiva clave.

En el caso de Marcos podemos decir: en primer lugar, el texto es muy breve y conciso. Va a lo que para él es esencial: que Juan es testigo, Jesús el centro del mensaje y cuenta con el amparo pleno de Dios. Es recomendable que, después de meditar atentamente lo conciso de este relato del Evangelio, lo compares con la forma en Lucas y Mateo narran este acontecimiento.

En segundo lugar, una vez que estamos bien enfocados en Jesús, Marcos nos muestra más sobre su identidad. De eso se trata todo el Evangelio; así empezó y aquí nos muestra la confirmación de la complacencia divina. En Jesús se rompe la barrera entre cielo y tierra, entre lo humano y lo divino.

En tercer lugar, conviene poner atención en la dinámica de revelación que aquí se da. Es un encuentro poderoso de apertura. Juan lo descubre, él se deja ver; los cielos se rasgan, él va saliendo del agua. Jesús está iniciando su ministerio público al mismo tiempo que es pública la voz que rompe el cielo y da su complacencia.

En pocas palabras, el mensaje es simple y rotundo: Dios se revela al mundo en Jesucristo. No basta con creer en Dios, es necesario creerle a Dios. Conociendo a Jesús y viviendo su propuesta radical del reino de Dios.

II DOMINGO ORDINARIO

I LECTURA   1 Samuel 3,3—10.19

Lectura del primer libro de Samuel

Proclama con reverencia la sabia
respuesta de Eli a Samuel, de tal modo
que la comunidad descubra la sabiduría
que su actitud encierra.

En aquellos días,
   el joven Samuel servía en el templo
   a las órdenes del sacerdote **Elí.**
Una noche, estando Elí acostado en su habitación
   y Samuel en la suya,
   dentro del santuario donde se encontraba **el arca de Dios,**
   el Señor **llamó** a Samuel
   y éste respondió: "**Aquí** estoy".
Fue **corriendo** a donde estaba Elí y le dijo:
   "**Aquí** estoy. ¿**Para qué** me llamaste?"
Respondió Elí: "Yo **no** te he llamado. **Vuelve** a acostarte".
Samuel se fue a acostar.
Volvió el Señor a llamarlo y él **se levantó,**
   fue a donde estaba Elí y le dijo:
   "**Aquí** estoy. ¿**Para qué** me llamaste?"
Respondió Elí: "**No** te he llamado, hijo mío. **Vuelve** a acostarte".

Puntualiza cada una de las respuestas
de Samuel como quien está totalmente
dispuesto a escuchar el llamado de Dios.

Aún **no conocía** Samuel al Señor,
   pues **la palabra** del Señor no le había sido **revelada.**
Por **tercera** vez llamó el Señor a Samuel;
   éste se **levantó,** fue a donde estaba Elí y le dijo:
   "**Aquí** estoy. ¿**Para qué** me llamaste?"

I LECTURA Samuel tiene una misión profética especial en la vida del pueblo de Israel. Esta en medio de la transición histórica de un modelo de liderazgo diversificado (los jueces) a otro centralizado (la monarquía). Este profeta desarrolla funciones y servicios (ministerios podríamos decir hoy) tanto de Juez, como de sacerdote, ofreciendo sacrificios y ungiendo al rey Saúl. Pero hay algo más que nos enseña la lectura: es la importancia de la vocación y el discernimiento. El Señor llama siempre nosotros respondemos muchas veces. Este llamado es siempre

muy personal e íntimo y, al mismo tiempo, muy comunitario y social. El joven Samuel nos enseña la inocencia de la fe: confundir el llamado de Dios con la voluntad de otro hermano. Elí, por su parte, nos muestra la sabiduría de quien sabe escuchar y acompañar el proceso del otro. Podríamos decir con sinceridad que este pasaje no solo nos habla de la vocación de Samuel, sino también de la vocación de Elí. Es grande la tentación de ponernos en el lugar que corresponde a Dios cuando otros andan buscándole con ardor y sinceridad. Es también muy cómodo responder al llamado y

gusto de ciertas personas sin preguntarnos a profundidad sobre nuestra misión en la vida dentro del plan de Dios.

Digamos que para descubrir la voluntad de Dios en nuestra vida hay al menos tres dimensiones: la búsqueda personal, el acompañamiento y guía de nuestros hermanos y hermanas y la presencia continua de Dios en medio de todo. Escuchar para ver con claridad, se convierten aquí en la actitud fundamental para todos. Parece ser el mejor camino para llegar a descubrir juntos nuestra vocación y misión.

En actitud de oración, ofrece sinceramente tu vida a Dios con apertura plena a que se haga su voluntad.

Entonces **comprendió** Elí
   que era el Señor **quien llamaba** al joven
   y dijo a Samuel:
   "**Ve a acostarte** y si te llama alguien responde:
   '**Habla,** Señor; tu siervo te **escucha**'".
Y Samuel se fue a acostar.

De nuevo el Señor se presentó y lo llamó **como antes:**
   "**Samuel,** Samuel".
Éste respondió: "**Habla,** Señor; tu siervo **te escucha**".

Samuel **creció** y el Señor estaba **con él.**
Y **todo** lo que el Señor le decía, **se cumplía.**

II LECTURA   1 Corintios 6,13—15.17—20

Lectura de la primera carta del apóstol san Pablo a los corintios

Proclama el primer pensamiento de Pablo como entrada principal y síntesis de la lectura.

Hermanos:
El cuerpo **no es** para fornicar,
   sino para **servir** al Señor;
   y el Señor, para **santificar** el cuerpo.
Dios **resucitó** al Señor
   y nos resucitará **también** a nosotros con su poder.

¿**No saben** ustedes que sus cuerpos son **miembros** de Cristo?
Y el que se une al Señor, se hace un solo espíritu con él.
Huyan, por tanto, de la fornicación.
Cualquier **otro pecado** que cometa una persona,
   queda **fuera** de su cuerpo;
   pero el que fornica, peca contra su propio cuerpo.

Las preguntas que lanza san Pablo son una invitación a reflexionar. Desafía a la comunidad presente a tomarlos en serio.

¿O es que no saben ustedes
   que su cuerpo **es templo** del Espíritu Santo,
   que han **recibido** de Dios y habita **en ustedes**?

II LECTURA   Este texto podría ser fácilmente mal interpretado. Especialmente si pretendemos que responda las preguntas de nuestro tiempo. El mensaje es para la comunidad cristiana que vive en Corinto y, desde ahí, una luz y criterio para nuestro propio discernimiento actual. Pablo está abordando en esta carta varios de los problemas morales que vive la comunidad. Uno de ellos tiene que ver con la forma de entender la libertad cristiana y el problema concreto de la fornicación. No es un tratado sobre la sexualidad. Es el abordaje de una situación problemá-

tica que debe ser corregida a la luz del criterio cristiano del llamado integral a la santidad. La ciudad portuaria de Corinto no solo daba culto al cuerpo, sino que proponía un estilo de vida donde el sexo era todo y todo era sexo ("pansexualismo", diríamos hoy). Afrodita era su diosa en cuyo templo se realizaba la prostitución como forma de culto. Pablo recuerda el sentido cristiano de la vida, del cuerpo y de la sexualidad misma: vivir en el Espíritu Santo de Dios. En nuestro tiempo la dimensión sexual de la vida como cristianos y cristianas es una deuda pendiente. Vivir en el Espíritu Santo

de Dios implica el cuerpo que somos y la sexualidad que tenemos; precisa serios análisis, profundos diálogos y sinceros esfuerzos en común para vivir la santidad a través del don del amor y la sexualidad.

EVANGELIO   Imagina el escenario que nos presenta el Evangelio y pon atención en los detalles. Juan Bautista, como en el escenario del bautismo, reconoció a Jesús. Esa es una de las cualidades de este gran anunciador y preparador del camino: sabe ver, sabe reconocer al Mesías en medio de los demás, en el

No son ustedes sus **propios** dueños,
porque Dios los ha comprado a un precio **muy caro.**
Glorifiquen, pues, a Dios con **el cuerpo.**

EVANGELIO Juan 1,35–42

Lectura del santo Evangelio según san Juan

En aquel tiempo,
estaba **Juan el Bautista** con dos de sus discípulos,
y **fijando** los ojos en Jesús, que pasaba, dijo:
"**Éste es** el Cordero de Dios".
Los dos discípulos, al **oír** estas palabras, **siguieron** a Jesús.
Él se **volvió** hacia ellos, y viendo que lo seguían, les preguntó:
"**¿Qué buscan?**" Ellos le contestaron:
"**¿Dónde** vives, Rabí?" (Rabí significa "**maestro**").
Él les dijo: "**Vengan** a ver".

Fueron, pues, vieron dónde vivía
y se quedaron **con él** ese día.
Eran como las **cuatro** de la tarde.
Andrés, hermano de Simón Pedro,
era uno de los dos que **oyeron** lo que Juan el Bautista decía
y **siguieron** a Jesús.
El **primero** a quien encontró Andrés,
fue a su hermano **Simón**, y le dijo:
"Hemos encontrado al **Mesías**" (que quiere decir "el **Ungido**").
Lo llevó a donde estaba **Jesús** y **éste** fijando en él la mirada,
le dijo:
"Tú eres **Simón**, hijo de Juan. Tú te llamarás **Kefás**"
(que significa **Pedro**, es decir "**roca**").

Culmina de manera enfática y solemne la última frase. Necesitamos dar a nuestro cuerpo el sentido profundo por el cual fuimos creados.

Proclamando eres también narrador del Evangelio. Procura que la comunidad perciba los distintos tonos de esta lectura: la voz del narrador, los discípulos y Jesús.

Haz de la declaración de Andrés a su hermano Pedro una verdadera confesión de fe que llegue a la asamblea litúrgica.

---

camino. Su encuentro no es algo planeado de antemano. Al identificarlo como el Cordero de Dios, está haciendo alusión a una fuerte tradición en la mentalidad judía. No solo por la importancia que este animalito tenía en la vida, el trabajo y la alimentación del pueblo, sino por el recuerdo de las imágenes del profeta Isaías sobre el siervo doliente. También podemos hacer referencia a la relación íntima con Dios en modo semejante a la confirmación divina en el Bautismo: "este es mi hijo muy amado, escúchenlo". Él es quien viene para arrancar de raíz el pecado y ofrecer la salvación del mundo.

Aquí, entre Juan y Jesús, entre el Cordero y su misión en el mundo, es donde encontramos la vocación de los discípulos Andrés y Pedro. Sin restar ninguna importancia a la vocación de Pedro, de lo que aquí se trata es de la capacidad de ver, de reconocer, creer y anunciar a Jesús. Estos verbos forman parte de una sola actitud cristiana para el verdadero discípulo. Nos enseña que la fe no es ciega y que para encontrar a Jesús necesitamos estar atentos, buscar y ponernos en camino, hacer preguntas importantes y gozar el encuentro con Jesús en donde él vive. Encontrar a Jesús en mi vida es importante, poner mi

vida al encuentro de Jesús y su proyecto es sumamente decisivo. Solo de ese modo podemos decir con alegría incontenible "hemos" encontrado al Mesías. Dicho encuentro es continuo pero tiene momentos culmen de conciencia que ponen a nuestra vida en otro rumbo; son momentos que recordamos para siempre en detalles como "eran como las cuatro de la tarde".

Es muy importante que una comunidad llegue a identificar en forma sana y realista cuando ha visto la presencia de Jesús y cómo está anunciando esa experiencia a otras comunidades o parroquias.

III DOMINGO ORDINARIO

Da a tu proclamación un sentido de urgencia cuando Dios ordena a Jonás dirigirse a la ciudad.

I LECTURA   Jonás 3,1–5.10

Lectura del libro del profeta Jonás

En aquellos días,
    el Señor **volvió** a hablar a Jonás y le dijo:
    "**Levántate** y vete a Nínive, la gran capital,
    para **anunciar** ahí el mensaje que te voy a indicar".

Se levantó Jonás y **se fue** a Nínive,
    como le había mandado el Señor.
Nínive era una ciudad **enorme**:
    hacían falta **tres días** para recorrerla.
Jonás caminó por la ciudad durante un día, **pregonando**:
    "Dentro de **cuarenta días** Nínive será **destruida**".

Los ninivitas **creyeron** en Dios,
    ordenaron un ayuno y se vistieron de sayal, grandes
        y pequeños.
Cuando Dios **vio sus obras** y cómo se **convertían**
    de su mala vida,
    cambió de parecer y no les mandó el castigo
    que había **determinado** imponerles.

Trata de mover el corazón de la asamblea a descubrir la misericordia de Dios que otorga el perdón a un pueblo que asume con serio compromiso el mensaje.

I LECTURA | Jonás es un profeta diferente, no solo por la resistencia para asumir el llamado de Dios, sino porque su labor profética no se desarrolla dentro de las fronteras de Israel, sino en medio de una de las grandes ciudades enemigas: Nínive. También podemos decir que conocemos a Jonás por nuestra experiencia en carne propia. El Señor nos conduce, como migrantes, a ser testigos de su mensaje en los lugares que nosotros no escogemos. Nos lleva a donde él quiere y ahí es donde debemos florecer con una misión profética que cruza las fronteras de nuestra visión. Para sorpresa de Jonás, la ciudad responde al mensaje del Señor poniendo en ayuno y enderezando sus caminos.

Ante esto, el Señor muestra su misericordia, mostrando que el plan de Dios no se reduce a naciones elegidas, sino a todos los pueblos del mundo, a todas las naciones que acepten su mensaje. Con esto no solo se rompe la idea de que Dios solo viene para unos cuantos, sino que cambia el prejuicio que por siglos hemos mantenido catalogando a las grandes ciudades como lugares de pecado y perdición.

En nuestro tiempo, en el que más de la mitad de la población humana vive en las ciudades, estamos llamados a desarrollar una nueva conciencia de evangelización, nuevos ministerios de pastoral urbana que respondan a las esperanzas del pueblo católico urbano. Jonás representa para nosotros una nueva conciencia de discipulado y misión eclesial usando nuevos espacios, nuevas tecnologías y estrategias de organización para que nuestras ciudades escuchen el proyecto de Dios en el mundo como se vive y simboliza en las grandes ciudades de nuestro país.

II LECTURA   1 Corintios 7,29–31

Lectura de la primera carta del apóstol san Pablo a los corintios

Hermanos:
Les quiero decir una cosa: el tiempo **apremia**.
Por tanto, **conviene** que
    los casados vivan como si no lo **estuvieran**;
    los que sufren, como **si no sufrieran**;
    los que están alegres, como si no **se alegraran**;
    los que compran, como **si no compraran**;
    los que disfrutan del mundo, como si **no disfrutaran de él**;
    porque este mundo que vemos **es pasajero**.

EVANGELIO   Marcos 1,14–20

Lectura del santo Evangelio según san Marcos

Después de que **arrestaron** a Juan el Bautista,
    Jesús se fue a Galilea para **predicar** el Evangelio de Dios y decía:
    "Se **ha cumplido** el tiempo y el Reino de Dios ya **está cerca**.
Conviértanse y crean en el Evangelio".

Caminaba Jesús por la orilla del lago de Galilea,
    cuando vio a **Simón** y a su hermano, Andrés,
    echando las redes en el lago, pues eran **pescadores**.
Jesús les dijo:
    "**Síganme** y haré de ustedes pescadores **de hombres**".
Inmediatamente dejaron las redes y lo siguieron.

Un poco más adelante, vio a **Santiago** y a **Juan,** hijos de Zebedeo,
    que estaban en una barca, **remendando** sus redes.
Los llamó, y ellos, **dejando** en la barca a su padre
    con los trabajadores, **se fueron** con Jesús.

Inicia tu proclamación con la claridad que imprime san Pablo a su mensaje.

Intenta mostrar una actitud de certeza y confianza en las recomendaciones de san Pablo.

Estamos ante el inicio del ministerio de Jesús que cambiara el destino del mundo entero. Proclámalo con la convicción de discípulo rebosante de fe y esperanza.

Dale a tu voz un tono de exigencia y prontitud a la llegada del reino con Jesús.

Que tu relato muestre la seguridad de un testigo de Jesús iniciando nuevamente su misión en medio de los presentes.

II LECTURA Los temas de esta corta lectura son temas de máxima importancia para la vida. Pablo busca una respuesta clara a todos los problemas que le son presentados y recurre a una verdad fundamental: el valor de la vida. Ante la venida inminente del Señor, todo se vuelve pequeña. No vivimos para sufrir, casarnos, comprar o alegrarnos. Todo esto que estamos viviendo es para darle un mejor y mayor sentido a nuestra existencia que, si somos conscientes, es a fin de cuentas muy corta. No estamos ante un mensaje de desánimo, sino de realismo vital. Es un visión saludable que ubica a nuestra persona en la visión humilde de vivir conscientes de nuestras limitaciones temporales y de darle a nuestros modos de existir un justo valor frente al Señor que es el dueño de todo.

EVANGELIO Este Evangelio es breve y directo. Nos avisa del encarcelamiento de Juan en Jerusalén y del inicio de la misión de Jesús desde la otra orilla, Galilea. Es principio porque ahí, con los sedientos y hambrientos de la justicia de Dios, renace la esperanza en un Dios. Es principio también en el sentido que es ahí y desde ahí donde Dios mismo—en Jesús—ha tomados la iniciativa inaugurar una nuevo horizonte de vida y de sentido.

La llamada que brota del encuentro con el Señor, viene seguida de la promesa que cambiará por completo la vida de estos pescadores: hacerlos pescadores de hombres. Hoy en nuestras comunidades de fe, con la cualidad de un buen pescador, nosotros debemos pescar con destreza, decisión y cuidado a quienes formarán el nuevo pueblo de Dios en el proyecto iniciado al estilo de Jesús: desde Galilea, para todos.

IV DOMINGO ORDINARIO

Que las palabras de Moisés al pueblo suenen como signo de esperanza. Dios ha escuchado sus ruegos.

Pronuncia con tono de temor colectivo la preocupación del pueblo que no quiere morir. Muchos podrían seguir pensando en un Dios lejano.

Da un tono rotundo a la sentencia de Dios para todo profeta que falsifica su mensaje.

I LECTURA   Deuteronomio 18,15–20

Lectura del libro del Deuteronomio

En aquellos días, habló **Moisés** al **pueblo,** diciendo:
  "El Señor **Dios** hará **surgir** en medio de **ustedes,**
  entre sus **hermanos,** un **profeta** como **yo.**
A él lo **escucharán.**
Eso es lo que **pidieron** al Señor, su **Dios,**
  cuando estaban **reunidos** en el monte **Horeb:**
  'No queremos **volver** a oír la **voz** del **Señor** nuestro **Dios,**
  ni **volver** a ver **otra vez** ese gran **fuego;**
  pues no queremos **morir'.**

"El **Señor** me respondió:
  'Está **bien** lo que han **dicho.**
Yo haré **surgir** en medio de sus **hermanos** un **profeta** como **tú.**
Pondré mis **palabras** en su **boca**
  y él **dirá** lo que le **mande** yo.
A quien no **escuche** las **palabras** que él **pronuncie** en mi **nombre,**
  yo le pediré **cuentas.**
Pero el **profeta** que se **atreva** a decir en mi **nombre**
    lo que yo no le haya **mandado,**
  o **hable** en **nombre** de otros **dioses,**
  será reo de **muerte'** ".

I LECTURA En la mentalidad judía pronunciar el nombre de Dios era prohibido por temor y respeto. Hablar con él era impensable. De tal modo que siempre habrían de necesitar mediadores; representantes de ambas partes para facilitar la comunicación entre Dios y el pueblo. Moisés interviene para que el Señor haga surgir nuevos profetas dentro del mismo pueblo y pueda así garantizarse su vida en un doble sentido. No morir por ver a Dios, ni tampoco morir al sentido de su vida por incumplimiento de la voluntad de Dios. Se desprende de aquí una consecuen-cia muy importante acerca de la función de los profetas: son de Dios porque son sus mensajeros, y son del pueblo porque de ahí vienen y ahí sirven. Lo cual nos hace ver que el ministerio profético es uno de los más exigentes. Siempre vivirán en la tensión de una doble dimensión de la fidelidad al mensaje de Dios. En nuestros días, podríamos pensar en el profetismo como una dimensión necesaria en todo ministerio donde la promoción de la justicia de Dios pasa por la crítica aguda a todo lo que se oponen al proyecto de Dios.

La frase inicial debe sonar cargada de ternura y preocupación de san Pablo que desea lo más conveniente para las personas y la Iglesia.

Distingue con claridad las diferentes preocupaciones que san Pablo encuentra para cada situación de vida. Haz un énfasis en su deseo no mencionado: dedicarse a las cosas del Señor.

La asamblea debe reconocer en ti la convicción de haber sido un testigo ocular del primer milagro de Jesús.

II LECTURA   1 Corintios 7,32–35

Lectura de la primera carta del apóstol san Pablo a los corintios

Hermanos:
Yo **quisiera** que ustedes **vivieran** sin **preocupaciones**.
El hombre **soltero** se **preocupa** de las **cosas** del **Señor**
    y de cómo **agradarle;**
  en **cambio**, el hombre **casado** se **preocupa** de las **cosas**
    de **esta** vida y de cómo agradarle a su **esposa**,
    y por eso tiene **dividido** el **corazón**.
En la **misma** forma, la **mujer** que ya no tiene **marido** y la **soltera**
  se **preocupan** de las **cosas** del **Señor**
  y se pueden **dedicar** a **él** en **cuerpo** y **alma**.
Por el **contrario**, la mujer **casada** se **preocupa** de las **cosas**
    de esta **vida**
  y de cómo **agradarle** a su **esposo**.

Les digo **todo** esto para **bien** de ustedes.
Se lo digo, **no** para ponerles una **trampa**,
  sino para que puedan vivir **constantemente**
  y **sin** distracciones en **presencia** del **Señor**, tal como **conviene**.

EVANGELIO   Marcos 1,21–28

Lectura del santo Evangelio según san Marcos

En aquel tiempo, llegó **Jesús** en **Cafarnaúm**
  y el **sábado** fue a la **sinagoga** y se puso a **enseñar**.
Los **oyentes** quedaron **asombrados** de sus **palabras**,
  pues **enseñaba** como quien tiene **autoridad**
    y **no** como los **escribas**.

II LECTURA San Pablo tiene el genio de un maestro elocuente. Habla siempre con claridad y sinceridad a sus comunidades. En este relato no está respondiendo a preguntas que la Iglesia y los católicos tenemos ahora. Debemos buscar nuestras propias respuestas. Está dando una recomendación en forma de deseo profundo para la comunidad de Corinto que es presa de la confusión de roles en la vida social y estos se transportan a la vida de la Iglesia. Parece contradictorio el deseo de vivir sin preocupaciones con el enunciado de preocupaciones en los estados de vida que menciona. No es así. Hay quienes opinan que lo que san Pablo recomienda aquí es tener la capacidad de decisión y opción por las cosas del Señor. De ese modo, ya sea casado, soltero o divorciado puede dedicarse a vivir y servir a Dios. Ciertamente, no es una defensa de un modelo de vida (célibe) contra otro (matrimonial). No olvidemos de que Pablo hizo su propia opción de vivir célibe para entregarse en cuerpo y alma a la misión.

EVANGELIO Jesús es un maestro diferente a los especialistas en religión de su tiempo. Aquellos repetían una doctrina que no habían digerido en sí mismos. Jesús proclama la verdad fundamental de Dios para los seres humanos desde su propia persona. La autoridad de Jesús venía de Dios, él no había sido instruido por ninguna de las escuelas de prestigio en la región. Pero dicha autoridad emanaba de su propia persona en todo lo que decía y hacía. No se parecía a nadie,

Habia en la **sinagoga** un hombre **poseído**
   por un **espíritu** inmundo,
  que se puso a **gritar:**
   "¿Qué quieres **tú** con **nosotros, Jesús** de **Nazaret?**
¿Has venido a **acabar** con **nosotros?**
Ya sé **quién** eres: el **Santo** de **Dios".**
Jesús le **ordenó:**
   "**¡Cállate** y **sal** de él!"
El espíritu inmundo, sacudiendo al hombre con **violencia**
   y dando un **alarido,**
  salió de él.
Todos quedaron **estupefactos** y se **preguntaban:** "¿Qué es **esto?**
¿Qué nueva doctrina es **ésta?** Este **hombre** tiene **autoridad**
   para **mandar** hasta a los espíritus **inmundos** y lo **obedecen".**
Y muy pronto se extendió su **fama** por **toda** Galilea.

Haz notable la fuerza y el poder de la palabra de Jesús ordenando al espíritu que poseía al hombre.

Haz resonar las preguntas de admiración en la asamblea ayudándoles a entrar también ellos en esta actitud de asombro.

su originalidad asombraba a unos y escandalizaba a otros. Marcos nos muestra como el poder del carpintero de galilea es tan contundente que las mismas fuerzas del mal le temían. La forma como cura al hombre poseído por el espíritu que lo hacía no ser el mismo es una manera poderosa y liberadora. Su curación de este hombre hace ver el poder de Jesús no solo porque vence al mal espíritu sacándole de esa persona convertida en todo menos en ser digno. También se manifiesta el poder al

devolver la dignidad restaurándole en la sociedad. La curación o sanación de las personas como se nos presenta aquí tiene un gran efecto también en el desafío para los presentes que deben cambiar su acostumbrada manera de ver a este hombre convertido en ultraja humana. El milagro de Jesús es, pues, un signo de una nueva sociedad transformada por el poder de la presencia del reino de Dios.

V DOMINGO ORDINARIO

I LECTURA Job 7,1–4.6–7

Lectura del libro de Job

Job esta angustiado y decepcionado por su existencia desamparada. Muestra pesimismo y angustia en el relato.

Dale a las preguntas de Job una sensación de quien extremadamente cansado anhela un poco de buen tiempo: paz.

En aquel día, **Job** tomó la palabra y dijo:
"La **vida** del hombre en la tierra es como un **servicio militar**
    y sus días, como días de **un jornalero.**
Como el esclavo suspira **en vano** por la sombra
    y el jornalero se queda **aguardando** su salario,
    así me han tocado en suerte meses **de infortunio**
    y se me han asignado noches **de dolor.**
Al acostarme, pienso: '¿**Cuándo** será de día?'
La noche se alarga y **me canso** de dar vueltas
    hasta que **amanece.**

Mis días corren **más aprisa** que una lanzadera
    y se consumen **sin esperanza.**
Recuerda, Señor, que mi vida **es un soplo.**
Mis ojos **no volverán** a ver la dicha".

Las últimas palabras de Job manifiestan a un hombre derrotado que ha perdido la esperanza de ser feliz.

II LECTURA 1 Corintios 9,16–19.22–23

Lectura de la primera carta del apóstol san Pablo a los corintios

Hermanos:
No tengo por qué **presumir** de predicar el Evangelio,
    puesto que ésa es mi **obligación.**
¡**Ay de mí,** si no anuncio el Evangelio!

La primera afirmación es como una declaración de su persona y su misión. Hazla sonar decidida.

I LECTURA El libro de Job es una pieza central en la Sagrada Escritura, entre otras cosas porque en ella se da una propuesta de cambio radical en el modo de comprender a Dios: un Dios que castiga a los malos y premia a los buenos. Con esta mentalidad se veía la tierra, la salud, la liberación, el poder, la riqueza etcétera, como una comprobación de que se era un buen pueblo, o una buena persona. Así se iba entendiendo también la justicia de Dios. La pobreza y la desgracia en la que se encuentra Job (que hora llamamos "el santo Job") es cuestionable al grado que este hombre decide reclamar a Dios. Todo el pueblo, aun sabiendo que Job era un hombre bueno, duda de él con tal de no cambiar su imagen de Dios. Es el contexto del relato que bien podría ser la oración de muchos ahora en el mundo entero, pueblos completos intentan conciliar un poco el sueno en medio de la pobreza desgarradora que amenaza contra su vida y hasta contra su propia fe en Dios.

II LECTURA Pablo mismo mereció muchas críticas por su estilo de anunciar el Evangelio. Aquí está exponiendo su defensa. El valor de su vida está en anunciar el evangelio sin presunciones y sin prerrogativas personales, pues está respondiendo a una misión encomendada por el Señor. Alude también a dos criterios más con los que se defiende y se explica: su flexibilidad con los demás y la libertad de no haberse dejado influenciar por su contacto con los diferentes grupos

Las frases de la expresión de san Pablo deben impactar a la asamblea como una advertencia muy seria e importante.

Ve llevando en aumento gradual el testimonio del apóstol con un deseo modesto y sincero.

Cuenta este relato como te gustaría que te lo transmitieran a ti mismo.

Si yo lo hiciera por **propia iniciativa,**
   merecería recompensa;
   pero si no, es que se me ha **confiado** una misión.
Entonces, ¿**en qué** consiste mi recompensa?
Consiste en predicar el Evangelio **gratis,**
   renunciando al derecho que tengo a vivir de la predicación.

Aunque no estoy sujeto **a nadie,**
   me he convertido en esclavo **de todos,**
   para **ganarlos** a todos.
Con los débiles **me hice débil,** para ganar a los débiles.
Me he hecho todo **a todos,** a fin de ganarlos a **todos.**
Todo lo hago por el Evangelio,
   para participar **yo también** de sus bienes.

EVANGELIO   Marcos 1,29–39

Lectura del santo Evangelio según san Marcos

En aquel tiempo,
   al salir Jesús de la sinagoga,
   fue con Santiago y Juan a casa **de Simón** y Andrés.
La **suegra** de Simón estaba en cama, con fiebre,
   y **enseguida** le avisaron a Jesús.
Él se le acercó, y **tomándola** de la mano, la levantó.
En **ese** momento se le **quitó** la fiebre y se puso **a servirles.**

Al **atardecer,** cuando el sol se ponía,
   le llevaron a **todos** los enfermos y poseídos del demonio,
   y todo el pueblo **se apiñó** junto a la puerta.

a quien evangelizó. Es sincero cuando dice que busca conseguir las promesas de la salvación, pero no es un interés individualista el que le anima continuamente. Uno de los asuntos que espinaba a otros apóstoles es su decisión de no recibir nada a cambio por anunciar el Evangelio. Se ganaba la vida con su propio oficio de tejedor de tiendas y consideraba una bajeza vivir del evangelio. Él vivía para evangelizar. Las opciones de este apóstol siguen marcando desafíos para quienes trabajamos en el anuncio del Evangelio hoy.

EVANGELIO   Una descripción de la acción de Jesús en compañía de los discípulos. Una geografía en corto con mucho significado. Está en Cafarnaúm, a la orilla del lago Tiberiades en donde se encuentran entre otras cosas, tres sitios que debemos tomar en cuenta: la sinagoga, la casa de la suegra de Pedro y el campo abierto despoblado. Su ministerio es realizado en esos tres lugares y con distintas personas. Acaba de liberar al hombre poseído, ahora cura a la suegra de Pedro y a otro más fuera de la casa, luego cambia el tiempo (de madrugada) y, en solitario, la

oración como alimento para continuar. Marcos nos hace ver que todo esto va revelando a Jesús como el Mesías, pero aun no está claro todavía. Podemos sacar unas luces para nuestra propia misión en la perspectiva del Evangelio. Ni Jesús ni el ministerio pueden quedar encerrados en un solo modelo, ni en un único estilo. Cada lugar nos lleva a una dimensión del ministerio de Jesús que se hace presente en la sinagoga donde los judíos y él mismo veían un lugar muy importante para la presencia de Dios. Pero rompe el esquema haciendo de su mejor momento de oración en la madrugada

Considerando lo comentado arriba, transmite con claridad los diferentes lugares que recorre Jesús en este breve relato.

Curó a muchos enfermos de diversos males
    y **expulsó** a muchos demonios,
    pero **no dejó** que los demonios hablaran,
    porque **sabían** quién era él.

De madrugada, cuando todavía estaba **muy oscuro,**
    Jesús **se levantó,** salió y se fue a un lugar **solitario,**
    donde se puso **a orar.**

Haz del encuentro final un diálogo de dos perspectivas la pregunta escueta y en forma de reclamo de san Pedro con la respuesta de Jesús que se centra en lo importante.

Simón y sus compañeros lo fueron a buscar,
    y al encontrarlo, le dijeron:
    "**Todos** te andan buscando".
Él les dijo: "**Vamos** a los pueblos cercanos
    para predicar **también allá** el Evangelio,
    pues para eso **he venido**".
Y recorrió **toda** Galilea,
    predicando en las sinagogas
    y **expulsando** a los demonios.

y fuera del gran recinto sinagogal. La cercanía de su ministerio se hace sentir en la visita a la casa que tiene que ver con uno de sus amigos del mismo modo que atendiendo gente en pleno campo abierto. Los lugares y los tiempos sagrados tan limitados y reglamentados por la religión judía, de la que Jesús mismo era sincero creyente, se ven superados fuertemente por Jesús. Busquemos ser creativos y responsables en los caminos que siguen nuestros procesos y actividades ministeriales.

VI DOMINGO ORDINARIO

Imagínate como doctor de la piel que esta describiendo las manifestaciones de una enfermedad que conoces a ciencia cierta.

Entona con dolor lacerante la frase que marcaba el destino de toda la vida sin vida.

Informa a la asamblea de la sentencia sagrada que orientaba la vida de todo un pueblo.

I LECTURA   Levítico 13,1–2.44–46

Lectura del libro del Levítico

El Señor dijo a Moisés y a Aarón:
  "Cuando alguno tenga **en su carne**
    una o varias manchas escamosas
  o una mancha blanca **y brillante**, síntomas de la lepra,
  será llevado ante el sacerdote Aarón
  o ante cualquiera de sus hijos sacerdotes.
Se trata de **un leproso,** y el sacerdote lo declarará impuro.
El que haya sido **declarado** enfermo de lepra,
  traerá la ropa **descosida**, la cabeza descubierta,
  se cubrirá la boca e irá **gritando:**
  '¡Estoy **contaminado**! ¡Soy **impuro**!'
Mientras le dure la lepra,
  seguirá **impuro** y vivirá solo, **fuera** del campamento".

I LECTURA   La costumbre con la que se encontró Jesús estaba basada en un precepto de origen divino. Esta prescripción de cómo tratar a los enfermos obedece a una creencia (¿tabú?) de este tiempo que consideraba impura a la persona que perdía sangre, signo de vitalidad. Las mujeres debían mantener un tiempo aparte para recuperarse de haber perdido sangre en el parto. En el caso de que hubiese parido a una niña el tiempo de recuperación se duplicaba. No se sabe exactamente la razón pero se intuye fácilmente dados los prejuicios culturales contra la mujer. Un leproso no tenía mucha opción de recuperación y era condenado a caminar por las orillas como un harapo viviente, del cual el único signo de vida eran sus gritos por medio de los cuales se hacía "sentir" y confirmaba su existencia como desecho del pueblo. Con la importancia que tenía el culto y la pureza ritual para los judíos, personas así sufrían doblemente por no tener la posibilidad de rendir culto a su Dios. Eran rarísimas las ocasiones en que alguien se curaba de algunas de esa enfermedades de la piel a las que se identificaba con ese nombre, en caso de que eso sucediera todavía quedaba la barrera de estricto examen por pasar. Como algunas fronteras de separación que ahora vivimos. Sabemos que los "examinadores" no tienen precisamente la intensión de aceptar sino de rechazar algo que de antemano les parece inaceptable.

II LECTURA   1 Corintios 10,31—11,1

Lectura de la primera carta del apóstol san Pablo a los corintios

Hermanos:
Todo lo que hagan ustedes, sea comer, o beber,
  o cualquier **otra** cosa,
    háganlo todo para **gloria de Dios.**
No den motivo **de escándalo**
  ni a los judíos, ni a los paganos,
  ni a la **comunidad** cristiana.
Por mi parte,
  yo procuro dar gusto a todos **en todo,**
    sin buscar mi propio interés, sino el **de los demás,**
    para que **se salven.**
Sean, pues, imitadores **míos,**
  como yo lo soy **de Cristo.**

EVANGELIO   Marcos 1,40–45

Lectura del santo Evangelio según san Marcos

En aquel tiempo,
  se le acercó a Jesús un leproso
  para **suplicarle** de rodillas:
    "Si **tú quieres,** puedes curarme".
Jesús se **compadeció** de él,
  y extendiendo la mano, **lo tocó** y le dijo:
    "¡Sí quiero: **Sana!**"
Inmediatamente se le quitó la lepra y quedó **limpio.**

II LECTURA   Jesús fue continuamente motivo de escándalo para quienes no aceptaban las exigencias y consecuencias del reino. Los que se escandalizaban no eran los pobres sino quienes veían en peligro su mentalidad antigua y sus privilegios vigentes. No es de este tipo de escándalo del que nos previene Pablo en su mensaje a los corintios. La vida del cristiano siempre va estar acompañada de la necesidad de un atento discernimiento. A la hora de actuar habrá que tomar en cuenta no ser motivo de escándalo para los sencillos y los humildes. Aquellas personas sinceras que están buscando madurar y crecer en su proceso de fe. El criterio mayor que debe seguir el cristiano esta en buscar la gloria de Dios no la propia. Los judíos y los paganos se encontraban en una especie de ajuste cultural que el Evangelio compartido les presentaba incluso en formas tan concretas como qué comer o con quien y dónde. Pablo sabe muy bien de estas tensiones culturales en las que el Evangelio va abriéndose paso.

EVANGELIO   Jesús no fue un curandero, vivió una vida centrada en el servicio al reino de Dios en la relación con los hermanos. Haciendo una lectura integral de los relatos evangélicos o una sana Cristología descubrimos un hombre totalmente libre, orientado a vivir el proyecto de Dios en todas sus relaciones, hombre lleno de ternura, sana alegría y misericordia. La sanación integral brotaba de su manera de ser. Marcos nos muestra

Da un testimonio claro de lo que sucedió después de que el hombre visito el templo. Es un dato que asegura alguien que estuvo presente.

Al despedirlo, Jesús le mandó **con severidad:**
"No se lo cuentes **a nadie;**
pero para que conste, ve a **presentarte** al sacerdote
y **ofrece** por tu purificación lo prescrito por Moisés".

Pero aquel hombre comenzó a divulgar **tanto** el hecho,
que Jesús **no podía ya** entrar abiertamente en la ciudad,
sino que se quedaba fuera, en lugares **solitarios,**
a donde acudían a él **de todas partes.**

aquí la compasión por un doblegado y postrado por la enfermedad, y todas las consecuencias de marginación y desprecio que ella traía. Como todos los enfermos, este también era considerado impuro y reducido a ser como un muerto andando. Con la curación no solamente queda sano sino que es integrado a la vida de la sociedad como una persona digna. Como signo y muestra de tal purificación es enviado a presentarse al templo con los sacerdotes como lo manda la ley de Moisés. Esta presentación se convertía también en un testimonio de lo que estaba sucediendo en la vida de quienes se acercaban a Jesús. Estaba rompiendo las barreras que confinaban a los despreciados a vivir de ese modo para siempre. El acto de curarlo limpiándole, tocando a su persona, es un acto de misericordia para el enfermo y de critica a las acostumbres culturales y religiosas de su tiempo. Los discípulos están siendo testigos de la gran novedad que trae Jesús en su persona y en su forma de proceder.

VII DOMINGO ORDINARIO

Dios está decidido en lo que dice y anuncia. Haz resonar esta convicción en toda la asamblea.

I LECTURA   Isaías 43,18–19.21–22.24–25

Lectura del libro del profeta Isaías

Esto dice el Señor:
   "**No recuerden** lo pasado ni piensen en lo antiguo;
      yo voy a realizar **algo nuevo.**
Ya **está** brotando. ¿No lo notan?
Voy a abrir caminos **en el desierto**
      y haré que **corran** los ríos en la tierra **árida.**
Entonces el pueblo que me he formado
      proclamará mis alabanzas.
Pero tú, Jacob, **no me has invocado;**
      no te has esforzado por servirme, Israel,
      sino que **pusiste sobre** mí la carga de **tus pecados**
      y me **cansaste** con tus iniquidades.
Si he **borrado** tus crímenes
      y no he querido **acordarme** de tus pecados,
      ha sido únicamente por amor **de mí mismo**".

Ofrece a la comunidad lo mejor de tu esperanza al proclamar esta lectura. Como quien cree firmemente en su obra en la historia.

II LECTURA   2 Corintios 1,18–22

Lectura de la segunda carta del apóstol san Pablo a los corintios

Hermanos:
Dios **es testigo**
   de que la palabra que les dirigimos a ustedes
      no fue primero "**sí**" y luego "**no**".

San Pablo invoca a Dios con un juramento que respalda su sinceridad. Tú conoces el tono apropiado. Nuestra fe latina está impregnada de este sabor.

I LECTURA   En al Antiguo Testamento aparecen muchos modos de proceder de Dios, y algunas personas se quedan con los peores y más dudosos, como el de un Dios guerrero y vengador. Sin embargo, no debería quedarnos lugar a dudas de que el Dios de Israel es un Dios de la vida, la libertad, el amor y la justicia. Por esto, todo lo demás y no al revés. Fiel a sus promesas encara al pueblo y al mismo Jacob según nos cuenta Isaías. Los exiliados reciben de Dios una amonestación, una llamada de atención para que agudicen sus sentidos y vean lo que está naciendo en medio de ellos. La obra de Dios se da siempre como algo nuevo y poco a poco. Para notarlo se necesita la fe acompañada de actitudes nuevas, no "renovadas". Dios está formando a su pueblo en medio del desierto, y para verlo necesitamos también ver a futuro. Digamos que tanto la Iglesia como el pueblo latino católico estamos caminando en un desierto en donde, al parecer, nos empeñarnos en mantener los mismos pensamientos y mentalidades. Mirar el futuro en Dios significa ponernos en camino confiando en su obra, más que en la nuestra. Es evitar la tentación de ser servidores de pasado en "nuevos" modelos. Es construir desde la esperanza que en forma cada vez menos callada está brotando en los corazones de buena voluntad, ¿no lo notamos?

II LECTURA   Pablo, como todo misionero, hizo planes de trabajo. La organización de las comunidades demuestra un gran sentido de proceso y delegación de responsables de Iglesias locales. Enfoque estratégico para evangelizar nuevas culturas; puso atención en los lugares clave. No era un misionero entusiasta alocado guiado solo por intuiciones.

Las afirmaciones y negación deben proclamarse con firmeza y contraste.

Cristo Jesús, el **Hijo** de Dios,
a quien Silvano, Timoteo y yo les hemos **anunciado,**
no fue primero "**sí**" y luego "**no**".
Todo él es un "**sí**".
En él, todas las promesas han pasado a **ser realidad.**
Por él podemos responder "**Amén**" a Dios,
quien a todos nosotros nos ha dado **fortaleza** en Cristo
y nos **ha consagrado.**
Nos ha **marcado** con su sello
y ha puesto el Espíritu Santo en nuestro corazón,
como **garantía** de lo que vamos a recibir.

Haz de la presencia de Cristo en esta lectura la solución a la amenaza de la ambivalencia que nos aqueja a todos continuamente.

EVANGELIO   Marcos 2,1–12

Lectura del santo Evangelio según san Marcos

Cuando Jesús **volvió** a Cafarnaúm,
corrió la voz de que estaba en casa,
y muy pronto se aglomeró **tanta gente,**
que ya **no había sitio** frente a la puerta.
Mientras él **enseñaba** su doctrina,
le quisieron presentar a **un paralítico,**
que iban cargando entre cuatro.
Pero como **no podían** acercarse a Jesús por la cantidad de gente,
quitaron parte del techo,
encima de donde estaba Jesús,
y por el agujero **bajaron** al enfermo en una camilla.

Como si fueras el evangelista, no dudes en lo más mínimo en la certeza de estos hechos.

Ayuda a la asamblea a imaginar las circunstancias del lugar, especialmente cuando están llevando al paralítico ante Jesús. Fue posiblemente un hecho sorpresivo.

Era un apóstol con estrategias claras podríamos decir en lenguaje actual. Una de las cualidades en medio de todo esto es también la flexibilidad ante la serie de circunstancias que se presentan en la misión. En Corinto no es la excepción, ha habido serias dificultades al grado que hubo que posponer uno de su viajes con ellos. Les escribe esta carta en medio de una profunda tristeza (ver 2 Corintios 2,1–4).

No se dedica a reprochar o justificarse, sencillamente hace un llamado a la fidelidad por encima de todas las cosas. Jesús es nuestra referencia y en él todo se ha

cumplido con un sí inamovible. La vida de Jesús estuvo marcada por una profunda consistencia. Es muy saludable que tengamos una imagen más clara y honesta de la vida de la Iglesia a partir de Jesús y hasta nuestros días. Debemos superar el romanticismo y el pesimismo que nos hace débiles y tambaleantes en las dificultades intereclesiales. No podemos anunciar con integridad el Evangelio cuando sucumbimos por cualquier cosa (por más seria que sea): la falta de vocaciones, los abusos, etcétera. Las imperfecciones dentro de la Iglesia y

nuestra propia experiencia deberían dotarnos de humildad y de fortaleza para continuar nuestro sí al ejemplo de Jesús.

EVANGELIO Ya la fama de Jesús había crecido. Aquí no funciona el dicho aquel de "crea fama y échate a dormir" como reflejo de quien vive de su imagen, sin hacer ya nada más. Entre más crecía la fama de Jesús, más aumentaba su relación con las personas, las multitudes y sus discípulos. También aumentaban los temores de quienes se veían amenazados

Viendo Jesús **la fe** de aquellos hombres,
le dijo al paralítico: "Hijo, tus pecados te quedan **perdonados**".
Algunos **escribas** que estaban ahí sentados comenzaron a pensar:
"¿Por qué habla ése **así**? Eso es una **blasfemia**.
¿**Quién** puede perdonar los pecados sino **sólo Dios**?"

Conociendo Jesús lo que estaban pensando, les dijo:
"¿Por qué piensan **así**?
¿Qué es **más fácil**, decirle al paralítico:
'Tus pecados te son **perdonados**' o decirle:
'**Levántate**, recoge tu camilla y **vete** a tu casa'?
Pues para que **sepan** que el Hijo del hombre
tiene poder en la tierra para **perdonar** los pecados
—le dijo al paralítico—: **Yo** te lo mando:
levántate, recoge tu camilla y **vete** a tu casa".

El hombre se levantó **inmediatamente**,
recogió su camilla y salió de allí a **la vista** de todos,
que se quedaron **atónitos** y daban **gloria** a Dios, diciendo:
"**¡Nunca** habíamos visto **cosa igual**!"

Expresa con fuerza contundente las palabras y las acciones de Jesús. Hay mucho en juego al comprender su modo de ser.

por Jesús que además de curar iba desmantelando poco a poco y con eficacia imparable una serie de artimañas que mantenían al pueblo encorvado. En este relato se da la curación y la reconciliación o el perdón de los pecados. Es como una síntesis de los milagros el Evangelio no narra antes y después de e este. El Evangelio nos deja ver que Jesús no solo cura sino que también sana, y dicha sanación se manifiesta en la restitución de la dignidad de la persona en el contexto social, religioso, cultural y dentro de sí mismo. Además de la fe del paralítico, debemos notar la de los demás personajes presentes: los discípulos a un lado de su Maestro y los escribas que bien podrían haber ido entre la multitud estaban en compañía de Jesús en la misma casa donde se narra el suceso; la de la muchedumbre que se amontonaba por razones de fe o curiosidad. Y la de quienes ayudan al paralítico; estos "ayudantes" merecen nuestra atención dado que su esfuerzo solidario manifiesta ya de entrada un deseo de ver la obra de Jesús en su amigo. Ante los escribas, la sanación que ejecuta Jesús es hasta cierto punto aceptable sin problema. El asunto más complicado está en que Jesús perdone los pecados; ese no es aceptable para nadie, y menos en un joven vecino del rancho de Galilea. Jesús perdona los pecados con la firme convicción de sanar por completo a este hombre tullido de por vida y así revelar su identidad y poder como Hijo de Dios. En realidad todavía no entendían solo quedaban admirados unos y escandalizados otros. ¡Y el paralítico, a caminar! Como testimonio viviente de que Jesús lo ha sanado y perdonado.

MIÉRCOLES DE CENIZA

Al preparar la lectura, realiza tu propia oración de súplica a Dios y de perdón en tu corazón.

Dale al inicio de tu proclamación un tono de exigencia de tal modo que los presentes entren en el sentido urgente con que Dios busca a su pueblo.

¿Se puede distinguir la sinceridad en la voz? Creo que sí, y tu puedes transmitir ese sentimiento cuando pronuncies la frase "perdona, Señor, perdona a tu pueblo".

I LECTURA Joel 2,12–18

Lectura del libro del profeta Joel

Esto dice el Señor:
   "**Todavía** es tiempo.
Vuélvanse a mí de todo corazón,
   con ayunos, con **lágrimas** y llanto;
   enluten su corazón **y no** sus vestidos.

Vuélvanse al Señor Dios nuestro,
   porque es compasivo y **misericordioso,**
   lento a la cólera, rico en clemencia,
   y **se conmueve** ante la desgracia.

Quizá se arrepienta, **se compadezca** de nosotros
   y nos deje **una bendición,**
   que haga posibles las ofrendas y libaciones
   al Señor, nuestro Dios.

Toquen la trompeta en Sión, **promulguen** un ayuno,
   convoquen la asamblea, reúnan al pueblo,
   santifiquen la reunión, junten a los ancianos,
   convoquen a los niños, aun a los niños de pecho.
Que el recién casado **deje su alcoba**
   y su tálamo la recién casada.

Entre el vestíbulo y el altar **lloren** los sacerdotes,
   ministros del Señor, diciendo:
   '**Perdona,** Señor, **perdona** a tu pueblo.
No entregues tu heredad **a la burla** de las naciones.

I LECTURA La prontitud con la que se cerca el Señor exige al pueblo estar preparados. El ayuno y la oración son una muestra de ese proceso y deseo. El profeta ya había convocado a esta práctica anteriormente (Joel 1,13–14) y ahora está invitando a todos a llegar al centro del asunto: la conversión interior; el cambio de vida desde adentro. Lo que Dios pide es orientemos nuestra mirada—nuestra vida toda—hacia él de todo corazón. Ahí es donde el luto cala y convierte.

Ahí es donde se toman las decisiones y los cambios en la vida que las apariencias externas no pueden ocultar. Hay un sentido de urgencia por varias razones: porque la salvación de Dios no espera, porque la vida corre verdadero peligro cuando no está en el camino de Dios y sobre todo porque el pueblo todo se pierde en su camino en la historia cuando no tiene experiencia de Dios cercano y misericordioso. Todos, hombre y mujeres, niños y ancianos, lejanos y cercanos, son invitados a pedir y vivir en el perdón de Dios.

La lectura está llena de sabiduría religiosa moral para nuestros días: cuando la imagen de Dios que anunciamos es poco compasiva y escasa en misericordia. La desgracia de millones de personas no alcanza a conmover la imagen de Dios que se nos vende o promovemos. Que no sea para los cristianos acusada la pregunta que menciona el profeta: ¿dónde está tu Dios en todo esto? Como entonces, ahora somos todos llamados con urgencia a revisar nuestros caminos, y ganarnos el perdón viviendo en el Dios que Jesús nos mostro con su vida.

Que no digan los paganos: ¿**Dónde está** el Dios de Israel?'"

Y el Señor **se llenó** de celo por su tierra
　y **tuvo piedad** de su pueblo.

II LECTURA　2 Corintios 5,20—6,2

Lectura de la segunda carta del apóstol san Pablo a los corintios

Hermanos:
Somos **embajadores** de Cristo, y por nuestro medio,
　es **Dios mismo** el que los exhorta a ustedes.
En **nombre** de Cristo les pedimos que se dejen **reconciliar**
　con **Dios**.
Al que **nunca** cometió pecado,
　Dios lo hizo "**pecado**" por nosotros,
　para que, **unidos a él** recibamos la salvación de Dios
　y nos volvamos **justos** y santos.

Como **colaboradores** que somos de Dios,
　los exhortamos a **no echar** su gracia en saco roto.
Porque el Señor dice:
　En el tiempo favorable **te escuché**
　y en el día de la salvación **te socorrí.**
Pues bien,
　ahora es el tiempo favorable;
　ahora es el día de la salvación.

Para el inicio de tu lectura, lo mejor será un tono solemne como el de un apóstol que está plenamente convencido de que habla den el nombre de Dios.

La afirmación sobre Cristo puede ser mejor apreciada si lo mencionas como quien está haciendo una proclamación de fe: "Al que nunca cometió pecado . . .".

II LECTURA　San Pablo se entregó por completo a Jesús y sus comunidades. Nunca dudo de su autoridad como apóstol con la misma dignidad y valor que aquellos que caminaron y convivieron con el maestro en vida. Esto le dio la fuerza para su misión, pero también le dio ciertos problemas por su carácter fuerte con algunas personas y comunidades. Así, este relato es una invitación a la comunión en dos maneras: entre la comunidad y el apóstol y con Dios. Esta reconciliación tiene razones contundentes: la reconciliación es con Dios; él es el inocente de todo pecado. Nosotros somos colaboradores que, reconciliados y unidos a Jesús, recibimos la salvación: la gracia de ser justos.

No es oculto para nadie que el carácter de san Pablo era fuerte y tenía, como todo apóstol, sus desafíos personales. En nuestra experiencia de fe y de trabajo en equipo, o los esfuerzos por hacer pastoral de conjunto, se expone con mucha frecuencia la humanidad del discípulo. Hasta la actitud de quien pone la adhesión a su persona como signo de unidad eclesial. Demos gracias a Dios que nos reconcilia a todos en Jesús y nos ofrece la comunión que está más allá de nosotros mismos. El perdón de Dios está a nuestro alcance, la comunión de la colaboración también pues caminan juntas.

Al proclamar el Evangelio esfuérzate por personificar a Jesús en cuanto a la seguridad y claridad con la que distingue la voluntad de Dios.

Da una entonación puntual para distinguir cada exhortación pues se refiere a diferentes prácticas religiosas.

Un gesto corporal puede acompañar el tono distinto de tu voz para que la asamblea alcance a percibir las dos actitudes religiosas que aquí se presentan.

EVANGELIO   Mateo 6,1–6.16–18

Lectura del santo Evangelio según san Mateo

En aquel tiempo, Jesús dijo a sus discípulos:
"Tengan cuidado de **no practicar** sus obras de piedad
delante de los hombres para que **los vean.**
De lo contrario, **no tendrán** recompensa con su Padre celestial.

Por lo tanto, cuando des limosna,
no lo anuncies con trompeta,
como hacen **los hipócritas** en las sinagogas y por las calles,
para que los **alaben** los hombres.
Yo les **aseguro** que **ya recibieron** su recompensa.
Tú, **en cambio,** cuando des limosna,
que **no sepa** tu mano izquierda **lo que hace** la derecha,
para que tu limosna quede **en secreto;**
y tu Padre, que **ve** lo secreto, **te recompensará.**

Cuando ustedes hagan oración,
no sean como los hipócritas,
a quienes **les gusta** orar de pie
en las sinagogas y en **las esquinas** de las plazas,
para que **los vea** la gente.
Yo les **aseguro** que **ya recibieron** su recompensa.
Tú, **en cambio,** cuando vayas a orar,
entra en tu cuarto, **cierra** la puerta y ora ante tu Padre,
que está **allí,** en lo **secreto;**
y **tu Padre,** que **ve** lo secreto, te **recompensará.**

Cuando ustedes ayunen, **no pongan** cara triste,
como esos **hipócritas** que **descuidan** la apariencia de su rostro,
para que la gente **note** que están **ayunando.**
Yo **les aseguro** que **ya recibieron** su recompensa.

EVANGELIO   El mensaje de este Evangelio sobre la limosna, el ayuno y la oración se ubican en el discurso del Sermón del Monte (ver Mateo 5,1—7,28). Es un discurso en el que encontramos una descripción densa de cómo podemos dar a nuestra vida un fundamento de felicidad (bienaventuranzas) autentica basada en Dios y en la justicia, más que en superfluas apariencias. Se trata de encontrarnos verdaderamente con Dios. El riesgo de pervertir y desvirtuar las acciones de la fe es una

preocupación seria en Mateo. Su comunidad es de judíos convertidos y aun recuerdan las duras críticas de Jesús a la actitud hipócrita de los fariseos. Lo secreto y lo interior son enunciados como signo de sinceridad y autenticidad en la búsqueda de Dios. No hay que confundirlo con el individualismo en la oración, el ayuno o la ayuda a los demás. De hecho, es más individualista y sospechosa la fe de quienes alardean públicamente lo poco o mucho que hacen por los demás pensando en sí mismos. San

Mateo va al núcleo de la vida cristiana al prevenirnos de una trampa muy sutil. Aquella que hace de las prácticas religiosas un camino para evitar el encuentro verdadero Dios. Los judíos habían hecho de la práctica de la ley un ritualismo egoísta que levantaba una pared entre Dios y ellos, o un espejo para verse engrandecidos ellos mismos.

Debemos estar atentos a las recomendaciones de este evangelio en toda nuestra vida, especialmente ahora que iniciamos la cuaresma. La limosna no es dar de lo que

Tú, en cambio, cuando ayunes,
perfúmate la cabeza y **lávate** la cara,
para que **no sepa** la gente que estás ayunando,
sino **tu Padre,** que está en lo secreto;
y tu Padre, **que ve** lo secreto, te **recompensará**".

sobra, y menos aun dar para sentirnos buenos o vernos bien. El sentido de la limosna se entiende en la solidaridad continua y permanente con los hermanos. El ayuno, en forma semejante, no consiste en el sacrificio de prohibitivo de "no comer". La Oración en tiempo de Cuaresma es una buena oportunidad para poner nuestra vida al desnudo en manos de Dios buscando entenderla y vivirla mejor a la luz del misterio de la vida de Jesús.

Es necesario recuperar el sentido del Miércoles de Ceniza y otras prácticas de catolicismo popular que dan identidad católica en las comunidades latinas de los Estados Unidos. Valorando, recreando y compartiendo. No basta con "dar ceniza al pueblo" que todavía empuja a mantener viva esta costumbre. Las nuevas generaciones están quedando fuera de la comunidad también por esta razón. Es necesario un liderazgo que promueve con creatividad y flexibilidad (y fe) practicas populares que dan vida en la cultura y las personas. No

basta con reclamar el desequilibrio de las masas que desbordan los templos un día y se ausentan todo el año. Es un juicio que no ayuda en mucho a caminar con el pueblo y aprender de su "inconsciente" sentido de cumplir la penitencia. La fuerza de la raíz indígena en la fe de los latinos continúa viva en la religiosidad popular y ofrece la posibilidad de nuevos frutos.

I DOMINGO DE CUARESMA

I LECTURA   Génesis 9,8–15

Lectura del libro del Génesis

En aquellos días, dijo Dios a Noé y a sus hijos:
"Ahora **establezco** una alianza con ustedes
   y **con sus descendientes,**
con todos los animales que los acompañaron,
aves, ganados y fieras, **con todos** los que salieron del arca,
con todo ser viviente **sobre la tierra.**
Ésta es la alianza que establezco con ustedes:
No volveré **a exterminar** la vida con el diluvio
   ni habrá otro diluvio que destruya la tierra".

Y añadió:
"**Ésta es** la señal de la alianza perpetua
que yo **establezco** con ustedes
y **con todo ser viviente** que esté con ustedes:
pondré mi arco iris en el cielo **como señal**
de mi alianza con la tierra,
y cuando yo cubra de nubes la tierra,
aparecerá el arco iris y me **acordaré** de mi alianza
   con ustedes y con todo ser viviente.
No **volverán** las aguas del diluvio a **destruir** la vida".

Imprime solemnidad a la alianza que Dios establece con Noé y su familia.

Utiliza discretamente tu lenguaje corporal para dar fuerza y claridad a tu voz trasmitiendo un mensaje.

Bien podríamos tomar esta lectura como motivación para iniciar un ministerio del cuidado del ambiente en nuestra parroquia.

I LECTURA La alianza de Dios con la humanidad es una y tiene que ver con la vida en todas sus expresiones. En la conciencia de pueblos y culturas esta alianza va tomando distintas formas de expresión. En el pueblo de Israel dicha alianza de Dios se manifiesta en la creación de un pueblo (Abraham), en la liberación de Egipto (Moisés), pero mucho antes se ha presentado en la promesa de Dios por el cuidado de toda forma de vida sobre la tierra. Es la alianza que Dios mismo se impone y nos es transmitida por una de las tradiciones en el Antiguo Testamento. La alianza no es con Noé. Es con la familia humana a través de la familia de Noé. Y nos siembra en el sentido amplio de la vida: el sentido ecológico. Asunto poco indagado en las religiones monoteístas y apenas descubriéndose en la tradición cristiana. Hemos abusado del "dominar la tierra" y olvidado a gran escala el cuidado de la vida. Apenas estamos aprendiendo a poner la dignidad de la persona como prioridad de todo, cuando Dios ya nos está exigiendo, si sabemos ver, poner la vida al centro, como nos muestra el espíritu de este texto. En pleno siglo XXI y con las evidencias científicas y climáticas del riesgo planetario en que nos encontramos, todavía nos queda mucho camino por andar en el cuidado de la tierra. Dios nos conceda tiempo.

Imprime a la primera afirmación un tono de anuncio certero de una verdad a toda prueba: la verdad de Cristo.

Al llegar al relato de Noé, ajusta la entonación como quien nos lleva a recordar un paso importante.

Identifica el versículo del compromiso de vivir a conciencia, como un don de tu proclamación para la comunidad.

II LECTURA   1 Pedro 3,18–22

Lectura de la primera carta del apóstol san Pedro

Hermanos:
Cristo murió, **una sola vez** y para siempre, por los pecados
   de los hombres;
    él, el justo, **por nosotros,** los injustos, para **llevarnos** a Dios;
    murió en su cuerpo y **resucitó** glorificado.
En esta ocasión, **fue a proclamar** su mensaje
    a los espíritus encarcelados,
    que habían sido **rebeldes** en los tiempos de Noé,
    cuando la **paciencia** de Dios aguardaba,
    mientras se construía el arca, en la que **unos pocos,**
     ocho personas,
    se salvaron **flotando** sobre el agua.
Aquella agua era **figura** del bautismo,
    que **ahora** los salva a ustedes
    y que **no consiste** en quitar la inmundicia corporal,
    sino en el **compromiso** de vivir
     con una **buena conciencia ante** Dios,
    por la **resurrección** de Cristo Jesús, Señor nuestro,
    que **subió** al cielo y está a la **derecha** de Dios,
    a quien están **sometidos** los ángeles,
    las **potestades** y las **virtudes**.

II LECTURA La primera carta de Pedro tiene, entre otros, un tema clave: la esperanza en medio del sufrimiento. Los cristianos a quienes está dirigido dicho mensaje viven el rechazo y la discriminación en tierra extranjera. Se les considera causantes de todos los males y desgracias en el país en que viven. Estos sin patria ni hogar solo tienen como esperanza y referencia a Cristo mismo. Es el mensaje con el cual Pedro les abre los ojos y el corazón para resistir y perseverar. No es una invitación a la resignación masoquista, ni tampoco un mensaje de evasión de la realidad. Es una identificación con el sentido que Jesús dio a su vida y a su muerte misma por la salvación de todos. La frase "Cristo murió, una sola vez y para siempre" es profunda y tajante. El "para siempre" no se refiere al triunfo de la muerte, sino que sucedió realmente y tiene un alcance sin límites. Nos enseña que vivir una vida al estilo de Jesús, hace que la muerte misma se vencida, asumida y superada. Es la muerte de una vida que da sentido y salvación para siempre. Es el compromiso—y el gozo—de vivir con una buena conciencia en Dios. El Bautismo como signo de la nueva alianza, nos recuerda a Dios a favor de la vida en el episodio del diluvio y nos incorpora en la vida y muerte de Jesús como signo, es decir, parte de la plenitud redentora.

El misterio del reino al que se refiere el Evangelio se centra en la persona de Jesús. Procura que la asamblea visualice esto mientras lees.

Este texto es conciso y muy denso, imprime un todo de urgencia en el sentido de importancia no de lectura rápida.

Nuestro pueblo vive más pegado al sentimiento de las tentaciones que a la fuerza del Espíritu, procura transmitir la confianza que da la persona de Jesús.

EVANGELIO   Marcos 1,12–15

Lectura del santo Evangelio según san Marcos

En aquel tiempo, **el Espíritu** impulsó a Jesús a retirarse
al **desierto**,
donde permaneció **cuarenta días** y fue tentado por Satanás.
Vivió allí entre animales salvajes, y los ángeles le servían.

Después de que arrestaron a Juan el Bautista,
Jesús se fue a Galilea **para predicar** el Evangelio de Dios y decía:
"Se **ha cumplido** el tiempo
y el Reino de Dios **ya está cerca.**
Conviértanse y **crean** en el Evangelio".

EVANGELIO   Todo el pueblo sabía de la promesa de Dios. Todos habían conocido y experimentado en carne propia la venida llegada del mesías, liberadores y proyectos que darían inicio a una nueva nación, a una nueva vida. Esta esperanza en un nuevo mesías y un nuevo reino era al mismo tiempo algo muy deseado, y algo en lo que ya muchos habían perdido la confianza. No es un panorama fácil para la misión de Jesús. Siendo realistas es más bien muy complicado: para algunos la solución estaba en volver al pasado, para otros el camino apuntaba por un presente lleno de poder siguiendo el ejemplo de otras naciones. Los mismos discípulos son parte de esta mentalidad. El de Jesús es un reino de paz y de justicia, de futuro nuevo haciéndose presente, de sacrificio que derrota al poder, de misericordia y amor máximo. Esta fuera de los esquemas conocidos y esperados. Se irá describiendo poco a poco en la actuación de Jesús y el anticipo de liberación para con los pobres del mundo, los ciegos por el dolor y todos los que llevan una vida encorvada por el temor y el miedo. La fe en Jesús, el encuentro con él dan cercanía y realismo histórico al reino que es gratuito y exigente para todos y todas.

Este texto nos recuerda al pueblo preparándose en el desierto para realizar su misión, nos ubica en la historia del imperio presente que arremete contra uno de sus profetas: el temido y respetado Juan Bautista, y nos pone con Jesús, en fuerza del Espíritu Santo que no nos libra de las tentaciones sino que más bien nos capacita para vencerlas en medio de la lucha por que el reino de Dios sea saboreado y vivido desde ahora.

II DOMINGO DE CUARESMA

Pronuncia la respuesta de Abraham con un todo de claro y fuerte como signo de disposición total.

Lectura del libro del Génesis

En aquel tiempo, Dios le puso **una prueba** a Abraham y le dijo:
"¡**Abraham, Abraham**!" Él respondió: "**Aquí estoy**".
Y Dios le dijo: "Toma a tu **hijo único,** Isaac,
a quien tanto amas;
vete a la región de Moria y ofrécemelo **como sacrificio,**
en uno de los montes que yo te indicaré".

Cuando llegaron al sitio que Dios le había señalado,
Abraham **levantó** un altar y acomodó la leña.
Luego **ató** a su hijo Isaac, lo puso sobre el altar,
encima de la leña **y tomó** el cuchillo para degollarlo.

Haz una breve pausa antes de que aparezca el ángel del Señor. Esto dispone a la asamblea a entrar en un momento diferente del relato.

Pero el ángel del Señor **lo llamó** desde el cielo y le dijo:
"¡**Abraham, Abraham**!" Él contestó: "**Aquí estoy**".
El ángel le dijo:
"**No descargues** la mano contra tu hijo,
ni le hagas daño.
Ya veo que **temes** a Dios,
porque **no le has negado** a tu hijo único".

Abraham levantó los ojos y vio un carnero,
enredado por los cuernos en la maleza.
Atrapó el carnero y **lo ofreció** en sacrificio en lugar de su hijo.

El ángel del Señor **volvi**ó a llamar a Abraham desde el cielo
y le dijo:
"Juro por **mí mismo,** dice el Señor, que por haber **hecho esto**
y no haberme negado **a tu hijo único,**

| I LECTURA | El sacrificio humano es un tema muy interesante |

El sacrificio humano es un tema muy interesante en la vida de los pueblos y culturas. Toma muchas formas, expresiones y sentidos. Ofrecer sacrificios humanos a la divinidad, como en el caso de los aztecas y mayas, pudo haber sido una costumbre también en el pueblo judío (ver Levítico 18,21 y Deuteronomio 12,31). En la actualidad, las formas de sacrificio humano se han sofisticado en grado extremo a través de las formas de violencia que caben bien en lo que Juan Pablo II identificó como la cultura de la muerte en nuestra historia actual.

Volviendo a nuestro texto, nos hace pensar inmediatamente en el arrojo sin límites de Abraham para ofrecer a su propio hijo en sacrificio. Esta fe abrahámica no es absurda, ni debe alimentar sentimientos de poner en peligro la vida para agradar a Dios. Dios no es sádico. Lo que nos muestra es la total disposición de una persona capaz de desprenderse de lo más preciado de sí mismo como signo de fe y confianza en que Dios tiene un plan más grande con lo poco que tenemos y que para nosotros significa todo.

Dios muestra, una vez más, que es un Dios de la vida. No es una justificación del sacrificio de animales; es una muestra de la pedagogía divina que va educando a un pueblo y a la humanidad misma en el crecimiento de una conciencia del cuidado de la vida.

Cierra con elocuencia intachable la declaración de bendición para todos los pueblos de la tierra.

yo te bendeciré y **multiplicaré** tu descendencia
como las estrellas del cielo y las **arenas del mar.**
Tus descendientes **conquistarán** las ciudades enemigas.
En tu descendencia serán bendecidos **todos los pueblos**
de la tierra,
porque **obedeciste** a mis palabras".

Inicia tu lectura con el tono adecuado que anticipa una pregunta. Esta primera parte debe ser solemne entrada a todo el texto.

II LECTURA   Romanos 8,31–34

Lectura de la carta del apóstol san Pablo a los romanos

Hermanos: si Dios está a **nuestro favor,**
¿**quién** estará en contra nuestra?
El que **no nos escatimó** a su propio Hijo,
sino que lo entregó **por todos nosotros,**
¿cómo no va a estar dispuesto a dárnoslo **todo,**
junto con su **Hijo?**
¿**Quién** acusará a los elegidos de Dios?
Si Dios **mismo** es quien los perdona,
¿quién será **el que los condene?**
¿Acaso **Jesucristo,** que murió, **resucitó**
y está a la derecha de Dios para **interceder** por nosotros?

Mientras proclamas la lectura en sus preguntas y afirmación, mira a la comunidad con actitud de confianza en Dios, es el corazón del mensaje.

EVANGELIO   Marcos 9,2–10

Lectura del santo Evangelio según san Marcos

En aquel tiempo,
Jesús tomó **aparte** a Pedro, a Santiago y a Juan,
subió con ellos a un monte alto y se transfiguró **en su presencia.**

La fe es una forma profunda de certeza. Transmítela en el tono de esta lectura como un testigo del relato de Marcos.

II LECTURA Esta serie de verdades en forma de pregunta tiene como finalidad principal engrandecer el amor de Dios manifestado en su Hijo Jesucristo. La forma como lo presenta Pablo es fuerte y desafiante. Pone en la conciencia de los cristianos cuestiones que cimbran la fe y la vida. Dan fuerza y fundamento a la existencia del creyente de tal modo que no quede duda de que hemos sido salvados en Cristo para siempre. Sin embargo, en tiempos de fundamentalismos

como los nuestros, hay que estar alertas pues en certezas semejantes ("Si Dios conmigo, ¿quién contra mí?") se cometen y justifican guerras, ataques y rechazo en formas y lugares diferentes y variados. Lo que Pablo propone es la inquebrantable convicción de que nada puede ni podrá apartarnos del amor de Cristo. El amor de Dios es tan grande que ni nosotros mismos podemos erradicarlo o disminuirlo.

EVANGELIO Para entender el mensaje de este texto debemos comenzar por abrir nuestra mentalidad sobre la realidad de las cosas, de las personas. Nuestra inteligencia es muy limitada. Necesitamos de todos los sentidos, y más, para percibir mejor el misterio de las cosas y de las personas. Cuando el lenguaje no alcanza, la imaginación poética viene en su ayuda. De igual manera, es mucho más pleno el conocimiento que da el amor, que el que pueda provenir de los meros

Sus vestiduras se pusieron **esplendorosamente** blancas,
con una blancura **que nadie** puede lograr sobre la tierra.
Después se les aparecieron **Elías y Moisés,** conversando con Jesús.

Entonces Pedro le dijo a Jesús:
"**Maestro, ¡qué a gusto** estamos aquí!
Hagamos **tres chozas,**
una para ti, otra para Moisés y otra para Elías".
En realidad **no sabía** lo que decía, porque estaban **asustados.**

Se formó entonces una nube, que **los cubrió** con su sombra,
y de esta nube salió una voz que decía:
"**Éste** es mi Hijo amado; **escúchenlo**".
En ese momento miraron alrededor
y no vieron **a nadie** sino a Jesús, que estaba **solo** con ellos.

Cuando bajaban de la montaña,
Jesús les mandó que **no contaran a nadie** lo que habían visto,
hasta que el Hijo del hombre **resucitara** de entre los muertos.
Ellos guardaron esto **en secreto,**
pero discutían entre sí qué querría decir eso
de "**resucitar** de entre los muertos".

Marca la experiencia de los discípulos en la narración que proclamas. San Marcos tiene el discípulo en mente con este texto.

Dale un tono de misterio a la aparición de Elías y Moisés, así como a la voz que habla del Hijo.

---

datos biográficos. La Transfiguración significa ir más allá de la apariencia inmediata y ordinaria.

En este sentido, Marcos nos presenta la manifestación de Jesús en modo tal que los discípulos llegan a comprenderlo más plenamente. Esto los llena de certeza y de confianza. "Que a gusto estamos aquí" es una expresión de un susto diferente al miedo. Ven en Jesús al Mesías de Israel, al Hijo del Padre, al Maestro con quien desean pasar toda la vida juntos. En la perspectiva de Marcos la Transfiguración es una revelación del destino de Jesús. Es una confirmación en la fe de los discípulos que los prepara para la hora de la prueba que se acerca mediante el sufrimiento la soledad y el abandono. Bien podríamos distinguir entre Transfiguración (manifestación, revelación profunda) y desfiguración. Marcos mostrará más tarde la desfiguración que Pedro intenta hacer de Jesús cuando rechaza el modelo de Mesías que se le presenta. Ante el misterio, nos queda bien siempre un sincero "amen" y luego seguir caminando para continuar entendiendo lo que sentimos.

En eso consiste la vida del discípulo. En ir encontrándonos con él en el camino de la vida de entrega, de amor y de servicio. Su mejor expresión es la paz en el corazón y un entendimiento nuevo de las cosas y el misterio que encierra la vida cuando se funde con la de Jesús.

III DOMINGO DE CUARESMA (B)

Estos son mandamientos. Comunícalos con intensidad y marcando la diferencia entre uno y otro.

I LECTURA Éxodo 20,1–17

Lectura del libro del Éxodo

En aquellos días, el Señor **promulgó** estos preceptos para su pueblo
en el monte Sinaí, diciendo:
"**Yo soy el Señor,** tu Dios, que te sacó de la tierra de Egipto
y de la esclavitud.
No tendrás **otros dioses** fuera de mí;
no te fabricarás ídolos **ni imagen alguna** de lo que hay arriba,
en el cielo, o abajo, en la tierra,
o en el agua, y debajo de la tierra.
No adorarás nada de eso ni le rendirás culto,
porque yo, el Señor, tu Dios, soy un Dios celoso,
que castiga **la maldad** de los padres en los hijos
hasta la tercera y cuarta generación de aquellos que me odian;
pero **soy misericordioso** hasta la **milésima** generación
de aquéllos que me aman y **cumplen** mis mandamientos.

No harás mal uso **del nombre** del Señor, tu Dios,
porque no dejará el Señor **sin castigo**
a quien haga **mal uso** de su nombre.

Acuérdate de santificar el sábado.
Seis días trabajarás y en ellos harás **todos** tus quehaceres;
pero el día **séptimo** es día de **descanso,**
dedicado al Señor, tu Dios.
No harás en él **trabajo alguno,**
ni tú, ni tu hijo, ni tu hija, ni tu esclavo,
ni tu esclava, ni tus animales,
ni el forastero que viva contigo.

Ve anteponiendo una pausa breve entre cada una de las cláusulas o mandatos que aquí se exponen. Esto pondrá al pueblo en la actitud de escucha apropiada.

I LECTURA Esta es una de las dos versiones del Decálogo (Deuteronomio 5 contiene la otra versión), o los Diez Mandamientos, que aprendemos en el catecismo. Vienen de Dios para la vida del pueblo por mediación de Moisés. Son criterios para orientar la vida y las relaciones de las personas, los grupos y las instituciones (familia, tribu, culto) del pueblo. No son recetas simples para una vida llena de reglas prohibitivas: "no matar", "no robar", etcétera. Son una luz para el camino del pueblo de Dios. Este pueblo será de Dios en la medida en que oriente su vida al Señor (tres primeras palabras) y viva en la historia respetando y amando la dignidad humana propia y ajena. Ya sabemos lo difícil que es lograr un sentir común en la comunidad. ¿Cuánto más en una nación?

Aun así, estas diez palabras de Dios a su pueblo son el camino para la vida y la paz verdadera. Es un aviso tajante en contra de toda forma de idolatría, que consiste en quitar a Dios de enfrente y endiosar otras cosas, personas o proyectos. Cualquier ídolo, por más beneficios que ofrezca, no es comparable a Dios en su infinita misericordia (hasta la milésima generación). Los demás mandamientos no solo evitan cosas en la vida del pueblo sino que promueven valores en cuanto al respeto y cuidado por los ancianos, el bien común y la forma de vivir las relaciones al interior de la comunidad. Podrían parecer prohibiciones imposibles de cumplir, pero en realidad son remedios contra el egoísmo y luces para ser lo que somos en la visión de Dios y su alianza.

Porque **en seis días** hizo el Señor el cielo,
la tierra, el mar y cuanto hay en ellos,
pero el séptimo, **descansó.**
Por eso **bendijo** el Señor el sábado y lo **santificó.**

Honra a tu padre y a tu madre
para que vivas **largos años** en la tierra
que el Señor, tu Dios, te va a dar.
No matarás. No cometerás adulterio. **No robarás.**
No darás falso testimonio contra tu prójimo.
No codiciarás la casa de tu prójimo,
ni a su mujer, ni a su esclavo,
ni a su esclava, ni su buey, ni su burro,
ni cosa alguna que le pertenezca".

Forma breve: Éxodo 20,1–3.7–8.12–17

Haz tu propia meditación y elige cuales son los mandamientos que darán más vida y esperanza a la comunidad. Ora con ellos antes de proclamar esta lectura.

II LECTURA   1 Corintios 1,22–25

Lectura de la primera carta del apóstol san Pablo a los corintios

Hermanos:
Los judíos **exigen** señales milagrosas
y los paganos piden **sabiduría.**
Pero nosotros predicamos a **Cristo crucificado,**
que es **escándalo** para los judíos y **locura** para los paganos;
en cambio, para los llamados, sean **judíos o paganos,**
Cristo es **la fuerza** y **la sabiduría** de Dios.
Porque la locura de Dios es **más sabia** que la sabiduría
de los hombres,
y la debilidad de Dios **es más fuerte** que la fuerza
de los hombres.

Trata de que los oyentes distingan las tres actitudes que aparecen en este texto: de los griegos, los judíos y los cristianos.

Realiza la lectura como tu propia proclamación de fe. Muchas recordarán este mensaje ligado a persona y tu compromiso.

II LECTURA Tanto la mentalidad judía como la y griega son de mucho valor en tiempos de Jesús, de los primeros cristianos e incluso en nuestros días. Para unos—los griegos—era imposible pensar a Dios como crucificado o sufriendo. El poder de la inteligencia y la sabiduría se ve duramente desafiado. Para los otros (los judíos), la cruz representa un escándalo pues toda su esperanza estaba puesta en un mesías justiciero y triunfador ante el imperio romano. En un corto mensaje, Pablo rompe los dos paradigmas o mentalidades que hasta en nuestros días siguen estrellándose en el Dios crucificado. La fuerza y el poder humano, vencidos por un Dios débil y con los débiles. La sabiduría humana, superada por la locura de Dios. La religión como la vive el pueblo, las distintas expresiones de catolicismo popular, tiene una palabra junto a san Pablo. El Cristo que viven, celebran y comparten es un Cristo crucificado. El realismo de los viacrucis, el dramatismo de las representaciones contiene una sabiduría teológica muchas veces ignorada. No es raro encontrarnos con esfuerzos conscientes o inconscientes que buscan mermar o suavizar el escándalo de la cruz en el Cristo de los pobres. El mismo arte sacro tiende a alejar al crucificado de la realidad histórica actual.

Enmarca la actuación de Jesús como un buen narrador de un acontecimiento sorpresivo a inusual.

Dale a las palabras de Jesús un tono fuerte, claro y exigente. Es una imagen diferente de Cristo que puede dar equilibrio ante las miles de imágenes que lo muestran pasivo y sin carácter.

Haz notar el tono burlesco de quienes ponen en cuestión el modo de proceder de Jesús.

EVANGELIO Juan 2,13–25

Lectura del santo Evangelio según san Juan

Cuando se **acercaba** la Pascua de los judíos,
  Jesús llegó a Jerusalén
  y encontró en el templo a los vendedores de bueyes,
  ovejas y palomas, y a los cambistas con sus mesas.
Entonces hizo un látigo de cordeles y **los echó** del templo,
  con todo y sus ovejas y bueyes;
  a los cambistas **les volcó** las mesas y les tiró al suelo
    las monedas;
  y a los que vendían palomas les dijo:
    "**Quiten** todo de aquí y **no conviertan** en un mercado la casa
    de mi Padre".

En ese momento,
  sus discípulos **se acordaron** de lo que estaba escrito: *El celo de*
  tu casa **me devora**.

Después intervinieron los judíos para preguntarle:
  "**¿Qué señal** nos das de que tienes autoridad para actuar **así**?"
Jesús les respondió:
  "**Destruyan este** templo y en **tres días** lo reconstruiré".
Replicaron los judíos:
  "**Cuarenta y seis años** se ha llevado la construcción
    del templo,
  ¿y tú lo vas a levantar **en tres días**?"

Pero él hablaba del templo **de su cuerpo**.
Por eso, cuando resucitó Jesús de entre los muertos,
  se acordaron sus discípulos de que había dicho aquello
  y **creyeron** en la Escritura
  y en las palabras que Jesús había dicho.

EVANGELIO Quien ha visitado un santuario moderno en plena efervescencia de celebración, tiene una buena idea del ambiente al que se refiere el texto conocido como la expulsión de los mercaderes del templo. Son multitudes inmensas con un gran significado en común y una multiplicidad de intereses personales, promesas familiares y comunales. Va toda la vida envuelta en el sentido que le dan al rito, la manda, ofrenda o sacrificio. Es una vez al año, o quizá la única en la vida así

que se está dispuesto a todo. El precio de las cosas no es el centro de atención del peregrino. Los que organizan las fiestas y procesiones, las ventas y celebraciones, los precios y los espacios están en una situación que muy fácilmente torna el ministerio en negocio y la fe de las masas en una oportunidad de enriquecimiento injusto. El espacio sagrado (el templo) tiene una grandeza que va mucho más allá de sus medidas físicas.

Esta descripción apretada del santuario, su religiosidad y sus cosas nos pone en sintonía con el tiempo al que se refiere san Juan: ya muy cerca de la Pascua, la fiesta más importante para toda la nación judía de cualquier parte del mundo. En el lugar de mayor importancia en todo sentido para ellos: el templo. Unos cien mil peregrinos en la temporada cambiando su dinero por monedas judías, las únicas aceptadas en el templo. Ya con esto se entiende la reacción de Jesús que, látigo en mano, expulsa

Mientras estuvo en Jerusalén para las fiestas de Pascua,
muchos creyeron en él, **al ver** los prodigios que hacía.
Pero Jesús no se fiaba de ellos, porque los conocía a **todos**
y no necesitaba **que nadie** le descubriera lo que es el hombre,
porque **él sabía** lo que hay en el hombre.

a los aprovechados de la religión del pueblo. Hipócritas abusivos que hacen negocio con el dolor y la ignorancia de las multitudes pobres que buscan agradar—a su entender—a Dios. Negociantes usureros que con cara santurrona violan lo más valioso de la religión: la búsqueda sincera de agradar a Dios. San Juan nos muestra en Jesús y su acción profética una nueva manera de entender la presencia de Dios

en la vida de las personas: a través de Jesús. Solo desde él tendrá sentido la invocación de Dios en los templos.

III DOMINGO DE CUARESMA (A)

Que los reclamos y reproches del pueblo suenen para la asamblea con tono de malestar y desesperación.

Proclama con seguridad las indicaciones de Dios a Moisés. No hay enfado ni complacencia, sino más bien una respuesta con seguridad divina.

Sella la narración con la pregunta que para todos es una aguja que pica en medio de las dificultades de la vida.

I LECTURA Éxodo 17,3–7

Lectura del libro del Éxodo

En **aquellos** días, el pueblo, **torturado** por la sed,
    fue a **protestar** contra Moisés, diciéndole:
    "¿Nos has hecho **salir** de Egipto
    para **hacernos morir de sed** a nosotros,
    a nuestros hijos y a nuestro ganado?"

Moisés **clamó** al Señor y le dijo:
    "¿**Qué** puedo hacer con este pueblo?
Sólo falta que me apedreen".
Respondió el Señor a Moisés:
    "**Preséntate** al pueblo, llevando contigo a algunos
        de los ancianos de Israel,
    toma en tu mano el cayado con que **golpeaste** el Nilo y **vete**.
Yo **estaré** ante ti, sobre la peña, en Horeb.
Golpea la peña y **saldrá** de ella agua para que beba el pueblo".

Así lo hizo Moisés a la vista de los ancianos de Israel
    y puso por nombre a aquel lugar **Masá y Meribá**,
    por la **rebelión** de los hijos de Israel
    y porque habían **tentado** al Señor, diciendo:
    "¿**Está** o no está el Señor en **medio** de nosotros?"

I LECTURA La liberación de un pueblo va acompañada de signos, pero no todos son agradables y comprensibles. El pueblo de Israel vivió esa liberación en Egipto y a la salida de allá, pero la fuerza de esta experiencia liberadora estaba amenazada de muerte por la vida en el desierto; el miedo a morir y la falta de cohesión hacia tambalear a la muchedumbre aborregada de la que Moisés era líder. El desierto en realidad no es tan inmenso, pero cuando se está en él y se sufre, se convierte en una inmensidad abrumadora. Esto carcomió la fe y la esperanza de todos que reclaman a Dios y echan en cara en su líder de quien esperan más de lo que él y su equipo pueden hacer.

Los reclamos a Moisés habían sido tantos que ya hasta temía por sí mismo y recurre a Dios. La tentación del pueblo había tomado forma de reclamo por el pasado o por un presente fácil. Claramente se ve que su fe y la esperanza están al borde del sinsentido. Dios hace sentir su presencia por medio de algo que da vida (el agua ante la sed) al pueblo. No hay que ir tan de prisa en la interpretación de este relato. Lo hemos visto siempre como la debilidad del pueblo que se desanima en las duras pruebas y pone en duda la presencia de Dios y la valía de su liderazgo religioso (Moisés). Entonces ese lugar quedo marcado con el nombre de la duda de un pueblo que se reveló ante Dios por la ingratitud de la realidad presente. Nada evita que podamos pensar en otro sentido, complementario, de este texto: por la razón que sea el pueblo vive de signos no de palabras. Aunque poco ortodoxa es una manera de decir que el pueblo en su dolor, inseguridad y hasta falta de fe, empuja a los intermediarios de Dios y a Dios mismo a no permanecer en el misterio y aparente lejanía.

El Nuevo Testamento es testimonio de ello. Jesús hizo sentir al Dios cercano y

Imprime ternura y seguridad en las primeras palabras.

II LECTURA   Romanos 5,1—2.5—8

Lectura de la carta del apóstol san Pablo a los romanos

Hermanos:
Ya que hemos sido **justificados** por la fe,
   mantengámonos en paz con Dios,
     por mediación de nuestro **Señor Jesucristo**.
Por él hemos obtenido, con la fe,
   la entrada al mundo de la gracia, en la cual **nos encontramos**;
   por él, podemos **gloriarnos** de tener la esperanza de **participar**
     en la gloria de Dios.

La esperanza **no defrauda**,
   porque Dios **ha infundido** su amor en **nuestros** corazones
   por medio del **Espíritu Santo**, que **él mismo** nos ha dado.
En efecto, cuando **todavía** no teníamos fuerzas
    para **salir** del pecado,
   Cristo **murió** por los pecadores en el tiempo **señalado**.

Difícilmente habrá **alguien** que quiera morir **por un justo**,
   aunque puede haber alguno que **esté dispuesto** a morir
   por una persona **sumamente** buena.
Y la prueba de que Dios **nos ama**
   está en que Cristo murió **por nosotros**,
    cuando **aún** éramos pecadores.

Puntualiza con claridad los aspectos de la lectura. Es como un ritmo de tres tiempos para mostrarnos los tres aspectos centrales de la vida en Cristo.

---

misericordioso en las personas fuera del gremio "santo". Los primeros cristianos encontraron relación de este relato con la revelación de de Jesús como Agua Viva. Aquel monte significa al mismo tiempo lugar de tentación y lugar de revelación.

II LECTURA En san Pablo siempre encontraremos exposiciones de la fe con mucha densidad. Diferente a cuando describe situaciones de la vida comunitaria, o cuando recurre a los testimonios. Esta es una de aquellas donde sintetiza, relaciona y condensa contenidos de la fe en pocas palabras.

Las conocemos como las tres virtudes del corazón (cardinales): fe, esperanza y amor. Las une con tanta destreza que no se puede entender una sin las otras. Como si cada uno de estos dones o virtudes se encontrara en los otros dos y viceversa. Tampoco se cae en el reduccionismo facilón de decir que "todo es amor" y las demás virtudes expresiones de esta. Comienza poniendo el acento en la certeza de que la vida cristiana es un proceso que inicia con la fe. La vida del cristiano se vuelve complicada e implicada en dificultades y desafíos propios de quien sigue a Jesús.

De hecho, como cristiano, la vida se vive con cuestionamiento más serios y profundos, y estos nos van educando en la esperanza—virtud que no debe confundirse con la ingenuidad de quienes niegan la realidad con falsas promesas o alegría fingida. Tampoco se parece al ánimo de quienes se quedan encerrados en la historia de las cosas presentes o pasadas. Es la actitud sólidamente arraigada en el amor manifestado por Dios

Narra el acontecimiento como si hubieses estado presente en dicho encuentro, con la seguridad y destreza de buen contador de historias verdaderas.

Ve imprimiendo un tono ascendente para indicar que se va profundizando en la revelación de Jesús.

Las preguntas de la samaritana nos muestran que aun no ve a Jesús como Mesías. Pronúncialas con la ironía que suponen.

EVANGELIO   Juan 4,5—42

Lectura del santo Evangelio según san Juan

En **aquel** tiempo, llegó **Jesús** a un pueblo de Samaria,
    llamado **Sicar**,
  cerca del campo que dio Jacob a su hijo **José**.
Ahí estaba el pozo de Jacob.
Jesús, que venía **cansado** del camino,
se **sentó** sin más en el brocal del pozo.
Era **cerca** del mediodía.

Entonces llegó una mujer de Samaria a **sacar agua** y Jesús le dijo:
    "**Dame** de beber".
(Sus discípulos habían ido al pueblo a **comprar** comida).
La samaritana le contestó:
    "**¿Cómo** es que tú, **siendo judío**, me pides de beber **a mí**,
        que soy **samaritana**?"
(Porque los judíos **no tratan** a los samaritanos).
Jesús le dijo: "Si **conocieras** el don de Dios
    y **quién es** el que te pide de beber,
    tú le pedirías **a él**, y él te daría **agua viva**".

La mujer le respondió:
  "**Señor, ni siquiera** tienes **con qué** sacar agua
    y el pozo es **profundo**,
    ¿**cómo** vas a darme **agua viva**?
  ¿**Acaso** eres tú **más** que nuestro padre Jacob,
    que nos dio **este pozo**, del que bebieron él,
      sus hijos y sus ganados?"
Jesús le contestó:
    "El que bebe de esta agua **vuelve** a tener sed.

plenamente en Jesucristo. San Agustín relacionó estas tres virtudes en forma dinámica diciendo "que teniendo fe espere, y esperando ame". La fe se traduce en esperanza y la esperanza se muestra en la intensidad de nuestro amor, que a su vez es signo de una fe viva.

EVANGELIO Entre judíos y samaritanos había un recelo de más de 200 años. Nosotros conocemos mas la perspectiva de los judíos en contra de aquellos, pero también el modo como Jesús valoró su fe a pesar de no entrar en el esquema oficial de religión. El buen samaritano nos sale al recuerdo inmediatamente. A vuelo de pájaro podríamos ver en este texto un par de tejidos culturalmente hablando: la relación entre dos culturas enemistadas dentro de una misma nación; relación agudizada por ser hombre y mujer, y por este hombre—Jesús—con una samaritana. Literaria y teológicamente hablando debemos quedarnos en el hecho mismo del diálogo como centro del mensaje, es decir, con la pura escena, san Juan ya nos está dando un mensaje básico. Es el primer paso para asentar y ubicar el contenido de dicha conversación.

Pero el que beba del agua que yo le daré, **nunca más** tendrá sed;
el agua **que yo le daré** se convertirá d**entro de él**
en un manantial **capaz** de dar la **vida eterna**".

La mujer le dijo:
"Señor, **dame** de esa agua para que **no vuelva** a tener sed
ni tenga que venir **hasta aquí** a sacarla".
Él le dijo: "**Ve a llamar** a tu marido y **vuelve**".
La mujer le contestó: "**No tengo** marido".
Jesús le dijo: "**Tienes** razón en decir: '**No tengo** marido'.
Has tenido **cinco**, y el de ahora **no es** tu marido.
En eso has dicho **la verdad**".

La mujer le dijo: "**Señor**, ya veo que eres **profeta**.
Nuestros padres dieron culto **en este monte**
y **ustedes** dicen que el sitio donde **se debe dar culto**
está **en Jerusalén**".
Jesús le dijo: "**Créeme**, mujer, que se **acerca** la hora
en que **ni en este** monte **ni en Jerusalén** adorarán al Padre.
Ustedes adoran **lo que no conocen**;
nosotros adoramos **lo que conocemos**.
Porque la salvación **viene** de los judíos.
Pero se **acerca** la hora, **y ya está aquí**,
en que los que quieran dar culto **verdadero**
adorarán al Padre **en espíritu y en verdad**,
porque **así** es como el Padre **quiere** que se le dé culto.
Dios **es espíritu**, y los que lo adoran **deben hacerlo**
en espíritu y en verdad".

La mujer le dijo: "**Ya sé** que va a venir el Mesías
(**es decir**, Cristo).
Cuando venga, **él** nos dará **razón de todo**".
Jesús le dijo: "**Soy yo**, el que habla contigo".

Haz una pausa en cada uno de los momentos del diálogo indicados en el comentario.

Acompaña con ternura y seguridad las palabras de Jesús, especialmente aquellas de "créeme, mujer . . .".

Primero, se habla un poco del agua viva (vv. 5–15), después de la verdadera adoración (vv. 16–24), para culminar con la revelación de Jesús como el Mesías (vv. 25–26). En este relato puede apreciarse el proceso de ir descubriendo la identidad de Jesús que da identidad salvadora a la samaritana, personaje central del texto. Algunos especialistas en la Biblia ponen la clave de interpretación en el signo del agua por el cual se identifica a Jesús como el don de Dios para esta mujer y para todo el pueblo de Israel. A nosotros se nos antoja sugerir el diálogo mismo como clave de interpretación: el encuentro a través del cual, gracias al don de la palabra compartida, se entra en un proceso de descubrimiento mutuo en el que Dios se hace presente como don y salvación para el mundo de los que dialogan

Jesús venía de Judea camino a Galilea (4,3). Samaria no está por ese camino; sin embargo, el evangelista nos indica que "tenía que pasar por Samaria" lo cual obedece a un dato intencional sobre la misión de Jesús de anunciar el Evangelio a todo Israel, no solo a una parte.

La conversación sobre el agua se va desarrollando de manera progresiva desde el agua material hasta su sentido simbólico en el que se entiende a Jesús como el agua de vida y de gracia. La confesión de la mujer cierra esta parte del diálogo pidiendo a Jesús de esa agua. (Aún se percibe un poco que la mujer no está totalmente en el sentido en que Jesús habla).

Dale entusiasmo a la invitación de la mujer a sus paisanos. Ha sido un descubrimiento del Mesías, de ella mismas y una gran esperanza para su pueblo.

En esto llegaron los discípulos
y **se sorprendieron** de que estuviera conversando
con una mujer;
sin embargo, **ninguno** le dijo:
'¿**Qué** le preguntas o **de qué** hablas con ella?'
Entonces la mujer **dejó** su cántaro,
se fue al pueblo y **comenzó** a decir a la gente:
"**Vengan** a ver a un hombre que me ha dicho **todo**
lo que he hecho.
¿No será éste **el Mesías**?"
Salieron del pueblo y se **pusieron en camino**
hacia donde él estaba.

Mientras tanto, sus discípulos **le insistían**: "Maestro, come".
Él les dijo:
"Yo **tengo** por comida un alimento que ustedes **no conocen**".
Los discípulos comentaban **entre sí**:
"¿Le **habrá** traído alguien **de comer**?"
Jesús les dijo:
"Mi **alimento** es **hacer** la voluntad del que **me envió**
y llevar a **término** su obra.

Expresa el desconcierto de los discípulos cuando en la invitación a comer, reciben de Jesús una respuesta inesperada.

¿**Acaso** no dicen ustedes que **todavía** faltan **cuatro** meses
para la siega?
Pues bien, **yo** les digo:
Levanten los ojos y **contemplen** los campos,
que **ya están** dorados para la siega.
Ya el segador **recibe** su jornal y **almacena** frutos
para la **vida eterna**.

Proclama en forma lenta y clara la comparación de la cosecha. Es necesario que los oyentes entiendan el mensaje por ellos mismos. Las comparaciones dan ese derecho y responsabilidad cada uno.

De **este modo** se alegran **por igual** el sembrador y el segador.
Aquí se cumple el dicho:
'**Uno** es el que siembra y **otro** el que cosecha'.
Yo **los envié** a cosecharlo que **no habían** trabajado.
Otros trabajaron y **ustedes** recogieron su fruto".

La plática continúa, pero ahora centrándose en la verdadera adoración a Dios. La cuestión de los maridos se ha entendido casi siempre en desventaja para la mujer, a quien, en este caso se le podría ver —por lo menos— como sumida en la desgracia "matrimonial". El diálogo es fino en cuanto que la palabra "marido" puede referirse también a un dios falso. Este doble sentido arroja más luz sobre esta parte de la plática. La alusión a los cinco maridos parece ser también una mención indirecta a los (cinco) dioses asirios venerados en Samaria. La Samaritana ve y reconoce la sabiduría de Jesús y nos adentramos al sentido de la verdadera adoración de Dios que es Luz (1 Juan 1,15) de justicia (1 Juan 2,29) y amor (1 Juan 4,8.16). En este Espíritu de Dios, hay verdad no espiritualismo.

La revelación de Jesús como el Mesías sorprende y emociona a la mujer, pues esta era una esperanza viva en ellos. En adelante ella se convertirá en anunciadora de esta noticia a todos sus paisanos que creerán por ella y después por su propia experiencia.

El evangelista nos pone una nueva escena en el mismo lugar: son los discípulos con Jesús quienes ahora dialogan. Seguro que ellos estaban sorprendidos de que esta mujer haya entrado como interlocutora de la salvación con el Salvador en persona. El respeto por el Maestro, se mostró en el respeto por esta realidad, incomprensible para ellos. Mejor lo invitan a comer y Jesús aprovecha la ocasión para dar el secreto que da vida a su vida: hacer la voluntad de su Padre.

El tema apostólico esta en todo el relato, no únicamente cuando aparecen en escena los apóstoles. Esta simple verdad de Perogrullo nos da mucho hilo de donde cortar y desenredar. De todos modos aquí

Mueve un poco tu cuerpo y tu mirada hacia una esquina de la asamblea y, visualízate desde allá, proclamando con fuerza la confesión de fe de los samaritanos.

Muchos samaritanos de aquel poblado
    creyeron en Jesús por el testimonio de la mujer:
    'Me dijo **todo** lo que he hecho'.
Cuando los samaritanos llegaron a donde él estaba,
    le rogaban que se **quedara** con ellos, y se quedó allí **dos días**.
Muchos más **creyeron en él** al oír su palabra.
Y decían a la mujer:
    "Ya **no** creemos por lo que **tú** nos has contado,
    pues **nosotros mismos** lo hemos oído
    y **sabemos** que **él** es, de veras, el **Salvador** del mundo".

Forma breve: Juan 4,5–15.19–26.39.40–42

Cierra la lectura con la entrega de Cristo como la prueba más grande de que Dios ama a toda la humanidad.

tenemos el asunto puesto en forma explícita y clara: todo el diálogo desemboca en la misión puesta en términos de la vida que representa la siembra y la cosecha. La verdad de que "uno es el sembrador y otro el segador" (4,37) es una distinción fundamental para no pretender apropiarnos de la viña del Señor, ni tampoco caer en la desesperación de ver siempre los resultados que nosotros queremos. Esta distinción no evita, más bien nos capacita para vivir la alegría que comparten los que siembran y los que cosechan en el mismo campo que es del Señor.

Termina nuestro Evangelio con una escena bella en sí misma y de largo alcance: todos los personajes juntos: Jesús, la samaritana, los discípulos y el pueblo samaritano. Desde ellos—los excluidos por el pueblo judíos—Dios declara la identidad de Jesús como Salvador del mundo.

IV DOMINGO DE CUARESMA (B)

I LECTURA 2 Crónicas 36,14–16.19–23

Lectura del segundo libro de las Crónicas

En aquellos días,
  todos los sumos sacerdotes y el pueblo
  multiplicaron sus infidelidades,
  practicando **todas** las abominables costumbres de los paganos,
  y **mancharon** la casa del Señor,
  que él se había consagrado en Jerusalén.
El Señor, Dios de sus padres, los exhortó **continuamente**
  por medio de sus mensajeros,
  porque sentía **compasión** de su pueblo
  y quería preservar su santuario.
Pero ellos **se burlaron** de los mensajeros de Dios,
  despreciaron sus advertencias y se **mofaron** de sus profetas,
  hasta que **la ira del Señor** contra su pueblo llegó **a tal grado,**
  que ya **no hubo remedio.**

Envió entonces contra ellos al rey de los caldeos.
Incendiaron la casa de Dios
  y **derribaron** las murallas de Jerusalén,
  pegaron fuego **a todos** los palacios
  y **destruyeron** todos sus objetos preciosos.
A los que escaparon de la espada,
  los llevaron cautivos **a Babilonia,**
  donde fueron **esclavos** del rey y de sus hijos,
  hasta que el reino pasó al dominio de los persas,
  para que **se cumpliera** lo que dijo Dios
  por boca del profeta Jeremías:

Sin miedo, denuncia en tu lectura el reclamo del Señor a su pueblo y sus dirigentes.

Como quien cuenta una historia para el bien de todos, ve haciendo énfasis y cambios de tono para mantener viva la atención de tus oyentes.

I LECTURA La historia de un pueblo es única e irrepetible. La conciencia de esa historia puede crecer y cambiar en cada generación. En el libro de crónicas encontramos una relectura de la historia. Esta repasando el camino del pueblo desde Adán hasta la reconstrucción del la nación y el templo al terminar la deportación en Babilonia en tiempos de Esdras. Primero de Adán hasta David y el templo, luego desde Salomón a la repatriación de quienes habían sido deportados al gran imperio babilónico. En nuestro texto se habla en concreto del período de los últimos cuatro reyes y las cosas que ahí sucedieron. Nos mete en el doloroso drama de la deportación, los castigos, las promesas la participación de Ciro, el rey persa. Es una visión de la historia que pone el acento en la causa principal de las desgracias del pueblo: burlarse de los mensajeros de Dios, no escuchar sus advertencias y castigar a los profetas.

Una cosa que aquejó siempre a este insignificante pueblo de Israel, fue su dramática historia. De un imperio a otro, de lucha en lucha, un largo y arduo camino de esperanza, infidelidad, alianza y nueva esperanza, y es por aquí, por medio de esta "Galilea del mundo", por donde Dios va preparando una oferta de salvación en la cual aun no se ha escrito el último capítulo.

II LECTURA La Iglesia de Éfeso es muy cercana a Pablo y su actividad misionera. Su mensaje si bien está dirigido a los cristianos de esa ciudad, bien puede entenderse como una circular para muchas más otras comunidades de la región. De hecho, esta primera parte de la carta, por ser más doctrinal, tiene un relieve

*Hasta que el país **haya pagado** sus sábados perdidos,*
descansará de la desolación,
*hasta que se cumplan **setenta años.***

En el año primero de Ciro, rey de Persia,
en **cumplimiento** de las palabras que habló el Señor
por boca de Jeremías, el Señor **inspiró** a Ciro, rey de los persas,
el cual mandó **proclamar** de palabra y por escrito
en todo su reino, lo siguiente:
"Así habla Ciro, **rey de Persia:** El Señor, Dios de los cielos,
me ha dado **todos** los reinos de la tierra
y me ha mandado que **le edifique una casa**
en Jerusalén de Judá.
En consecuencia, **todo aquel** que pertenezca a este pueblo,
que **parta** hacia allá, y que su Dios **lo acompañe**".

Al aparecer Ciro en la escena, haz un cambio en tu voz y tu actitud. Vuelve tu mirada al pueblo como quien está apuntando algo nuevo.

II LECTURA   Efesios 2,4–10

Lectura de la carta del apóstol san Pablo a los efesios

Hermanos:
La misericordia y el amor de Dios **son muy grandes;**
porque nosotros estábamos **muertos** por nuestros pecados,
y él **nos dio la vida** con Cristo y en Cristo.
Por pura generosidad **suya,** hemos sido **salvados.**
Con Cristo y en Cristo **nos ha resucitado** y con él **nos ha**
reservado un sitio en el **cielo.**
Así, **en todos** los tiempos, Dios muestra, por medio **de Jesús,**
la **incomparable** riqueza de su gracia y de su bondad
para con nosotros.

En efecto, ustedes **han sido salvados** por la gracia, **mediante la fe;**
y esto no se debe a **ustedes mismos,** sino que es un don de Dios.

Inicia la lectura como un hermano portador del mensaje más hermoso para nuestra humanidad: el amor de Dios. Que tu experiencia de este amor anime tu corazón mientras lees.

Remarca con discreta suavidad las palabras que nos recuerda el amor gratuito de Dios (misericordia, vida, generosidad, salvados, etcétera).

especial para nuestros días. El contenido del texto deberá interpretarse a la luz de un criterio central para el escritor de dicha carta: el misterio de Cristo y de la Iglesia se fundan en la voluntad última de Dios por la unidad de toda la humanidad. En este plan universal Dios ha reservado a la Iglesia una misión muy especial e insustituible. La misión de vivir la unidad haciendo visible el cuerpo de Cristo. Este tema, conectado a Corintios 12, pone a la Iglesia como el lugar donde no cabe la discriminación, y todo tipo de privilegio racial o social es arrancado de raíz. Meditemos a profundidad

este texto para comprender la única razón por la cual no cabe la división ni la uniformidad en la Iglesia: es por la misericordia de Dios con nosotros. Como Iglesia, somos una comunidad de perdonados.

EVANGELIO Estamos en la parte final o conclusiva de un encuentro interpersonal: Jesús y Nicodemo. Este diálogo nos muestra a un judío bien preparado e instruido con el deseo de conocer más al Maestro, con la preocupación de todo adulto que quiere cambiar de vida. ¿Cómo podría cambiar mi vida si ya la viví?

¿En qué sentido se puede nacer nuevamente? ¿Cómo se tiene vida nueva en el Espíritu?

Nicodemo, quien tiene cierto temor de que lo vean con Jesús (lo visita de noche y en lo apartado) reconoce la autoridad del Maestro basado en el testimonio de su obra. Sin embargo, esto no es suficiente; Jesús es mucho más que un hombre virtuoso y bueno, es el enviado del Padre para la salvación del mundo. Esta fe es un don e iniciativa divina; no es un proceso psicológico del individuo. Es una vida nueva en el Espíritu que comienza con el Bautismo.

Imagina los beneficios comunitarios, familiares y eclesiales si todos partiéramos de la propuesta de este texto. Busquemos promover con nuestro ejemplo una espiritualidad de concordia y unidad.

La narración se presta para que hagas un buen uso de tus cualidades de maestro que explica un misterio por medio de comparaciones profundas.

Procura que se noten los dos lados de la lectura: la oferta de Dios en Jesús y la opción que tiene el ser humano.

La última afirmación es una conclusión solemne de este diálogo. Dale una solemnidad que llegue al corazón de los presentes.

Tampoco se debe a las obras, para que **nadie** pueda presumir,
porque somos **hechura** de Dios,
creados por medio de Cristo Jesús,
para hacer el bien que Dios **ha dispuesto** que hagamos.

EVANGELIO   Juan 3,14–21

Lectura del santo Evangelio según san Juan

En aquel tiempo, Jesús dijo a Nicodemo:
"Así como **levantó** Moisés la serpiente en el desierto,
así tiene que ser levantado **el Hijo del hombre,**
para que **todo** el que crea en él **tenga** vida eterna.

Porque **tanto** amó Dios al mundo, que **le entregó** a su Hijo único,
para que todo **el que crea** en él no perezca,
sino que tenga **vida eterna.**
Porque Dios no envió a su Hijo **para condenar** al mundo,
sino para que el mundo **se salvara** por él.
El que cree en él **no será condenado;**
pero el que no cree **ya está** condenado,
por **no haber creído** en el Hijo único de Dios.

La causa de la condenación **es ésta:**
habiendo venido la luz al mundo,
los hombres **prefirieron** las tinieblas a la luz,
porque sus obras **eran malas.**
Todo aquél que hace el mal,
aborrece la luz y no se acerca a ella,
para que sus obras **no se descubran.**
En cambio, el que obra el bien conforme **a la verdad,**
se **acerca** a la luz,
para que **se vea** que sus obras están hechas **según Dios".**

La vida nueva en Cristo y el Espíritu Santo como don del Padre es la motivación de este texto. También ayudará a leer con anterioridad el relato sobre Moisés: la serpiente de bronce levantada es un signo de vida y de perdón de Dios para el pueblo que había renegado de su protección y estaban viviendo las consecuencias de ello: muerte por veneno. Si aquella imagen de bronce daba vida, en Jesús crucificado se nos ofrece la vida eterna. Juan recurre a una forma fuerte de narración en donde no podemos evitar una cierta crisis de incomprensión de la que solo se puede salir si se toma una decisión. Medita esta palabra leyendo

todo el diálogo y, al concéntrate en este texto, conecta toda tu existencia con la oferta salvadora del crucificado. Él no vino a condenar sino a salvar.

Esta oferta de salvación pone toda nuestra vida en otra frecuencia, en el camino de Jesús. Aceptarlo como nuestro Salvador es aceptarlo crucificado. ¿Un escándalo? ¿Un absurdo? Ni vergüenza ni tontera; la fe en el crucificado es el misterio profético del cristianismo al mundo. Es necesario que nuestros ministerios ayuden a las personas en la articulación de su experiencia de Dios. La vergüenza y la ignorancia no consisten en la falta de conocimiento inte-

lectual de Dios, sino en la falta de confianza para encontrar a Dios presente en nuestras vidas. Un erudito como Nicodemo nos lleva a pensar en todos los profesionales latinos que buscan a Dios en una forma nueva, comprensible a sus marcos de referencia y conectada a las preguntas que brotan de sus vidas. Nuestra respuesta eclesial debe superar el simplismo ingenuo con ellos. Especialmente la juventud, está buscando y en su búsqueda, ofreciéndonos, la oportunidad de conocer un rostro nuevo de Jesús en nuestra historia actual. La seriedad de este nuevo contexto no se puede resolver con más de lo mismo.

IV DOMINGO DE CUARESMA (A)

I LECTURA   1 Samuel 16,1.6–7.10–13

Lectura del primer libro de Samuel

En **aquellos** días, dijo el Señor a Samuel:
"**Ve** a la casa de Jesé, en Belén,
porque de entre sus hijos me he escogido **un rey**.
Llena, pues, tu cuerno de aceite para ungirlo y **vete**".

Cuando llegó Samuel a Belén y **vio** a Eliab,
el hijo **mayor** de Jesé, **pensó**:
"**Éste es, sin duda**, el que voy a **ungir** como rey".
Pero el Señor **le dijo**:
"No te dejes **impresionar** por su aspecto ni por su **gran estatura**,
pues yo lo **he descartado**,
porque **yo no juzgo** como juzga el hombre.
El hombre se fija **en las apariencias**,
pero el Señor se fija e**n los corazones**".

Así fueron pasando ante Samuel **siete** de los hijos de Jesé;
pero Samuel dijo: "**Ninguno** de éstos es el **elegido** del Señor".
Luego le preguntó a Jesé: "¿Son **éstos todos** tus hijos?"
Él respondió:
"Falta el **más pequeño**, que está cuidando el rebaño".
Samuel le dijo: "**Hazlo venir**,
porque **no** nos sentaremos a comer **hasta** que llegue".
Y **Jesé** lo mandó llamar.

El muchacho era **rubio**, de ojos **vivos** y **buena presencia**.
Entonces el Señor dijo a Samuel:
"**Levántate** y **úngelo**, porque **éste es**".

Dale un tono de seguridad al mandato que Dios hace a Samuel. Es él quien elige, no Samuel.

Dale a la participación de Samuel en la lectura un tono solemne y reflexivo. Es respetuoso con todos, y no olvida los criterios del Señor.

Culmina con fuerza la lectura donde Dios elige y Samuel ejecuta el rito de la unción.

I LECTURA La historia de un pueblo, cualquiera que sea, no se compone de tajadas o remiendo de acontecimientos en pedazos. Es un proceso continuo en el que Dios y las personas van entretejiendo la vida. Nosotros le llamamos "épocas" o "etapas" para ayudar a nuestra comprensión y entendimiento. En el pueblo de Israel estamos considerando la transición de la "etapa" de los jueces a la de la monarquía. De ahora en adelante prevalecerá la figura del rey y su forma (monarquía) de conducir al pueblo. David es el elegido y Samuel el instrumento de Dios para realizar esta elección. El tema de la elección por parte de Dios es el centro del relato. Y nos muestra los criterios de Dios para este tipo de asuntos. No piensa como nosotros, ni se deja impresionar por las apariencias. Dios se fija en el corazón de las personas y ese no se mide ni por la estatura, ni por la inteligencia, mucho menos por la posición social o habilidad guerrera. La familia de Jesé estaba descuidando al más pequeño de su propio entorno, pero Samuel es fiel a la orientación recibida por el Señor. No sabemos cuál fue la reacción de los hermanos, pero si sabemos que David fue un hombre de Dios que asumió con sinceridad su misión, y con humildad sus fallas. En Belén mismo, mucho tiempo adelante se verá a un descendiente suyo inaugurando un tiempo totalmente nuevo para la historia de Israel. Estos criterios de Dios en la elección del líder rey de un pueblo, ponen a prueba nuestra concepción (y criterios) de liderazgo ministerial en nuestra Iglesia y comunidades actuales.

Tomó Samuel el cuerno con el aceite
y lo **ungió** delante de sus hermanos.
A partir de **aquel día**, el espíritu del Señor estuvo con **David**.

II LECTURA   Efesios 5,8–14

Lectura de la carta del apóstol san Pablo a los efesios

Hermanos:
En **otro** tiempo ustedes fueron **tinieblas**,
pero ahora, **unidos** al Señor, **son luz**.
Vivan, por lo tanto, como **hijos** de la luz.
Los **frutos** de la luz son la **bondad**, la santidad **y la verdad**.
Busquen lo que es **agradable** al Señor
y **no** tomen parte en las obras **estériles** de los que son **tinieblas**.

Al contrario, repruébenlas **abiertamente**;
porque, si bien las cosas que ellos hacen en secreto
da rubor **aun mencionarlas**,
al ser reprobadas **abiertamente**, **todo** queda en claro,
porque **todo** lo que es iluminado **por la luz** se convierte **en luz**.

Por eso se dice:
Despierta, tú que duermes;
levántate de entre los muertos y Cristo será tu luz.

EVANGELIO   Juan 9,1–41

Lectura del santo Evangelio según san Juan

En aquel tiempo, Jesús vio al pasar a un **ciego de nacimiento**,
y sus discípulos **le preguntaron**:

Cuando proclamas el contenido de este texto mantén la tensión entre luz y tinieblas remarcando la fuerza de la luz.

Anima tu lectura con el propósito de san Pablo: motivarnos para que nos unamos a Cristo como nuestra luz por siempre.

Haz una meditación personal recordando la presencia de Dios en los momentos de oscuridad de tu propia vida.

Menciona con objetividad sincera la pre-ocupación de los discípulos, al mismo tiempo, imprime seguridad potente a la respuesta de Jesús.

II LECTURA Quienes tenemos la experiencia de la oscuridad en el camino de la vida en la modalidad (física o espiritual) que sea, podemos entender el espeso sentido del símbolo de oscuridad y tinieblas. Si hemos experimentado luz, paz y claridad en nuestra historia personal y de fe, con mayor razón podemos captar el mensaje de Pablo a los efesios. Lo peor sería caminar engañándonos a nosotros mismos, confundiendo dos imágenes tan opuestas y diferentes: luz y oscuridad. Aquí está el desafío tanto para los efesios como para los cristianos. Por eso, debemos buscar los

frutos de lo que significa vivir en la luz de Cristo. Bondad y verdad son criterios de santidad que dan paz en el corazón y suficiente claridad en la mente para poder continuar avanzando en el destino que nos da el Señor: ser hijos de la luz. Estar despiertos, caminar atentos, es una actitud cristiana fundamental para vivir en los contextos de nuestro presente histórico. Mucho daño se ha hecho a la humanidad con las extremistas y falsas seguridades de quienes no solo se consideran en lo correcto, sino que imponen a los demás sus proyectos pretendiendo ocupar el lugar de

Jesús que es la Luz y la verdad en el camino. ¡Cristo es nuestra luz!

EVANGELIO El ciego de nacimiento ante Jesús, Luz del mundo, es un relato con un significado muy profundo. Siempre debemos leerlo con nuevos ojos, con nueva actitud para poder ver lo que Jesús nos muestra con su acción, lo que significa este acontecimiento para el ciego mismo y lo que el mismo evangelio quiere mostrarnos. Tres niveles del mismo mensaje. Debemos evitar la ceguera de la

Relaciona la palabra "mundo" y la afirmación "Yo soy la Luz del mundo" dando un sabor de solemnidad a la misión de Jesús.

"**Maestro**, ¿**quién** pecó para que **éste** naciera ciego,
    él o sus padres?"
Jesús respondió: "**Ni él** pecó, **ni tampoco** sus padres.
Nació **así** para que **en él** se manifestaran las **obras de Dios**.
Es necesario que **yo haga** las obras del que **me envió**,
    mientras es **de día**,
    porque luego **llega** la noche y **ya nadie** puede trabajar.
Mientras **esté** en el mundo, yo soy la luz del mundo".

Dicho esto, escupió en el suelo, hizo **lodo** con la saliva,
    se lo puso en **los ojos** al ciego y le dijo:
    "**Ve** a lavarte en la piscina de **Siloé**" (que significa 'Enviado').
Él fue, se lavó y **volvió** con vista.

Entonces **los vecinos** y los que lo habían visto antes
    pidiendo limosna, preguntaban:
    "**¿No es éste** el que se sentaba a **pedir** limosna?"
Unos decían: "**Es el mismo**".
Otros: "**No es él**, sino que **se le parece**".
Pero **él** decía: "**Yo soy**".
Y le preguntaban: "Entonces, ¿**cómo** se te abrieron los ojos?"
Él les respondió: "El hombre que **se llama Jesús** hizo lodo,
    me lo puso en los ojos y me dijo: '**Ve a Siloé y lávate**'.
Entonces **fui**, me **lavé** y **comencé** a ver".
Le preguntaron: "**¿En dónde** está él?" Les contestó: "**No lo sé**".

Llevaron entonces ante los fariseos al que **había sido** ciego.
Era **sábado** el día en que Jesús **hizo** lodo y le **abrió** los ojos.
También los fariseos le preguntaron **cómo** había adquirido la vista.
Él les contestó: "Me puso **lodo** en los ojos, me lavé **y veo**".
Algunos de los fariseos comentaban:
    "Ese hombre **no viene** de Dios, porque **no guarda** el sábado".
Otros replicaban:
    "**¿Cómo** puede un pecador hacer **semejantes** prodigios?"

La acción de Jesús con el ciego debe ser visualizada por la asamblea como una actuación. Nárrala sin prisa, con detenimiento.

costumbre. Un riesgo para quienes meditamos el Evangelio y que también se refleja en la actitud de los fariseos que, acostumbrados y confiados en su conocimiento de la Sagrada Escritura, no podían ver el nuevo significado que Jesús traía respecto del plan de Dios a través de su propia persona.

La primera preocupación es planteada por los mismos discípulos: ¿quién pecó para que esta persona esté sumida en tal situación? La respuesta de Jesús despoja la duda que por siglos había anidado en la conciencia de la gente de su tiempo. A saber, que las enfermedades son signo de pecado o

de castigo divino. Esta imagen de un Dios que premia y castiga había reforzado un sistema de injusticia hacia los pobres. Era una trampa pues, siendo pobres, enfermos, cojos o ciegos se les consideraba pecadores. Y, al no poder salir de su realidad de pobreza o enfermedad, quedaban condenados en una doble situación sin posibilidad de salida alguna: pobres y pecadores. Jesús derrumba esta frontera no solo con su respuesta ("ni el pecó, ni tampoco sus padres"), sino con su acción al devolverle la vista como signo de que Dios se hace presente en la sanación, no en la condenación. Va

quedando claro en qué sentido Jesús es la Luz para la humanidad.

La realización del milagro parece tener a la realidad de la encarnación al tomar Jesús barro en sus manos y mezclado de saliva untarlo en los ojos del ciego. Y también podemos ver una insinuación al Bautismo en el hecho de lavarse los ojos. Todo esto está situado en el tema del día y de la noche poniendo el día como oportunidad de trabajar y la noche como muerte e inactividad. El día en el sentido simbólico que recibe en este relato tiene también un sentido urgente ("mientras estoy en el

Es de capital importancia distinguir la actitud de quienes no creen ni en el ciego ni en Jesús y la del ciego que no se deja vencer por la incredulidad sino que mantiene firme su experiencia y el significado de Jesús para él. Usa un tono acusador para los primeros y un tono fuerte para el testimonio del ciego.

Y había **división** entre ellos.
Entonces **volvieron** a preguntarle al ciego:
   "**Y tú**, **¿qué piensas** del que te **abrió** los ojos?"
Él les contestó: "Que es un profeta".

Pero los judíos **no creyeron** que aquel hombre, que **había sido ciego**,
   hubiera recobrado la vista.
Llamaron, pues, **a sus padres** y les preguntaron:
   "**¿Es éste** su hijo, del que **ustedes dicen** que **nació** ciego?
¿Cómo es que ahora ve?"
Sus padres **contestaron**: "**Sabemos** que **éste es** nuestro hijo
   y que **nació ciego**.
Cómo es que **ahora ve** o **quién** le haya dado la vista,
   no lo sabemos.
Pregúntenselo a él; ya tiene edad **suficiente**
   y responderá **por sí mismo**".
Los **padres** del que había sido ciego dijeron **esto**
   por miedo a los judíos,
   porque **éstos** ya habían convenido en **expulsar** de la sinagoga
   a quien reconociera **a Jesús** como **el Mesías**.
Por eso sus padres dijeron: 'Ya **tiene** edad; **pregúntenle** a él'.

Llamaron **de nuevo** al que había **sido ciego** y le dijeron:
   "**Da gloria** a Dios.
Nosotros sabemos que **ese hombre** es pecador".
Contestó **él**: "Si es pecador, **yo no lo sé**;
   sólo sé que yo era ciego y ahora veo".
Le preguntaron **otra vez**: "**¿Qué** te hizo? **¿Cómo** te abrió los ojos?"
Les contestó: "**Ya** se lo dije a ustedes y **no** me han dado **crédito**.
¿Para qué quieren oírlo **otra vez**?
¿Acaso **también** ustedes quieren hacerse **discípulos** suyos?"
Entonces ellos **lo llenaron** de insultos y le dijeron:
   "Discípulo **de ése** lo serás **tú**.

mundo") en la aceptación de Jesús como el Mesías.

Una gran parte de este texto (vv. 8–34) es dedicada a la discusión del milagro y su sentido. Se discute el asunto en relación a los vecinos, los fariseos, los padres del ciego y nuevamente con los fariseos. En todo momento se dejan ver dos actitudes: por un lado la ceguera de quienes no quieren ver la verdad de lo que ha sucedido y por el otro lado, el fulminante testimonio del ciego que ahora ve. Los vecinos se resisten a cambiar su manera de ver y reconocer a este hombre. Dudan que sea la misma

persona, pues quieren mantener la misma visión. El ciego afirma rotundamente lo que ve y lo que le sucedió identificando a Jesús quien le devolvió la vista y con ello la dignidad.

Por su parte, los fariseos, más testarudos aún (es la necedad de los que creen sin apertura al cambio) aducen varias razones: No creen lo que ven pues fue una obra realizada en sábado; también aducen la razón, en la que siempre se han apoyado: un hombre considerado pecador no puede realizar este tipo de señales. Acosan a los padres

del ciego, pero ellos, sabiendo las consecuencias que podría traerles el testimonio sobre su hijo, evaden redirigiendo el asunto: "Pregúntenle a él, ya tiene edad para hablar por sí mismo". El segundo interrogatorio de los fariseos va al ciego, y el tercero, incluyendo a los papas, muestra la intensidad de su rechazo y ceguera espiritual. Muestran el cobre con la aseveración de que conocen a Jesús y, precisamente, como pecador. El ciego pone con una frase el hilo de esta narración: "Si es un pecador no lo sé: solo se una cosa: que era ciego y ahora

Nosotros somos discípulos de **Moisés**.
Nosotros **sabemos** que a Moisés le **habló Dios**.
Pero ése, **no sabemos** de dónde viene".

Replicó aquel hombre:
"Es **curioso** que **ustedes** no sepan **de dónde** viene
   y, sin embargo, me ha **abierto** los ojos.
Sabemos que Dios **no escucha** a los pecadores,
   pero al que lo teme y **hace su voluntad**, a **ése sí** lo escucha.
Jamás se había oído decir que alguien
   abriera los ojos a un **ciego** de nacimiento.
Si éste **no viniera** de Dios, no tendría **ningún** poder".
Le replicaron:
"Tú eres **puro pecado** desde que naciste,
   ¿**cómo** pretendes darnos **lecciones**?"
Y lo echaron **fuera**.

Supo **Jesús** que lo habían echado **fuera**,
   y cuando lo encontró, **le dijo**:
     "¿**Crees tú** en el **Hijo** del hombre?"
Él **contestó**: "¿Y **quién es**, Señor, para que yo crea **en él**?"
Jesús le dijo: "**Ya** lo has visto;
   el que **está** hablando contigo, **ése es**".
Él dijo: "**Creo**, Señor". Y **postrándose**, lo **adoró**.

Entonces le dijo **Jesús**:
   "Yo **he venido** a este mundo para que se **definan** los campos:
   para que los ciegos **vean**, y los que ven **queden ciegos**".
Al oír **esto**, algunos fariseos que estaban con él le preguntaron:
   "¿Entonces, **también** nosotros estamos **ciegos**?"
Jesús les contestó: "Si **estuvieran** ciegos, **no tendrían** pecado;
   pero como **dicen** que ven, **siguen** en su **pecado**".

Forma breve: Juan 9,1.6–9.13–17.34–38

Da una forma pausado a la parte final del Evangelio, como quien está cerrando con broche de oro una historia donde se muestra a Jesús como Luz de toda la humanidad.

veo". De esta manera está introduciendo el tema del discipulado—dimensión que también entrará en conflicto con los fariseos, acérrimos discípulos de sí mismos recurriendo a Moisés como su maestro.

La expresión que sigue en esta discusión respecto de que "Dios no escucha a los pecadores" merece un cuidado especial. No en el sentido de que sea el mensaje central de este Evangelio, sino por el impacto que un mal entendimiento de ello tiene y ha tenido en la fe de la gente sencilla entonces y ahora. No se refiere a que Dios no conceda el perdón a los que lo piden con humildad. Se trata de que Dios no confirme con milagros los deseos y pretensiones de quienes obran en contra de la voluntad de Dios. Dios no es alcahuete de nadie, diríamos en semántica de nuestro lenguaje. El reproche de los fariseos contra el ciego y su historia se traduce en rechazo y expulsión, lo cual puede ser una clara alusión del evangelista al hecho que vivían los cristianos al ser expulsados de las sinagogas.

En la relación entre el ciego y Jesús, se da una experiencia de fe y discipulado. El ciego no solo ve físicamente sino que busca al Señor; búsqueda que Jesús confirma directamente con la afirmación de su identidad. Enseguida el ciego se postra como signo de reconocimiento de Jesús, luz de sus ojos, Luz de su fe.

Finalmente, vemos a Jesús dando las palabras últimas sobre el mensaje de este relato: es el testimonio de la verdad que enjuicia a los ciegos por voluntad propia y devuelve la vista y la esperanza a los ciegos de buena voluntad. El versículo 41 es una crítica aguda a la ceguera del mundo.

V DOMINGO DE CUARESMA (B)

I LECTURA   Jeremías 31,31–34

Lectura del libro del profeta Jeremías

Nuestro pueblo necesita escuchar la esperanza que Dios promete con su alianza. Proclama este mensaje para todos como si tú mismo fueras el profeta.

"Se **acerca** el tiempo, dice el Señor,
en que haré con la casa de Israel
y la casa de Judá **una alianza nueva**.
No será como la alianza que hice con los padres de ustedes,
cuando **los tomé de la mano** para sacarlos de Egipto.
Ellos **rompieron** mi alianza
y yo **tuve que hacer** un escarmiento con ellos.

Al recordar la infidelidad de los antepasados, imprime un carácter de reproche en tu voz como quien está encarando al pecado de frente.

Ésta será la **alianza nueva**
que voy a hacer con la casa de Israel:
Voy a poner mi ley en lo **más profundo** de su mente
y **voy a grabarla** en sus corazones.
Yo seré **su Dios** y ellos serán **mi pueblo**.
Ya **nadie** tendrá que instruir a su prójimo ni a su hermano,
diciéndole:
'Conoce al Señor',

Cuando pronuncies la promesa "Yo seré su Dios y ellos serán mi pueblo", haz un claro gesto corporal y de entonación fijando tu mirada en la asamblea.

porque **todos** me van a conocer,
desde **el más pequeño** hasta el **mayor** de todos,
cuando **yo** les perdone sus culpas
y olvide **para siempre** sus pecados".

I LECTURA En la tradición profética se mantiene generalmente la línea del amor y la justicia como modo de conocer a Dios. En este texto de Jeremías es el amor que brota del perdón divino en el contexto de una nueva alianza el que marca la pauta. Este tipo de alianza tiene a Dios como agente principal y al corazón humano fuente del comportamiento. Desde aquí se evalúa todo tipo de conocimiento y de culto. Son los términos en los que el profeta Jeremías esta dirigiéndose a los israelitas que se mantienen fieles a Yahvé.

Esta nueva alianza sembrada y grabada en lo más profundo de cada uno nos lleva a una nueva pedagogía de salvación. Ya no funcionara el método de los que saben y los que no saben, los que enseñan o instruyen y los que aprenden. Todos tienen la capacidad de conocer a Dios al saberse perdonados. La nueva pedagogía consistirá en adelante únicamente en compartir la experiencia del perdón y la experiencia de Dios en medio de nosotros. "Yo seré su Dios y ustedes serán mi pueblo". El dinamismo interno en la vida del pueblo que tiene a Dios como su Señor es una revelación continua, profunda y compartida que hay que hacer consciente en todo momento. Esta nueva alianza implica una nueva manera de ser pueblo. Nación, cultura, lengua o posición social no es el referente principal de la identidad del pueblo; todo ello adquiere un nuevo valor ante la voluntad de Dios.

II LECTURA Jesús es Sumo Sacerdote. La carta a los Hebreros contrasta las características del sacerdocio de Cristo con los sacerdotes judíos: Jesús no pertenece a una tradición de

Relata el dolor y sufrimiento de Jesús con sentimiento de agradecimiento y admiración por su entrega. Busca un tono de dolor y fuerza como quien está decidido a su sufrir por los demás.

La obediencia al Padre por parte de Jesús tiene un sentido nuevo e iluminador para nosotros hoy. Pon en relevancia la calidad de su entrega.

II LECTURA   Hebreos 5,7–9

Lectura de la carta a los hebreos

Hermanos:
Durante su vida mortal, Cristo **ofreció** oraciones y súplicas,
    con fuertes voces y lágrimas,
    a aquél que podía **librarlo** de la muerte,
    y fue **escuchado** por su piedad.
A pesar de que era el Hijo, **aprendió** a obedecer **padeciendo**,
    y llegado a su perfección, **se convirtió** en la causa de la
        salvación eterna **para todos** los que lo obedecen.

Narra la primera parte de la escena como quien prepara el terreno para el discurso central del Maestro.

EVANGELIO   Juan 12,20–33

Lectura del santo Evangelio según san Juan

Entre los que habían llegado a Jerusalén
    para adorar a Dios en **la fiesta de Pascua**,
    había algunos **griegos**,
    los cuales se acercaron a **Felipe**,
    el de Betsaida de Galilea, y **le pidieron**:
    "Señor, quisiéramos *ver* a Jesús".

Felipe fue a decírselo a Andrés;
Andrés y Felipe se lo dijeron a Jesús y él les respondió:
    "**Ha llegado** la hora de que el Hijo del hombre **sea glorificado**.
Yo **les aseguro** que si el grano de trigo,
    sembrado en la tierra, **no muere**, queda infecundo;
    pero si muere, producirá **mucho fruto**.

---

sacerdotes como la tribu de Leví, tampoco realizó actividad cultural ninguna en el templo; es más, tuvo serios enfrentamientos con la clase sacerdotal de su tiempo y para colmo murió como un maldito, fuera de la ciudad santa. Con todo esto y por eso mismo, la carta a los Hebreos lo muestra como el sacerdote en grado sumo por la forma en que vivió y murió ofreciendo toda su vida por la causa de la salvación. Su obediencia, sencillez y entrega lo constituyen en el único sacerdote de donde todos formamos parte para la vida sacramental. Es Jesús, y no el sacerdocio del Antiguo

Testamento, quien marca el camino de nuestro sacerdocio bautismal y presbiteral en la Iglesia. Sacrificio significa "hacer sagrado" y Jesús hizo de toda su vida una ofrenda de salvación. Ofrezcamos nuestra vida toda a Dios en nuestros hermanos para ser partícipes activos de la obra salvadora de Jesús.

EVANGELIO Esta lectura del Evangelio según san Juan es su forma de presentarnos la gran preocupación de Jesús acontecida en Getsemaní. En todo caso estamos ante uno de los

momentos más intensos en la vida de Jesús cuando reconoce el miedo a la muerte y enfrenta el destino del martirio por el reino de Dios.

Nosotros somos parte de este destino como discípulos de Jesús. Hay muchas formas de martirio en nuestros tiempos. La muerte inocente de los profetas de Dios no está en los noticieros, ni los periódicos ni en los ratings de la nueva tecnología. Es una muerte silenciosa—como la del trigo— ante la cual debemos estar muy atentos.

Un detalle que nunca debemos olvidar en este Evangelio es la mención de "algunos

En el discurso de Jesús sobre sí mismo, se encuentra el sentido de su vida a flor de piel. Trata de asumir el momento histórico que vive Jesús cuando proclamas sus palabras.

El que se ama a sí mismo, **se pierde**;
    el que se aborrece a sí mismo **en este mundo**,
    se **asegura** para la vida eterna.

El que quiera **servirme**, que me siga,
    para que donde yo esté, **también** esté mi servidor.
El que me **sirve** será **honrado** por mi Padre.

Ahora que tengo **miedo**, ¿le voy a decir a mi Padre:
    'Padre, **líbrame** de esta hora'?
No, pues precisamente para esta hora **he venido**.
Padre, dale **gloria** a tu nombre".
Se oyó entonces una voz que decía:
    "Lo he glorificado y **volveré** a glorificarlo".

De entre los que estaban ahí presentes y **oyeron** aquella voz,
    unos decían que había sido **un trueno**;
    otros, que le había hablado **un ángel**.
Pero Jesús les dijo: "Esa voz no ha venido **por mí**,
    sino **por ustedes**.
Está llegando el juicio de este mundo;
    ya va a **ser arrojado** el príncipe de este mundo.
Cuando yo sea levantado de la tierra, **atraeré** a todos hacia mí".
Dijo esto, indicando de qué manera **habría de morir**.

Mientras lees, visualiza a toda la Iglesia y su diversidad cultural. Especialmente cuando estés en la frase "atraeré a todos hacia mí".

griegos". No es asunto superficial. Es único en san Juan y nos pone en el contexto de la vida de la Iglesia primitiva después de la Resurrección de Cristo. Aquí también sigue siendo muy útil la imagen del trigo que nos ayuda a ver a Jesús mismo como una fuerza que rompe y expande los propios límites y esquemas culturales dando paso a la oferta del Evangelio de la vida para todos. Los visitantes son recibidos sorpresivamente con un discurso que tal vez no esperaban. Esta no es una falta de respeto a los griegos, sino una muestra de la centralidad de la cruz en el misterio de Jesús.

Recordemos que en la cultura griega no es posible entender a Dios en la debilidad o el sufrimiento, y menos en la muerte.

Unas sencillas verdades a tener en cuenta: Jesús fue judío. El cristianismo y la Iglesia católica se viven en la diversidad y pluralidad cultural. Ninguna cultura puede ocupar el lugar que corresponde a Jesús y su Evangelio. Y ahí estamos, en el camino de aceptar a Dios para todos y en todos, cosas que se presentará muy difícil mientras no aceptemos el desafío del crucificado.

Nos encontramos ante el desafío de la cruz y la Resurrección al mismo tiempo.

Este solo se puede asumir aceptando la persona de Jesús a través de una cercanía profunda y continúa con él. La vivencia y comprensión de su obra nos ayudará a encontrarle más allá de nuestros propios esquemas y costumbres. Entre la cruz y la esperanza, Dios nos está llamado a todos a ir más allá de nuestra propia fe. Este crecimiento es un rasgo ineludible de lo que la Iglesia reconoce como el sentido misionero, una nueva evangelización.

V DOMINGO DE CUARESMA (A)

I LECTURA   Ezequiel 37,12–14

Lectura del libro del profeta Ezequiel

Esto dice el Señor Dios:

"Pueblo mío, **yo mismo abriré** sus sepulcros,
los **haré salir** de ellos y **los conduciré** de nuevo
a la tierra de Israel.
Cuando **abra** sus sepulcros y los saque de ellos, **pueblo mío**,
ustedes dirán que **yo soy** el Señor.
Entonces **les infundiré** a ustedes mi espíritu y **vivirán**,
los **estableceré** en su tierra
y ustedes **sabrán** que yo, el Señor, lo dije **y lo cumplí**".

Haz de tu proclamación un ejercicio de lo que imaginas como la presencia de Dios que trae fuerza y esperanza, no miedo.

Proclama esta breve lectura como una declaración de Dios para todos los abatidos y preocupados por la complicada situación para los pobres y migrantes en nuestra comunidad.

Haz una meditación personal poniendo tu existencia entera en las manos del Señor.

II LECTURA   Romanos 8,8–11

Lectura de la carta del apóstol san Pablo a los romanos

Hermanos:
Los que viven en forma **desordenada y egoísta**
no pueden agradar a Dios.
Pero ustedes no llevan **esa clase de vida**,
sino una vida **conforme** al Espíritu,
puesto que el Espíritu de Dios habita **verdaderamente**
en **ustedes**.

Proclama la primera afirmación de la vida desordenada con un tono de aviso y reprimenda, pasando a un tono de confianza y cordialidad al afirmar a los hermanos que viven conforme al Espíritu Santo.

I LECTURA | **Ezequiel es el profeta del destierro.** Cuando se dio la deportación a Babilonia, los enviados por el emperador Nabucodonosor y tenían el encargo de comprar con tratos especiales a los líderes más importantes, Ezequiel era uno de ellos. Pero se rehusó y pidió ser tratado igual que sus paisanos. Era pues un profeta muy cercano a la vida del pueblo desterrado. La narración del texto parece ser una visión mística de la realidad del pueblo, pero como toda autentica mística, no está inventando mucho menos evadiendo la realidad de la vida. Es una visión profunda de la desgracia de Israel. Así como el profeta "ve" sus sepulcros, ellos veían a sus hermanos caer muertos en la vida de opresión. Seguramente ni podían enterrar a sus muertos como era su fe y su costumbre. Realidad y visión profética se interpretan una a la otra en Ezequiel y su pueblo. Aquí es precisamente donde entra el Señor y su espíritu de vida nueva para los muertos y nueva esperanza para los que, desterrados, viven como muertos. Todo inmigrante o extranjero tratado con desdén, desprecio y racismo se asemeja a los huesos secos de un sepulcro colectivo en donde parece no haber vida. Los indocumentados que viven padeciendo la opresión de un sistema legal que se beneficia económica y políticamente de tal situación a todos los niveles se encuentran en la máxima prueba de su esperanza en Dios y en la vida con dignidad y respeto. No hay profetas, pero Dios sigue susurrando al corazón de todos para que se conviertan en un pueblo profético en pleno siglo XXI.

II LECTURA | El tema de la vida espiritual y carnal es de mucha actualidad en nuestra Iglesia. Especialmente

Proclama con certeza contundente las implicaciones para quien tiene el Espíritu de Cristo. Es una afirmación que da confianza plena e invita a vivir con el máximo esfuerzo siempre confiados en Dios.

El pensamiento final deberá ser proclamado de forma pausada y con ritmo suave de tal modo que la asamblea siente la íntima relación entre Dios Padre, Hijo y Espíritu Santo y la vida nuestra.

Quien **no tiene** el Espíritu de Cristo, **no es** de Cristo.
En cambio, si Cristo vive **en ustedes**,
    aunque su cuerpo **siga sujeto** a la muerte a causa **del pecado**,
    su espíritu **vive** a causa de la actividad salvadora de Dios.

Si el **Espíritu** del Padre, que **resucitó** a Jesús de entre los muertos,
    habita en ustedes,
    entonces **el Padre**, que resucitó a Jesús de entre los muertos,
    también les dará vida a sus cuerpos mortales,
    por obra de su Espíritu, que **habita** en ustedes.

EVANGELIO   Juan 11,1–45

Lectura del santo Evangelio según san Juan

En **aquel** tiempo, se encontraba enfermo **Lázaro**, en Betania,
    el pueblo de María y de su hermana Marta.
María era la que una vez **ungió** al Señor con perfume
    y le **enjugó** los pies con su cabellera.
El enfermo era su hermano **Lázaro**.
Por eso las dos hermanas le mandaron decir **a Jesús**:
    "**Señor**, el amigo a quien tanto quieres **está enfermo**".

Al oír **esto**, Jesús dijo:
    "**Esta** enfermedad **no acabará** en la muerte,
    sino que servirá para **la gloria** de Dios,
    para que el **Hijo de Dios** sea glorificado por ella".

Jesús **amaba** a Marta, a su hermana y a Lázaro.
Sin embargo, cuando **se enteró** de que Lázaro **estaba** enfermo,
    se detuvo **dos días más** en el lugar en que se hallaba.
Después dijo a sus discípulos: "Vayamos **otra vez** a Judea".

Narra la situación con la confianza de quien estuvo presente cuando pasaron los hechos. Como quien cuenta un suceso vivido y que es de gran importancia para todos los que no estuvieron ahí.

en la devoción y la fe popular del pueblo latino. San Pablo nos presenta aquí un análisis del proceder de la persona que orienta su vida por los institutos y de quien se deja guiar por el Espíritu de Jesús. Mucho hay por profundizar en una sana y auténtica valoración del cuerpo y del espíritu en la vida cristiana para no incurrir en una dicotomía o separación de lo que somos y para lo que hemos sido creados por Dios.

San Pablo nos ayuda a entender que nuestro comportamiento abarca todo lo que somos. Si actuamos orientados y motivados por los instintos e inclinaciones egoístas

que bien pueden provenir del deseo corporal o de cierto modo de pensar, estaremos incurriendo en el egoísmo y el pecado que impacta a todo nuestro ser. Del mismo modo, cuando una persona orienta todo su estilo de vida basado en el Espíritu de Jesús, todo su ser será conforme a la voluntad de Dios. Por educación e influencia cultural, la mayoría de personas tenemos una comprensión muy limitada del ser humano: alma y cuerpo, espíritu y materia. Esta visión de separación o de superposición resaltando más lo espiritual que lo material es una influencia de la cultura

griega que nos ha hecho mucho daño en la comprensión de la persona y de cómo vivir la fe. Es una visión ajena al Evangelio y al resto del Nuevo Testamento. Por ello, más que interpretar a san Pablo desde esas ideas, habría que poner atención a la distinción entre vivir un estilo de vida egoísta y desordenada y la vida del cristiano conforme al Espíritu de Cristo.

EVANGELIO **Estamos acostumbrados a ver en la muerte uno de los misterios más grandes de la vida, y en verdad que lo es. Sin embargo, aquí nos**

Los discípulos le dijeron:
"**Maestro**, hace poco que los judíos querían **apedrearte**,
¿y tú **vas a volver** allá?"
Jesús les contestó: "¿**Acaso** no tiene **doce** horas el día?
El que camina **de día** no tropieza,
porque ve la luz **de este mundo**;
en cambio, el que camina de noche **tropieza**,
porque **le falta** la luz".

Dijo esto y luego **añadió**:
"**Lázaro**, nuestro amigo, **se ha dormido**;
pero yo voy ahora **a despertarlo**".
Entonces le dijeron sus discípulos:
"**Señor**, si duerme, es que **va a sanar**".
Jesús hablaba **de la muerte**,
pero ellos creyeron que hablaba del **sueño natural**.
Entonces Jesús les dijo **abiertamente**:
"Lázaro **ha muerto**, y me alegro por ustedes
de no haber estado ahí,
para que crean. Ahora, vamos **allá**".
Entonces **Tomás**, por sobrenombre **el Gemelo**,
dijo a los demás discípulos:
"Vayamos **también** nosotros, para **morir** con él".

Cuando llegó Jesús, Lázaro llevaba ya **cuatro** días en el sepulcro.
Betania quedaba **cerca** de Jerusalén,
como a unos **dos** kilómetros y medio,
y **muchos** judíos habían ido a ver a Marta y a María
para **consolarlas** por la muerte de su hermano.
Apenas oyó Marta que Jesús llegaba, **salió** a su encuentro;
pero María **se quedó** en casa.
Le dijo Marta a Jesús:
"**Señor**, si hubieras estado aquí, **no habría muerto** mi hermano.

Cuando refieras a los discípulos muestra la importancia de sus actitudes sean de reproche, desinterés o de reconocimiento del poder del Señor.

Al narrar esta parte del relato, procura que los oyentes se den cuenta de las distancias de un lugar a otro, así como de los escenarios compuestos de lugar y personas. Como quien pinta una imagen con las palabras.

---

encontramos con un misterio más grande aun: el misterio de la Resurrección. El nuevo y total sentido que Jesús otorga a nuestra vida. En la historia sagrada de Israel solo otra persona había devuelto a la vida a alguien y fue el profeta Elías (1 Reyes 17). San Juan nos presenta ahora a Jesús en uno de sus actos más contundentes donde nos revela su poder sobre la muerte. El otro que vendrá lleno de plenitud de sentido es el de la propia Resurrección del Maestro. El verdadero poder, no consiste pues en quitar, sino en dar, en devolver la vida. En este Evangelio nos encontraremos con

muchos más signos que ilustran el hecho de la resurrección de Lázaro: la amistad de Jesús con esta familia y con su amigo Lázaro, la fe, el consuelo y el acto portentoso de volver a la vida.

En primer lugar se nos ofrece una descripción de las circunstancias (vv. 3–20) en las que se da el milagro. La gravedad de Lázaro y el mensaje a Jesús sobre la situación de su amigo a quien ama tanto y la petición de las hermanas para que acuda en su ayuda. La actitud de Jesús no es de desinterés, sino de amplitud y comprensión de lo que sucede y el significado que tiene

en el plan de Dios: la manifestación de su gloria que viene con la Resurrección, no con la muerte. El evangelista nos muestra un rasgo fundamental que caracteriza la vida de Jesús, y es su amor y su ternura cuando alguien se encuentra en la desolación y el dolor.

Los discípulos previenen a su Maestro sobre la inconveniencia de volver a ese lugar donde su vida al corrido peligro. Lo cual provoca en Jesús una reacción como quien conoce y ve mucho más allá de las circunstancias ordinarias de la vida. De hecho, declarar que su amigo "duerme" no

La respuesta que Jesús da a las hermanas de Lázaro debe mostrar que Jesús está en control de la situación que a todos aqueja.

Pero **aún ahora** estoy segura de que Dios
te concederá cuanto le pidas".

Jesús le dijo: "Tu hermano **resucitará**".
Marta respondió:
"**Ya sé** que resucitará en la resurrección del **último día**".
Jesús le dijo: "**Yo soy** la resurrección y la vida.
El **que cree** en mí, aunque haya muerto, **vivirá**;
y todo aquel que está vivo y **cree en mí**, **no morirá** para siempre.
¿**Crees** tú esto?"
Ella le contestó:
"**Sí, Señor**. Creo **firmemente** que **tú eres** el Mesías,
el Hijo de Dios,
el **que tenía que venir** al mundo".

Resalta del respeto de Marta al decir a Jesús lo que significa para ella.

Después de decir estas palabras,
fue a buscar a su hermana María y le dijo **en voz baja**:
"**Ya vino** el Maestro y **te llama**".
Al oír **esto**, María se levantó **en el acto**
y **salió** hacia donde estaba Jesús,
porque **él** no había llegado aún al pueblo,
sino que estaba en el lugar donde Marta **lo había encontrado**.
Los judíos que estaban con María en la casa, **consolándola**,
viendo que ella se levantaba y salía **de prisa**,
pensaron que iba al sepulcro **para llorar ahí** y la siguieron.

Cuando llegó **María** adonde estaba Jesús, al verlo,
se echó a sus pies y le dijo:
"**Señor**, si hubieras estado aquí, **no habría muerto** mi hermano".
Jesús, al verla **llorar** y al ver llorar a los judíos que la
acompañaban,
se conmovió hasta lo **más hondo** y preguntó:
"¿**Dónde** lo han puesto?" Le contestaron:
"**Ven, Señor**, y lo verás".

es una declaración de ironía sobre la muerte sino de convicción de lo que está significa la vida según Dios. Los discípulos no entendieron, y también ellos son destinatarios, como todos los demás, de las consecuencias de la resurrección de Lázaro: para aumentar nuestra fe, más allá de los límites de nuestro entendimiento.

En el diálogo con Marta podemos encontrar al mismo tiempo la súplica de la fe y el reproche que ocasiona el dolor de la pérdida. Pero sobre todo encontramos la auto-presentación de Jesús como la Resurrección y la vida, el que crea en mí, aunque muera

vivirá. La fe en Jesús no evita la muerte, garantiza la Resurrección de una vida vivida con plenitud. Esta comprensión de Jesús como la vida eterna se ve completada en la profesión de fe de Marta.

En medio de la consolación de vecinos y amigos por la muerte de Lázaro también está María a quien le es transmitido con ternura el deseo de Jesús que quiere verle antes de pasar a ver a su amigo difunto y mostrar uno de los signos más bellos que nos transmite el Evangelio: Jesús llorando a su amigo Lázaro. Sucintado reacciones encontradas. Unos apreciando su cariño y

otros criticándole por no haber evitado esa muerte. El milagro que sigue a continuación será una respuesta que supera cualquier intriga o preocupación de las consecuencias de estar muerto. La invocación al Padre en el estilo con Jesús acostumbraba es prueba de su relación amorosa y confianza plena. Es la indicación clara de Jesús es el enviado de Dios y como tal, signo clarísimo de vida que vence la muerte con el poder de su palabra: "¡Lázaro, sal de ahí!".

La imagen de Jesús diciendo estas palabras a su amigo Lázaro no es para ser evocada únicamente en los momentos de duelo

Jesús **se puso a llorar** y los judíos comentaban:
"De veras ¡**cuánto** lo amaba!"
Algunos decían:
"¿**No podía** éste, que **abrió** los ojos al ciego de nacimiento,
hacer que Lázaro **no muriera**?"

Jesús, profundamente conmovido todavía,
se **detuvo** ante el sepulcro, que era una cueva,
sellada **con una losa**.
Entonces dijo Jesús: "**Quiten** la losa".
Pero **Marta**, la hermana del que había muerto, **le replicó**:
"**Señor**, ya huele mal, porque lleva **cuatro días**".
Le dijo Jesús: "¿No te he dicho que **si crees**,
verás la gloria de Dios?"
Entonces quitaron la piedra.

Jesús **levantó** los ojos a lo alto y dijo:
"**Padre**, te doy gracias porque me **has escuchado**.
Yo **ya sabía** que **tú siempre** me escuchas;
pero lo he dicho a causa **de esta muchedumbre** que me rodea,
para **que crean** que tú me has enviado".
Luego **gritó** con voz potente: "¡**Lázaro, sal de ahí**!"
Y **salió** el muerto, atados con vendas las manos y los pies,
y la cara **envuelta** en un sudario.
Jesús les dijo: "**Desátenlo**, para que **pueda andar**".

Muchos de los judíos que habían ido a casa de Marta y María,
al ver lo que había hecho Jesús, **creyeron en él**.

Forma breve: Juan 11,3–7.17.20–27.33–45

Que tu voz suene contundente al pronunciar la orden de Jesús de quitar la piedra, del mismo modo cuando ordena a Lázaro salir de ahí.

Haz de las afirmaciones finales una conclusión elocuente de todo el relato, pues Lázaro ha vuelto a la vida y todos tienen una fe viva en Jesús.

---

de nuestra vida. Deben provocar en nosotros una actitud de cercanía con el maestro y amigo que nos llama continuamente a la vida, a deshacernos de las garras de la muerte con la fuerza que nos da Jesús. Dios no hace discípulos a los muertos, nos hace sus discípulos en el camino de vencimiento de la muerte que día a día asedia nuestra vida corrompiendo la solidaridad humana. La muerte de la esperanza es en la historia de pueblos y comunidades enteras la amenaza más mortal con la que nos enfrentamos. Solo con Jesús podremos cruzar el encierro histórico de este desafío. Él es la vida misma y la esperanza del mundo.

DOMINGO DE RAMOS

EVANGELIO Marcos 11,1–10

Lectura del santo Evangelio según san Marcos

No dudes en narrar este relato como un testigo presencial de los acontecimientos.

Cuando Jesús y los **suyos** iban de camino a **Jerusalén,**
    al llegar a **Betfagé** y **Betania,**
    cerca del monte de los Olivos,
    les dijo a dos de sus discípulos:
    "**Vayan** al pueblo que ven allí **enfrente;**
    al entrar, encontrarán amarrado un **burro**
    que **nadie** ha montado todavía.
Desátenlo y **tráiganmelo.**
Si **alguien** les pregunta por qué lo hacen, **contéstenle:**
    'El Señor **lo necesita** y lo devolverá pronto'".

La narración sobre los preparativos de la entrada a Jerusalén debe hacerse con mucha seguridad, pues no son casualidades, sino signos de que Dios sabe lo que hace.

Fueron y encontraron al **burro** en la calle,
    atado junto a una puerta, y **lo desamarraron.**
Algunos de los que allí estaban les **preguntaron:**
    "**¿Por qué** sueltan al burro?"
Ellos les contestaron lo que había dicho **Jesús**
    y ya **nadie los molestó.**

Llevaron el burro, le echaron encima los **mantos**
    y Jesús **montó** en él.
Muchos extendían su manto en el camino,
    y otros lo tapizaban con **ramas** cortadas en el campo.
Los que iban **delante** de Jesús y los que lo **seguían,**
    iban **gritando** vivas:
    "**¡Hosannna!** ¡**Bendito** el que viene en **nombre** del Señor!

Imprime júbilo y alegría a las declaraciones con que la gente aclama a Jesús. Tiene un impacto de adviento en la esperanza popular.

EVANGELIO | En Jericó se marca el camino de Jesús con sus discípulos hacia Jerusalén. En dicho trayecto es reconocido por un ciego que proclama su identidad "Jesús hijo de David". Encontramos la mención de varios lugares como el Monte de los Olivos y cruzando por el caserío llega hasta Betania cuyo nombre podría significar "casa del pobre". De ahí hasta Jerusalén, casi tres kilómetros de recorrido pasando por pueblecitos de poco valor comparados con la ciudad de Jerusalén—lugar que, para Marcos, significa la ciudad de los enemigos de Jesús.

Él envía a dos de sus discípulos por delante a conseguir el animal en que hará su entrada triunfal: el Mesías de Dios montado en la sencillez contrastando el triunfalismo que el poder acostumbra.

El Evangelio muestra que todo sale como Jesús lo indica, dándonos a saber que él es el Señor de los acontecimientos, es dueño de su destino a Jerusalén. La escena de la mula nos muestra a Jesús sucesor de David que, como nuevo rey se dirige a la unción. La procesión de ramos (Salmo 118,27) nos recuerda el sentido de homenaje que tiene esta entrada triunfal de Jesús como rey

manso y humilde acompañado de la multitud. La expresión de la gente gritando: "¡Hosanna!". Se traduce en un gran deseo y esperanza: "¡Sálvanos! ¡Hosanna en el cielo!". Ambas expresiones son una combinación de significados entre la súplica de salvación a Dios y el reconocimiento de la esperanza de salvación en Jesús, quien ha demostrado con su vida y sus milagros que Dios tiene una oferta de salvación diferente a la que están acostumbrados.

Pongámonos nosotros mismos en esa misma visión de madurar nuestra vocación cristiana en el seguimiento de Jesús, espe-

*¡**Bendito** el reino que llega, el reino de nuestro padre **David**!*
*¡Hosanna **en el cielo**!"*

Lectura alternativa: Juan 12,12–16

I LECTURA   Isaías 50,4–7

Lectura del libro del profeta Isaías

En aquel **entonces,** dijo Isaías:
"El Señor me ha dado una **lengua** experta,
para que pueda **confortar** al abatido
con palabras de **aliento**.

Mañana tras mañana, el Señor **despierta** mi oído,
para que **escuche** yo, como discípulo.
El Señor Dios me ha **hecho oír** sus palabras
y yo **no he opuesto resistencia**
ni me he echado **para atrás**.

Ofrecí la espalda a los que me **golpeaban**,
la mejilla a los que me tiraban de la barba.
No aparté mi rostro de los insultos y salivazos.

Pero el Señor me **ayuda**,
por eso **no quedaré** confundido,
por eso **endureció** mi **rostro** como roca
y sé que **no quedaré avergonzado**".

II LECTURA   Filipenses 2,6–11

Lectura de la carta del apóstol san Pablo a los filipenses

Cristo, siendo **Dios,**
no consideró que debía **aferrarse**
a las **prerrogativas** de su condición **divina,**

Tu voz debe resonar como que tú eres el profeta y a ti te sucedieron estas cosas.

Cuando proclamas esta lectura como si fuera un testimonio personal, siente la fuerza de Dios en tu corazón. Los demás lo percibirán y a ti te acompañara en adelante.

Después de haber hecho la lectura, haz una oración personal por el don de este ministerio.

Como quien lee el testimonio del evangelio a ha acompañado a la Iglesia por siglos, proclámala con solemnidad de un largo camino.

cialmente en estos días en que iniciamos la Semana Santa con el Domingo de Ramos. Renovemos la alegría y la confianza en nuestro Señor, rey humilde y poderoso desde la entrega generosa.

I LECTURA Este texto de Isaías se refiere posiblemente a una persona, o al pueblo mismo. La comunidad cristiana de entonces y ahora le relaciona directamente con Jesús como Siervo Sufriente. Es un canto a la determinación de asumir las consecuencias que implica hacer la voluntad de Dios. Es también una

muestra del poder que da la confianza absoluta en Dios. Dicho poder no se ejerce agrediendo sino soportando los ultrajes y vejaciones de ese "otro poder" que se estrella ante la fuerza de la resistencia que da la entrega sumisa pero sin miedo ni vacilación alguna por el Señor que sufre con el que sufre y que, al final de todo, saldrá triunfante y vencedor.

II LECTURA Los filipenses reciben de Pablo una invitación a vivir en humildad al ejemplo de Cristo. Este himno acompañó a los primeros cristianos

en su fe en Jesús resucitado. Tanto para los filipenses como para todos nosotros tiene un significado profundo en varios sentidos. Se afirma la condición divina y humana de Jesús, resaltando su condición de humildad. Podríamos decir que Jesús es verdadero Dios en perspectiva humana. No quiere decir que la humanidad rebaja o distorsiona a Dios. Más bien, nos introduce en la manera como el misterio de Dios nos ha sido revelado en Jesús. El texto combina continuamente la divinidad con la humanidad, la humillación con la exaltación para dejarnos ver la entrega y la obediencia de

Los tres inicios te dan la oportunidad de hacer una breve pausa y retomar con fuerza el texto.

sino que, por el **contrario**, se anonadó a sí mismo,
tomando la condición de **siervo**,
y se hizo semejante a los hombres.
Así, hecho **uno** de ellos, se **humilló** a sí mismo
y por obediencia aceptó **incluso** la muerte,
y una muerte de **cruz**.

Enfatiza la expresión "Jesucristo es el Señor para gloria del Padre".

Por eso Dios lo **exaltó** sobre todas las cosas
y le otorgó el nombre que está sobre **todo** nombre,
para que, al nombre de **Jesús**, **todos** doblen la rodilla
en el **cielo**, en la **tierra** y en los **abismos**,
y **todos** reconozcan públicamente que **Jesucristo** es el **Señor**,
para **gloria** de **Dios Padre**.

EVANGELIO   Marcos 14,1—15,47

Pasión de nuestro Señor Jesucristo según san Marcos

Faltaban dos días para **la fiesta de Pascua** y de los panes Ázimos.
Los sumos sacerdotes y los escribas **andaban**
buscando una manera
de apresar a Jesús **a traición** y darle muerte, pero decían:
"**No** durante las fiestas, porque el pueblo podría **amotinarse**".

Inicia con énfasis de narrador experto lo que para el evangelista es el contexto de todo el relato que a continuación se presentara: la fiesta y las intensiones de quienes querían acabar con él.

Estando Jesús sentado a la mesa,
en casa de Simón el leproso, en Betania,
llegó una mujer con un frasco de perfume **muy caro**,
de nardo puro;
quebró el frasco y **derramó** el perfume en la cabeza de Jesús.
Algunos comentaron **indignados**:
"¿A qué viene este **derroche** de perfume?
Podría haberse vendido por más de trescientos denarios
para dárselos a **los pobres**".
Y **criticaban** a la mujer; pero Jesús replicó:
"**Déjenla**. ¿Por qué la molestan?

Narra con sumo cuidado esta sección de tal modo que la mujer y su acción no quede desapercibida en medio de la cena entre amigos.

Que se note el enfado y molestia de quienes reclaman el despilfarro y atrevimiento.

Jesús a quien Dios exalta sobre todo nombre y a quien nosotros confesamos como nuestro Señor y Salvador.

El reconocimiento público de Jesús en nuestra Iglesia y nuestros tiempos tiene una carga profética enorme. Exaltar el nombre de Jesús es un reconocimiento a la sencillez de su proyecto. Es una invitación a medir la vida con otros parámetros. Los primeros cristianos arriesgaban su vida por confesar su fe en Jesús como su único Señor y Salvador. El imperio romano y sus pretensiones divinas se veían amenazado por la fe de la Iglesia en un Dios humilde y

crucificado en el que Dios todopoderoso se complació y en quien las comunidades cristianas ponían toda su esperanza.

EVANGELIO **Marcos narra la Pasión como la culminación de** su Evangelio en donde se confirma todo aquello que se fue anunciando durante todo el ministerio de Jesús. Lo que sucedió con Juan Bautista nos va dando una idea de cómo se ponen las cosas cuando alguien desafía en forma efectiva y clara el poder religioso y político de la región. Jesús

mismo ya era consciente de lo que se avecinaba, anunció en varias ocasiones su Pasión. Quienes querían deshacerse de él tenían como único impedimento su propio miedo a la gente. A partir de la llegada de Jesús a Jerusalén, todo se veía más inminente. Las autoridades religiosas sabían de su presencia, la gente no disimulada su alegría y esperanza y Jesús mismo tenía una actitud desafiante y decida.

Quedaba poco tiempo, solo dos días para la celebración más importante. La fiesta de la Pascua tenía una larga tradición y un sentido profundo compartido por todos.

Quien habla aquí sabe que está a punto de morir. Dale profundidad a las palabras de Jesús en tu boca.

Lo que ha hecho conmigo **está bien,**
porque a los pobres los tienen **siempre** con ustedes
y pueden socorrerlos **cuando quieran;**
pero **a mí** no me tendrán siempre.
Ella ha hecho lo que podía.
Se **ha adelantado** a embalsamar mi cuerpo para la sepultura.
Yo **les aseguro** que en cualquier parte del mundo
donde se predique el Evangelio,
se **recordará** también en su honor lo que ella **ha hecho** conmigo".

Antes de la escena en que entra Judas en la narración, imprime una breve pausa indicando que estamos en un nuevo momento de los acontecimientos.

Judas Iscariote, uno de los Doce,
se presentó a los sumos sacerdotes **para entregarles** a Jesús.
Al oírlo, **se alegraron** y le prometieron dinero;
y él andaba buscando **una buena ocasión** para entregarlo.

Remacha la mención del primer día de la fiesta como quien ayuda a ubicar los preparativos.

El **primer día** de la fiesta de los panes Ázimos,
cuando se sacrificaba **el cordero pascual,**
le preguntaron a Jesús sus discípulos:
"¿**Dónde quieres** que vayamos a prepararte la cena de Pascua?"
Él les dijo a dos de ellos:
"Vayan a la ciudad.
Encontrarán a un hombre que lleva un cántaro de agua; **síganlo,**
díganle al dueño de la casa en donde entre:
'**El Maestro** manda preguntar:
¿**Dónde está** la habitación
en que **voy a comer** la Pascua con mis discípulos?'

Haz notar el contraste entre las preguntas y la seguridad con que Jesús da las indicaciones de preparación de la cena.

Él les enseñará una sala en el segundo piso, arreglada con divanes.
Prepárennos allí la cena".
Los discípulos se fueron,
llegaron a la ciudad, encontraron lo que Jesús **les había dicho**
y prepararon la cena de Pascua.

Haz énfasis en la hora del día ("Al atardecer . . ."). Esto va conduciéndonos en los hechos.

Al atardecer, llegó Jesús **con los Doce.**
Estando a la mesa, cenando, les dijo:

Surgió desde antiguo entre los pastores que buscaban pasto para sus rebaños, David y algunos profetas nos recuerdan este grupo. En tiempos de luna llena (abril), los animales parían sus crías y los pastores aprovechaban para dar gracias a Dios, creando así la costumbre de comer juntos un cordero en ofrecimiento agradecido a Dios. Esta tradición popular pastoril fue tomada y celebrada por Israel con nuevo y más amplio sentido: recordando la liberación de Egipto. La fiesta de los ázimos se trata del ofrecimiento de los primeros frutos de la tierra cultivada. Los primeros frutos

de la cosecha tienen un sentido comunitario y de agradecimiento a Dios. Dos fiestas en una era la fiesta de la Pascua.

El Evangelio avisa directamente que las autoridades sentían la urgencia de acabar con Jesús. Son los jefes judíos, los sumos sacerdotes y los escribas los enemigos de Jesús que identifica el Evangelio. Los fariseos no aparecen aquí, aunque en la mente de la mayoría de católicos siempre estén presentes.

Dos comidas y una unción muy especial.
Para la cultura mediterránea la mesa tiene un lugar central en la vida y las relaciones.

Compartir la mesa tiene en Jesús un gesto de suma importancia. Un elemento cultural, de la vida fue llevado a significar una vivencia del reino. Este comportamiento mereció críticas y escándalos por su manera de convivir y compartir la mesa con los excluidos. Nuestro relato de la Pasión tiene dos comidas como ejemplo: la de Betania y la de la cena de despedida.

En Betania, uno de sus lugares preferidos para descansar y visitar a los amigos, se comparte un buen ambiente en casa de Simón el leproso. El ambiente de amistad pareciera una cena de despedida con los

Dale al las palabras de Jesús un tono de tristeza y resignación. Él ve mucho más adelante que nosotros y los discípulos.

La cena toda deberá ser narrada como una experiencia única que resume toda la experiencia con Jesús y marcara la vida para siempre.

La traición y la negación es un hecho doloroso en todos los sentidos que se le vea. Trata de transmitir este sentimiento en el tono de tu voz y tu actitud de lector.

"Yo **les aseguro** que uno de ustedes,
uno que está comiendo conmigo, **me va entregar**".
Ellos, **consternados,** empezaron a preguntarle uno tras otro:
"**¿Soy yo?**"
Él respondió:
"Uno de los Doce,
alguien que moja su pan **en el mismo plato** que yo.
El Hijo del hombre va a morir, **como está escrito:**
pero, ¡**ay del que va a entregar** al Hijo del hombre!
¡Más le valiera **no haber nacido!**"

Mientras cenaban, Jesús tomó un pan y, **pronunció la bendición,**
lo partió y se lo dio a sus discípulos, diciendo:
"Tomen: **esto es mi cuerpo**".
Y tomando en sus manos una copa de vino,
pronunció **la acción de gracias,** se la dio,
todos bebieron y les dijo:
"Ésta es mi sangre, **sangre de la alianza,** que se derrama
por todos.
Yo **les aseguro** que **no volveré** a beber del fruto de la vid
hasta el día en que beba **el vino nuevo** en el Reino de Dios".

Después de cantar el himno,
salieron hacia el monte de los Olivos y Jesús les dijo:
"**Todos ustedes** se van a escandalizar por mí causa,
como está escrito:
*Heriré al pastor y **se dispersarán** las ovejas;*
pero **cuando resucite,** iré por delante de ustedes a Galilea".
Pedro replicó:
"Aunque todos se escandalicen, **yo no**".
Jesús le contestó:
"Yo **te aseguro** que hoy, **esta misma noche,**
antes de que el gallo cante dos veces, **tú me negarás tres**".

amigos y amigas de varios años. Cómodos y recostados, como era la costumbre, son sorprendidos por una mujer que derrama todo su cariño y admiración por Jesús usando un carísimo perfume. La atención se enfoca en la acción y la reacción de este suceso lleno de ternura y simbolismo. El frasco que deslumbró a los presentes dejaba traslucir un contenido de nardo que penetró el ambiente al ser untado Jesús. El frasco, el perfume y la acción de esta mujer forman un signo intenso y pleno de sentido que pasa desapercibido a quienes se escandalizan por el derroche y la presencia de la

derrochadora. El perfume era caro, pero compararlo con el salario de todo un año, podría ser una exageración en la que no se disimula el rechazo a la mujer y, en el fondo, a Jesús mismo.

La decisión de Judas. En cuanto a la entrega de Jesús, la decisión de Judas ha merecido muchas reflexiones. Todas en su contra. A nadie se le ha dado el nombre de Judas pensando en el traidor. En la historia se ha despreciado más a este personaje que a los propios ejecutores de su muerte o a quienes armaron la trama de su procesamiento. Parece que este discípulo era

uno de los que más empujaban para que las cosas de Dios se hicieran, aun en forma violenta y agresiva. En todo caso, siguiendo al texto tenemos dos escenas juntas que nos darán que pensar: el gesto de ternura femenina y la traición de uno de los amigos de Jesús. Judas entrega a Jesús a los sumos sacerdotes. Este tipo de entrega refleja el sentido de dar lo que no es mío a otro a quien tampoco pertenece. En la versión de Mateo Judas pide dinero; aquí Marcos nos deja en blanco. Ellos ofrecieron el dinero. ¿Qué miedos rencores o desengaños anidaban el fondo de la traición?

Marca una diferencia de tono entre la escena de la Última Cena y el nuevo momento: el camino hacia Getsemaní.

Pero él **insistía**:

"Aunque tenga **que morir** contigo, **no te negaré**".

Y los demás decían **lo mismo**.

Fueron luego a un huerto, llamado **Getsemaní**,
    y Jesús dijo a sus discípulos:
    "**Siéntense aquí** mientras hago oración".

Se llevó a Pedro, a Santiago y a Juan,
    y empezó a sentir **temor y angustia**, y les dijo:
    "Tengo el alma **llena** de una tristeza mortal.

Muestra con profundidad y realismo la angustia de Jesús ante el trago que se avecina. Tristeza, miedo, soledad y abandono en Dios, todo está revuelto.

Quédense aquí, **velando**".

Se adelantó un poco,
    se **postró** en tierra y pedía que, si era posible,
    se alejara de él **aquella hora**.

Decía:

"**Padre**, tú lo puedes todo: **aparta** de mí este cáliz.

Pero que no se haga lo que yo quiero, sino **lo que tú quieres**".

Volvió a donde estaban los **discípulos**,
    y al encontrarlos **dormidos**, dijo a Pedro:
    "Simón, ¿**estás dormido**? ¿No has podido velar **ni una hora**?

Dale un tono de reproche a las palabras que Jesús dirige a sus discípulos adormilados.

Velen y oren, para que **no caigan** en la tentación.

El espíritu está pronto, pero la carne **es débil**".

De nuevo se retiró y se puso a orar,
    repitiendo **las mismas** palabras.

Volvió y **otra vez** los encontró dormidos,
    porque tenían los ojos **cargados** de sueño;
    por eso no sabían **qué contestarle**.

Él les dijo:

"Ya pueden dormir y descansar.

¡Basta! Ha llegado **la hora**.

Miren que el Hijo del hombre
    va a ser entregado en manos de los pecadores.

¡Levántense! ¡Vamos! Ya está cerca el **traidor**".

Los preparativos dan conciencia. Los discípulos reciben el encargo de preparar todo para la cena de Pascua. Ya solo queda un día y el envío nos recuerda la misión: de dos en dos. La señal del hombre llevando un cántaro de agua—hecho muy poco usual—es otra forma de mostrarnos a Jesús como sujeto activo y consciente de los acontecimientos. Así podremos entender con mayor claridad que Jesús está aceptando la voluntad de Dios con conocimiento de causa y consecuencia. Parece haber sintonía entre la entrega que Jesús hace de su vida siempre, y los momentos culmen de la Pasión: a la entrada de Jerusalén, la cena de despedida y el padecimiento de un juicio injusto y una muerte ignominiosa que culmina en la entrega total de su existencia al Padre.

Una traición sin condenación. Ni Marcos ni Jesús dejan escapar detalle para mostrarnos el misterio de Dios. La conciencia de Jesús sobre la traición no le lleva a evidenciar al traidor. La expresión de Jesús nos recuerda a los profetas en sus mensajes de condena y amenaza a la infidelidad. Unas de las palabras más duras son estas en boca de Jesús: "Más le valdría no haber nacido", con lo cual no se está dando un juicio definitivo sobre Judas, sino resaltando la tragedia de tal decisión.

La cena de Jesús de despedida. Esta cena representa el culmen de toda la vida de Jesús. Esta cena es continuación y culmen de sus comidas con enfermos y pecadores en donde Jesús ofrece la amistad gratuita de Dios. Este partir el pan nos recuerda la escena de la multiplicación de los panes en donde sucede el milagro del compartir en una multitud dispersa, desorganizada y hambrienta.

No te detengas. Que tu lectura muestre la llega abrupta de Judas. Como dice el texto, "todavía estaban hablando cuando . . .".

Muestra la hipocresía de Judas en las palabras que dice a Jesús cuando le besa.

Haz notar el poder de Jesús que en medio de la situación toma la palabra y deja en evidencia el teatro de todos.

Con tono lapidario, lee la frase "todos lo abandonaron y huyeron" y continúa narrando la situación en que se mueve Jesús y sus discípulos influenciados por el temor.

Ayuda a la asamblea a visualizar la entrada a la casa del sumo sacerdote, lugar donde se enjuiciara a Jesús.

Todavía estaba hablando,
cuando se presentó **Judas**, uno de los Doce,
y con él, gente con **espadas y palos,**
enviada por los sacerdotes, los escribas y los ancianos.
El traidor les había dado **una contraseña**, diciéndoles:
"Al que yo bese, **ése es.**
Deténganlo y llévenlo bien sujeto".
Llegó, se acercó y le dijo:
"**Maestro**".
Y lo **besó**. Ellos le echaron mano y **lo apresaron.**
Pero uno de los presentes **desenvainó** la espada
y de un golpe **le cortó** la oreja a un criado del sumo sacerdote.
Jesús tomó la palabra y les dijo:
"¿Salieron ustedes **a apresarme** con espadas y palos,
como si se tratara de **un bandido?**
Todos los días he estado entre ustedes,
enseñando en el templo y **no me han apresado.**
Pero así **tenía que ser** para que se cumplieran las Escrituras".
Todos lo abandonaron y **huyeron.**
Lo iba siguiendo un muchacho,
envuelto nada más con una sábana,
y lo detuvieron; pero él **soltó la sábana,**
huyó y **se les escapó** desnudo.

Condujeron a Jesús a casa del **sumo sacerdote**
y se reunieron **todos** los pontífices, los escribas y los ancianos.
Pedro lo fue siguiendo **de lejos,**
hasta el interior del patio del sumo sacerdote,
y se sentó con los criados, cerca de la lumbre, **para calentarse.**

Los sumos sacerdotes y el sanedrín **en pleno**
buscaban **una acusación** contra Jesús
para condenarlo a muerte y **no la encontraban.**

Primero, da gracias a Dios durante la comida, la comida, no antes. Segundo, fue mientras comían, no antes, cuando él tomo el pan y los invitó a hacer los mismo, cosa que no se acostumbraba. Tres, la distribución del pan que normalmente se hacía en silencio, es en Jesús el momento propicio para dar el sentido del gesto que están haciendo. Y, por último, así como se comparte el pan, también se comparte la copa. Esta cena está, pues, en un ambiente de la pascua judía, pero es la cena de Jesús con sus discípulos. Esta cena es para los cristianos algo más que un simple rito o un recuerdo. Consiste en la actualización de la vida de Jesús y su entrega salvífica para toda la humanidad.

El escándalo causa el tropiezo. Casi siempre hemos considerado el pecado como algo escandaloso. De hecho, hay personas que viven escandalizados por tanto pecador en el mundo. Marcos nos presenta otra manera de entender este concepto: el escándalo como piedra de tropiezo. Escandalizarse de Jesús produce las condiciones para el pecado. Así, el arresto de Jesús es piedra de tropiezo para muchos entre los cuales Pedro tendrá la caída más penosa: negarle y negar su propia historia con él. En el contexto de su tiempo, Jesús fue continuamente causa de escándalo. Unos de que tuviera la certeza de ser Hijo de Dios, otros de que combinara el mensaje divino con la convivencia y aceptación de los rechazados del mundo. Otros pudieron escandalizarse hasta de que no se hubiese casado, o que diera atención y tiempo a los niños, de que aceptara con ternura y respeto a las mujeres. Le llamaron de todo, porque su comportamiento ocasionaba escándalo, sacaba de juicio y rompía esquemas. Es una conducta que hace daño y repele a aquel

Pues, aunque muchos presentaban **falsas acusaciones** contra él,
   los testimonios **no concordaban.**
Hubo unos que se pusieron de pie y dijeron:
   "Nosotros lo hemos oído decir:
   'Yo **destruiré** este templo edificado por hombres,
   y **en tres días** construiré otro, no edificado por hombres'".
Pero **ni aun en esto** concordaba su testimonio.
Entonces el sumo sacerdote se puso de pie y le preguntó a Jesús:
   "¿No tienes **nada que responder** a todas esas acusaciones?"
Pero él no le respondió **nada.**
El sumo sacerdote le **volvió** a preguntar:
   "¿**Eres tú** el Mesías, el **Hijo de Dios** bendito?"
Jesús contestó:
   "Sí **lo soy.** Y **un día** verán cómo **el Hijo del hombre**
   está sentado **a la derecha** del Todopoderoso
   y cómo **viene** entre las nubes del cielo".
El sumo sacerdote **se rasgó** las vestiduras exclamando:
   "¿Qué falta **hacen ya** más testigos?
Ustedes **mismos** han oído la blasfemia. ¿**Qué les parece?**"
Y todos lo declararon **reo de muerte.**
Algunos se pusieron a escupirle, y tapándole la cara,
   lo abofeteaban y le decían:
   "**Adivina** quién fue",
   y los criados **también** le daban de bofetadas.

Mientras tanto, **Pedro** estaba abajo, en el patio.
Llegó una criada del sumo sacerdote,
   al ver a Pedro calentándose, lo miró **fijamente** y le dijo:
   "Tú **también** andabas con Jesús Nazareno".
Él **lo negó**, diciendo:
   "Ni sé **ni entiendo** lo que quieres decir".
Salió afuera hacia el zaguán, y **un gallo cantó.**

Haz notar el sarcasmo y la hipocresía del Sanedrín y su jefe en turno por un lado; y por el otro, la aceptación de tal humillación parte de Jesús sin atentar contra su propia dignidad y valor humano.

Levanta la voz cuando narras las acusaciones de que Pedro es uno de los de Jesús. Esto llamara la atención de la asamblea metiéndolos en el ambiente de quien es descubierto ante los demás.

que la contempla. Fue la vida (no las ideas) de Jesús la que escandalizaba y repelía a muchos. La negación de Pedro entra también en esa dinámica de apartarse de Jesús por no entender lo que él propone con su acción. Desde antes tenemos noticia de su resistencia en aceptar el sufrimiento de Jesús, así como también sabemos de su apasionada entrega y amor al maestro. Así las cosas, no debemos quedarnos en la negación de Pedro, sino en aquello que origino en él dicha reacción, pues al igual que él todos estamos en la mira del comportamiento de Jesús que nos desnuda en

nuestros intereses públicos y privados. Algo que podría sonar superficial en todo el relato es el ser identificado por el modo de hablar, detalle mencionado en el caso de Pedro. Como inmigrantes o hijos de inmigrantes, sabemos muy bien de este "detalle", de sus recovecos y consecuencias. Pedro no solo comprobó que Jesús era un profeta. También vivió hasta el fondo la experiencia del perdón. El amor de su maestro y amigo lo alcanzó y lo abrazo llevándole a otro nivel de vida. Desde esta perspectiva hay que ver su ministerio en la Iglesia en adelante.

El jardín de Getsemaní. Este jardín es otro de los sitio preferidos por el maestro. La soledad y la oración estuvieron siempre presentes en su vida, pero ahora de manera más intensa. Está dando un paso mucho más adelante. Nos recuerda a Abraham e Isaac que avanzan un poco más que sus acompañantes mientras ellos se dirigen hacia el monte, Jesús quiere encontrarse a solas con su Padre en este momento donde le invade el miedo y la angustia en grado sumo. La súplica de Jesús para que lo libre este trago amargo es tan real y

Se dice que en aquellas tierras el gallo canta a la media noche y en adelante cada hora hasta la madrugada. Trata de transmitir este sentimiento oscuro de inicios de la madrugada.

Después de la reunión deliberativa del Sanedrín haz una pausa haciendo sentir el cambio de tiempo (unas tres horas) y la comparecencia ante Pilato (serían las seis de la mañana).

Con tu actitud y tu entonación, presenta a Poncio Pilato como el clásico político "perdonavidas" que trata con desdén a Jesús.

La criada al verlo, se puso de nuevo a decir a los presentes:
    "Éste es **uno de ellos**".
Pero él **volvió a negar.**
Al poco rato, también los presentes dijeron a Pedro:
    "Claro que eres uno de ellos, pues eres **galileo**".
Pero él se puso a echar **maldiciones** y a jurar:
    "**No conozco** a ese hombre del que hablan".
Enseguida cantó un gallo **por segunda vez.**
Pedro **se acordó** entonces de las palabras que le había dicho Jesús:
    '**Antes** que el gallo cante **dos veces,**
    tú me habrás negado **tres**', y rompió a **llorar.**

Luego que amaneció,
    se reunieron los sumos sacerdotes con los ancianos,
    los escribas y el sanedrín en pleno, para deliberar.
Ataron a Jesús, se lo llevaron y lo entregaron a Pilato.
Éste le preguntó:
    "¿**Eres tú** el rey de los judíos?"
Él respondió:
    "**Sí lo soy**".
Los sumos sacerdotes lo acusaban **de muchas cosas.**
Pilato le preguntó de nuevo:
    "¿No contestas **nada**? Mira de cuántas cosas te acusan".
Jesús ya no le contestó **nada,**
    de modo que Pilato estaba **muy extrañado.**

Durante la fiesta de Pascua,
    Pilato solía soltarles al preso **que ellos pidieran.**
Estaba entonces en la cárcel un tal **Barrabás,**
    con los revoltosos que habían cometido un homicidio
        en un motín.
Vino la gente y empezó a pedir el indulto **de costumbre.**

sincera como la decisión de continuar adelante hasta lo último. Una vez más Jesús rompe los esquemas humanos sobre lo que significa la divinidad, y lo que implica ser discípulo cristiano. El miedo y el dolor acompañan la vida, y en los momentos cruciales de máxima entrega, ni desaparecen ni dominan al verdadero discípulo. No es sana—ni real—la imagen de mártires que "felices" y sin dolor entregan su vida. Tampoco lo es el modelo de "super discípulos" que todo lo saben y todo lo pueden.

El beso traicionero, el arresto y el abandono en un tribunal hipócrita. De un modo u otro, como dice el mismo Jesús, atraparlo era relativamente fácil. Así que, antes del arresto, consideremos la contradicción de uno de los discípulos entregando al maestro, haciendo del gran símbolo de amor, la señal de entrega traicionera. De nuevo, no nos quedemos atorados en el dedo inquisidor contra judas. Escuchemos el mensaje que nos pone alerta sobre el riesgo todo discípulo: entregar a Jesús, ajustándolo a nuestra propia visión (o miedo) de las cosas. Jesús aprovecha la oportunidad para hacerles ver los errores ridículos en que han

caído por causa del miedo y la cobardía: No van, envían; llegan armados y de noche. La voluntad del Padre se deja ver incluso en todas estas circunstancias en donde, para colmo, los discípulos (¡todos!) se dispersan y lo abandonan. Todo esto es para el narrador una experiencia muy personal e importante. Joven a quien por mucho tiempo se le ha identificado con san Marcos el evangelista que nos narra estos acontecimientos.

En medio del abandono, se encuentra Jesús frente los sacerdotes, implacables jueces que, en el nombre de Dios quieren

Pilato les dijo:
"¿Quieren que les suelte **al rey de los judíos?**"
Porque **sabía** que los sumos sacerdotes
se lo habían entregado por envidia.
Pero los sumos sacerdotes **incitaron** a la gente
para que pidieran la libertad **de Barrabás.**
Pilato les **volvió** a preguntar:
"**¿Y qué voy a hacer** con el que llaman rey de los judíos?"
Ellos gritaron:
"**¡Crucifícalo!**"
Pilato les dijo:
"Pues **¿qué mal** ha hecho?"
Ellos gritaron **más fuerte:**
"**¡Crucifícalo!**"
Pilato, queriendo **dar gusto** a la multitud, les soltó a Barrabás;
y a Jesús, después de **mandarlo azotar,**
lo entregó para que lo crucificaran.

Los **soldados** se lo llevaron al interior del palacio, al **pretorio,**
y reunieron a **todo** el batallón.
Lo vistieron con un manto de **color púrpura,**
y le pusieron una **corona de espinas** que habían trenzado,
y comenzaron a **burlarse de él,** dirigiéndole este saludo:
"¡Viva **el rey de los judíos!**"
Le **golpeaban** la cabeza con una caña, le escupían y,
doblando las rodillas, **se postraban ante él.**
Terminadas **las burlas,** le quitaron aquel manto de color púrpura,
le pusieron su ropa y lo sacaron **para crucificarlo.**

Entonces **forzaron** a cargar la cruz
a un individuo que pasaba por ahí de regreso del campo,
Simón de Cirene, padre de Alejandro y de Rufo,

Dale un sabor de ignorancia y crueldad a las aclamaciones de la multitud.

Como narrador imparcial, describe en forma escueta las burlas y malos tratos que le son atestados a Jesús. Como si mostraras un cortometraje ante la conciencia de los presentes.

La Crucifixión es un dato horrendo y escandaloso. Imprime ese sabor de boca en tus palabras.

acabar con su vida, su mensaje y su reputación. El tribunal sabe cómo hacerlo y dicta sentencia de muerte por blasfemia. De ahí la única pregunta que se le impugna ("¿Eres tú el Mesías...?"). Este tribunal realiza un juicio en el que la decisión ya fue tomada con anterioridad. Jesús responde con la certidumbre que nos recuerda al mismo Dios en el Antiguo Testamento: "¡Yo soy!".

Jesús ante Pilato. Jesús es ahora juzgado por dos tribunales, el religioso y el político, que representan dos poderes y una serie de instituciones a través de las cuales operan. Jesús fue llevado ante Pilato por asuntos "políticos". Aunque este reyezuelo sabía, por Juan Bautista y por Jesús mismo, del peligro que representan profetas como estos para el poder político, fue necesario que el Sanedrín lo llevara, lo presentara y pidiera juicio político. Jesús continúa asumiendo el proceso falso del poder que quiere acabar con él. Aunque esta ante Pilato su actitud es algo diferente. Su respuesta es un tanto evasiva. Pareciera que Jesús no está dispuesto a dejarse interrogar por este tipo de poder. Por otro lado, Pilato se "lava las manos", confirmando así una idea milenaria de aquella forma de proceder en donde se es supuestamente neutral. Es un juego del poder político ante el cual las masas confundidas parecen saber lo que quieren y aclaman la muerte por crucifixión pidiendo la liberación de Barrabas. Un acto en el que las propias masas de hoy sienten el dolor de la culpa y ceguera popular, sin llegar a un análisis de fondo del asunto de ¿por qué procesaron y mataron a Jesús?

La burla y la corona. La soldadesca de Pilato convoca a toda la cohorte para organizar una burla. Normalmente este grupo se componía por ciudadanos romanos, pero

y llevaron a Jesús **al Gólgota** (que quiere decir
"lugar de la Calavera").
Le ofrecieron vino con mirra, pero él **no lo aceptó.**
Lo crucificaron y se repartieron sus ropas,
echando suertes para ver **qué le tocaba a cada uno.**

Era **media mañana** cuando lo **crucificaron.**
En el letrero de la acusación **estaba escrito:** "El rey de los judíos".
Crucificaron con él **a dos bandidos,**
uno a su derecha y otro a su izquierda.
Así **se cumplió** la Escritura que dice:
Fue contado entre los malhechores.

Los que pasaban por ahí **lo injuriaban** meneando la cabeza
y **gritándole:**
"¡Anda! Tú, que destruías el templo y lo reconstruías
en tres días,
sálvate **a ti mismo** y baja de la cruz".
Los sumos sacerdotes se **burlaban** también de él y le decían:
"Ha salvado a otros, pero a sí mismo **no se puede salvar.**
Que el Mesías, el rey de Israel,
baje ahora de la cruz, para que lo veamos y creamos".
Hasta los que estaban crucificados con él **también** lo insultaban.

Al llegar el mediodía, **toda** aquella tierra se quedó **en tinieblas**
hasta las **tres** de la tarde.
Y a las tres, Jesús gritó **con voz potente:**
"Eloí, Eloí, ¿lemá sabactaní?"
Que significa: **Dios mío,** Dios mío, ¿por qué me has **abandonado?**
Algunos de los presentes, al oírlo, decían:
"**Miren,** está llamando a Elías".
Uno **corrió** a empapar una esponja en vinagre,
la sujetó a un carrizo y se la acercó **para que bebiera,** diciendo:
"Vamos a ver si viene Elías **a bajarlo".**

Menciona lo relacionado a las burlas de soldados y mirones como lo que fue: un acto de desprecio con toda la intensión de acabar con Jesús hasta en lo recóndito de su conciencia.

Prolonga los instantes de silencio ante la muerte de Jesús. Es un símbolo cargado de fuerza para todos los presentes.

en provincias del imperio como esta, eran reclutas, un montón de soldados sin prejuicios, listos para seguir ordenes por paga. Con seguridad, eran del pueblo judío casi todos, con excepción de los jefes, romanos por seguridad, también. La corona de espinas es como el nudo de un tejido de burla y dolor. Jesús es "conducido", casi no camina por sí mismo; la burla viene con mucho: palabras y golpes, gestos y salivazos, miradas y empujones, insinuaciones y latigazos. La burla contra el rey del amor, la paz y la justicia, es burla contra el mismo pueblo judío como diciendo "este es el rey que

merecen". La burla y la corona que esta pandilla—amparada por el poder y la legalidad—impone a Jesús, es un anticipo del futuro de aquellos discípulos y comunidades que tengan el valor de llevar el Evangelio hasta sus últimas consecuencias: la cruz.
La Crucifixión. En la Crucifixión, la Pasión rebasa los límites humanos. El soldado centurión obliga a Simón de Cirene a salir en su apoyo. Jesús no acepta la bebida de vino con mirra, una especie rudimentaria de anestesia, continúa asumiendo a conciencia el dolor del martirio. Para comprender más, además del relato textual de

Marcos, habría que tener en cuenta el Salmo 22, que está de fondo, y la plena conciencia del significado de la Crucifixión en ese tiempo—castigo máximo que el imperio romano imponía contra los esclavos y delincuentes más peligrosos, o contra los desertores y todo aquel que desafiaba la paz que Roma administraba, era contra los revoltosos. Este castigo aplicado a Jesús tenía la pretensión de acabarlo por completo. El objetivo de acabar con su esperanza y la que había suscitado en sus seguidores. El último intento esta en las

Pero Jesús, dando un fuerte grito, **expiró.**

[Todos se arrodillan y guardan silencio por unos instantes.]

Entonces el velo del templo **se rasgó en dos,** de arriba abajo.
El oficial romano que estaba frente a Jesús,
    al ver cómo había expirado, dijo:
    "De veras este hombre **era Hijo de Dios".**

Había también ahí unas mujeres
    que estaban mirando todo **desde lejos;**
    entre ellas, María **Magdalena,** María,
    (la madre de **Santiago** el menor y de **José**) y **Salomé,**
    que cuando **Jesús** estaba en **Galilea,**
    lo seguían **para atenderlo;** y además de ellas,
    otras muchas que habían venido **con él** a Jerusalén.

Al anochecer, como era el día **de la preparación,**
    víspera del sábado, vino José de Arimatea,
    miembro **distinguido** del sanedrín,
    que también **esperaba** el Reino de Dios.
Se presentó **con valor** ante Pilato y **le pidió** el cuerpo de Jesús.
Pilato **se extrañó** de que **ya** hubiera muerto, y llamando al oficial,
    le preguntó si hacía mucho tiempo que **había muerto.**
Informado por el oficial, concedió el cadáver a José.
Este compró una sábana, bajó el cadáver,
    y lo envolvió en la sábana
    y lo puso en un sepulcro excavado en una roca
    y tapó con una piedra la entrada del sepulcro.
María **Magdalena** y María, **madre** de José,
    se fijaron en **dónde** lo ponían.

Forma breve: Marcos 15,1–39

Menciona con solemnidad sostenida cada palabra de la de la declaración del centurión romano. En la teología de san Marcos, este momento es crucial para aceptar que Jesús suscita la fe mucho más allá de sus discípulos típicos.

El "también había unas mujeres" no es apéndice casual. De hecho, de los suyos, son ellas las únicas que están ahí. Dales crédito con la fuerza de tu lectura.

Haz una pausa antes de pronunciar "al anochecer", cuando se habla de la sepultura de Jesús.

Refiere las acciones de José de Arimatea y de las mujeres con respeto por su valentía en medio de la muerte de su Maestro.

vociferaciones que le reclaman su incapacidad de salvarse a sí mismo. Hacer esto sería ir en contra de todo su proyecto de vida. Muere entregando su vida. A su derecha e izquierda comparte, hasta el último momento, la suerte de los pobres y maldecidos que también son crucificados. Los discípulos casi llegaron a pelear por obtener el mejor lugar a su lado. Aquí está la suerte del discípulo autentico de Jesús: padecer como él, porque, como él, ha vivido.

Marcos cuenta el tiempo. Algo inusual en todo su Evangelio, en la Pasión se torna muy claro: primer día, segundo día. Ahora mismo se van contando las horas, como una invitación a unirnos con plena conciencia al Calvario de Cristo: a las nueve de la mañana el Calvario y la Crucifixión, a las 12 las tinieblas cubren toda la tierra y se rasga el templo abriendo el espacio sagrado de Dios para todos, a las tres de la tarde muere Jesús y al caer la tarde (a las seis de la tarde) lo bajan de la cruz. La atención continúa al tiempo de este acontecimiento también puede significarnos que se está dando un giro a la historia de la salvación con Jesús. El grito de Jesús cuando entrega su vida es al mismo tiempo una muestra de la fuerza dentro de su debilidad, una muestra de suma libertad y confianza en su Padre.

La sepultura. La sepultura de Jesús fue menos honrosa que cualquiera de las nuestras. José de Arimatea, amigo suyo, armándose de valor y aprovechando su influyente posición, reclama su cuerpo y lo pone en una sepultura prestada. Parece que Jesús ha quedado enterrado y olvidado. Pero las mujeres discípulas que poco se mencionan, pero que nunca se alejaron, se fijan con interés donde queda Jesús, el olvidado por todos, pero no por ellas.

JUEVES SANTO

I LECTURA Éxodo 12,1–8.11–14

Lectura del libro del Éxodo

En aquellos días,
 el **Señor** les dijo a **Moisés** y a **Aarón** en tierra de **Egipto**:
 "Este mes será para ustedes **el primero** de todos los meses
  y **el principio** del año.
Díganle a **toda** la comunidad de **Israel**:
 'El día diez de este mes, tomará cada uno
 un cordero **por familia**, uno por casa.
Si la familia es **demasiado pequeña** para comérselo,
 que se junte **con los vecinos** y elija un cordero adecuado
  al número de personas
  y a **la cantidad** que cada cual pueda comer.
Será un animal **sin defecto**, macho, de un año, cordero o cabrito.

Lo guardarán hasta el **día catorce** del mes,
 cuando **toda** la comunidad de los hijos de Israel
  lo inmolará al atardecer.
Tomarán la sangre y **rociarán** las dos jambas
 y el dintel de la puerta de la casa
 donde vayan a comer el cordero.
Esa noche **comerán la carne**, asada a fuego;
 comerán panes **sin levadura** y hierbas **amargas**.
Comerán **así**: con la cintura **ceñida**, las sandalias en los pies,
 un bastón en la mano **y a toda prisa**,
 porque **es la Pascua**, es decir, **el paso** del Señor.

Ayuda a la asamblea a distinguir los elementos y pasados para celebrar la pascua. Como si fuera tu propia fiesta y quisieras que se animen a participar.

En el momento en que Dios da las indicaciones, imprime a tu voz y tu actitud un todo fuerte y decidido, mostrando que es él quien manda celebra resta fiesta.

I LECTURA Encontramos las indicaciones de parte de Dios para celebrar una fiesta en el pueblo. Es la fiesta más importante de la identidad y la historia de Israel. Esta fiesta de Pascua está vinculada con la razón de ser de todas las tribus que como grupos de pastores nómadas elaboraban rituales de bendición, agradecimiento y convivencia en los tiempos más apropiados y oportunos, como la primavera. El sentido de celebrar la Pascua tiene también un nuevo significado a la luz de la liberación de Egipto y el paso por el mar donde Dios mostró una vez más su poder y su respuesta por crear a este pueblo como suyo, viviendo en libertad. Decir "fiesta de Pascua", es decir, el camino de Dios con su pueblo en la historia; es la celebración de un pasado que se busca actualizar mientras se vive como pueblo elegido de Dios. El rito de sangre estará siempre presente como un sello imborrable del compromiso del pueblo con Dios. La Pascua en Israel es tanto o más fuerte que el 12 de diciembre para los mexicanos, o que el ocho para los nicaragüenses.

Yo **pasaré** esa noche por la tierra de Egipto
 y **heriré a todos** los primogénitos del país de Egipto,
 desde los hombres hasta los ganados.
Castigaré a todos los dioses de Egipto, yo, **el Señor.**
La sangre les servirá **de señal** en las casas
 donde habitan ustedes.
Cuando yo vea la sangre, **pasaré de largo**
 y **no habrá** entre ustedes plaga exterminadora,
 cuando **hiera** yo la tierra de Egipto.

Ese día será para ustedes **un memorial**
 y lo celebrarán como **fiesta** en honor del Señor.
De generación **en generación** celebrarán esta festividad,
 como institución **perpetua**'".

Las frases donde aparece con mayor claridad el mensaje de salvación deberán ser proclamadas con tono solemne y exhortativo.

Dale a tu proclamación un sentido solemne a las palabras de Jesús. Como quien pone en el corazón de la comunidad presente una fórmula que ha acompañado a la Iglesia por dos mil años.

Trata las palabras de la lectura como si fuese Jesús mismo quien esta pronunciándoles e a sus discípulos de hoy.

II LECTURA 1 Corintios 11,23–26

Lectura de la primera carta del apóstol san Pablo a los corintios

Hermanos:
Yo recibí **del Señor** lo mismo que les **he trasmitido:**
 que el Señor Jesús, la noche en que iba **a ser entregado,**
 tomó pan en sus manos, y pronunciando la **acción de gracias,**
 lo partió **y dijo:**
 "Esto es **mi cuerpo,** que **se entrega** por ustedes.
Hagan esto **en memoria mía**".

Lo **mismo** hizo con el cáliz después de cenar, diciendo:
 "Este cáliz es **la nueva alianza** que se sella con mi sangre.
Hagan esto en memoria mía **siempre** que beban de él".

II LECTURA La comunidad de Corinto había caído en la rutina peligrosa de celebrar la Eucaristía con poco sentido cristiano. Los abusos eran notables especialmente en la humillación de los más influyentes y poderos ante los humildes y atareados. San Pablo les urge a celebrar la Cena del Señor en el espíritu autentico que él dio y les recuerda la cena ofrecida en el mismo día de la Pascua cuando se disponía a entregar la vida por todos para que las cosas cambiaran notablemente en su manera de vivir como hermanos iguales en la misa mes donde Jesús es el centro y no ciertas personas o grupos. Celebrar la Eucaristía es actualizar el verdadero amor de Cristo por todos y comprometerse a vivir de esa manera dando testimonio de una esperanza fiel al Señor y a su venida en plenitud.

Haz una meditación personal sobre el sentido de la Eucaristía en tu vida como signo de la presencia de Jesús y de nuestro ser Iglesia.

Por eso, **cada vez** que ustedes
  comen **de este pan** y beben **de este cáliz,**
  proclaman la muerte del Señor, **hasta que vuelva.**

EVANGELIO Juan 13,1–15

Lectura del santo Evangelio según san Juan

Antes de la fiesta de la Pascua,
  sabiendo Jesús que había **llegado la hora**
  de pasar de este mundo al Padre
  y habiendo amado **a los suyos,** que estaban en el mundo,
  los amó **hasta el extremo.**

Estamos en uno de los momentos más difíciles de Jesús, se aproxima su Pasión y su muerte y es justamente entonces cuando se entrega en el servicio. Proclama este relato con el tono de un testamento para la Iglesia.

En el transcurso de la **cena,**
  cuando ya el **diablo** había puesto en el corazón
    de **Judas Iscariote,**
  hijo de Simón, la idea **de entregarlo,**
  Jesús, **consciente** de que el Padre había puesto en sus **manos**
    todas las cosas
  y sabiendo que **había salido** de Dios y a Dios **volvía,**
  se **levantó** de la mesa, se quitó el manto
    y tomando una toalla, se la ciñó;
  luego echó agua en una jofaina
  y se puso **a lavarles los pies** a los discípulos
  y a secárselos con la toalla que se había ceñido.

Al nombrar la situación de Judas y el "manipulador", hazlo en tono claro y reposado anticipando el fuertísimo signo de Jesús.

Cuando llegó a **Simón Pedro,** éste le dijo:
  "Señor, ¿me vas a lavar **tú a mí** los pies?"
Jesús le replicó: "Lo que estoy haciendo tú no lo entiendes **ahora,**
  pero lo comprenderás **más tarde".**

Pon en las palabras de Pedro la sensación de quien no entiende, pero está completamente seguro de estar en lo correcto.

EVANGELIO | El Evangelio según san Juan es el único que registra este hecho de Jesús lavando los pies a sus discípulos y lo comparte en el contexto de la cena de Pascua. Para Juan las acciones de Jesús son signos de acontecimientos cargados de un gran significado. En ellos se nos revela la verdadera identidad de Jesús. Después de aclararnos las intensiones de Judas, quien lo entregaría a las autoridades, san Juan pone esta escena del lavatorio en lo que debería ser la cena de despedida de Jesús donde nos entrega en toda su existencia (su cuerpo y su sangre). Al hacer esta reubicación de la escena donde el Maestro sirve a sus discípulos, esta enseñándonos el fondo del sentido de la Eucaristía. En ella se nos Jesús y todo lo que él es en su vida de servicio. El gesto de lavar los pies era realizado por uno de la servidumbre o de los criados de la casa. El dueño de la casa daba de este modo la bienvenida a un visitante distinguido. Saludaba con sombrero ajeno. De ahí la dificultad en Pedro para aceptar que Jesús le lavara los pies. Siempre tuvo problema para aceptar el modelo de Mesías que Jesús ofrecía de sí mismo.

San Juan menciona la falta de entendimiento (uno de sus recursos literarios comunes) para hacernos ver que lo que se está revelando es mucho más profundo de lo que se ve, pero solo aceptando tal gesto

Ve cerrando el relato en forma solemne cuando Jesús explica el verdadero sentido de ser Maestro y servidor.

Pedro le dijo: "Tú no me lavarás los pies **jamás**".
Jesús le contestó:
   "Si no te lavo, **no tendrás parte conmigo**".
Entonces le dijo Simón Pedro:
   "En ese caso, Señor, no sólo los pies,
   sino **también** las manos y la cabeza".
Jesús le dijo:
   "El que se ha bañado **no necesita** lavarse
   más que los pies, porque **todo él** está limpio.
Y ustedes están limpios, aunque **no todos**".
Como **sabía** quién lo iba a entregar, por eso dijo:
   'No todos están limpios'.

Cuando **acabó** de lavarles los pies, se puso otra vez el manto,
   volvió a la mesa y les dijo:
   "¿**Comprenden** lo que acabo de hacer con ustedes?
Ustedes me llaman Maestro y Señor, y dicen bien,
   porque lo soy.
Pues si yo, **que soy el Maestro y el Señor,** les he lavado los pies,
   también ustedes deben lavarse los pies **los unos a los otros.**
Les he dado ejemplo,
   para que **lo que yo he hecho** con ustedes,
   también ustedes **lo hagan**".

podemos entrar en lo que nos revela. Una de las acciones más impactantes en la celebración del Jueves Santo es ver líderes eclesiales lavando los pies con sinceridad y amor a sus hermanos de la comunidad. Todos podemos multiplicar en actitudes y relaciones de autentica fraternidad el mensaje de Jesús y su entrega.

VIERNES SANTO

En este poema Dios está presentando el dolor humano del cual nadie es ajeno. Hazlo con como quien canta una canción al dolor en medio de la lucha.

Pronuncia las preguntas con el tono de duda que merecen. Mientras lo haces dirige tu mirada a diferentes puntos de la asamblea presente, como quien busca una respuesta.

I LECTURA   Isaías 52,13 — 53,12

Lectura del libro del profeta Isaías

He aquí que mi siervo **prosperará,**
    será **engrandecido** y exaltado,
    será **puesto en alto.**
Muchos se horrorizaron al verlo,
    porque estaba **desfigurado** su semblante,
    que **no tenía ya** aspecto de hombre;
    pero muchos pueblos **se llenaron** de asombro.
Ante él los reyes **cerrarán** la boca,
    porque verán lo que **nunca** se les había contado
    y **comprenderán** lo que nunca se habían imaginado.

¿**Quién** habrá de creer lo que **hemos anunciado?**
¿A quién **se le revelará** el poder del Señor?
Creció **en su presencia** como planta débil,
    como una raíz **en el desierto.**
No tenía gracia **ni belleza.**
No vimos en él **ningún** aspecto atrayente;
    despreciado y **rechazado** por los hombres,
    varón de dolores, **habituado** al sufrimiento;
    como uno del cual se aparta **la mirada,**
    despreciado y **desestimado.**

Él **soportó** nuestros sufrimientos
    y **aguantó** nuestros dolores;
    nosotros lo tuvimos **por leproso,**
    herido por Dios y humillado,

I LECTURA   Este es uno de los cantos del profeta Isaías más largos y de los más citados en quienes buscan el sentido del sufrimiento humano a la luz de la fe. Está en la base de la mayoría de los relatos de la Pasión y muerte de Jesús que encontramos en el Nuevo Testamento. El canto o poema del Siervo del Señor no se puede identificar con una persona sino con todos los que sufren el dolor en sus formas más desgastantes y opresoras al grado de parecer ante los demás como ultrajes de humanidad, hombres y mujeres desfigurados sin gracia ni belleza. Es una descripción detallada del sufrimiento del inocente. De ahí que se entienda como una anticipación de la Pasión de Jesús en la que se le impugnan cargos injustos, en un proceso chueco y burlesco, y condenado a la peor de las muertes como un asesino. Ante el Señor Dios, ningún sufrimiento pasa desapercibido; él lleva cuenta del dolor del inocente y tiende su mano para que salga triunfante al final de la gran prueba. Si ponemos atención al relato descubrimos que hay un crecimiento sencillo (vv. 3–7) y una muerte violenta (vv. 8–9) y al final el triunfo (vv. 10–11). Dios habla al principio y al final del cántico mostrando la prosperidad del Siervo Sufriente, no con un tono de justificación divina del dolor y el sufrimiento, sino con la certeza de que el dolor no arrasa con

Mientras haces la lectura, ten presente a Jesús y su Pasión. Esfuérzate por transmitir ese sentimiento con un tono de duelo y profundo respeto.

traspasado por nuestras rebeliones,
triturado por nuestros crímenes.
Él **soportó** el castigo que nos trae la paz.
Por sus llagas hemos sido **curados**.

Todos andábamos **errantes** como ovejas,
cada uno siguiendo **su camino**,
y el Señor cargó sobre él **todos nuestros crímenes**.
Cuando lo maltrataban, se humillaba y **no abría** la boca,
como **un cordero** llevado a degollar;
como **oveja** ante el esquilador,
enmudecía y no abría la boca.

Inicuamente y **contra toda justicia** se lo llevaron.
¿Quién se **preocupó** de su suerte?
Lo **arrancaron** de la tierra de los vivos,
lo **hirieron de muerte** por los pecados de mi pueblo,
le dieron sepultura **con los malhechores** a la hora de su muerte,
aunque **no había cometido** crímenes, ni hubo **engaño**
en su **boca**.

El Señor quiso **triturarlo** con el sufrimiento.
Cuando **entregue** su vida como expiación,
verá a sus descendientes, **prolongará** sus años
y por medio de él **prosperarán** los designios del Señor.
Por las fatigas de su alma, verá la luz y se saciará;
con sus sufrimientos justificará mi siervo **a muchos,**
cargando con los crímenes de ellos.

Culmina tu poema con fuerza y convicción afirmando la promesa de Dios.

Por eso le daré una parte **entre los grandes**,
y con los fuertes **repartirá** despojos,
ya que indefenso se entregó **a la muerte**
y fue **contado** entre los malhechores,
cuando tomó **sobre sí** las culpas de todos
e intercedió **por los pecadores**.

la totalidad del ser humano, y Dios mismo restaura y reconoce el sentido de justicia para quien padece el dolor en bien de los demás.

Meditando este relato en Viernes Santo vemos como si hubiese sido escrito por alguien que conoció a Jesús y presencio su muerte injusta. También es, desde la propia experiencia, una palabra de ánimo para quienes son abatidos por el sufrimiento y la injusticia en un sistema mundial que crea pobres, muerte y miseria descaradamente. Es una invitación con nombre propio a solidarizarnos en el dolor humano solidarizándonos con la Pasión de Jesús y su entrega a la causa del reino de amor y de justicia.

Participamos del sacerdocio de Cristo por el bautismo. Transmite ese espíritu de compasión y entrega mientras proclamas esta lectura.

Invita fervientemente a la asamblea a unirse a Jesús como ofrenda a Dios a través de su propia vida. Habla con el corazón en la mano.

Finaliza tu lectura con un sentido de confianza en la obra redentora de Jesús muerto y resucitado.

Usa una proclamación reposada. Marcando los diálogos de los diferentes personajes ayudará mucho a la asamblea a visualizar la escena y el contenido de este Evangelio.

II LECTURA   Hebreos 4,14–16; 5,7–9

Lectura de la carta a los hebreos

Hermanos:
Jesús, **el Hijo** de Dios,
    es nuestro **sumo sacerdote**, que ha entrado en el cielo.
Mantengamos firme **la profesión** de nuestra fe.
En efecto, **no tenemos** un sumo sacerdote
    que no sea capaz **de compadecerse** de nuestros sufrimientos,
    puesto que **él mismo**
    ha pasado por **las mismas pruebas** que nosotros,
    excepto el pecado.
Acerquémonos, por tanto, con **plena confianza**
    al trono de la gracia, para recibir **misericordia,**
    hallar la gracia y obtener **ayuda** en el momento **oportuno.**

Precisamente por eso, Cristo,
    durante su **vida mortal,**
    ofreció oraciones y súplicas, con fuertes voces **y lágrimas,**
    a aquél que podía **librarlo** de la muerte,
    y fue escuchado **por su piedad.**
A pesar de que **era el Hijo,** aprendió a obedecer **padeciendo,**
    y llegado a su **perfección,**
    se convirtió **en la causa** de la salvación eterna
    para **todos** los que lo **obedecen.**

EVANGELIO   Juan 18,1—19,42

Pasión de nuestro Señor Jesucristo según san Juan

En **aquel tiempo,** Jesús fue con sus discípulos
    al otro lado del torrente Cedrón,
    donde había un **huerto,** y entraron allí él y sus **discípulos.**

II LECTURA El sacerdocio de Cristo en relación a otros modelos de sacerdocio como el del Antiguo Testamento es tan nuevo y diferente que bien podría hablarse de él con otros términos y conceptos o explicar en qué sentido es Jesús el Sumo Sacerdote. La carta a los Hebreos dedica mucho de ella misma para ayudarnos a comprender a Jesús con este título. Este relato tiene una doble intensión. Por un lado es la demostración del sacerdocio de Jesús está lleno de compasión por las personas y su sufrimientos, pues él mismo se identifica con el dolor y la tragedia humana. En Jesús encontramos el sacerdocio que tiene como ofrenda principal su propia persona, toda su vida hasta rebasar los límites de la entrega en la muerte de cruz. La otra intensión del autor va en la línea de infundir confianza en los creyentes en Jesús para buscar su compasión y su misericordia aceptándolo como sumo pontífice entre Dios y la humanidad.

Su obediencia a Dios y el amor a la humanidad lo concierten en la causa de la salvación eterna. Cristo hace de Dios y los seres humanos una gran eucaristía de comunión en la que él preside con su vida.

EVANGELIO Las palabras "Pasión de nuestro Señor Jesucristo según san Juan" tienen un gran significado. No porque este Evangelio sea mejor que

Judas, **el traidor,** conocía también el sitio,
porque Jesús se reunía **a menudo** allí con sus discípulos.

Entonces **Judas** tomó un batallón de soldados y guardias de los
sumos sacerdotes y de los fariseos
y entró en el huerto con linternas, antorchas **y armas.**

Jesús, sabiendo todo lo que iba a suceder, **se adelantó** y les dijo:
"¿A **quién** buscan?"
Le contestaron:
"A Jesús, **el nazareno".**
Les dijo Jesús:
"Yo soy".
Estaba también con ellos Judas, el traidor.
Al decirles "Yo soy",
retrocedieron y **cayeron a tierra.**
Jesús les **volvió** a preguntar:
"¿A **quién** buscan?"
Ellos dijeron:
"A **Jesús,** el nazareno".
Jesús contestó:
"Les he dicho que **soy yo.** Si me buscan a **mí,**
dejen que éstos **se vayan".**
Así **se cumplió** lo que Jesús **había dicho:**
'No he perdido a **ninguno** de los que me diste'.

Entonces Simón Pedro, que llevaba **una espada,**
la sacó e hirió a un criado del sumo sacerdote
y le cortó la oreja derecha.
Este criado se llamaba **Malco.**
Dijo entonces Jesús a Pedro:
"Mete la espada **en la vaina.**
¿No voy a beber el cáliz que **me ha dado** mi Padre?"

Enfatiza las respuestas de Jesús para que todos los oyentes comprendan que Jesús está a cargo de su propia situación.

Al mencionar la acción de Pedro, hazlo con determinación del discípulo que, dentro de su incomprensión de lo que sucede, pretende defender a su Maestro.

los anteriores, sino porque nos revela nuevos aspectos de la vida de Jesús y de la misma Iglesia. El Domingo de Ramos meditamos este hecho desde la perspectiva de san Marcos, ahora san Juan nos hace ver un aspecto menos doloroso de este momento de la vida de Jesús. Hay quienes consideran esta pieza una obra maestra, literariamente y teológicamente hablando. Relata la pasión en cinco episodios: la prisión de Jesús, la comparecencia ante Caifás, luego ante Pilato, el Calvario y finalmente la sepultura. El episodio ante Pilato parece ser el más desarrollado y, sin descuidar los otros, conviene que pongamos mucha atención en las escenas en que se presenta. Son siete, un número recurrente en el Evangelio, tres antes y tres después de la cuarta en la que se narra escuetamente la coronación de espinas. Esta cuarta escena enlaza todo el relato de este episodio poniendo el tema central del Evangelio: la realeza de Cristo.

Pon un énfasis de seguridad al mencionar la presencia del "otro" discípulo conocido del que no se menciona el nombre. Esto ayudara a la asamblea a meterse en la escena.

Al relatar las negaciones de Pedro, imprime realismo y sorpresa al diálogo de quienes lo identifican como uno de los discípulos compañeros de Jesús.

El batallón, su comandante
  y los criados de los judíos **apresaron** a Jesús,
  lo ataron y lo llevaron primero **ante Anás,**
  porque era suegro de Caifás, **sumo sacerdote** aquel año.
Caifás era el que había dado a los judíos **este consejo:**
  "**Conviene** que muera **un solo hombre** por el pueblo".

Simón Pedro y otro discípulo **iban siguiendo** a Jesús.
Este discípulo era **conocido** del sumo sacerdote
  y entró con Jesús en el palacio del sumo sacerdote,
  mientras Pedro se quedaba **fuera,** junto a la puerta.
Salió el otro discípulo, el conocido del sumo sacerdote,
  habló con la portera e hizo **entrar** a Pedro.
La portera dijo entonces a Pedro:
  "¿No eres tú **también** uno de los discípulos de ese hombre?"
Él le dijo:
  "**No lo soy**".
Los criados y los guardias habían **encendido** un brasero,
  porque **hacía frío,** y se calentaban.
También Pedro estaba con ellos de pie, **calentándose.**

El sumo sacerdote interrogó a Jesús acerca de sus discípulos
    y **de su doctrina.**
Jesús le contestó:
  "Yo he hablado **abiertamente** al mundo y he enseñado
    continuamente en la sinagoga y en el templo,
    donde se reúnen **todos** los judíos,
    y no he dicho **nada** a escondidas.
  ¿**Por qué** me interrogas a mí?
  Interroga a los que **me han oído,** sobre lo que **les he hablado.**
  Ellos **saben** lo que he dicho".

El escenario es el pretorio, legalmente territorio romano en el que los judíos deciden no entrar para mantener la pureza que les permita celebrar la pascua. Desde afuera participaran en el juicio de Jesús, asegurando a gritos la certeza de la razón por la que trajeron a Jesús: les consta que es un malhechor, término que hace resonancia al lenguaje necesario en un juicio romano. No es seguro si los judíos realmente estaban impedidos a dar muerte en la forma legal a la que se refiere Pilato, ofreciéndoles ese derecho. Sin embargo sí pide la ejecución de Jesús indicando la forma: crucifixión. San Juan indica que todo esto era comprendido por Jesús que desde antes había anunciado lo que sucedería. Con la pregunta ("¿Tú eres rey?"), entramos al tema de la realeza y Jesús llevara el timón en de ahora en adelante, empezando por su respuesta en forma de pregunta que pone en evidencia a Pilato. Jesús afirma que es rey y el sentido de su reinado. "No de este mundo" significa que aunque se inicia aquí,

El reclamo y la bofetada del guardia deberá sonar a la violencia contra el inocente de quien quiere quedar bien con los jefes. Y la respuesta de Jesús como de quien recibe castigo inocentemente pero conserva su dignidad y seguridad.

Marca una pausa un poco prolongada antes de la indicación "Llevaron a Jesús de casa de Caifás al pretorio". Habían transcurrido varias horas desde la madrugada hasta el temprano inicio del día.

El diálogo de Jesús con Poncio Pilato debe mostrar la actitud de un reyezuelo con poder terrenal y la del nuevo rey con el poder que la da ser el Hijo de Dios.

Apenas dijo esto, uno de los guardias
le dio **una bofetada** a Jesús, diciéndole:
"¿**Así** contestas al sumo sacerdote?"
Jesús le respondió:
"Si **he faltado** al hablar, demuestra **en qué** he faltado;
pero si he hablado **como se debe, ¿por qué** me pegas?"
Entonces **Anás** lo envió atado a Caifás, el sumo sacerdote.

Simón Pedro estaba de pie, calentándose, y le dijeron:
"¿No eres tú también **uno de sus discípulos**?"
Él **lo negó** diciendo:
"**No** lo soy".
Uno de los criados del sumo sacerdote,
pariente de aquel a quien Pedro le había cortado la oreja,
le dijo:
"¿Qué no **te vi yo con él** en el huerto?"
Pedro **volvió** a negarlo y en seguida **cantó un gallo.**

Llevaron a Jesús de casa de Caifás **al pretorio.**
Era **muy de mañana** y ellos no entraron en el palacio
para **no incurrir** en impureza
y poder así **comer** la cena de Pascua.

Salió entonces Pilato a donde estaban ellos **y les dijo:**
"¿**De qué** acusan a ese hombre?"
Le contestaron:
"Si **éste** no fuera **un malhechor,** no te lo hubiéramos traído".
Pilato les dijo:
"Pues **llévenselo** y júzguenlo **según** su ley".
Los judíos le respondieron:
"No estamos autorizados para **dar muerte** a nadie".
Así **se cumplió** lo que había dicho Jesús,
indicando **de qué muerte** iba a morir.

no termina con los que vemos, es mucho mas allá (dimensión escatológica dicen los teólogos y especialistas). También podría significar sin duda alguna la distancia que hay entre el modo como reina Dios y el modo como reinan otros. Seamos conscientes del tema de la realiza de Jesús en plena pasión, en medio del Viernes Santo. Después del contraste impresionante entre

Jesús y Barrabas y la decisión común por la muerte de uno y la liberación del otro, nos encontramos en el centro de todo este relato: "He aquí al hombre". Jesús envuelto en un manto de purpura y coronado con espinas es signo de contradicción. Esta imagen real de Jesús es vista al mismo tiempo con los ojos de la burla y el rechazo

y con los ojos de la adoración y aceptación. Tan solo esta frase y esta imagen de Jesús a suscitado a lo largo de la historia universal una fuerte reflexión (escrita y artística) sobre este hombre en quien nos llega la salvación y en quien nosotros hemos puesta nuestra esperanza.

Entró **otra vez** Pilato en el pretorio, llamó a Jesús y le dijo:
   "¿Eres tú **el rey de los judíos**?"
Jesús le contestó:
   "¿Eso lo preguntas **por tu cuenta** o te lo han dicho otros?"
Pilato le respondió:
   "**¿Acaso** soy yo judío? Tu pueblo y los sumos sacerdotes
   te han entregado a mí.
¿Qué es **lo que has hecho**?"
Jesús le contestó:
   "Mi Reino **no es de este mundo.** Si mi Reino fuera de este
      mundo,
   mis servidores **habrían luchado** para que no cayera yo en manos
   de los judíos. Pero mi Reino **no es de aquí**".
Pilato le dijo:
   "¿Conque **tú eres rey**?"
Jesús le contestó:
   "Tú lo **has dicho. Soy rey.**
Yo nací y vine al mundo para ser testigo de la verdad.
Todo el que **es de la verdad**, escucha mi voz".
Pilato le dijo:
   "¿Y **qué es** la verdad?"

Dicho esto, salió otra vez a donde estaban los judíos y les dijo:
   "No encuentro en él **ninguna culpa.**
Entre ustedes es costumbre
   que por Pascua **ponga en libertad** a un preso.
¿Quieren que les suelte **al rey de los judíos**?"
Pero todos ellos gritaron:
   "**¡No,** a ése no! ¡A **Barrabás**!"
(El tal Barrabás era un **bandido**.)

La propuesta que Pilato hace al pueblo es una oportunidad para hacer sentir la oportunidad que siempre tiene la muchedumbre si no s deja manipular. Imprime un tono de oferta abierta.

El episodio cuarto (Calvario) se va desenvolviendo en cinco momentos que se pueden distinguir con una lectura atenta: a Jesús cargando con la cruz y crucificado con un título con un doble sentido. El sentido que irónico le dan los judíos y las autoridades romanas y el sentido de fe que la dan los cristianos (relatos evangélicos) por siempre. El segundo momento del episodio del Calvario nos muestra el reparto de las vestiduras de Jesús, la túnica sin costura simbolizando la unidad de la Iglesia y el cumplimiento de las Sagradas Escrituras. Este aspecto es un hilo que atraviesa todo el relato de la Pasión. En Jesús se cumplen la Escrituras, es decir, en él se confirma todo lo anunciado por Dios a su pueblo, en cada aspecto de la vida, muerte y resurrección de Jesús, se está llegando a la plenitud del plan de Dios. Juan lo mostró desde el prólogo y en la Pasión se esfuerza en que nos quede bien claro este dato. No es causalidad ni coincidencia. Es plenitud de sentido dentro del plan divino más allá del entendimiento humano. Dentro del Calvario

Entonces Pilato tomó a Jesús y lo mandó **azotar**.
Los soldados trenzaron una corona **de espinas,**
    se la pusieron en **la cabeza,**
    le echaron encima un manto **color púrpura,**
    y acercándose a él, le decían:
    "¡Viva el rey de los judíos!", y le daban bofetadas.

Pilato salió otra vez afuera y les dijo:
    "Aquí lo traigo para que sepan que no encuentro en él
        ninguna culpa".
Salió, pues, Jesús llevando la corona de espinas
    y el manto color púrpura.
Pilato les dijo:
    "**Aquí está** el hombre".
Cuando lo vieron los sumos sacerdotes y sus servidores,
    gritaron: "**¡Crucifícalo, crucifícalo!**"
Pilato les dijo:
    "Llévenselo ustedes y **crucifíquenlo,**
    porque yo **no encuentro culpa** en él".
Los judíos le contestaron:
    "Nosotros tenemos una ley y según esa ley **tiene que morir,**
    porque se ha declarado **Hijo de Dios**".

Cuando Pilato oyó estas palabras, **se asustó aún más,**
    y entrando otra vez en el pretorio, dijo a Jesús:
    "¿De **dónde** eres tú?"
Pero Jesús **no le respondió.** Pilato le dijo entonces:
    "**¿A mí** no me hablas? ¿No sabes que **tengo autoridad**
        para soltarte y autoridad **para crucificarte?**"
Jesús le contestó:
    "No tendrías ninguna autoridad **sobre mí,**
    si no te la hubieran dado **de lo alto.**
Por eso, el que me entregado a ti **tiene un pecado mayor**".

Dale a tu voz un tono de burla sarcástica a la expresión de los soldados: "¡Viva el rey de los judíos!".

La expresión "Aquí está el hombre" debe llevar un tono rotundo y solemne. Ella encierra la verdad de Jesús y de la humanidad en boca de Pilato que no sabe a ciencia cierta lo que está diciendo.

La respuesta de Jesús a Pilato está llena de autoridad de quien sabe y entiende el verdadero sentido de ese término.

---

encontramos, el otro momento de la narración, a María y al discípulo amado en comunidad. Aunque casi siempre hemos fijado nuestra mirada en María —su madre— el Evangelio hace mención de otras personas (19,25) en las que bien podemos ver una comunidad junto a Jesús. El discípulo amado a quien la tradición al identificado con san Juan, también tiene el sentido del amor de Jesús por los suyos. Este momento

no de la narración no debe considerarse como algo simbólico sin fundamento real. No es un recurso literario del evangelista, sino algo fuertemente respaldado por el testimonio de los relatos evangélicos que mencionan las mujeres que iban siguiendo a Jesús en su camino al Calvario.

La sed de Jesús y su muerte son nuevamente una confirmación de lo anunciado por las escrituras, poniendo la historia de

Jesús en consonancia con toda la historia de la salvación. Cerrando este episodio, debemos ver con los ojos del evangelista a Jesús traspasado en el costado del cual brota sangre y agua. En 19,35, se remacha la verdad y validez de este testimonio. Jesús es traspasado en el corazón. Esta herida, como señal de muerte, nos revela el significado de Jesús como Cordero Pascual de

La exigencia de la Crucifixión de Jesús debe estar acompañada de un tono de acusación enardecida (la multitud) y llena de hipocresía (los sumos sacerdotes).

Desde ese momento, Pilato **trataba de soltarlo,**
pero los judíos gritaban:
"¡Si sueltas a ése, **no eres amigo** del César!"
Al oír estas palabras, Pilato sacó a Jesús **y lo sentó** en el tribunal,
en el sitio que llaman **"el Enlosado"** (**en hebreo Gábbata**).
Era el día **de la preparación** de la Pascua, hacia el mediodía.
Y dijo Pilato a los judíos:
"Aquí tienen a su rey".
Ellos gritaron:
"¡Fuera, fuera! ¡**Crucifícalo!**"
Pilato les dijo:
"¿**A su rey** voy a crucificar?"
Contestaron los sumos sacerdotes:
"No tenemos más rey **que el César".**
Entonces **se lo entregó** para que lo crucificaran.

La parte del relato sobre el letrero en la cruz de Jesús debe ser reposada e imparcial, como quien narra desde fuera tal hecho.

Tomaron a Jesús y él, **cargando la cruz,**
se dirigió hacia el sitio llamado "la Calavera"
(**que en hebreo se dice Gólgota**),
donde lo crucificaron, y con él **a otros dos,**
uno de cada lado, y en medio a Jesús.
Pilato **mandó escribir** un letrero y ponerlo **encima** de la cruz;
en él **estaba escrito**: 'Jesús el nazareno, **el rey** de los judíos'.
Leyeron el letrero **muchos** judíos porque **estaba cerca** el lugar
donde crucificaron a Jesús y estaba escrito
en hebreo, latín y griego.
Entonces los sumos sacerdotes de los judíos le dijeron a Pilato:
"**No escribas**: 'El **rey** de los judíos', sino:
'Éste ha dicho: Soy rey de los judíos'-".

Coloca una pausa breve después de la frase de Pilato: "Lo escrito, escrito esta".

Pilato les contestó:
"Lo escrito, **escrito está".**

la Nueva Alianza, en el que la sangre y agua son símbolos de fecundidad de Jesús en todo momento. No veo ninguna forma como se pueda justificar la interpretación que algunos especialistas en Biblia hacen poniendo aquí a "Dios siendo traspasado por los pecados del pueblo". Necesitamos una sana teología y cristología del corazón.

El relato de la Pasión termina con el episodio de la sepultura. También es diferente a como lo presentan los otros relatos evangélicos. Además de José de Arimatea, esta también Nicodemo quien viene cargando con una cantidad de aromas para embalsamar a Jesús. Que esto se haya desarrollado "conforme a la costumbre judía de sepultar" (18,40), con lienzos no con vendas y que haya sido en un sepulcro nuevo, no prestado nos ubica en la perspectiva de San Juan respecto del inmenso valor y significado de la vida y la muerte de Jesús. Así mismo nos está preparando para acercarnos al misterio de la Resurrección.

Da un énfasis especial a la presencia de los y las discípulos de Jesús junto a la cruz, como un hecho que reconforta a Jesús en tales momentos de soledad y dolor.

Cuando **crucificaron** a Jesús,
  los soldados cogieron su ropa e hicieron **cuatro partes,**
  una para cada soldado, y **apartaron la túnica.**
Era una túnica sin costura,
  tejida toda **de una sola pieza** de arriba a abajo.
Por eso se dijeron:
  "No la rasguemos, sino **echemos suerte**
    para ver a quién le toca".
Así se **cumplió** lo que dice la Escritura:
  *Se **repartieron** mi ropa y **echaron a suerte** mi túnica.*
Y eso **hicieron** los soldados.

Las palabras de Jesús al discípulo deberán sonar como una promesa cumplida de Jesús que en el momento más crucial de su vida entrega lo más preciado de su vida a la Iglesia entera.

Junto a la cruz de Jesús estaba **su madre,**
  la hermana de su madre,
  María la de Cleofás, y **María Magdalena.**
Al ver **a su madre** y junto a ella al discípulo **que tanto quería,**
Jesús dijo a su madre:
  "**Mujer,** ahí está tu hijo".
Luego dijo al discípulo:
  "Ahí está **tu madre**".
Y desde aquella hora el discípulo **se la llevó a vivir con él.**

Después de esto,
  sabiendo Jesús **que todo había llegado a su término,**
  para que se **cumpliera** la Escritura, dijo:
  "**Tengo sed**".
Había allí un jarro lleno de vinagre.

Pronuncia con fuerza y dolor las últimas palabras de Jesús; significan que está muriendo realmente.

Los soldados sujetaron una esponja **empapada en vinagre**
  a una caña de hisopo y se la acercaron a la boca.
Jesús **probó** el vinagre y dijo:
  "**Todo está cumplido**",
  e, inclinando la cabeza, **entregó** el espíritu.

[Aquí se arrodillan todos y se hace una breve pausa.]

Nota que los relatos evangélicos son teología basada en la realidad. La realidad de la persona de Jesús y de propia experiencia de la comunidad de fe en la que nace el escrito. Conviene tener presente este principio a la hora de leer y meditar el relato de la pasión que nos muestra san Juan. Todos los relatos evangélicos nos revelan a Jesús y no depende de gustos u opciones personales aceptar uno más que otros. La sabiduría de la Iglesia manifestada en la liturgia que celebramos nos va conduciendo por estas dimensiones del significado de Jesús.

En todo el relato vemos a Jesús ejerciendo con plena libertad la decisión de asumir los últimos momentos de su vida para glorificar al Padre y mostrar el sentido de su misión. Meditar el Evangelio con esta visión, nos proporcionará una luz para comprender la redención divina que se confirma en medio de la Pasión y que será desbordada en el día de la Resurrección.

Al iniciar esta parte del relato toma la actitud y entonación del narrador. Del tono dramático pasamos ahora al tono de duelo viendo lo que hacen con el cuerpo de Jesús.

Entonces, los judíos, como era el **día de preparación** de la Pascua,
para que los cuerpos de los ajusticiados
no se quedaran en la cruz el sábado,
porque aquel sábado
era un día **muy solemne,**
pidieron a Pilato que **les quebraran** las piernas y **los quitaran** de la cruz.
Fueron los soldados, le quebraron las piernas a uno
y luego al otro de los que habían sido crucificados con él.
Pero **al llegar a Jesús,**
viendo que **ya había muerto,**
no le quebraron las piernas,
sino que uno de los soldados **le traspasó** el costado
con una lanza e inmediatamente salió sangre y agua.

El momento en que Jesús es atravesado por la lanza debe enfatizarse con seguridad de quien esta presencia este hecho que para Juan es un testimonio veraz en orden a la fe.

El que vio **da testimonio** de esto y su testimonio **es verdadero**
y él sabe que **dice la verdad,**
para que también **ustedes crean.**
Esto sucedió para que **se cumpliera** lo que dice la Escritura:
No le quebrarán ningún hueso;
y en otro lugar la Escritura dice: *Mirarán al que traspasaron.*

Después de esto, **José de Arimatea,** que era **discípulo** de Jesús,
pero oculto **por miedo** a los judíos,
pidió a Pilato que lo dejara llevarse **el cuerpo** de Jesús.
Y Pilato **lo autorizó.**
Él fue entonces y **se llevó el cuerpo.**

Menciona con orgullo y ternura la intervención de Nicodemo y José de Arimatea. En ellos se conecta el sentir de la asamblea por el cuidado de nuestro difunto.

Llegó también **Nicodemo,**
el que había ido a verlo **de noche,** y trajo unas cien libras
de una mezcla de **mirra** y **áloe.**

Finaliza el relato con un tono pausado
que nos lleve a sentir el descanso
después de tanto sufrimiento.

Tomaron el **cuerpo** de Jesús
  y lo **envolvieron en lienzos** con esos aromas,
    según **se acostumbra** enterrar entre los judíos.
Había **un huerto** en el sitio donde lo **crucificaron**,
  y en el huerto, un **sepulcro nuevo**,
    donde **nadie** había sido enterrado **todavía**.
Y como para los judíos era el **día de la preparación** de la Pascua
  y el sepulcro **estaba cerca**, allí pusieron a **Jesús**.

VIGILIA PASCUAL

La narración de la creación deberá ir marcando un ritmo destacando tres elementos: el tiempo (los días) en que va aconteciendo, las formas (luz/tinieblas, aguas/tierra, etcétera), y el acto poderoso de Dios que crea con su palabra.

I LECTURA   Génesis 1,1—2,2

Lectura del libro del Génesis

En el principio **creó Dios** el cielo y la tierra.
La tierra era **soledad** y caos;
    y las tinieblas **cubrían** la faz del abismo.
El **espíritu** de Dios se **movía** sobre la superficie de las aguas.

Dijo Dios:
    "Que **exista** la luz", y la luz existió.
Vio Dios que la luz **era buena**, y **separó** la luz de las tinieblas.
Llamó a la luz "**día**" y a las tinieblas, "**noche**".
Fue la tarde y la mañana del **primer** día.

Dijo Dios:
    "Que haya una bóveda entre las aguas,
    que **separe** unas aguas de otras".
E hizo Dios una bóveda
    y **separó** con ella las aguas de arriba, de las aguas de abajo.
Y así fue. Llamó Dios a la bóveda "**cielo**".
Fue la tarde y la mañana del **segundo** día.

Dijo Dios:
    "Que se **junten** las aguas de debajo del cielo en un **solo** lugar
    y que aparezca el suelo seco". Y así fue.
Llamó Dios "tierra" al suelo seco y "mar" a la masa de las aguas.
Y **vio** Dios que era **bueno**.

Dijo Dios:
    "**Verdee** la tierra con plantas que den **semilla**
    y **árboles** que den fruto y semilla,
    según su especie, sobre la tierra".

La Vigilia Pascual es la celebración central de la Iglesia. Debemos estar muy atentos a todos los signos, símbolos y gestos litúrgicos que componen dicho momento. Todo lo que sucede en esta Vigilia se combina y funde en el Misterio Pascual de Jesucristo. Los símbolos de la luz y el agua nos llevan a ver con claridad uno de los hilos de oro de la historia de salvación desde la creación hasta el Bautismo teniendo a Jesucristo resucitado como Luz central. Esta liturgia es en sí misma una hermosa y profunda catequesis sobre la vida cristiana. Aun así, sería muy oportuno buscar la manera de que la comunidad que celebra comprenda el sentido de este rito, para que su participación sea más consciente.

La liturgia de la Palabra se compone de siete lecturas del Antiguo Testamento que nos dan un panorama de la historia de la salvación. Sin alterar las normas litúrgicas que manda la Iglesia, sería bueno encontrar alguna forma simbólica que acompañe las siete lecturas en las que la asamblea corre el riesgo de perderse y extraviar el mensaje del Antiguo Testamento que prepara a la lectura de la carta apostólica y la proclamación solemne del Evangelio.

I LECTURA **Nuestra Vigilia Pascual** inicia dándonos razón del poder creador del Dios de la vida. Tenemos los tres primeros días o tiempos en los que acontece la separación creadora del tiempo (entre el día y la noche), la separación de lugar (entre el cielo de la tierra y el agua

Y **así fue.**
Brotó de la tierra hierba **verde,** que producía semilla,
    según su especie,
      y **árboles** que daban fruto y **llevaban** semilla, según su especie.
Y **vio** Dios que era **bueno.** Fue la tarde y la mañana
    del **tercer** día.

Dijo Dios:
    "Que haya **lumbreras** en la bóveda del cielo,
    que **separen** el día de la noche, **señalen** las estaciones,
      los días y los años,
    y **luzcan** en la bóveda del cielo para **iluminar** la tierra".
Y **así fue.**
Hizo Dios las dos **grandes** lumbreras:
    la lumbrera **mayor** para regir **el día**
    y la **menor,** para regir **la noche;**
    y **también** hizo las estrellas.
Dios puso las lumbreras en la bóveda del cielo
    para **iluminar** la tierra,
    para **regir** el día y la noche, y **separar** la luz de las tinieblas.
Y vio Dios que **era bueno.**
Fue la tarde y la mañana del **cuarto** día.

Dijo Dios:
    "**Agítense** las aguas con un **hervidero** de seres vivientes
    y **revoloteen** sobre la tierra las aves,
    bajo la bóveda del cielo".
Creó Dios los **grandes** animales marinos
    y los **vivientes** que en el agua se deslizan y **la pueblan,**
      según su especie.
Creó **también** el mundo de las aves, según sus especies.

de lo seco). De esta manera Dios pone los ritmos en los que se regirá la existencia los vivientes. La soledad y el caos entran en armonía vital al juntarles para que brote la vida vegetal. Aquí se expone la verdad de que los frutos de la madre tierra son obra de Dios y no dependen de otros dioses (de la vegetación y de la fertilidad). Es la fuerza de la palabra creadora de Dios en la que se expresa su señorío. Dicho poder creador se remacha con la acción de "poner nombre" a las cosas. La segunda serie de la obra creadora se lleva a cabo en los siguientes tres días en los llegan a existir cuatro obras más que vienen a ocupar los espacios y tiempos existentes.

Los astros, los peces, las aves y los animales y finalmente, en el sexto día, la obra maestra: el ser humano. El punto culminante que es resaltado como especial al nombrar el plural "hagamos" mas la especial mención de la semejanza con su creador. El mandato de crecer y multiplicar responde al bello mensaje que la vida contiene en sí misma: continuar dando vida.

San Agustín, comentando este pasaje, nos da una buena pista de interpretación

Vio Dios que **era bueno** y los **bendijo,** diciendo:
"Sean fecundos y **multiplíquense;** llenen las aguas del mar;
que las aves se **multipliquen** en la tierra".
Fue la tarde y la mañana del quinto día.

Dijo Dios:
"**Produzca** la tierra vivientes, según sus especies:
animales **domésticos,** reptiles y fieras, según sus especies".
Y así fue.
Hizo Dios las fieras, los animales domésticos **y los reptiles,**
cada uno según su especie. Y vio Dios que **era bueno.**

Dijo Dios:
"Hagamos al hombre a nuestra **imagen y semejanza;**
que **domine** a los **peces** del mar, a las **aves** del cielo,
a los animales **domésticos** y a **todo** animal
que se arrastra sobre la tierra".

Y **creó** Dios al hombre a su imagen;
a **imagen suya** lo creó;
hombre y mujer los creó.

Y los **bendijo** Dios y les dijo:
"Sean fecundos y **multiplíquense,** llenen la tierra
y **sométanla;**
dominen a los peces del mar, a las aves del cielo
y a **todo ser viviente** que se mueve sobre la tierra".

Y dijo Dios:
"**He aquí** que les entrego todas las plantas de semilla
que hay sobre la faz de la tierra, y **todos** los árboles
que producen frutos y semilla, para que les sirvan **de alimento.**
Y a todas las **fieras** de la tierra, a todas las **aves** del cielo,
a todos los **reptiles** de la tierra, a todos los seres que **respiran,**
también les doy por alimento las **verdes plantas**".

Que la frase del momento de la creación del hombre vaya antecedida de una breve pausa y realizada con un sabor cargado de solemnidad.

Con entusiasmo y responsabilidad, pronuncia los encargos que Dios hace a la humanidad.

al decir que el relato de la creación no nos enseña en primer lugar "como" creo Dios la vida, sino que él es el Creador y Señor de todo lo que existe.

Y así fue.
Vio Dios todo lo que había hecho y lo encontró **muy bueno.**
Fue la tarde y la mañana del **sexto** día.

Así quedaron **concluidos** el cielo y la tierra
    con todos sus ornamentos, y **terminada** su obra,
    descansó Dios el **séptimo** día de todo cuanto había **hecho.**

Forma breve: Génesis 1,1.26–31

II LECTURA   Génesis 22,1–18

Lectura del libro del Génesis

En aquel tiempo, Dios le puso **una prueba** a Abraham y le dijo:
    "**¡Abraham**, Abraham!" Él respondió: "**Aquí** estoy".
Y Dios le dijo: "Toma a tu hijo **único**, Isaac, a quien **tanto** amas;
    vete a la región de Moria y **ofrécemelo** en sacrificio,
    en el monte que yo te **indicaré**".

Abraham **madrugó,** aparejó su burro,
    tomó consigo a dos de sus criados y a su hijo Isaac;
    cortó leña para el sacrificio
    y se **encaminó** al lugar que Dios le había **indicado.**
Al **tercer** día divisó a lo lejos el lugar.
Les dijo entonces a sus criados:
    "**Quédense** aquí con el burro;
    yo iré con el muchacho hasta allá, para adorar a Dios
    y después **regresaremos**".

Abraham tomó la leña para el **sacrificio,** se la cargó
    a su hijo **Isaac**
    y tomó en su mano el fuego y **el cuchillo.**
Los dos caminaban **juntos.**

Las palabras de Dios llamando a Abraham deben sonar con un tono de urgencia como quien está buscando con gran deseo de comunicar un gran encargo.

Presta tu voz al viejo Abraham para que la asamblea visualice su persona humilde y pronta a responder, actuando, a la petición de Dios.

II LECTURA   **El mismo Dios de la vida pone una prueba a** Abraham. No es que Dios no juega con el destino de las personas, es más bien que su llamado y sus promesas siempre llevaran la existencia a "algo más". Para ello, es necesario ponerse en camino. Uno de los signos más claros de la humanidad viviente es el movimiento, el avanzar. Bien podríamos decir que llamar a alguien migrante,

no debe significar ofensa sino una confirmación de ser humano: personas que, como Abraham responden al impulso (llamado) de la vida por un futuro mejor. La promesa de Dios a este anciano se desdobla en tres dimensiones: tierra, descendencia y bendición. El atentado de sacrificar a su hijo Isaac es una prueba de la que el escritor del relato está consciente, pero Abraham no. El sacrificio cuando no se entiende es algo cruel, y hasta carente de sentido, pues

el hijo es parte de la promesa y bendición recibida por Dios. Con todo la fe sale ganando al manifestar la absoluta confianza en Dios. Aceptar a Dios en la oscuridad de la duda es signo de una fe total en la palabra que Dios ha dado. Tanto la fe de Abraham, como la figura de Isaac son anticipo lejano de la fe y la entrega de Jesús mismo. Cada migrante que deja su tierra y su patria buscando una vida mejor en medio del riesgo, la duda y la fe, se asemeja a nuestro padre

La misma actitud de Abraham se nota en su hijo Isaac. Dale un tono de inocencia y entrega confiada.

Isaac dijo a su padre **Abraham**:
"¡**Padre**!" Él respondió: "¿Qué quieres, hijo?"
El muchacho contestó: "Ya tenemos fuego y leña,
pero, ¿dónde está el cordero para el sacrificio?"
Abraham le contestó:
"Dios **nos dará** el cordero para el sacrificio, hijo mío".
Y siguieron caminando juntos.

Cuando llegaron al sitio que Dios le había señalado,
Abraham levantó un altar y acomodó la leña.
Luego ató a su hijo Isaac, lo puso sobre el altar, encima de la leña,
y tomó el cuchillo para **degollarlo.**

La voz de Dios a través del mensajero (ángel) es la revelación clara de un misterio y designio del cielo. Pronúnciala con solemnidad rotunda.

Pero el ángel del Señor lo llamó desde el cielo y le dijo:
"¡**Abraham**, Abraham!" Él contestó: "**Aquí estoy**".
El ángel le dijo: "**No** descargues la mano contra tu hijo,
ni le hagas daño.
Ya veo que **temes** a Dios, porque **no** le has negado a tu hijo único".

Abraham **levantó** los ojos y vio un carnero,
enredado por los cuernos en la maleza.
Atrapó el carnero y lo **ofreció** en sacrificio, **en lugar** de su hijo.
Abraham puso por nombre a aquel sitio "el Señor **provee**",
por lo que aun el **día de hoy** se dice:
"el monte donde el Señor provee".

Termina el relato como una declaración confiada de quien ahora es testigo de que dicha promesa se ha realizado.

El ángel del Señor **volvió** a llamar a Abraham desde el cielo
y le dijo:
"**Juro** por mí mismo, dice el Señor, que por haber **hecho esto**
y no haberme **negado** a tu hijo **único,** yo te **bendeciré**
y multiplicaré tu descendencia
como las estrellas del cielo y las arenas del mar.
Tus descendientes **conquistarán** las ciudades enemigas.

en la fe. Como él entonces, el pueblo migrante ahora, es base de la creación de un nuevo pueblo con una nueva esperanza en medio de las oscuras pruebas sociales, políticas y hasta religiosas que enfrentamos.

En tu descendencia serán **bendecidos todos**
  los pueblos de la tierra,
  porque **obedeciste** a mis palabras".

Forma breve: Génesis 22,1–2.9–13.15–18

III LECTURA   Éxodo 14,15—15,1

Lectura del libro del Éxodo

En aquellos días, dijo el Señor **a Moisés:**
  "**¿Por qué** sigues clamando a mí?
Diles a los israelitas que se pongan **en marcha.**
Y tú, alza tu bastón,
  extiende tu mano sobre el mar y **divídelo,**
  para que los israelitas **entren** en el mar sin mojarse.
Yo voy a **endurecer** el corazón de los egipcios
  para que los persigan,
  y me **cubriré** de gloria a expensas del faraón
  y de **todo** su ejército, de sus carros y jinetes.
Cuando me haya cubierto de gloria
  a **expensas** del faraón, de sus carros y jinetes,
  los egipcios **sabrán** que yo **soy** el Señor".

El **ángel** del Señor, que iba al frente de las huestes de Israel,
  se colocó **tras ellas.**
Y la **columna** de nubes que iba adelante,
  también se desplazó y se puso a sus espaldas,
  entre el campamento de los israelitas
  y el campamento de los egipcios.
La nube era tinieblas para unos y **claridad** para otros,
  y así los ejércitos no trabaron contacto durante **toda** la noche.

La primera parte de esta lectura está cargada de un todo de reclamo y mandato decidido a la acción por parte de Dios. Transmite ese mismo espíritu.

A partir de la escena del ángel del Señor que marcha protegiendo al pueblo, marca cada hecho con la seguridad y confianza de un testigo ocular de tales sucesos.

III LECTURA   Hasta aquí, podríamos imaginar tres episodios continuados de la creación de un pueblo. Por la vida (Génesis), la fe (Abraham) y mediante la liberación (Moisés). La liberación siempre viene acompañada por un cambio, un ponerse en camino (Éxodo). Dios no libera a un pueblo instalado en sus propias seguridades, debe estar dispuesto a salir de donde esta, a poner en camino cruzando fronteras que pueden imponer miedo o respeto al menos. El Señor muestra su gloria y su poder guiando a su pueblo a través del mar rojo. Este escenario de vida para el pueblo se convierte al mismo tiempo en lugar de muerte y castigo para poder del faraón y sus potentes ejércitos. La salvación del pueblo por obra de la mano de Dios marcará para siempre la historia de Israel. En adelante, dicho acontecimiento será el centro de su memoria histórica, su conciencia como pueblo de Dios y el compromiso de vivir como pueblo en libertad: un pueblo que se transforma en testimonio viviente de un Dios de la vida, la libertad y la justicia.

Moisés **extendió** la mano sobre el mar,
y el Señor hizo soplar durante **toda** la noche
un **fuerte** viento del este, que **secó** el mar, y **dividió** las aguas.
Los israelitas **entraron** en el mar y **no** se mojaban,
mientras las aguas formaban **una muralla** a su **derecha**
y a su **izquierda**.
Los egipcios **se lanzaron** en su persecución
y toda la caballería del faraón,
sus carros y jinetes, entraron **tras ellos** en el mar.

Hacia el **amanecer**,
el Señor **miró** desde la columna de fuego y humo
al ejército de los egipcios y **sembró** entre ellos el **pánico**.
Trabó las ruedas de sus carros,
de suerte que no avanzaban sino **pesadamente**.
Dijeron entonces los egipcios:
"**Huyamos** de Israel, porque el Señor lucha en su favor
contra Egipto".

Entonces el Señor le dijo a Moisés:
"Extiende tu mano **sobre el mar,** para que **vuelvan** las aguas
sobre los egipcios, sus carros y sus jinetes".
Y **extendió** Moisés su mano sobre el mar, y al amanecer,
las aguas **volvieron** a su sitio,   de suerte que **al huir,** los
egipcios se **encontraron** con ellas,
y el Señor **los derribó** en medio del mar.
Volvieron las aguas y **cubrieron** los carros, a los jinetes
y a **todo** el ejército del faraón, que se había metido en el mar
para **perseguir** a Israel. **Ni uno solo** se salvó.

Pero los hijos de Israel caminaban **por lo seco** en medio del mar.
Las aguas les hacían **muralla** a derecha e izquierda.
Aquel día **salvó** el Señor a Israel de las manos de Egipto.
Israel **vio** a los egipcios, muertos en la orilla del **mar**.

Con tono emocionante y triunfal da cuenta de la experiencia de un pueblo liberado que camina confiado y celebra alegre el triunfo de la mano de Dios.

Israel vio la **mano fuerte** del Señor sobre los egipcios,
y el pueblo **temió** al Señor y **creyó** en el Señor y en Moisés,
su **siervo**.
Entonces Moisés y los hijos de Israel
cantaron **este cántico** al Señor:

[El lector no dice "Palabra de Dios" y el salmista de inmediato entona el salmo responsorial.]

IV LECTURA   Isaías 54,5–14

Lectura del libro del profeta Isaías

"El que **te creó**, te tomará **por esposa**;
su nombre es 'Señor de los ejércitos'.
Tu redentor es el **Santo** de Israel;
será llamado 'Dios de **toda** la tierra'.
Como a una mujer abandonada y abatida
te vuelve a llamar el Señor.
¿Acaso **repudia** uno a la esposa de la juventud?,
dice tu Dios.

Por un instante te **abandoné**,
pero con inmensa misericordia te **volveré** a tomar.
En un **arrebato** de ira
te oculté **un instante** mi rostro,
pero con amor **eterno** me he apiadado **de ti,**
dice el Señor, tu redentor.

Me pasa **ahora** como en los días de Noé:
entonces **juré** que las aguas del diluvio
no volverían a cubrir la tierra;
ahora **juro** no enojarme ya **contra** ti
ni volver a amenazarte.

Dios está bien enamorado de su pueblo! Proclama con ternura la declaración de compromiso y amor quien sufre en la duda y el abandono.

IV LECTURA El profeta Isaías narra la promesa de fecundidad que Israel recibe de su Señor. La imagen matrimonial pone en evidencia el amor de Dios en el que perdona la infidelidad de su pueblo. Reconoce el abandono y, en plena caracterización humana, reconoce el arrebato que le llevó a ocultar su rostro de la amada Jerusalén. Recuerda lo sucedido con Noé y en dicho recuerdo parece brotar una sinceridad divina de las consecuencias de la ira momentánea. Al final, permanece lo que Dios es esencialmente: un Dios amoroso, lleno de piedad y fiel a sus promesas que están por encima de las cosas más increíbles que pudieran suceder, como la desaparición de los montes y el hundimiento de las colinas. Es un amor eterno que garantiza la fecundidad el pueblo. Este

Expresa con claridad la compasión y el arrepentimiento que Dios muestra con la esposa asustada. Impone un sabor entusiasta a la imagen de Dios construyendo con sus propias manos al pueblo y su ciudad.

Impone un sabor entusiasta a la imagen de Dios, construyendo con sus propias manos al pueblo y su ciudad.

Podrán **desaparecer** los montes
  y **hundirse** las colinas,
    pero mi amor por ti **no desaparecerá**
    y mi alianza de paz quedará **firme** para siempre.
Lo dice el Señor, el que se apiada de ti.

Tú, la **afligida**, la zarandeada por la tempestad,
    la **no** consolada:
He aquí que **yo mismo** coloco tus piedras sobre piedras **finas**,
    tus cimientos sobre **zafiros**;
    te pondré almenas **de rubí**
    y puertas **de esmeralda**
    y murallas de **piedras preciosas**.

Todos tus hijos serán **discípulos** del Señor,
    y será **grande** su prosperidad.
Serás **consolidada** en la justicia.
Destierra la angustia,
    pues ya **nada** tienes que temer;
    olvida tu miedo,
    porque **ya** no se acercará a ti".

Lectura del libro del profeta Isaías

Esto dice el Señor:
    "**Todos** ustedes, los que tienen sed, **vengan** por agua;
    y los que no tienen dinero,
    vengan, tomen trigo y coman;
    tomen vino y leche **sin pagar**.
¿**Por qué** gastar el dinero en lo que **no es** pan
    y el salario, en lo que **no alimenta**?

Dirígete a la asamblea en forma directa y entusiasmada con esta invitación de Dios.

pueblo que se ha de ver revestido de belleza y liberado del miedo por la propia mano de su Señor. No se asemejara jamás a una mujer abandonada y angustiada, será una ciudad rebosante de vida y de la belleza que brota de la dignidad que otorga el ser pueblo de Dios, cuna de su amor eterno.

V LECTURA Antes y después, aquí y allá, encontramos el mensaje de Dios confirmando su deseo de crear una pueblo como él lo ha soñado. Lleno de vida, signo y ejemplo para otros pueblos, una nación ejemplar. Isaías anuncia esta oferta en la que abunda la vida y la justicia toma formas especificas de gratuidad en donde para comer lo único que se necesita

es hambre. El dinero y los bienes económicos no mandan en la vida de los que aceptan esta invitación. Este pueblo sediento, hambriento y cansado en medio del destierro vive una amenaza letal que consiste en perder la esperanza al no aceptar a Dios y su proyecto. Los propios planes están a miles de millas de distancia de lo que Dios quiere para nosotros. Somos tierra sedienta

Como quien trae una lista en mano de lo que contiene este ofrecimiento, enuncia el contenido de la invitación paso a paso.

Escúchenme atentos y comerán **bien**,
  saborearán platillos **sustanciosos**.
Préstenme atención, vengan **a mí**,
  escúchenme y **vivirán**.

Sellaré con ustedes una alianza **perpetua**,
  cumpliré las promesas que hice a David.
Como a él lo puse por **testigo** ante los pueblos,
  como príncipe **y soberano** de las naciones,
  así tú reunirás a un pueblo **desconocido**,
  y las naciones que no te conocían **acudirán** a ti,
  por amor del Señor, tu Dios,
  por el **Santo** de Israel, que **te ha honrado**.

Proclama con determinación la invitación a buscar al Señor.

Busquen al Señor mientras lo pueden encontrar,
  invóquenlo mientras está cerca;
  que el malvado **abandone** su camino,
  y el criminal, sus planes;
  que **regrese** al Señor, y él **tendrá** piedad;
  a nuestro Dios, que es **rico** en perdón.

Mis pensamientos **no son** los pensamientos de ustedes,
  sus caminos **no son** mis caminos.
Porque **así** como aventajan los cielos **a la tierra**,
  así aventajan mis caminos a los **de ustedes**
  y **mis** pensamientos a sus pensamientos.

Las comparaciones finales son de lo más recordado por los presentes; transmite en tus palabras la fuerza eficaz de la Palabra de Dios.

Como **bajan** del cielo la lluvia y la nieve
  y **no vuelven allá**, sino **después** de empapar la tierra,
  de **fecundarla** y hacerla germinar,
  a fin de que dé semilla **para sembrar** y pan **para comer**,
  así será la palabra que sale de mi boca:
  no volverá a mí **sin resultado**,
  sino que **hará** mi voluntad
  y **cumplirá** su **misión**".

que debemos descubrir la causa de nuestra sed y nuestra búsqueda para descubrir con docilidad y apertura su palabra. Impresiona mucho la recomendación "busquen al Señor, mientras lo puedan encontrar". Es una invitación que encierra una doble posibilidad: la de encontrarlo y la de perder la oportunidad de que eso suceda. Dios está siempre presente en la vida indudablemente, nosotros no podremos nunca manipular lo que él es. La cuestión está en la parte que nos corresponde a nosotros: cambiar e invocarlo mientras lo buscamos.

Anuncia esta lectura ("Escucha, Israel . . .") como un gran preámbulo que antecede a los sabios consejos de Dios para su pueblo.

El mensaje se presenta en forma de pregunta y afirmación posterior como respuesta. Marca ambos momentos con la entonación y un breve silencio intermedio.

Ofrece tu ministerio como lector como un don y servicio a un pueblo que vive sumiéndose en los problemas.

VI LECTURA   Baruc 3,9–15.32 — 4,4

Lectura del libro del profeta Baruc

Escucha, Israel, los mandatos de vida,
   presta **oído** para que adquieras prudencia.
¿A **qué** se debe, Israel, que estés **aún** en país enemigo,
   que **envejezcas** en tierra extranjera,
   que te hayas **contaminado** por el trato con los muertos,
   que te veas contado entre los que **descienden** al abismo?

Es que **abandonaste** la fuente de la sabiduría.
Si hubieras **seguido** los senderos de Dios,
   habitarías en paz eternamente.

Aprende dónde están la prudencia,
   la inteligencia y la energía,
      así aprenderás dónde se encuentra **el secreto** de vivir larga vida,
      y **dónde** la luz de los ojos **y la paz.**
¿**Quién** es el que **halló** el lugar de la sabiduría
   y tuvo acceso **a sus tesoros**?
El que **todo** lo sabe, la conoce;
   con su inteligencia la ha **escudriñado.**
El que **cimentó** la tierra para **todos** los tiempos,
   y la **pobló** de animales cuadrúpedos;
      el que **envía** la luz, y ella **va,**
      la llama, y **temblorosa** le obedece;
      llama a los astros, que **brillan** jubilosos
         en sus puestos de guardia,
      y ellos le responden: "**Aquí** estamos",
      y **refulgen** gozosos para aquel que **los hizo.**
Él es **nuestro** Dios
   y **no hay** otro como él;
   él ha escudriñado los caminos **de la sabiduría**

| VI LECTURA | El escrito del profeta Baruc haya se ubica históricamente en el siglo II antes de Cristo. Pero el mensaje que tenemos enfrente refiera a la experiencia del exilio babilónico. Coloca al pueblo en el presente de su pasado para dar una gran lección de la sabiduría que se encuentra en hacer caso |

a Dios. El envejecimiento, la contaminación y el hundimiento del pueblo son expresión de todas las desgracias que están viviendo y que tienen una causa bien clara: No haber aceptado el camino de salvación que Dios ofrece: la sabiduría. No es cualquier tipo de lucidez o entendimiento, es la sabiduría del Señor y se encuentra en sus mandatos.

No todos tienen acceso a esta revelación que guía los pasos en el camino de Dios. Es necesario despojarse de la codicia y el afán de triunfo. En esta disposición de entera humildad, el Señor es quien otorga dicha sabiduría. En otras palabras, el "secreto de vivir" una vida según el proyecto de salvación es un don de Dios; crear una actitud adecuada para recibirlo es algo que está a nuestro alcance.

y se la dio a su hijo Jacob,
a Israel, **su predilecto.**
Después de esto, ella apareció en el mundo
y **convivió** con los hombres.

La **sabiduría** es el libro de los **mandatos** de Dios,
la ley de validez **eterna;**
los que la guardan, **vivirán,**
los que la abandonan, **morirán.**

Vuélvete a ella, Jacob, y **abrázala;**
camina hacia la claridad de su luz;
no **entregues** a otros tu gloria,
ni tu dignidad a un pueblo extranjero.
Bienaventurados **nosotros**, Israel,
porque lo que **agrada** al Señor
nos ha sido revelado.

La sabiduría de Dios entra en la vida cuando se saborea todo en Dios. Disfruta especialmente la parte final del relato.

VII LECTURA Ezequiel 36,16—28

Lectura del libro del profeta Ezequiel

En aquel tiempo,
me fue dirigida la palabra del Señor en **estos** términos:
"**Hijo** de hombre,
cuando los de la casa de Israel habitaban **en su tierra,**
la **mancharon** con su conducta y con sus obras;
como **inmundicia** fue su proceder **ante** mis ojos.
Entonces **descargué** mi furor contra ellos,
por la sangre que habían **derramado** en el país
y por haberlo **profanado** con sus idolatrías.
Los **dispersé** entre las naciones
y anduvieron **errantes** por todas las tierras.

El profeta hace un recuerdo de las desgracias de Israel y la mano justiciera de Dios. Proclama con dureza dramática la primera parte del relato.

VII LECTURA El mensaje de esperanza del profeta (Ezequiel 33–39) tiene una bella expresión éste texto del capítulo 36 y es la promesa de un corazón nuevo. Es el punto culminante del mensaje del Ezequiel; es central y definitivo en la promesa de Dios. El pueblo judío ha de ser uno de los pueblos más ejemplares en la historia en cuanto a su lucha por mantener su identidad. La dispersión por el mundo que ha dado cabida al mote de "judío errante" es el resultado de una realidad histórica muy intensa. Presa de los imperios en turno, sea por deportación o por dominación, siempre les dio fuerza el anhelo de reunificación en torno a la tierra, el templo y sus tradiciones. Dios ha estado siempre presente en esta historia. Él lo sabe y el pueblo también. La forma como se desarrolla este relato es muestra de esa conciencia. Por un lado, es Dios quien habla haciendo ver la realidad de las cosas a la luz de la promesa. Al mismo tiempo, vemos en este texto el sentir del pueblo mismo en

Los **juzgué** según su conducta, según sus acciones los **sentencié**.
Y en las naciones a las que se fueron,
　　desacreditaron mi **santo** nombre,
　　haciendo que de ellos se dijera:
　　　'**Éste** es el pueblo del Señor, y ha tenido que **salir** de su tierra'.

Pero, por mi **santo** nombre,
　　que la casa de Israel **profanó** entre las naciones a donde llegó,
　　me he **compadecido**.
Por eso, **dile** a la casa de Israel:
　　'**Esto** dice el Señor: no lo hago **por ustedes,** casa de Israel.
Yo mismo mostraré la santidad de mi nombre excelso,
　　que **ustedes** profanaron entre las naciones.
Entonces ellas **reconocerán** que **yo soy** el Señor,
　　cuando, por medio de ustedes les **haga ver** mi santidad.

Los **sacaré** a ustedes de entre las naciones,
　　los reuniré **de todos** los países y los **llevaré** a su tierra.
Los **rociaré** con agua **pura** y quedarán purificados;
　　los purificaré **de todas** sus inmundicias e idolatrías.

Les daré un corazón **nuevo** y les **infundiré** un espíritu nuevo;
　　arrancaré de ustedes el corazón de piedra
　　y les daré un corazón **de carne.**
Les infundiré **mi espíritu** y los haré **vivir** según mis preceptos
　　y guardar y cumplir **mis mandamientos.**
Habitarán en la tierra que di a sus padres;
　　ustedes serán mi pueblo y **yo** seré su Dios' ".

Haz una breve pausa y cambio al tono compasivo al iniciar la segunda parte donde, por su Santo nombre, Dios actúa diferente con su pueblo.

Cada afirmación inicia con un verbo ("sacaré", "rociare", etcétera) que no deja lugar a dudas de la promesa de Dios. Son sentencias benditas que deberán ser proclamadas sin ápice de duda.

boca del profeta. La esperanza de un nuevo corazón y nuevo espíritu es pues, el mismo tiempo, una promesa de Dios y una determinación del pueblo. Esta perspectiva podría ayudarnos en una sana comprensión de lo que significan e implican las promesas de Dios. Especialmente cuando, en el fondo de la conciencia popular, las promesas de

todo tipo están lejos de hacerse realidad. Necesitamos rehabilitar la esperanza en Dios y en nosotros mismos.

EPÍSTOLA **La manera con san Pablo entiende la vida del discípulo de Jesús es de sorprendente claridad y profundidad. Cuando hablamos del deseo y la decisión de construir y edificar el cuerpo de Cristo en la manera que somos Iglesia en los Estados Unidos, estamos refiriéndonos a transformaciones profundas, no a meros retoques superficiales. La vida en Cristo es para Pablo un camino con él, incorporados. Nuestra vida y la vida de Jesús se funden aconteciendo una transformación continua de nuestra existencia. El "ya no soy yo sino Cristo quien vive en mí" es un ejemplo de esta visión de la fe.**

EPÍSTOLA   Romanos 6,3–11

Lectura de la carta del apóstol san Pablo a los romanos

Hermanos:

¿No saben **ustedes** que **todos** los que hemos sido **incorporados** a Cristo **Jesús** por medio **del bautismo,** hemos sido incorporados a **su muerte?**
En efecto, por el bautismo fuimos **sepultados** con él en su muerte, para que, así como Cristo **resucitó** de entre los muertos por la **gloria** del Padre, así también **nosotros** llevemos una vida nueva.

Porque, si hemos estado **íntimamente** unidos a él por una muerte **semejante** a la suya, **también** lo estaremos en su **resurrección.**
Sabemos que nuestro viejo yo fue **crucificado** con Cristo, para que el cuerpo del pecado quedara **destruido,** a fin de que ya **no sirvamos** al pecado, pues el que ha muerto queda **libre** del pecado.

Por lo tanto, si hemos muerto **con Cristo,** estamos **seguros** de que también viviremos **con él;** pues **sabemos** que Cristo, una vez **resucitado** de entre los muertos, ya no morirá **nunca.**
La muerte ya **no tiene** dominio sobre él, porque al morir, **murió** al pecado de una vez **para siempre;** y al resucitar, vive **ahora** para Dios.
Lo mismo ustedes, considérense **muertos** al pecado y **vivos** para Dios en Cristo Jesús, Señor **nuestro.**

La vida nueva que brota de la intimidad con Cristo no es para Pablo un asunto mental, ni mucho mensos mágico. De igual modo el sacramento del Bautismo, es la dimensión nueva de la vida del creyente. La destrucción del cuerpo del pecado no es un menosprecio al cuerpo humano, sino una constatación de que el pecado no existe en forma ingenua aislada y separada, tiene cuerpo. El pecado social, por ejemplo, no es una simple suma de pecados personales. Es una armazón y andamiaje de cuestiones sociales personales e institucionales. De igual manera, la vida de la gracia a la que nos llama nuestra identidad cristiana consiste en un carácter y determinación que envuelve y abarca toda la vida: personal, eclesial, social cultural, política, tecnológicos, etcétera. Que este comentario cree la sensación de estar fuera de lugar; es la confirmación de lo que estamos proponiendo como clave de lectura. Para san Pablo, la vida del cristiano debe ser una vida nueva y tal novedad no empieza con la ingenuidad sino con la firme y nueva determinación de una vida nueva, con los ojos abiertos. La tradición de la Iglesia ha entendido esta expresión de la vida en Cristo como el comportamiento moral del cristiano, según nos da cuenta el catecismo.

EVANGELIO Un corto relato de un misterio eterno. Se relatan detalles de un acontecimiento inesperado para todos, incluidas las mujeres que durante la pasión iban al pendiente de todo lo que sucedía. Era domingo, el primer día de la semana hebrea y las discípulas pretendían dar las últimas muestras de cariño y reverencia a su Maestro. La mención de querer embalsamar a un muerto, no era algo muy razonable. Ni es costumbre judía, ni tampoco suena coherente hacer eso con un cuerpo en descomposición. Este detalle y otros mas, como el comprar perfumes en sábado (cosa imposible), o encontrar la

Relata con fe y credibilidad este Evangelio en donde hay una especie de sentimiento combinado de pasión y resurrección. No ven, pero presienten algo nuevo y esperanzador.

Haz notar los sentimientos de presentes en las mujeres: entusiasmo, preocupación, y sorpresa y temor.

El Evangelio deja una sensación de apertura hacia el futuro cercano, algo así como un suspenso. Solo con el tono de voz apropiado se podrá percibir tal matiz.

EVANGELIO   Marcos 16,1–7

Lectura del santo Evangelio según san Marcos

Transcurrido **el sábado,**
María Magdalena, María (la madre de Santiago) y Salomé,
compraron perfumes para ir **a embalsamar** a Jesús.
Muy de madrugada, el **primer** día de la semana,
a la salida del sol, se dirigieron al sepulcro.
Por el camino se decían unas a otras:
"**¿Quién** nos quitará la piedra de la entrada del sepulcro?"
Al llegar, vieron que la piedra **ya estaba** quitada,
a pesar de ser **muy grande.**

Entraron en el sepulcro y vieron a un **joven,**
vestido con una túnica blanca, **sentado** en el lado derecho,
y se **llenaron** de miedo.
Pero él les dijo: "No se **espanten.**
Buscan a Jesús de Nazaret, el que fue crucificado.
No está aquí; **ha resucitado.**
Miren el sitio donde lo habían puesto.
Ahora **vayan** a decirles a sus discípulos y a Pedro:
'Él irá delante de ustedes **a Galilea.**
Allá lo verán, como él les dijo'".

piedra "removida", etcétera. Son detalles de la narración de san Marcos que nos ponen a todos en la pista de estar ante algo que supera toda lógica humana. Podríamos decir que ante la Resurrección de Cristo se nos "cruzan los cables" de la inteligencia de las cosas. Es algo mucho más allá. Es un acontecimiento divino que se realiza en otra dimensión de la historia. Algo así como el misterio de la encarnación de Jesús en cierto sentido.

El sepulcro vacío no es la explicación de la Resurrección. El anuncio del mensajero divino—a quien no se identifica del todo—es la revelación que dará sentido a los hechos de lo que vemos (piedra removida, tumba vacía, mensajero etcétera). Las mujeres que han permanecido fieles a Jesús en la Pasión, son merecedoras de esta revelación y portadoras del anuncio. Como en el caso de María e Isabel, el mensajero de Dios hace una revelación sorprendente de la vida de Dios que cambiara la historia para siempre y para todos, a partir de la fidelidad, humildad digna y dinamismo activo de quienes no han sido considerados portavoz autorizados de la voluntad de Dios.

El Evangelio no conoce ni pretende responder a los debates actuales sobre la mujer en la Iglesia de hoy, tampoco expone la Resurrección de Jesús y su significado para el cristiano del siglo XXI. Es un testimonio contundente de la experiencia de la Resurrección del Jesús el galileo, el Hijo de Dios y vencedor de las garras de la muerte. Nos corresponde darnos abrazar por este misterio y hacer el discernimiento de su significado para la Iglesia y el mundo de hoy.

DOMINGO DE PASCUA

El tono de Pedro en esta lectura es magisterial, esta enseñado el significado de la vida de Jesús. Anima a tu comunidad con tu propia fe en lo que proclamas.

Es también una interpelación para quienes aun están temerosos. Desafía con caridad a tus hermanos de la asamblea litúrgica.

Siente el mismo honor que invade a Pedro por ser discípulo de Jesús y llamado a anunciar el Evangelio.

I LECTURA   Hechos 10,34.37–43

Lectura del libro de los Hechos de los Apóstoles

En aquellos días, **Pedro** tomó la palabra y dijo:
"**Ya saben** ustedes lo sucedido en **toda** Judea,
que tuvo **principio** en Galilea,
después del bautismo predicado por Juan:
cómo Dios **ungió** con el poder del Espíritu Santo
   a **Jesús** de Nazaret
y cómo éste pasó haciendo **el bien,**
sanando a todos los oprimidos por el diablo,
   porque Dios estaba con él.

Nosotros somos **testigos** de cuanto él hizo
   en Judea y en Jerusalén.
Lo mataron **colgándolo** de la cruz,
   pero Dios lo **resucitó** al tercer día y concedió **verlo,**
   no a todo el pueblo,
   sino **únicamente** a los testigos que él,
   de antemano, había **escogido:**
   a **nosotros,** que hemos **comido y bebido** con él
   después de que **resucitó** de entre los muertos.

Él nos **mandó** predicar al pueblo
   y **dar** testimonio de que Dios lo **ha constituido**
   juez de vivos y muertos.
El testimonio de los profetas es **unánime:**
   que cuantos **creen** en él
   reciben, **por su medio,** el **perdón** de los **pecados**".

I LECTURA | **Pedro se muestra aquí como un discípulo transformado por la fe en Jesús resucitado. Su mentalidad como judío no estorba a la visión de Dios que quedó clara en la vida de Jesús. Pedro ve con suma claridad lo que el maestro fue revelando día a día. La prioridad y dignidad de todas las personas ante los ojos de Dios. Él no hace discriminación de cualquier tipo y los que creemos en él, tampoco debemos hacerlo. Debemos superar la tendencia de egocentrismo**

cultural o social como signo de que en verdad creemos en Jesús. Es testigo de esta verdad y la expone desarrollando los elementos clave del anuncio del Evangelio por parte de los primeros cristianos. En primer lugar anunciando con claridad la muerte y Resurrección de Jesús, luego invocando el testimonio de las Sagradas Escritura, finalizando con la invitación abierta a adherirse mediante la fe a este anuncio y su sentido misionero.

Debemos reconocer en Pedro su gran determinación para presentarse como una persona nueva y transformada por la fe. Reconocer personalmente como nos va guiando el Señor en el crecimiento y madurez cristiana es todo un itinerario espiritual. Dar testimonio de ello con humildad y compromiso es un elemento dinamizador de la misión evangelizadora. La valentía de ser católico no se mide por la cerrazón y necedad sino por la humilde y sincera apertura a compartir lo que Dios está haciendo en nuestra propia persona.

II LECTURA   Colosenses 3,1–4

Lectura de la carta del apóstol san Pablo a los colosenses

Hermanos:
Puesto que ustedes **han resucitado** con Cristo,
    busquen los bienes de arriba,
        donde **está** Cristo, sentado **a la derecha** de Dios.
Pongan todo el corazón en los **bienes** del cielo,
    no en los de la tierra, porque **han muerto**
        y su vida está **escondida** con Cristo en Dios.
Cuando se **manifieste** Cristo, **vida** de ustedes,
    entonces **también** ustedes
        se manifestarán gloriosos, **juntamente** con él.

O bien:

II LECTURA   1 Corintios 5,6–8

Lectura de la primera carta del apóstol san Pablo a los corintios

Hermanos:
¿**No saben** ustedes que un **poco** de levadura
    hace fermentar **toda** la masa?
Tiren la antigua levadura, para que sean ustedes una masa **nueva**,
    ya que son pan **sin levadura**,
        pues **Cristo**, nuestro cordero pascual, ha sido **inmolado**.

Celebremos, pues, **la fiesta** de la Pascua,
    no con la **antigua** levadura, que es de vicio **y maldad**,
        sino con el pan **sin levadura**, que es de sinceridad **y verdad**.

Acompaña la palabra "ustedes" con tu mirada a la comunidad confrontándoles con estas verdades.

Imprime un tono de reclamo a la pregunta obvia de lo que los oyentes deben saber.

Proclama como un hermano que corrige e invita fraternalmente al cambio—esta es la actitud de san Pablo.

| II LECTURA |

COLOSENSES. Los colosenses vivían bajo el impacto de líderes que buscaban ocupar el lugar de Jesús en la conciencia de los cristianos. Los deslumbraban con supuestos poderes divinos especiales y únicos venerados solo por ellos mismos y, en el fondo, para su propio beneficio. Nuestro texto pone la solución en forma fuerte y clara: el centro y la cabeza es Cristo. En él, es en quien debemos poner la esperanza, a través de él es como debemos orientar nuestra búsqueda del bien en todas las formas que sea posible comprenderlo. Cuando Jesús resucitado se manifiesta en la vida del discípulo, la gloria de cualquier forma nos ha de conducir a él, no a nosotros mismos.

1 CORINTIOS. El tema de la levadura es bien conocido en el Nuevo Testamento, especialmente en la aplicación del impacto que tiene en los demás la vida propia y viceversa. San Pablo reclama a los cristianos de Corinto el serio descuido en que se recurre cuando se piensa que la corrupción personal o social no llegara a impactar a los demás. Los pecados fermentan y dañan aunque no sean conocidos y denunciados. La solidaridad entre las personas es vivida en todos los sentidos de la vida. Pablo invita a desterrar esa mentalidad antigua que carcome silenciosamente la vida propia y de los demás. Si eso sucede con el pecado, cuanto más podría fermentar entre todos nosotros el vivir aceptando a Cristo como el centro dinamizador de la gracia en nuestra persona y nuestras comunidades.

EVANGELIO   Juan 20,1–9

Lectura del santo Evangelio según san Juan

El **primer** día después del sábado, estando todavía **oscuro,**
    fue **María Magdalena** al sepulcro
    y vio **removida** la piedra que lo cerraba.
Echó a **correr,** llegó a la casa donde estaban **Simón Pedro**
        y el otro discípulo, a quien Jesús **amaba,** y les dijo:
    "Se **han llevado** del sepulcro **al Señor**
        y no sabemos **dónde** lo habrán puesto".

Salieron Pedro y el otro discípulo camino del sepulcro.
Los dos iban corriendo **juntos,**
    pero el otro discípulo corrió **más aprisa** que Pedro
    y llegó **primero** al sepulcro, e inclinándose,
    miró los lienzos puestos en el suelo, pero **no entró.**

En eso llegó **también** Simón Pedro,
    que lo venía siguiendo, **y entró** en el sepulcro.
Contempló los lienzos puestos en el suelo
    y **el sudario,** que había estado sobre la cabeza de Jesús,
    puesto no con los lienzos en el suelo,
    sino doblado **en sitio aparte.**
Entonces entró **también** el otro discípulo,
    el que había llegado primero al sepulcro, y **vio** y **creyó,**
    porque **hasta entonces** no habían entendido las Escrituras,
    según las cuales Jesús **debía resucitar** de entre los muertos.

*Lecturas alternativas: Marcos 16,1–7 o bien, en las Misas
vespertinas del domingo, Lucas 24,13–35*

El tono de este Evangelio no propicia una alegría alocada. Es el gran anuncio que, con profunda emoción, se hace de una gran sorpresa que se está viviendo ya: el Señor no está muerto.

Poniendo énfasis en las palabras de las mujeres transmite la preocupación de quien busca un ser amado.

Resalta la entrada del "otro" discípulo que en san Juan tiene mucha importancia.

EVANGELIO | La fe de la Iglesia en Jesús resucitado es un don que ofrecemos a toda la humanidad. La fe y la Resurrección en sí misma pone al cristiano y al ser humano totalmente en una dimensión que envuelve a toda la vida y la realidad misma lanzándola a un sentido de totalidad e infinitud. Sin la Resurrección se vuelve vana toda existencia. Es por eso que es central a nuestra identidad y debemos esforzarnos al máximo por vivir y proclamar esta dimensión divina de la vida y, como dice san Pablo, de toda la creación. Los relatos evangélicos la narran con esa convicción de testigos vivientes. San Juan compone su relato en modo semejante a los demás relatos evangélicos, presentándonos también a Juan y a Pedro como testigos del hallazgo de los signos del resucitado que más adelante serán una experiencia de convivir con su propia persona glorificada. Igual que los discípulos, tampoco nosotros debemos buscar convencer a nadie de la Resurrección por medio de argumentos "razonables", sino por el testimonio de nuestra fe y de nuestra vida.

En el relato se menciona específicamente a las mujeres y los discípulos Juan y Pedro como testigos, marcándonos así la tradición viva de la Iglesia de creer en Jesús mediante el testimonio de los hermanos y hermanas. Este detalle no es superficial, toca un nervio central del sentido relacional de la fe de la Iglesia en el que Juan hará en otra ocasión una mención directa y clara poniendo el amor entre los hermanos como signo de verdadero amor a Dios.

II DOMINGO DE PASCUA (DOMINGO DE LA DIVINA MISERICORDIA)

Con entusiasmo y fe, relata la imagen y experiencia de la primera comunidad cristiana.

Describe con sencillez creíble la solidaridad de los cristianos invitando a todos los presentes a participar de esta profunda visión.

I LECTURA   Hechos 4,32–35

Lectura del libro de los Hechos de los Apóstoles

La **multitud** de los que habían creído tenía un **solo** corazón
    y una **sola** alma; todo lo poseían **en común**
    y **nadie** consideraba suyo nada de lo que tenía.

Con **grandes** muestras de poder,
    los apóstoles daban **testimonio** de la resurrección
        del Señor Jesús
    y **todos** gozaban de **gran** estimación entre el pueblo.
Ninguno pasaba necesidad,
    pues los que **poseían** terrenos o casas, los vendían,
    llevaban el dinero y lo ponían **a disposición** de los apóstoles,
    y luego se **distribuía** según lo que necesitaba **cada uno.**

Enfatiza cada idea que menciona el texto, son criterios para vivir la fe en Jesús con esperanza, sin pesadez.

II LECTURA   1 Juan 5,1–6

Lectura de la primera carta del apóstol san Juan

Queridos hermanos:
Todo el que **cree** que Jesús es el Mesías, **ha nacido** de Dios.
Todo el que **ama** a un padre, ama también a **los hijos** de éste.
Conocemos que amamos a los hijos de Dios,
    en que **amamos** a Dios y **cumplimos** sus mandamientos,
    pues el amor de Dios consiste en que **cumplamos**
        sus **preceptos.**

I LECTURA **Cada vez que leemos o escuchamos este relato** sobre los primeros cristianos, no podemos menos de sentir o cierta nostalgia o una gran esperanza de un futuro hecho realidad como se nos presenta aquí. Y es verdad en cierto sentido, la comunión de la fe dentro de la comunidad cristiana de Jerusalén se traducía en un claro esfuerzo por vivirla en programas claros de acción. Era una comunidad eclesial ejemplar que daba vida y esperanza entre ellos mismos y con los demás. Ejemplar no quiere decir perfecta. Este relato nos muestra también el sueño al que siempre debe aspirar llegar la comunidad cristiana. Cuando se tiene a Jesús como el centro de la vida en común, la solidaridad se lleva a la práctica y la caridad se vuelve más eficaz. Esta porción de la Iglesia en Jerusalén concibió esta esperanza de abolir por completo la pobreza como testimonio de la fe en base a que ya estaban viviéndolo. Semejante a la clara certeza de llegar a la meta cuando ya vas en el camino. Nuestro texto hace eco al mismo ministerio de Jesús que anuncio el reino de Dios con hechos en los que se comprobaba la cercanía real del futuro por venir en plenitud, pero que ya está aconteciendo en realidad.

II LECTURA **En la vida ordinaria y común sabemos que des-**preciar a un hijo es poner en riesgo la amistad con los padres. Esta sencilla y clara verdad es aducida por la carta de Juan para dejarnos ver la nueva familia que somos por la filiación divina: hijos en el Hijo de Dios. La fe nos hace nacer de nuevo, pero no en forma individualista sino comunitaria. El "mundo" que ha sido vencido y derrotado por Jesús, es el mundo del pecado, todo

Como un hermano(a) que invita a vivir el amor de Dios, hazlo de todo corazón.

Y sus mandamientos **no son** pesados,
porque **todo** el que ha nacido de Dios **vence** al mundo.
Y nuestra fe es la que nos **ha dado** la victoria sobre el mundo.
Porque, ¿**quién es** el que vence al mundo?
Sólo el **que cree** que Jesús es el **Hijo** de Dios.

Recalca el testimonio del Espíritu que nos manifiesta a Jesucristo en los signos del vino, el agua y la sangre.

Jesucristo es el que se **manifestó**
por medio del **agua** y de **la sangre;**
él vino, **no sólo** con agua, sino con agua y con sangre.
Y el Espíritu es el que **da testimonio,**
porque el Espíritu es **la verdad.**

EVANGELIO Juan 20,19–31

Lectura del santo Evangelio según san Juan

Este texto contiene tres escenas que es necesario distinguir con claridad: Jesús y los discípulos, los discípulos y Tomás y, finalmente, Jesús y los Once.

Al **anochecer** del día de la resurrección,
estando **cerradas** las puertas de la casa
donde se hallaban los discípulos, por **miedo** a los judíos,
se presentó Jesús **en medio** de ellos y les dijo:
"**La paz** esté con ustedes".
Dicho esto, les **mostró** las manos y el costado.
Cuando los discípulos **vieron** al Señor, se **llenaron** de alegría.

Resalta las dos acciones más importantes relacionadas a la misión: el envío de los discípulos y el envío del Espíritu Santo.

De **nuevo** les dijo Jesús: "La paz **esté** con ustedes.
Como el Padre me ha **enviado,** así **también** los envío yo".
Después de decir esto, **sopló** sobre ellos y les dijo:
"**Reciban** al Espíritu Santo.
A los que les **perdonen** los pecados, les quedarán **perdonados;**
y a los que **no** se los perdonen, les quedarán **sin** perdonar".

aquello que se opone a su gracia. De tal manera que tal pecado ya no debe vencernos, pues la redención de Cristo nos capacita para vencerlo. Él lo venció y lo seguirá venciendo a través de nosotros. ¿Cómo se nota ese triunfo? En el amor y la fraternidad humana. Ese es el mandamiento central. Me gustaría proponer una distinción con implicaciones pastorales: la obra de Jesús no es patrimonio único de los católicos, ni siquiera de los cristianos. Su proyecto de salvación es para toda la humanidad y la vida en todas sus expresiones. Por lo tanto, vivir el mandamiento del amor al interior

de la Iglesia no es la máxima, sino la primera prueba de obediencia a su mandato. Nuestra misión es con toda la humanidad. La humanidad "no católica" no debe ser identificada con "el mundo" del pecado. Necesitamos recuperar con fuerza y claridad el sentido de nuestra misión eclesial dentro de la misión de Jesús.

EVANGELIO Uno de los más claros efectos del miedo en una comunidad es el miedo y la cerrazón en su propio grupo o círculo. Es una aparente y temporal seguridad en la que la comunidad

de Juan se encontraba. Pero Jesús se hace presente como lo había prometido y les ofrece los signos de tal presencia—ante todo, la paz y la consecuencia inmediata en la que se hace patente que esa paz es verdadera. Dicha consecuencia es la misión. Jesús ofrece todo el paquete junto. Es el poder del espíritu por el cual se ha de ejercer la misión a través del perdón de los pecados acompañado de un continuo discernimiento para superar la ingenuidad ante el pecado. La actitud de Tomás ha sido interpretada siempre como la del incrédulo y es verdad. Pero ayudaría tener en cuenta

La figura de Tomás está presente en la conciencia popular cristiana; dale importancia a su duda y desconfianza.

Tomás, uno de los Doce, a quien llamaban **el Gemelo,**
    no estaba con ellos cuando vino Jesús,
    y los otros discípulos le decían: "Hemos **visto** al Señor".
Pero él les contestó:
    "Si **no veo** en sus manos la **señal** de los clavos
    y si no meto mi dedo en los agujeros de los clavos
    y no meto mi mano en su costado, **no creeré**".

Haz una breve pausa antes de entrar a la parte del relato que destaca un tiempo intermedio: "Ocho días después".

Ocho días después,
    estaban reunidos los discípulos **a puerta cerrada**
    y Tomás estaba **con ellos.**
Jesús se presentó de nuevo en medio de ellos y les dijo:
    "La paz esté **con ustedes**".
Luego le dijo **a Tomás**: "**Aquí** están mis manos;
    acerca tu dedo. Trae **acá** tu mano, **métela** en mi costado
    y no **sigas** dudando, sino **cree**".
Tomás le respondió: "¡Señor mío y **Dios mío**!"
Jesús añadió: "Tú crees porque me **has visto**;
    dichosos los que creen **sin haber** visto".

Cierra solemnemente las conclusiones del Evangelio que inicia con "otras muchas señales milagrosas . . .".

Otras **muchas** señales milagrosas hizo Jesús
    en presencia de sus discípulos,
    pero **no están** escritas en este libro.
Se escribieron **éstas** para que ustedes **crean**
    que Jesús es el Mesías,
    el **Hijo de Dios,** y para que, creyendo,
    tengan vida en su nombre.

---

un elemento y dos implicaciones. El elemento trata de que para el pueblo judío la certeza de la presencia de Dios siempre tiene como base la experiencia (éxodo, maná, codornices, justicia, tierra). Las implicaciones son dos: una nos lleva a ver en Tomás su incapacidad de creer no solo en Jesús sino en el testimonio de sus hermanos y hermanas. La otra consecuencia es más bien pastoral. El pueblo nos muestra en la religiosidad popular el valor de tocar, de sentir, de ver, en una palabra de vivir la experiencia y todo esto pone a prueba la tendencia en ciertos círculos o estilos de evangelizar en donde se pide a la gente una fe casi ciega en modelos pastorales muy poco efectivos. Valgan esta ideas para, manteniendo el mensaje del texto sobre Tomás, nos ubiquemos en lo central. Jesús, Hijos de Dios, resucitado se aparece, se deja ver, tocar y es cercano a quienes ama y envía a vivir con el mundo esta nueva visión de la vida en Cristo. Es muy interesante que a todos comparte su Espíritu y la misión de perdonar. Todos somos llamados a vivir y compartir la misión como comunidad de perdonados.

III DOMINGO DE PASCUA

I LECTURA   Hechos 3,13–15.17–19

Lectura del libro de los Hechos de los Apóstoles

En aquellos días, **Pedro** tomó la palabra y dijo:
    "El Dios de Abraham, de Isaac y de Jacob,
    el Dios **de nuestros padres,**
    ha **glorificado** a su siervo Jesús,
    a quien ustedes **entregaron** a Pilato,
    y a quien **rechazaron** en su presencia,
    cuando él ya había decidido ponerlo **en libertad.**
Rechazaron al santo, al justo, y pidieron el indulto **de un asesino;**
    han dado muerte al autor **de la vida,**
    pero Dios lo **resucitó** de entre los muertos
    y de ello nosotros somos **testigos.**

Ahora bien, **hermanos,**
    yo sé que ustedes han obrado por **ignorancia,**
    de la **misma** manera que sus jefes;
    pero Dios **cumplió** así lo que había predicho por **boca**
        de los profetas:
    que su Mesías **tenía** que padecer.
Por lo tanto, **arrepiéntanse** y conviértanse
    para que se les **perdonen** sus pecados".

Pedro está planteando asuntos muy serios sobre la persona de Jesús. Dale un tono de solemnidad acusadora y exhortativa.

Transmite a la asamblea litúrgica un sentimiento de responsabilidad y conciencia sobre la pasión de Jesús. Debe tocar el corazón e invitar a la conversión.

La acusación de Pedro no se queda ahí; es también una invitación a aceptar al Señor como Mesías. Contempla brevemente a la asamblea cuando inicies con la frase "Ahora bien, hermanos . . .".

I LECTURA   Después de la escena y sanación del paralítico a la puerta del templo, Pedro pronuncia este discurso a su paisanos judíos. Tomemos en cuenta que para ellos, además de paisano es un simple pescador que andaba con Jesús de quien se supone ya no se hablaría más en la región. El tono de Pedro es como el de un hombre nuevo. Sin miedo y sin odio, presenta a Jesús y el significado de su persona en el plan de Dios para todo el pueblo. Con claridad directa recuerda los hechos y los responsables, así como las consecuencias más graves: "Han dado

muerte al autor de la vida". Esta afirmación podría ser definida como el centro del discurso. Aquí se concluye la primera parte y se da pie al mensaje de la Resurrección.

No es un discurso doctrinal, sino más bien una declaración del significado profundo del misterio de Jesús en el que todos son invitados, incluso aquellos que lo ignoraron, rechazaron o pidieron su ejecución. No hay nada en la vida Jesús que sustente una actitud agresiva o represiva contra quienes rechazan a Jesús o al Evangelio, Pedro lo entendió muy bien después de la

Resurrección. Cuando olvidamos esto incurrimos en comportamientos muy distantes de un verdadero sentido cristiano. La Resurrección de Cristo nos muestra una vez más que la misión de la Iglesia es anunciar la salvación que ofrece el evangelio con claridad y caridad.

II LECTURA   Los cristianos de los primeros siglos se encontraron con serios desafíos de mentalidades nuevas y diferentes. Una de ellas hacía depender todo el conocimiento (*gnosis*).

Inicia la lectura con un sabor de compasión y ternura fraternal.

Lectura de la primera carta del apóstol san Juan

Hijitos míos:
Les escribo esto para que **no** pequen.
Pero, si alguien **peca,**
    tenemos como **intercesor** ante el Padre, a Jesucristo, **el justo.**
Porque él se **ofreció** como víctima
        de expiación por **nuestros** pecados,
    y **no sólo** por los nuestros, sino por los del mundo **entero.**

En esto tenemos una prueba de que **conocemos** a Dios:
    en que **cumplimos** sus mandamientos.
Quien dice: "**Yo** lo conozco", pero **no cumple** sus mandamientos,
    es un **mentiroso** y la verdad no está **en él.**
Pero en aquel que **cumple** su palabra,
    el amor de Dios ha llegado a **su plenitud,**
        y precisamente **en esto** conocemos que estamos unidos **a él.**

Se necesita claridad y fuerza para proclamar estos criterios del verdadero conocimiento de Dios.

Lectura del santo Evangelio según san Lucas

Cuando los dos discípulos **regresaron** de Emaús
    y llegaron al sitio donde estaban **reunidos** los apóstoles,
    les contaron lo que les había pasado por el **camino**
    y cómo habían **reconocido** a Jesús al **partir** el pan.

Mientras hablaban de **esas cosas,**
    se **presentó** Jesús en medio de ellos y les dijo:
    "**La paz** esté con ustedes".
Ellos, **desconcertados** y llenos de temor, creían ver **un fantasma.**

La forma como narra Lucas estos hechos te da la oportunidad de ponerte en la posición y actitud de un testigo presencial de lo sucedido.

Este gnosticismo tenía muchas ramificaciones y formas de expresión. De hecho había gnósticos cristianos. Esta situación agudizaba juicios severos en cuanto al conocimiento de Dios y el cumplimiento de sus mandatos. El texto nos revela una verdad que recoge la sabiduría de los profetas y del mismo Jesús: la vivencia del amor. El que ama conoce a Dios. No basta refugiarse en el conocimiento intelectual ni en el sentimentalismo de pecado y desgracia. Tampoco consiste en defender posiciones atacando otras; al final de todo argumento,

revelación especial y de toda culpa cometida lo que vale es que vivamos en el amor de Dios. El anuncio del evangelio no es una doctrina que hay que aprender o memorizar, sino una persona (Jesús) que hay que aceptar como luz en nuestra vida. El nuevo impulso que la Iglesia está dando a la formación de los laicos, tiene aquí un punto a considerar para no perder de vida lo más importante. Tan cómodo es rechazar los programas de formación que desafían la seguridad de la costumbre, como también criticar la falta de participación del pueblo

en cursos de adoctrinamiento. En ambos casos hay que ir mas adentro al desafío de la formación cimentada en el amor integral.

EVANGELIO **Jesús resucitado se aparece para confirmar su vida y su promesa y, de ese modo, la fe de sus discípulos. Animar y confirmar en la experiencia para enviar a la misión, esta es la motivación. No se trata de convencer, o forzarles a creer en algo extraño o de alguien a quien no conocen. Es una revelación nueva de un proceso vivido. De hecho,**

Relata este encuentro entre Jesús y sus discípulos imprimiendo un sentido de sorpresa agradable. Jesús no está para asustar, sino para animar, dar vida y confianza.

Pero él les dijo: "**No teman;** soy **yo.**
¿**Por qué** se espantan? ¿Por qué surgen dudas en su **interior**?
Miren mis manos y mis pies. Soy yo **en persona.**
Tóquenme y convénzanse:
    un fantasma **no tiene** ni carne ni huesos,
    como ven que **tengo** yo".
Y les **mostró** las manos y los pies.
Pero como ellos no acababan de creer de **pura** alegría
    y seguían **atónitos**, les dijo: "¿Tienen aquí algo **de comer**?"
Le ofrecieron un trozo de pescado asado;
    él **lo tomó** y se puso a comer **delante** de ellos.

Después les dijo:
    "Lo que **ha sucedido**
    es **aquello** de que les hablaba yo,
    cuando **aún** estaba con ustedes:
    que **tenía** que cumplirse **todo** lo que estaba escrito **de mí**
    en la ley de Moisés, en los profetas y en los salmos".

Entonces **les abrió** el entendimiento
    para que **comprendieran** las Escrituras y les dijo:
    "Está **escrito** que el Mesías **tenía** que padecer
    y había de **resucitar** de entre los muertos al **tercer** día,
    y que **en su nombre** se había de predicar a **todas** las naciones,
    comenzando por Jerusalén,
    la necesidad de **volverse** a Dios y el **perdón** de los pecados.
Ustedes son **testigos** de esto".

Como el buen Maestro resucitado, recita pausadamente las palabras finales que abren el entendimiento.

los mismos relatos de la Resurrección y todo el Nuevo Testamento tienen ese sentido. Son una relectura de su vida a la luz de la Pascua. Antes de esta escena narrada por Lucas, ya había caminado con los discípulos de Emaús revelándose en medios de sus preocupaciones. Ahora están todos reunidos y continúan con el amargo sabor de la duda combinada con miedo y decepción. Una vez más brota el hecho de que los mismos discípulos no se creen entre ellos mismos. El testimonio de Emaús de unos cuantos no fue suficiente para todos. Jesús

les reprocha su espanto y temor. A diferencia del relato evangélico de san Juan, aquí no aparece Tomás y su duda, es el mismo Jesús quien se acerca y les pide que lo comprueben por sí mismos tocando su persona. Su presencia es gracia y abre el entendimiento pero sobre todo reaviva la fe. Con ternura imaginemos el gozo y la alegría de los discípulos al quedar convencidos de que su maestro y amigo está vivo. El texto indica que es tanta la alegría que "no acababan de entender". ¿Qué podríamos aprender de este sencillo detalle? La

esperanza del cristiano, con todo y los matices o extremos que imprime lo humano, debe ser dotada de un sano equilibrio para que sea consistente.

IV DOMINGO DE PASCUA

Pedro se defiende ante las interrogaciones por su acción. Imprime firmeza en sus palabras.

Las palabras de Pedro son una combinación de fe y reclamo al mismo tiempo. Dales contundencia en tu voz y tu actitud.

La conclusión de Pedro deben sonar como verdad universal ante la asamblea litúrgica. Dirige tu mirada a ellos cuando las proclames.

I LECTURA   Hechos 4,8–12

Lectura del libro de los Hechos de los Apóstoles

En aquellos días, Pedro, **lleno** del Espíritu Santo, dijo:
  "Jefes del pueblo y ancianos:
Puesto que **hoy** se nos interroga
  acerca del beneficio hecho a un hombre **enfermo,**
  para saber **cómo** fue curado,
  sépanlo ustedes y sépalo **todo** el pueblo de Israel:
  este hombre ha quedado **sano** en **el nombre** de Jesús de Nazaret,
  a quien ustedes **crucificaron**
  y a quien Dios **resucitó** de entre los muertos.
Este **mismo** Jesús
  *es la **piedra** que ustedes, los constructores, **han desechado***
  *y que **ahora** es la piedra angular.*
Ningún otro puede **salvarnos,**
  porque no hay **bajo** el cielo **otro** nombre dado a los **hombres**
    por el que nosotros **debamos salvarnos**".

I LECTURA Recordemos al hombre tullido puesto como objeto a junto al templo. La sanación de Pedro y Juan a este hombre les estaba causando diferentes fuerzas y tensiones. Por un lado, además del tullido, la gente estaba creciendo en entusiasmo (Hechos 4,4.21) y en su adhesión al cristianismo. Por otro lado (Hechos 4,1–3.5–7), las autoridades religiosas y demás gente influyente estaban inquietándose y preocupándose al grado de cuestionar y desacreditar. En medio de estas dos tendencias, Pedro no desaprovecha la oportunidad para anunciar el Evangelio en forma de exposición de la situación de interrogatorio, respondiendo a las acusaciones presentando la centralidad de Jesús, recordándoles sin temor lo que hicieron con él. La certeza final de ver a Jesús con el salvador del mundo es común tono exhortativo. Cualquier cosa que hagamos el servicio de las personas y de su propia vida deberá tener como referencia única a Jesús. Actualmente en nuestra pastoral, hacemos mucho. Nos movemos en medio de una actividad intensa casi al borde de la desesperación en ciertos casos, y también se ve un gran agradecimiento continuo de la gente por tanta entrega. Solo queda por ver el impacto que dicho dinamismo pastoral tiene en los centros de poder y las autoridades en turno.

Busca la calidez del amor en tus palabras para que las presentes sientan el amor de Dios.

Busca dejar claro el sentido de la esperanza a todo cristiano de que ya somos hijos de Dios y esperamos verlo tal cual es.

II LECTURA   1 Juan 3,1–2

Lectura de la primera carta del apóstol san Juan

Queridos hijos:
Miren **cuánto amor** nos ha tenido el Padre,
    pues **no sólo** nos llamamos **hijos** de Dios, sino que **lo somos**.
Si el mundo no **nos reconoce,**
    es porque **tampoco** lo ha reconocido **a él**.

Hermanos míos, **ahora** somos hijos de Dios,
    pero **aún** no se ha manifestado cómo seremos **al fin**.
Y ya sabemos que, cuando él **se manifieste,**
    vamos a ser **semejantes** a él,
    porque lo veremos **tal cual es**.

II LECTURA   **Un dato de la experiencia familiar nos enseña que nacemos hijos y continuamos creciendo en esa línea aun cuando nuestros padres no están ya con nosotros. Somos hijos toda la vida y cuando vivimos la dicha de la paternidad esta filiación familiar se colma de sentido. Juan nos habla de nuestra filiación divina, nuestro ser hijos de Dios en la acción salvadora de su Hijo, Jesucristo. Esta filia-**

ción divina se viven también como un proceso de toda la vida de la humanidad y de la persona misma. Somos obra de la creación en manos de Dios el Creador. Esta participación de la vida divina (en ese sentido, "imagen" de Dios) toma plenitud de sentido en la filiación que nos otorga Jesucristo. Sin embargo, no hemos alcanzado a vivir dicha plenitud y debemos mantener la esperanza viva de que eso sucederá

y al verlo tal cual es seremos semejantes a él, es decir, recobraremos el proyecto que desde siempre ha tenido Dios para nosotros, pero que fue quebrantado por el pecado. Dicha esperanza nos pone alertas ante el pecado, con los ojos puestos en Dios y lo que somos en él.

EVANGELIO   **El discurso del Buen Pastor tiene una doble finalidad: entender mejor la misión de Jesús**

Da solemnidad a la declaración de Jesús sobre sí mismo. Los presentes deberán sentir a Jesús en tus palabras.

Después de una breve pausa, describe en forma de acusación el comportamiento de los malos pastores.

Hay un ritmo, típico de Juan, en la viva relación entre Jesús y el Padre, Jesús y las ovejas, dar y quitar. Da la cadencia adecuada a tu voz ayudando a la asamblea a seguir el mensaje de Jesús en estas palabras a partir de "Yo soy el buen pastor . . .".

EVANGELIO   Juan 10,11–18

Lectura del santo Evangelio según san Juan

En aquel tiempo, Jesús dijo **a los fariseos:**
   "Yo **soy** el buen pastor.
El buen pastor **da la vida** por sus ovejas.
En cambio, el asalariado,
   el que **no es** el pastor **ni el dueño** de las ovejas,
   cuando ve venir al lobo, **abandona** las ovejas y **huye;**
   el lobo se **arroja** sobre ellas y las **dispersa,**
   porque a un asalariado no le importan las ovejas.

Yo soy el buen pastor, porque conozco a mis ovejas
   y ellas me conocen a mí,
   así como el Padre me conoce a mí y yo conozco al Padre.
Yo doy la vida por mis ovejas.
Tengo además **otras** ovejas que **no son** de este redil
   y es necesario que las traiga **también** a ellas;
   escucharán mi voz y habrá **un solo** rebaño y **un solo** pastor.

El Padre me ama porque **doy mi vida** para volverla a tomar.
Nadie me la quita; yo la doy porque **quiero.**
Tengo **poder** para darla
   y lo tengo también para **volverla** a tomar.
Éste es el mandato que **he recibido** de mi Padre".

y denunciar a los falsos pastores. El contexto es amplio y bien conocido pues se refiere a uno de los modos de vida más conocidos y significativos del pueblo judío. El pueblo nació de las tribus que, dispersas, buscaban siempre los mejores pastos para sus animales y los más adecuados lugares para vivir. La vida móvil y pastoril esta en el centro de la identidad del pueblo. De esta imagen se valió Dios para mostrarse como el verdadero pastor del pueblo en la historia. Todos los líderes en esta nación tenían la misión de acompañar para que se viviera esta experiencia. Profetas, reyes, y sacerdotes serán evaluados en el sentido de procurar la vida de las ovejas. Muchas veces no sucedió así, y en tiempos de Jesús esta fue una controversia central ante los falsos pastores que se aprovechaban del rebaño. Jesús se entiende así mismo como el Buen Pastor y enuncia una serie de distinciones ante los falsos pastores, aquellos asalariados que cuidan al rebaño basados en sus propios intereses, ni conocen ni aman a las ovejas, solo las usan como pretexto para mantenerse ellos con vida. Los asalariados en realidad se ofrecían con el oficio de pastores, pero en la práctica no les interesaba cuidar ovejas, sino sobrevivir, así que podían alimentarse a escondidas con alguna de ellas y cuando el peligro amenazara al rebaño, no podía esperarse otra cosa que la huida. Jesús mismo es mensaje viviente del Buen Pastor que cuida, ama y entrega su vida por todas y cada una de las ovejas. Las ama y las conoce, así como ellas a él. Están seguras y a salvo ahora con Jesús. Esta parábola confirmaba el conflicto que se venía dando en realidad entre Jesús y los falsos pastores.

V DOMINGO DE PASCUA

Lectura del libro de los Hechos de los Apóstoles

Toda la lectura es una oportunidad para
desarrollar tus talentos de narrador de
los hechos. Proclámala como un buen
conversador.

Cuando Pablo **regresó** a Jerusalén,
    trató de unirse a los discípulos,
    pero todos le tenían **miedo,**
    porque **no creían** que se hubiera convertido **en discípulo.**

El testimonio y apoyo de Bernabé a Pablo
en medio del gran cambio de su vida debe
quedar bien claro. Enmárcalo con dos
breves pausas antes y al final como quien
muestra un detalle de un cuadro.

Entonces, **Bernabé** lo presentó a **los apóstoles**
    y les refirió cómo Saulo **había visto** al Señor en el camino,
    cómo el Señor le había **hablado**
    y cómo él había **predicado,** en Damasco,
    con valentía, en el **nombre** de Jesús.
Desde entonces, vivió **con ellos** en Jerusalén,
    iba y venía, predicando **abiertamente** en el nombre del Señor,
    hablaba y **discutía** con los judíos de habla griega
    y éstos intentaban **matarlo.**
Al **enterarse** de esto, los hermanos condujeron a Pablo a Cesarea
    y lo despacharon **a Tarso.**

Con gozo y serenidad concluye el
testimonio de una Iglesia que se multiplica
y consolida por la fidelidad.

En aquellos días,
    las comunidades cristianas gozaban **de paz**
    en toda Judea, Galilea y Samaria,
    con lo cual se iban **consolidando,**
    progresaban en **la fidelidad** a Dios y se multiplicaban,
    animadas por el Espíritu Santo.

I LECTURA   Llama la atención el relato a través del cual se nos indica que las comunidades cristianas gozaban de paz y se iban consolidando. Dentro de ese crecimiento está la experiencia de Pablo que sufre la desconfianza por los demás discípulos que le conocían como acérrimo perseguidor de los cristianos. El recién convertido esta padeciendo el peso de su pasado entre quienes desconfían de el por un lado y, por otro, ante sus propios paisanos judíos de habla griega

con quienes se enfrenta abiertamente proclamando a Jesús como su Señor. Unos le querían matar y otros no le querían aceptar. Es un momento más de prueba en donde ha de mostrar con sinceridad su cambio radical de vida. Bernabé da testimonio de su conversión y le respalda ante sus hermanos. La composición de este texto por san Lucas nos hace ver el proceso por el que está pasando la Iglesia en crecimiento en un sentido externo y en la propia realidad interna de los discípulos al aceptar un nuevo compañero del que no podían tener

sino miedo por su pasado. Para fortalecer nuestra misión y nuestro ser eclesial, es necesario crear un mayor sentido de confianza entre nosotros, especialmente con aquellos con quien tenemos dudas infundadas, o basadas en razones simples como cuando no hacen pastoral al mismo estilo que nosotros. Acrecentemos nuestra confianza en primer lugar en el Señor que es el dueño de la misión y en el Espíritu Santo que suscita nuevas vocaciones para el bien de la Iglesia.

II LECTURA 1 Juan 3,18–24

Lectura de la primera carta del apóstol san Juan

Hijos **míos:**
No amemos solamente **de palabra;**
    amemos **de verdad** y con las obras.
En esto **conoceremos** que somos **de la verdad**
    y delante de Dios **tranquilizaremos** nuestra conciencia
    de cualquier cosa que ella nos **reprochare,**
    porque Dios es **más grande** que nuestra conciencia
    y **todo** lo conoce. Si nuestra conciencia no nos **remuerde,**
entonces, hermanos míos, nuestra confianza en Dios **es total.**

Puesto que **cumplimos** los mandamientos de Dios
    y **hacemos** lo que le agrada,
    ciertamente obtendremos de él **todo** lo que le pidamos.
Ahora bien, **éste es** su mandamiento:
    que creamos en la persona de Jesucristo, **su Hijo,**
    y nos **amemos** los unos a los otros,
    conforme al precepto que nos dio.

Quien cumple sus mandamientos
    permanece en Dios y Dios **en él.**
En **esto** conocemos,
    por el Espíritu que él **nos ha dado,**
    que él **permanece** en nosotros.

Como un padre o una madre que invita al amor dentro de la familia, llena de cariño insistente tus palabras al proclamar esta lectura.

Como quien sabe por experiencia propia, comparte con entusiasmo lo que significa vivir en el amor de Dios.

Sin prisa y sin duda alguna enuncia la importancia de vivir el mandamiento del amor, mientras diriges tu mirada a la asamblea litúrgica.

II LECTURA   Se recalca una vez más el corazón de la fe en Jesús: la vivencia del amor. La fe no debe quedarse en verdades habladas o memorizadas, es vivir en el amor y en la verdad de Dios. Aunque la carta no lo menciona explícitamente, debe entenderse la referencia indispensable a Jesús. El tema de la conciencia que aparece aquí puede identificarse con la sinceridad del corazón que ha de orientar todo lo que hacemos. La confianza en Dios debe estar en todo lo que hacemos sabiendo que él conoce a plenitud lo que somos. Es más grande que nuestros propios remordimientos y temores.

Juan nos ofrece luz para vivir orientados a la práctica del amor sin miedo a equivocarnos. El error más grande seria vivir presas del miedo y el temor a fallar, paralizados por una conciencia escrupulosa que tiene la imagen de un Dios castigador y perfeccionista. Que nuestra fe en Dios nos capacite y anime continuamente para disfrutar la experiencia del amor, la amistad y la verdad a manos llenas, en una actitud de oración y entrega generosa.

EVANGELIO   La vida del pueblo de Dios fue comparada continuamente en el Antiguo Testamento como una viña en la que Dios produce frutos. Dios cuida de ella y, en la medida que el pueblo se mantiene fiel, habrá de producir buenos frutos estando de la mano del Señor, su viñador. Pero en muchas ocasiones los frutos eran amargos. En la comparación que nos presenta san Juan, Jesús mismo es la vid verdadera que produce buenos frutos en el amor. Es una invitación a los discípulos a permanecer con él. Esta relación aparece como algo ocasional, sino

Medita sobre tu propia experiencia de cercanía con Jesús antes de proclamar este evangelio. Que tu espiritualidad respalde tu persona, tu presencia y tus palabras.

Las afirmaciones y distinciones que hace Jesús tiene el propósito de motivar a permanecer unidos en él. Transmite esta verdad con plena confianza.

Contempla brevemente a la asamblea al finalizar el Evangelio con la llamada a ser discípulos suyos hoy.

EVANGELIO   Juan 15,1–8

Lectura del santo Evangelio según san Juan

En aquel tiempo, Jesús dijo a sus discípulos:
    "Yo soy la **verdadera** vid y mi Padre es el **viñador.**
Al sarmiento que **no da fruto** en mí, él lo **arranca,**
    y al que da fruto lo **poda** para que **dé** más fruto.

Ustedes ya están **purificados** por las palabras que les **he dicho.**
Permanezcan **en mí** y yo en ustedes.
Como el sarmiento no puede dar fruto por **sí mismo,**
    si no permanece **en la vid,**
    así **tampoco** ustedes, si no permanecen **en mí.**
Yo soy la vid, ustedes los **sarmientos;**
    el que permanece **en mí** y yo **en él,** ése da fruto **abundante,**
    porque sin mí **nada** pueden hacer.
Al que **no** permanece en mí se le echa **fuera,**
    como al sarmiento, y **se seca;**
    luego lo recogen, lo **arrojan** al fuego y arde.

Si permanecen **en mí** y mis palabras permanecen **en ustedes,**
    pidan lo que quieran y se les **concederá.**
La **gloria** de mi Padre consiste en que den **mucho** fruto
    y se manifiesten **así** como discípulos **míos".**

como algo permanente e la vida del discípulo. Se combinan e intercambia dos verdades inseparables en este mensaje: el producir frutos y la pertenencia a Jesús.

¿Cómo podemos lograr esa permanente relación? Conociendo a Jesús y aceptándolo como el centro de nuestra existencia. En otras palabras, viviendo una autentica espiritualidad cristiana. En la historia y tradición de la Iglesia, se ha desarrollado dicha espiritualidad del discipulado en varios y distintos modelos (ignaciano, carmelita, franciscano, etcétera) que tienen como único centro a Jesús. Podríamos también traducirla como una espiritualidad vivida en el amor a Jesús. El Evangelio hace un par de afirmaciones que nos aclaran más todavía, y son la necesidad de "producir" tales frutos en forma continua y creciente, como signos de este discipulado de pertenencia. Esta misma experiencia que nos irá transformando (podando) nos hará crecer en el amor. La otra afirmación consiste en el destino de "estar fuera" de Jesús.

Mantengámonos en el amor de Dios en su doble expresión: siendo discípulos de Jesús y produciendo frutos en él y por él, en la vida de nuestras comunidades. Que nuestra espiritualidad como discípulos laicos no se quede en una ilusión de producir frutos fuera del amor de Cristo, y que nuestro amor en él tampoco se convierta en una vida cómoda e inútil. Hagamos de nuestra fe un camino en donde nos entregamos al amor de nuestro Señor y con nuestros hermanos y hermanas.

VI DOMINGO DE PASCUA

Narra cuidadosamente este evento. Representa la aceptación de gente extranjera y extraña al Bautismo y a la Iglesia.

Levanta el tono de tu voz acompañando el gesto y las palabras de Pedro. Carga de importancia el hecho que hará patente la presencia del Espíritu Santo.

Procura hacer sentir la llegada inmediata del Espíritu, se trata de hacer sentir la relación entre un hecho y otro como parte de la misma experiencia.

Del énfasis que pongas a la conclusión de Pedro dependerá el impacto a los presentes sobre la igualdad humana en los bautizados.

I LECTURA   Hechos 10,25−26.34−35.44−48

Lectura del libro de los Hechos de los Apóstoles

En aquel tiempo,
    entró **Pedro** en la casa del oficial **Cornelio,**
    y éste le salió al **encuentro**
    y se **postró** ante él en señal de adoración.
Pedro lo **levantó** y le dijo:
    "Ponte **de pie,** pues soy un hombre **como tú".**
Luego **añadió:** "Ahora caigo en la cuenta
    de que Dios **no hace** distinción de personas,
    sino que **acepta** al que lo teme y practica la justicia,
    sea de la nación que fuere".

Todavía estaba hablando Pedro, cuando el Espíritu Santo
    descendió sobre todos los que estaban escuchando el mensaje.
Al oírlos hablar en lenguas **desconocidas**
    y **proclamar** la grandeza de Dios,
    los creyentes judíos que habían venido con Pedro,
    se **sorprendieron** de que el don del Espíritu Santo
    se hubiera **derramado** también sobre **los paganos.**

Entonces Pedro sacó esta **conclusión:**
    "¿Quién puede **negar** el agua del bautismo
    a los que han **recibido** el Espíritu Santo
        lo mismo que nosotros?"
Y los mandó **bautizar** en el nombre de Jesucristo.
Luego le **rogaron** que se quedara con ellos algunos días.

I LECTURA   La escena de Pedro en la casa de Cornelio es de suma importancia para comprender el libro de los Hechos de los Apóstoles, donde se nos narra el inicio de la vida de la Iglesia desde la perspectiva de san Lucas el evangelista. Los encuentros con Jesús resucitado junto con los desafíos abrazar otras culturas y personas en la Iglesia naciente, creo un proceso de transformación muy interesante la comunidad de los discípulos.

Los mismos apóstoles van siendo transformados notablemente por la misión y las nuevas exigencias que se presentan a las cuales buscan responder sinceramente en el Espíritu de Jesús. Cornelio es un capitán romano, es una de las varias versiones de "paganos" a las que se refieren los cristianos. Cornelio será el primero en ser bautizado e incorporado a la fe de la Iglesia por un apóstol. El encuentro de Cornelio y de Pedro son prototipo de una realidad eclesial en la que siempre debemos estar atentos: las relaciones de respeto mutuo pueden fácilmente confundirse y entrar a la esfera de la manipulación o de la subordinación entre los hermanos. San Pedro remedia la situación inmediatamente y cae en la cuenta de cómo deben ser las cosas en la Iglesia si actuamos con el sentir de Dios. En esta realidad, en este momento sucede lo que se conoce como un nuevo Pentecostés, o el Pentecostés de los judíos. Al final, Pedro sacó una conclusión. ¿Qué concluimos nosotros?

II LECTURA   1 Juan 4,7–10

Lectura de la primera carta del apóstol san Juan

Queridos hijos:
Amémonos los unos a los otros,
    porque el amor **viene** de Dios,
    y **todo** el que ama **ha nacido** de Dios y **conoce** a Dios.
El que no ama, **no conoce** a Dios, porque Dios **es amor.**
El amor que Dios nos tiene
    se **ha manifestado** en que envió al mundo a su Hijo **unigénito,**
    para que **vivamos** por él.

El amor consiste **en esto:**
    no en que nosotros **hayamos** amado a Dios,
    sino en que él nos amó **primero**
    y nos **envió** a su Hijo,
    como **víctima** de expiación por **nuestros** pecados.

EVANGELIO   Juan 15,9–17

Lectura del santo Evangelio según san Juan

En aquel tiempo, Jesús dijo a sus discípulos:
    "Como el Padre me ama, **así** los amo yo.
Permanezcan en mi amor.
Si **cumplen** mis mandamientos, permanecen en mi amor;
    lo mismo que **yo** cumplo los mandamientos de mi Padre
    y **permanezco** en su amor.
Les he dicho esto para que mi alegría esté **en ustedes**
    y su alegría sea **plena.**

Proclama con sinceridad amable este bello trozo bíblico sobre el amor como signo de fe verdadera.

Esfuérzate por vivir la experiencia de amor con tus hermanos y hermanas presentes mientras proclamas esta lectura.

Como quien proclama un poema de amor autentico en nombre de Jesús, procura llegar al corazón de la asamblea litúrgica.

II LECTURA La primera carta de san Juan es la carta del amor de Dios. Pero no es un amor espiritualista, es decir, sin sabor humano; tampoco se le presenta como materialista o reducido a la simple practica humana. Ambas versiones del amor son incompletas y parciales. Para Juan, el verdadero amor tiene como fuente a Dios que ni es solo espíritu, ni solo carne, sino que es la vida en toda su plenitud. Dios vivo y fuente de la vida, Dios amor, y fuente del amor. La separación entre material y espiritual a la que estamos acostumbrados (por influencia de los griegos) no tiene nada

que ver con la manera de ver la vida según la mentalidad hebrea (cultura en la que Jesús y los primeros cristianos nos transmiten el Evangelio). Notemos la cantidad de veces que aquí se menciona la palabra "amor" y los diferentes sentidos. Todos nos llevan a entender lo que implica vivir en Dios. Nuestra experiencia ordinaria como Iglesia en la casa, el trabajo, la parroquia y las preocupaciones más íntimas, son un lugar muy especial para vivir el don del amor. Dios nos ama, amémonos sinceramente para conocer más a Dios en nuestras relaciones humanas.

EVANGELIO En la lectura de este domingo, la Segunda Lectura y el Evangelio tienen el mismo tema: vivir en el amor de Dios manifestado en Jesucristo. La primera nos da un ejemplo concreto y de largo alcance. No se puede vivir fuera de Dios, ni fuera de los demás. Aunque la ignorancia, o la arrogancia, humana nos empuje muchas veces a intentar este absurdo, no es posible. Y como no es posible, entonces se cae en las falsificaciones de separación entre Dios y los demás, o de exclusión: los que optan por Dios despreciando lo humano, o los que

Dale un sabor de amistad y entusiasmo el descubrimiento del verdadero amor que dan sentido a toda vida y para siempre.

Busca despertar en los oyentes el don de ser elegidos por el Señor para vivir en este nuevo y profundo estilo de vida.

Éste es mi mandamiento:

que se amen los **unos a los otros** como yo los he amado.

Nadie tiene amor más grande a sus amigos

que el que **da la vida** por ellos.

Ustedes son mis amigos, si hacen **lo que yo** les mando.

Ya no los llamo **siervos**,

porque el siervo **no sabe** lo que hace su amo;

a ustedes los llamo **amigos**,

porque les he dado **a conocer**

todo lo que le he oído a mi Padre.

No son ustedes los que me han **elegido**,

soy yo quien los ha **elegido**

y los ha **destinado** para que vayan y **den fruto**

y su fruto **permanezca**,

de modo que el Padre les conceda cuanto le pidan

en mi nombre.

Esto es lo que les mando: que se amen los unos **a los otros**".

optan por la humanidad negando a Dios. Esto se nota especialmente en los círculos más sofisticados por la academia o la tecnología, y también en los lugares más sencillos y de a pie. Jesús, como encarnación de Dios en la humanidad, rompe definitivamente con esa falsa disyuntiva. Ofrece el camino el camino de una vida completa y llena de sentido. Vivió integrando, acercando a Dios a las personas y a las personas a Dios. Dicho acercamiento se convertía siempre en una experiencia transformadora. El amor de Dios no puede ser ni vivido ni comprendido fuera de la vida de Jesús—él mismo que caminó por los pueblos y rancherías, sanando y anunciando el reino de Dios; él mismo que rompió las fronteras levantadas por la cultura, la religión y el poder. Es él mismo que murió asesinado en la cruz, mientras se entrega por completo a la causa del amor; es él mismo que ahora habla a los discípulos invitándoles a permanecer en él. Todo este discurso es sobre la vida del discípulo. El contenido de este Evangelio es una especie de declaración de la visión y la misión de todos los que quieren seguir a Jesús. Meditémoslo a la luz de la vida y el comportamiento de Jesús y a la luz de nuestra propia vida y comportamiento hoy. El mandamiento es el amor y Jesús ya nos ha elegido al amarnos como lo hace.

ASCENSIÓN DEL SEÑOR

Especialmente al inicio, y suavemente, durante todo este texto deberás hacerte acompañar por la certeza de un testigo de los hechos que ha puesto todo en orden para contarlo a detalle.

El tono de Jesús es mandatorio. Imprime un sentido de seguridad y claridad cuando proclames sus palabras a los discípulos.

I LECTURA   Hechos 1,1–11

Lectura del libro de los Hechos de los Apóstoles

En mi **primer** libro, querido Teófilo,
    escribí acerca **de todo** lo que Jesús hizo y **enseñó,**
    hasta el día en que **ascendió** al cielo,
    después de dar sus **instrucciones,** por medio del Espíritu Santo,
    a los apóstoles que había **elegido.**
A ellos se les **apareció** después de la pasión,
    les dio **numerosas** pruebas de que estaba **vivo**
    y durante **cuarenta** días se dejó ver **por ellos**
    y les habló del **Reino** de Dios.

Un día, estando con ellos a la mesa, les **mandó:**
    "No se alejen de Jerusalén.
Aguarden **aquí** a que se **cumpla** la promesa de mi Padre,
    de la que ya les he **hablado:**
    Juan bautizó **con agua;**
    dentro de pocos días ustedes serán bautizados
    con el **Espíritu Santo".**

Los ahí reunidos le **preguntaban:**
    "Señor, ¿**ahora** sí vas a restablecer la **soberanía** de Israel?"
Jesús les contestó:
    "A ustedes no les toca **conocer** el tiempo y la hora
    que el Padre ha **determinado** con su autoridad;
    pero cuando el Espíritu Santo **descienda** sobre ustedes,
    los **llenará** de fortaleza y serán mis **testigos** en Jerusalén,
    en toda Judea, en Samaria
    y hasta los **últimos** rincones de la **tierra".**

Si su parroquia celebra el Séptimo Domingo de Pascua hoy, las lecturas correspondientes aparecen en las páginas 165–167.

I LECTURA San Lucas escribió su obra en dos tomos. El primero es el Evangelio y el segundo los Hechos de los Apóstoles. La lectura que comentamos aquí es el inicio de este segundo tomo y nos habla en tres momentos interconectados: En el primero (vv. 1 y 2), introduce su obra dirigiéndose a un tal "Teófilo" de quien no

sabemos mas nada. Con seguridad, el mensaje esta en el significado de su nombre ("el que ama a Dios"). En el Evangelio, nos habla de Jesús, ahora la vida de la Iglesia en camino con el resucitado y con el Espíritu Santo como fuerza y guía. En un segundo momento (vv. 3–8), se alude a la experiencia de las apariciones e instrucciones de Jesús resucitado. Se menciona el dato de que esto sucedió durante "cuarenta" días simbolizando un período de tiempo valioso en donde acontece un cambio profundo en la historia. Dicho período de las apariciones se resume en la promesa del "Aquel que es

invocado" (Paráclito). El Espíritu Santo no viene para reforzar las miradas estrechas (v. 6), sino para romper fronteras y miedos abriendo un nuevo y amplio horizonte para la misión a todo el mundo; la mención "los extremos" implica la totalidad. La tarea de la Iglesia consiste en dejarse guiar por el Espíritu. En el tercer momento, Lucas nos remite a la ascensión del Señor. De ello ya nos dio testimonio al final de su Evangelio, y ahora lo vuelve a poner como un hecho que marca el inicio de la vida de la Iglesia debe permanecer en contemplación activa

Haz una breve pausa cuando vayas iniciando lo referente a la ascensión del Señor y, sin perder el ritmo de la lectura conecta prontamente con los "hombres vestidos de blanco".

Dicho esto, se fue **elevando** a la vista de ellos,
    hasta que una nube lo **ocultó** a sus ojos.
Mientras miraban **fijamente** al cielo, viéndolo **alejarse,**
    se les presentaron **dos hombres** vestidos de blanco,
      que les dijeron:
    "**Galileos,** ¿qué hacen allí **parados,** mirando al cielo?
Ese **mismo** Jesús que los ha dejado para **subir** al cielo,
    volverá como lo han visto alejarse".

II LECTURA   Efesios 4,1–13

Lectura de la carta del apóstol san Pablo a los efesios

Con tono exhortativo, inicia la proclamación del testimonio de Pablo que nos invita a tomar en serio la vida cristiana en las relaciones concretas.

Hermanos:
Yo, Pablo, **prisionero** por la causa del Señor,
    los **exhorto** a que lleven una vida digna
    del **llamamiento** que han recibido.
Sean siempre **humildes** y amables;
    sean **comprensivos** y **sopórtense** mutuamente con amor;
    esfuércense en mantenerse **unidos** en el espíritu
    con el **vínculo** de la paz.

Porque no hay más que **un solo** cuerpo y un solo **Espíritu,**
    como es también sólo una la **esperanza**
    del **llamamiento** que ustedes han **recibido.**
Un solo Señor, una sola fe, un solo **bautismo,**
    un **solo Dios** y **Padre** de todos, que **reina** sobre todos,
    actúa a través de **todos** y vive en todos.

Que tu voz ponga importancia en la unidad de la fe como un don posible de vivir en medio de la comunidad parroquial.

Cada uno de **nosotros** ha **recibido** la gracia
    en la medida en que **Cristo** se la ha **dado.**

esperando su segunda venida en plenitud mientras se camina en la misión.

II LECTURA Esta bella exhortación de san Pablo a la comunidad cristiana de Éfeso nos presenta todas las consecuencias prácticas para la Iglesia que vive poniendo toda su esperanza en Jesús. La unidad de la Iglesia tiene como fundamento el ser mismo de Dios en las tres personas divinas: Padre, Hijo y Espíritu Santo. La unidad de Dios en la diversidad de personas divinas esta en el centro del

ser mismo de la Iglesia y de su vocación a vivir y construir la unidad de modo que sea visible y palpable. Dicha unidad es el contenido mismo del anuncio. Se describe con claridad incuestionable la dinámica que en la práctica debe estar muy clara. Es un solo el Bautismo, y son diferentes personas las bautizadas. Es una sola esperanza, pero son diferentes las experiencias y la búsqueda de dicha esperanza. Es uno el Espíritu Santo, pero son diferentes y variados los dones. Es una sola la fe, pero son diferentes las expresiones cómo se vive y se celebra.

San Pablo es el apóstol de la unidad en la diversidad a la que aspiramos vivir como Iglesia, especialmente hoy en los Estados Unidos. Su teología de la unidad del cuerpo de Cristo bien puede ayudarnos para profundizar esta lectura—misma que, por otro lado, no aparece como algo abstracto y difícil de entender y de vivir de verdad si hay una verdadera voluntad de erradicar las barreras que dividen a la Iglesia. Para Pablo, dicha unidad se verifica en el amor que se demuestra en la humildad, el apoyo mutuo, la amabilidad y la comprensión. Todo

Con estilo magisterial, relata la explicación que Pablo hace en relación a la Sagrada Escritura y Jesús.

Por eso dice la **Escritura**:
*Subiendo a las alturas, **llevó** consigo a los **cautivos**
    y dio **dones** a los **hombres.***

¿Y qué **quiere** decir "subió"?
Que primero bajó a lo **profundo** de la tierra.
Y el que **bajó** es el mismo que **subió** a lo más alto
    de los cielos, para **llenarlo** todo.

El fue quien **concedió** a unos ser **apóstoles**;
    a otros, ser **profetas**; a otros, ser **evangelizadores**;
    a otros, ser **pastores** y **maestros**.

Nuestro pueblo tiene muchas y diversas ideas de plenitud y perfección. Ayudara escuchar con claridad la conclusión de san Pablo en relación con la construcción del cuerpo de Cristo.

Y esto para **capacitar** a los fieles, a fin de que,
    desempeñando **debidamente** su tarea,
    construyan el cuerpo de Cristo,
    hasta que todos lleguemos a estar **unidos** en la **fe**
    y el **conocimiento** del Hijo de Dios,
    y **lleguemos a ser** hombres perfectos,
    que **alcancemos** en todas sus dimensiones
    la **plenitud** de Cristo.

Forma breve: Efesios 4,1–7.11–13

Lectura alternativa: Efesios 1,17–23

EVANGELIO   Marcos 16,15–20

Lectura del santo Evangelio según san Marcos

En aquel tiempo, se **apareció** Jesús a los Once y les dijo:
    "**Vayan** por todo el mundo
    y **prediquen** el Evangelio a **toda** creatura.

Este mandato misionero de Jesús merece un tono firme y decisivo. Es una tarea importantísima y vital.

esto, poniendo el máximo esfuerzo como signos de fe y de esperanza.

EVANGELIO   El Evangelio según san Marcos fue el prime Evangelio puesto por escrito. Su contenido sirvió de base para el Evangelio según san Lucas y san Mateo. Los relatos evangélicos, como las comunidades de fe, tienen diferentes experiencias del mismo Jesús. Volviendo a san Marcos. Se completó su

puesta por escrito unos 30 ó 40 después de la muerte de Jesús. Es un testimonio fuerte y directo de la vida de Jesús. Una vida atravesada por el conflicto que por todos lados ocasiona el poner el máximo empeño por vivir con Dios en el centro de la vida. El texto de san Marcos terminaba para estos años con el relato de la tumba vacía y el envío del ángel a las mujeres para que fueran a anunciar a los discípulos, diciéndoles que se fueran a Galilea, allá se encontraría con el Señor (Marcos 16,1–8).

Para la Iglesia de fines del siglo I y principios del II, este era un final sorprendente y duro. De las varias versiones con las que se completaba el Evangelio, fue esta (Marcos 16,9–20) la que fue aceptada como inspirada y llego a formar parte autorizada del Evangelio para la Iglesia. En la Iglesia de estos años, se vivían momentos muy fuertes de rechazo y confusión dentro de la propia Iglesia y en la tarea misionera. En el fondo, algunos dudaban de la Resurrección

El que **crea** y se bautice, se **salvará;**
    el que se **resista** a creer, será **condenado.**
Éstos son los milagros que **acompañarán** a los que hayan creído:
    arrojarán demonios **en mi nombre,**
    hablarán lenguas nuevas,
    cogerán serpientes **en sus manos,**
    y si beben un veneno mortal, **no** les hará daño;
    impondrán las manos a los enfermos
    y éstos quedarán **sanos**".

El Señor Jesús, después de hablarles,
    subió al cielo y está sentado a **la derecha** de Dios.
Ellos fueron y proclamaron el Evangelio por **todas partes,**
    y el Señor **actuaba** con ellos
    y **confirmaba** su predicación con los milagros que hacían.

Haz notar la diferencia entre aceptar y rechazar el Bautismo y la fe en Jesús.

Concluye la lectura con entusiasmo y ánimo que nos motive a ver la dignidad de la vocación de todos a ser discípulos misioneros.

de Cristo y de su poder salvador. Para muchos en la Iglesia, Jesús seguía siendo un muerto y eso tambalea todo lo que se haga o se diga en su nombre. El discipulado y la misión estaban amenazados por la duda y la inseguridad. Era una fe viva, pero que necesitaba el ardor y la confianza que da la presencia viva de Jesús. Él se aparece vivo, envía y acompaña y confirma a los discípulos y su misión por todo el mundo. Este es el tema del texto. Hemos expuesto al inicio un breve contexto más amplio para entenderlo mejor.

VII DOMINGO DE PASCUA

Con la actitud de hermano mayor, resalta la seguridad y liderazgo de san Pedro en completar la comunidad de seguidores de Jesús.

Es muy valioso que la asamblea escuche con claridad pausa los criterios de elección del nuevo discípulo: "se asocie a nosotros como".

I LECTURA   Hechos 1,15–17.20a.20c–26

Lectura del libro de los Hechos de los Apóstoles

En aquellos días,
   Pedro se puso de pie **en medio** de los hermanos y dijo:
   "Hermanos, **tenía** que cumplirse
   aquel pasaje de la Escritura en que el **Espíritu Santo**,
   por boca de David, hizo una **predicción** tocante a Judas,
   quien fue el que **guió** a los que apresaron a Jesús.
Él **era** de nuestro grupo
   y había sido llamado a desempeñar con nosotros
      este **ministerio**.
Ahora bien, en el libro de los Salmos **está escrito:**
   Que su morada quede ***desierta***
   y que no haya quien habite ***en ella;***
   que su cargo lo ocupe ***otro.***
Hace falta, por tanto,
   que uno se asocie a nosotros
   como **testigo** de la resurrección de Jesús,
   uno que sea de los que **nos acompañaron**
   mientras **convivió** con nosotros el Señor Jesús,
   desde que Juan bautizaba hasta el día de **la ascensión**".

Propusieron entonces **a dos:**
   a José Barsabá, por sobrenombre **"el Justo"**,
   y a Matías, y se pusieron a **orar** de este modo:

Si su parroquia celebra la Ascensión del Señor hoy, las lecturas correspondientes aparecen en las páginas 161–164.

I LECTURA   La primera tarea de los apóstoles en la misión de la Iglesia tiene una prioridad central para san Lucas: construir la comunidad. La comunidad eclesial tiene dos pilares, o ejes que le dan sentido y fuerza de movimiento y son los apóstoles y el Espíritu Santo. Por eso, los apóstoles en ese mismo Espíritu Santo se dan inmediatamente a la tarea de buscar completar el grupo de los Doce. Son conscientes de representar al nuevo pueblo de Dios que tiene como columna a los Doce Apóstoles. En este sentido, estamos ante un hecho que se conoce como la sustitución de Judas, pero es mucho mas. Cabe resaltar varios elementos de este acontecimiento eclesial: la clara conciencia de su misión como comunidad; se realiza en un clima de armonía y participación de los Once y el liderazgo de san Pedro que involucra el parecer de muchos más miembros de la comunidad (se habla de unos 120). Todo se realiza en un clima de sincera oración y total apertura al Espíritu de Dios. La Iglesia existe para evangelizar, decía el Papa Pablo VI, y dicha misión se realiza en comunión, nos recuerdan los obispos en su carta pastoral ("Encuentro y Misión") sobre el ministerio hispano. Construir la comunidad es la tarea primara de todo ministerio parroquial comunitario. Aquí tenemos un ejemplo que marca el camino del ejercicio de nuestro liderazgo para el bien de toda la Iglesia.

Proclama la oración con la solemnidad de quien repite y actualiza la fe de la primera comunidad de discípulos.

"Tú, **Señor,** que conoces los corazones de todos,
    muestra a cuál de estos dos
    has elegido para desempeñar este ministerio y apostolado,
    del que Judas **desertó** para irse a su propio lugar".

Echaron suertes y le tocó **a Matías**
    y lo asociaron a los **once** apóstoles.

II LECTURA   1 Juan 4,11–16

Lectura de la primera carta del apóstol san Juan

Juan ha sido testigo del amor de Jesús en la vida de la comunidad cristiana. Haz de tus palabras un testimonio cordial para todos.

Queridos **hijos:**
Si Dios nos ha amado **tanto,**
    también **nosotros** debemos amarnos los unos **a los otros.**
A Dios nadie lo ha visto **nunca;**
    pero si nos amamos los unos a los otros,
    Dios **permanece** en nosotros
    y su amor en nosotros **es perfecto.**

Recuerda que en Juan, "conocer" significa "vivir". Vive esta palabra desde el fondo de tu corazón mientras la proclamas frente a tus hermanos y hermanas.

En esto **conocemos** que permanecemos en él, y él en nosotros:
    en que nos **ha dado** su Espíritu.
Nosotros **hemos visto,** y de ello damos **testimonio,**
    que el Padre **envió** a su Hijo como **salvador** del mundo.
Quien **confiesa** que Jesús es Hijo de Dios,
    permanece en Dios y Dios **en él.**

Reflexiona en el amor que hay en tu vida y como este te lleva a una mayor intimidad con Jesús.

Nosotros hemos conocido el amor que Dios **nos tiene**
    y hemos **creído** en ese amor.
Dios **es amor,** y quien **permanece** en el amor
    permanece en Dios y **Dios en él.**

II LECTURA   En esta lectura tenemos la continuación del texto que hemos reflexionado en el Sexto Domingo de Pascua. Es la continuación del mismo tema y mensaje. San Juan en su carta pone el corazón de la vida cristiana sobre la mesa: Dios es amor y nosotros somos parte de ese amor. Solo debemos ser lo que somos. El amor a Dios no representa ningún problema para muchos, es en el amor a los hermanos donde se encuentra la dificultad. Para algunas personas en el mundo (solemos llamarles ateos) amar al ser humano no es ningún problema, con lo que tienen

dificultad es con reconocer y amar a Dios. San Juan pone en evidencia la sabiduría más hermosa y profunda que nos haya mostrado Jesucristo uniendo el amor a Dios y al hermano como dos dimensiones de un mismo modo de creer y vivir. San Juan en otra ocasión reprocha a los cristianos que se refugian en el amor a Dios ignorando a los hermanos. Él los llama mentirosos, Jesús les llamó hipócritas. En este texto, encontramos el mismo mensaje dicho con ternura y claridad contundente.

EVANGELIO   El tema del capítulo 17 de san Juan es conocido desde hace más de 300 años como "la oración sacerdotal". Con este nombre se expresa ya el contenido fundamental de su proclamación en boca de Jesús por mano de san Juan. Jesús eleva sus ojos al cielo y comunica al Padre la ofrenda de su vida: la unidad entre Dios y la humanidad con el único fin de que la salvación sea completada y la gloria de Dios sea patente y clara. Podría considerarse como un himno de alabanza a Dios y al destino de los seres humanos. Pero contiene, además, ciertos

EVANGELIO   Juan 17,11b–19

Lectura del santo Evangelio según san Juan

En aquel tiempo, Jesús **levantó** los ojos al cielo y dijo:
"Padre santo, cuida **en tu nombre** a los que me **has dado,**
para que **sean uno,** como nosotros.
Cuando **estaba** con ellos,
yo **cuidaba** en tu nombre a los que me diste;
yo **velaba** por ellos y **ninguno** de ellos se perdió,
excepto el que **tenía** que perderse,
para que se **cumpliera** la Escritura.

Pero **ahora** voy a ti, y mientras estoy **aún** en el mundo,
digo estas cosas para que mi gozo llegue a su plenitud **en ellos.**
Yo les he entregado **tu palabra** y el mundo los odia,
porque **no son** del mundo, como yo **tampoco** soy del mundo.
No te pido que los **saques** del mundo, sino que los **libres** del mal.
Ellos **no son** del mundo, como **tampoco** yo soy del mundo.

Santifícalos en la verdad. Tu palabra **es la verdad.**
Así como tú me enviaste **al mundo,**
así los envío yo también al mundo.
Yo me santifico **a mí mismo** por ellos,
para que **también** ellos sean santificados **en la verdad".**

Proclama la oración sacerdotal de Jesús con intimidad solemne.

Visualiza a los discípulos en torno a su maestro recibiendo esta bella invitación a vivir la unidad en la misión.

Haz notar la fuerte relación entre la misión (envío) de Jesús por el Padre y el envío (misión) de los discípulos por parte de Jesús.

---

detalles que debemos tomar muy en cuenta. Son dos: el primero tiene que ver con los discípulos para quien Jesús pide la plenitud de gozar la cercanía con Dios en su misión que no se presenta fácil. El segundo tiene que ver con "el mundo". Concepto que en san Juan tiene, por lo menos, dos significados bien claros: significa todo lo creado; la humanidad entera y todo lo que existe es obra buena y hermosa fruto de la mano de Dios. Dios ama profundamente a la humanidad y todo lo que existe, y la entrega de su Hijo es el mayor signo de ese amor. En este sentido, el mundo es también revela-

ción de Dios. El otro significado de "el mundo" tiene que ver con todo lo que se opone a Dios, a su amor y su proyecto salvífico. Todas las actitudes, sistemas y acciones que ignoran, rechazan y hasta luchan en contra de los valores del reino de Dios, de la persona misma de Jesús y del anuncio del Evangelio por parte de los discípulos que permanecen fieles al mandato de Jesucristo. Este es el sentido tiene en el texto que nos ocupa. Hemos padecido por mucho tiempo una confusión en la valoración del mundo y de la vida por no hacer un sano discernimiento de esta perspectiva

que nos presenta el Evangelio. Jesús no pide que vivamos evadiendo el mundo, lo cual equivale a no existir, sino que nos libremos de la maldad, para no perecer por completo, aun siguiendo vivos.

DOMINGO DE PENTECOSTÉS: Misa vespertina de la vigilia

I LECTURA   Génesis 11,1–9

Lectura del libro del Génesis

Presenta la lectura con el corazón de un abuelo o abuela que conoce los acontecimientos de nuestro origen.

En aquel tiempo,
toda la tierra tenía una **sola lengua** y unas **mismas** palabras.
Al emigrar los hombres desde el **oriente,**
encontraron una llanura en la región de **Sinaar**
y ahí se **establecieron.**

Los constructores de esta empresa imparable para alcanzar el cielo esta emocionados y seguro. Transmite tales sentimientos.

Entonces se dijeron unos a otros:
"**Vamos** a fabricar ladrillos y a **cocerlos**".
Utilizaron, pues, **ladrillos** en vez de piedra,
y **asfalto** en vez de mezcla.
Luego dijeron:
"**Construyamos** una ciudad y una torre
que llegue hasta el cielo para hacernos **famosos,**
antes de **dispersarnos** por la tierra".

Cuando llegues al momento en que Dios interviene, añade un tono de preocupación por la ceguera de esta humanidad.

El Señor **bajó** a ver la ciudad y la torre
que los hombres estaban **construyendo** y se dijo:
"Son un solo pueblo y hablan una **sola** lengua.
Si ya **empezaron** esta obra,
en adelante ningún proyecto les parecerá **imposible.**
Vayamos, pues, y **confundamos** su lengua,
para que no se **entiendan** unos con otros".

La fiesta cristiana de Pentecostés tiene, en modo semejante que la pascua, una clara relación con la fiesta del pueblo judío. Hay una sabiduría pastoral y teológica en dicha relación, pues tanto Jesús como los primeros cristianos viven el proyecto de Dios encarnados en la cultura y tradiciones de su propia realidad. Desde dentro hacen la propuesta del Evangelio abriendo un sentido más amplio y nuevo. Es la alternativa cristiana. Pentecostés era y es la fiesta judía de las siete semanas, que tiene su origen en la agricultura. En estas semanas se ofrecían los primeros frutos de la tierra, dando un gran valor a la cosecha como signo de bendición a Dios y de libertad/vida del pueblo. Es conocida con varios nombres como fiesta de las primicias, fiestas de las cosechas, etcétera. Dura 50 días (siete semanas más la celebración final). Lo cual también hace relación el año de gracia del Señor celebrado cada 50 años. Para los cristianos, la fiesta de Pentecostés es la fiesta del don del Espíritu Santo a la Iglesia—don del cual participamos todos en orden a la evangelización.

I LECTURA   GÉNESIS. Este relato es otra forma de revelarnos el pecado latente en la condición humana desde sus orígenes: la pretensión de ocupar el lugar que corresponde a Dios. También se puede entender como la tendencia a rechazar la propia humanidad, su dignidad y sus límites propios de la condición

Entonces el Señor los **dispersó** por toda la tierra
    y **dejaron** de construir la ciudad;
    por eso, la ciudad se llamó **Babel**,
    porque ahí **confundió** el Señor la lengua de todos los hombres
    y desde ahí los **dispersó** por la superficie de la **tierra**.

O bien:

I LECTURA   Éxodo 19,3–8.16–20

Lectura del libro del Éxodo

En aquellos días, **Moisés** subió al monte Sinaí
    para hablar con **Dios**.
El Señor lo **llamó** desde el monte y le **dijo**:
    "Esto **dirás** a la casa de Jacob,
    esto **anunciarás** a los hijos de Israel:

'Ustedes han visto **cómo** castigué a los egipcios
    y de qué manera los he **levantado** a **ustedes** sobre alas de águila
    y los he **traído** a mí.
Ahora bien, si **escuchan** mi voz y guardan mi **alianza**,
    serán mi especial **tesoro** entre todos los pueblos,
    aunque toda la tierra es **mía**.
Ustedes serán para mí un reino de **sacerdotes**
    y una **nación** consagrada'.
Éstas son las palabras que has de **decir** a los hijos de Israel".

Moisés **convocó** entonces a los **ancianos** del pueblo
    y les expuso todo lo que el Señor había **mandado**.
Todo el pueblo, a una, **respondió**:
    "Haremos cuanto ha dicho el **Señor**".

Revela lo mejor posible este importante diálogo entre Moisés (emoción) y Dios (solemnidad).

Cuando pronuncies la oferta de alianza, mira con insistencia a la asamblea. También es para nosotros hoy.

humana. Dicha pretensión, queda clara en el entusiasmo con el que se reúnen todos para trabajar en un proyecto cuyo único fin es hacerse famosos y lucir como unidos y poderosos para el bien de sí mismos. El castigo que reciben consiste justamente en lo contrario de su objetivo. Los reunidos para construir, son dispersados mediante su propio plan y trabajo. Este relato de dispersión tiene dos intensiones por dentro:

la crítica al dominio y la tiranía del imperio de Babilonia contra los pueblos de oriente y la preparación del relato de la vocación de Abraham y Sara cuando Dios decide crear a su pueblo.

    Nada que ver con una visión negativa de la diversidad cultural y de lenguaje que vivimos en la Iglesia y sociedad multicultural. Y nada que ver tampoco con la imposición de una cultura y su lenguaje sobre

las otras. Es Dios la garantía para la unidad humana y eclesial.

    ÉXODO. Dios es el Dios de Israel, Israel el pueblo de Dios. Dicha relación de unidad está marcada para siempre en un pacto con sangre, es una alianza para toda la vida. El escritor nos relata con detalle este gran acontecimiento. Tenían tres meses de haber

Distingue con breves pausas los tres momentos siguientes: la respuesta emocionante del pueblo, los signos poderosos de la presencia divina y el cierre solemne de tan gran manifestación de Dios a su pueblo.

Al **rayar** el alba del tercer día, hubo **truenos** y relámpagos;
    una densa nube **cubrió** el monte
    y se **escuchó** un fragoroso resonar de trompetas.
Esto hizo temblar al **pueblo,** que estaba en el campamento.
Moisés hizo **salir** al pueblo para ir al **encuentro** de Dios;
    pero la gente se **detuvo** al pie del monte.
Todo el monte Sinaí humeaba,
    porque el Señor había **descendido** sobre él en **medio** del fuego.
Salía humo como de un horno y todo el monte **temblaba**
    con violencia.
El sonido de las trompetas se hacía cada vez **más fuerte.**
Moisés **hablaba** y Dios le **respondía** con truenos.
El Señor **bajó** a la cumbre del monte
    y le dijo a Moisés que **subiera.**

O bien:

I LECTURA   Ezequiel 37,1–14

Lectura del libro del profeta Ezequiel

Haz de este relato un testimonio propio. Es decir, interioriza la lectura primero, y compártela como si tu fueses el profeta mismo. Tienes dignidad para serlo.

En aquellos días, la mano del **Señor** se posó sobre mí,
    y su **espíritu** me trasladó
    y me colocó en **medio** de un campo lleno de huesos.
Me hizo dar vuelta en torno a **ellos.**
Había una cantidad **innumerable** de huesos
    sobre la superficie del **campo**
    y estaban completamente **secos.**

Entonces el Señor me **preguntó:**
    "Hijo de hombre, ¿podrán a caso **revivir** estos huesos?"
Yo respondí: "**Señor,** tú lo **sabes**".

salido de Egipto y, pasando por Refindin, llegaron al desierto del Sinaí. Moisés recibe el mensaje en la Montaña de ese desierto, es una oferta de Dios al pueblo para que se mantenga fiel a los mandatos de quien le ha dado la vida y le ha liberado de la opresión de Egipto. Aun en medio de la experiencia de la liberación, el pueblo caminando por el desierto, cae continuamente en la

duda y la incredulidad, en la desorganización y en la infidelidad a sus propios compromisos y deseos. El Señor conoce a su pueblo y manda la realización de un compromiso claro y consiente. La promesa de fidelidad, se convertirá en un recuerdo presente en la memoria y dentro de ellos mismos habrá (profetas) quienes les recuerden dicha alianza. Su expresión más clara serán

las Diez palabras (decálogo) con los consecuentes premios y castigos como lo requieren este tipo de compromisos entre el pueblo y su Señor.

Él **me dijo:** "Habla en mi **nombre** a estos huesos y diles:
  'Huesos secos, **escuchen** la palabra del Señor.
Esto **dice** el Señor Dios a estos huesos:
  He aquí que yo les **infundiré** el espíritu y revivirán.
Les **pondré** nervios, haré que les **brote** la carne,
  la **cubriré** de piel, les **infundiré** el espíritu y revivirán.
Entonces **reconocerán** ustedes que yo soy el Señor'".

Yo pronuncié en el nombre del **Señor**
  las **palabras** que él me había **ordenado,**
  y mientras **hablaba,** se oyó un gran estrépito,
  se produjo un terremoto
  y los **huesos se juntaron** unos con otros.
Y vi como les iban **saliendo** nervios y carne
  y cómo se **cubrían** de piel; pero **no tenían espíritu.**
Entonces me dijo el Señor:
  "Hijo de hombre, **habla** en mi nombre al espíritu y **dile:**
  'Esto dice el Señor: **Ven, espíritu,** desde los cuatro vientos
  y **sopla sobre** estos muertos, para que vuelvan a la vida'".

Yo **hablé** en el nombre del Señor, como él me había **ordenado.**
Vino sobre ellos el **espíritu, revivieron** y se pusieron de pie.
Era una multitud **innumerable.**
El Señor me dijo:
  "Hijo de hombre:
  Estos huesos son toda **la casa de Israel,** que ha dicho:
  '**Nuestros** huesos están secos;
  pereció nuestra esperanza y estamos **destrozados'.**
Por eso, **habla** en mi nombre y diles:
  'Esto **dice el Señor:** Pueblo mío,
  yo mismo **abriré** sus sepulcros,
  los haré salir de ellos y los **conduciré** de nuevo
    a la **tierra** de Israel.

Al compartir tu experiencia de Dios, da importancia a lo que Dios dice y lo que Dios quiere, con certeza y emoción. Seguro de que no es tu mensaje sino de Dios.

Mientras hablas, tu corazón debe estar en sintonía con Dios y con el pueblo deseando lo mejor para ellos. Eres uno de ellos.

EZEQUIEL. El pueblo desterrado en Babilonia está a punto de perderlo todo. Ya ha perdido la vida de muchos, está desarraigado de su propia tierra y de su fe animada por el culto en el templo que le vio nacer. Viven como muertos. El trabajo no tiene sentido para ellos pues contribuyen al crecimiento de una nación que no es suya, de un imperio que les desprecia. Viven como muertos, en los cultos de dioses que no son su Dios y en la esperanza cada vez más lejana de volver a vivir, de volver a su tierra. Esta esperanza se está muriendo, la esperanza se está perdiendo. Con este intento de descripción de lo que podrían ser los sentimientos y la vida de los desterrados en Babilonia nos preparamos para escuchar el mensaje del profeta de Dios que está en medio de ellos: Ezequiel. Esta bellísima profecía nos habla, en forma de visión, de un diálogo con Dios: nos revela los huesos calcinados, desencarnados por un lado y al mismo tiempo el Espíritu divino que los va revistiendo de vida. Es una vida especial para estos huesos secos. Es una

Cuando **abra** sus sepulcros y los **saque** de ellos, pueblo mío,
ustedes **dirán** que yo soy el Señor.
Entonces les **infundiré** mi espíritu,
los **estableceré** en su tierra y **sabrán** que yo,
el Señor, lo **dije** y lo **cumplí** ".

O bien:

I LECTURA   Joel 3,1–5

Lectura del libro del profeta Joel

Esto dice el Señor Dios:
"**Derramaré** mi espíritu sobre todos;
profetizarán sus hijos y sus hijas,
sus ancianos **soñarán** sueños
y sus jóvenes verán **visiones.**
También sobre mis siervos y mis siervas
derramaré mi espíritu en aquellos días.

Haré **prodigios** en el cielo y en la tierra:
sangre, fuego, columnas de humo.
el sol se **oscurecerá,**
la luna se **pondrá** color de sangre,
antes de que llegue el día **grande** y terrible del Señor.

Cuando **invoquen** el nombre del Señor se salvarán,
porque en el monte Sión y en Jerusalén **quedará** un grupo,
como lo ha **prometido** el Señor
a los sobrevivientes que ha **elegido**".

La misma bendición tiene un impacto casi terrible en el universo. Ayuda a que la asamblea siente que los grandes cambios que implica la presencia de Dios.

El último párrafo deberá sonar con tono de advertencias y promesa al mismo tiempo.

vida de fortaleza y de decisión para no sucumbir ante la muerte. Dios está con su pueblo y está preparando el retorno a la vida. El retorno a la tierra de Israel.

JOEL. Moisés había vivido con un anhelo: "Ojalá todo el pueblo del Señor fuera profeta y recibiera el Espíritu del Señor" (Números 11,29). En boca del profeta Joel se cumplirán ese gran deseo. Es el anuncio del día del Señor que será inaugurado con la creación de un pueblo espiritual.

Un pueblo que vive todo completo profetizando, viendo con mayor claridad a Dios. El derramamiento del Espíritu divino es para todos sin distinción de edad, los jóvenes y los viejos son invitados; los esclavos y los libres tampoco serán excluidos. En esta intervención de Dios derramando su espíritu a todos los que le invocan y le aceptan está preparándose la inauguración de la

justicia como signo del tiempo de Dios. San Pedro y la Iglesia verán esta profecía cumpliéndose en el día de Pentecostés.

II LECTURA Romanos 8,22–27

Lectura de la carta del apóstol san Pablo a los romanos

Con voz certera y reflexiva, transmite la visión de san Pablo. Es una visión única y muy profunda.

Hermanos:
Sabemos que la **creación** entera gime
    hasta el presente y sufre **dolores** de parto;
    y no sólo ella, sino **también** nosotros,
    los que **poseemos** las primicias del Espíritu,
    gemimos **interiormente**, anhelando que se realice
    plenamente nuestra condición de **hijos de Dios,**
    la **redención** de nuestro cuerpo.

Imprime fuerza y confianza en la mención de la salvación como esperanza que ya está presente y que por eso la deseamos más plena.

Porque ya es nuestra la salvación,
    pero su **plenitud** es todavía un objeto de esperanza.
Esperar lo que ya se posee **no es** tener esperanza,
    porque ¿**cómo** se puede **esperar** lo que ya se posee?
En cambio, si esperamos algo que todavía **no poseemos,**
    tenemos que esperarlo con **paciencia.**

El **Espíritu** nos ayuda en nuestra debilidad,
    porque nosotros no sabemos **pedir** lo que nos **conviene;**
    pero el Espíritu mismo **intercede** por nosotros con gemidos
    que no pueden expresarse con **palabras.**
Y Dios, que conoce **profundamente** los corazones,
    sabe lo que el Espíritu quiere decir,
    porque el espíritu ruega **conforme** a la voluntad de **Dios,**
    por los que le **pertenecen.**

II LECTURA San Pablo es el primer cristiano que habla con fuerza y claridad de la esperanza cristiana en sentido total. Todo lo creado entra en el proyecto de salvación realizado por Cristo. La redención alcanza a toda la humanidad, a todo el ser de la persona y a toda la creación. La plenitud de esta redención en cuanto esperanza es algo que ya está realizado en la obra de Jesús y se está desarrollando como un proceso de parto. Es decir, siguiendo esta imagen, que ya estamos concebidos—redimidos—y mientras estamos en este mundo estamos viviendo un proceso de transformación que, como en el parto, llegará a su plenitud en el día del Señor. Nuestra existencia y la de la creación entera están vinculadas a la lucha contra el pecado, pero es una lucha transformadora en Dios de la que saldremos triunfantes. El pecado y la desgracia no son nuestro destino, ni tiene tampoco la última palabra en la historia personal y colectiva. Nuestra esperanza se purifica con el esfuerzo, nuestra vida se templa con la esperanza puesta a prueba en medio de las dificultades. Pero es Dios y su Espíritu quien guía la vida para dirigirnos a Dios.

Como quien cuenta su participación en la fiesta más importante de la nación, relata la presencia de Jesús y sus palabras.

Al pronunciar la invitación de Jesús, mira con insistencia a la asamblea, el mensaje debe acercarse hasta donde están. Como si tu voz diera vida al relato de san Juan.

EVANGELIO   Juan 7,37–39

Lectura del santo Evangelio según san Juan

El **último** día de la fiesta,
   que era el más **solemne,**
   exclamó Jesús en voz alta:
   "El que tenga sed, que venga a **mí; y beba,** aquel que cree en mí.
Como dice la Escritura:
   Del corazón del que cree en mí **brotarán** *ríos de agua viva".*

Al decir esto,
   se refería al **Espíritu Santo** que habían de recibir
   los que **creyeran** en él,
   pues aún **no había venido** el Espíritu,
   porque Jesús no había sido **glorificado.**

EVANGELIO   Era el último día de la fiesta conocida como fiesta de las chozas o de los tabernáculos. La tercera semana del "pentecostés" judío, es decir, en el culmen de la celebración de la historia de Israel, donde recordaban a sus antepasados que se alojaban en tiendas en su travesía por el desierto después de la liberación de Egipto y camino a la tierra prometida. Terminaban la celebración aca-rreando agua al templo como signo de la vida y de acción de gracias. Es en este momento de suma importancia para la conciencia israelita de su destino en Dios donde Jesús se autoproclama en voz alta como la fuente verdadera y ultima del agua viva que calma la sed de salvación. Todo aquel que de crédito a sus palabras recibirá un corazón generoso como prueba de la fe y de la presencia del Espíritu Santo. Con Jesús mismo inicia el tiempo mesiánico que será llevado a plenitud por el Padre en el Espíritu Santo.

DOMINGO DE PENTECOSTÉS: MISA DEL DÍA

Procura que los presentes capten la diferencia entre la presencia de los discípulos y la llega del Espíritu Santo. Marca con tono de intensidad el momento.

Ve describiendo con fuerte emoción esta descripción que san Lucas nos ofrece de este misterio inexplicable.

Distingue con claridad el origen de las diversas culturas ahí presentes y su admiración por los galileos.

Resume solemnemente con la última frase, en ella se encierra un verdad inmensa para la Iglesia.

I LECTURA — Hechos 2,1–11

Lectura del libro de los Hechos de los Apóstoles

El día de **Pentecostés**,
  todos los discípulos estaban reunidos en un **mismo** lugar.
De **repente** se oyó un **gran** ruido que venía del cielo,
  como cuando sopla un viento **fuerte,**
  que **resonó** por toda la casa donde se encontraban.
Entonces aparecieron lenguas **de fuego,**
  que se distribuyeron y **se posaron** sobre ellos;
  se llenaron **todos** del Espíritu Santo
  y empezaron a hablar en **otros** idiomas,
  según el Espíritu los **inducía** a expresarse.

En esos días había en Jerusalén judíos **devotos,**
  venidos de **todas partes** del mundo.
Al oír el ruido, acudieron **en masa** y quedaron **desconcertados,**
  porque cada uno los oía hablar en su propio idioma.

Atónitos y llenos de admiración, preguntaban:
  "¿No son galileos **todos estos** que están hablando?
¿**Cómo,** pues, los oímos hablar en nuestra lengua **nativa?**
Entre nosotros hay **medos,** partos y **elamitas;**
  otros vivimos en **Mesopotamia,** Judea, Capadocia,
  en el Ponto y **en Asia,** en Frigia y en Panfilia,
  en **Egipto** o en la zona de Libia que limita con Cirene.
Algunos somos **visitantes,** venidos de Roma, judíos y **prosélitos;**
  también hay cretenses y **árabes.**
Y sin embargo, **cada quien** los oye hablar
  de las maravillas de Dios en su **propia** lengua".

I LECTURA El acontecimiento de Pentecostés es al mismo tiempo una confirmación de la promesa de Jesús y una confirmación en la fe para la misión de la Iglesia. Jesús comunicó continuamente el Espíritu que animaba su vida. Antes de su muerte prometió el don de su presencia y es lo que Lucas nos relata en forma muy plástica, con las características de una manifestación divina que reconocemos especialmente en los signo de viento y fuego. El viento nos indica la vida y el fuego la presencia de Dios. Ambos signos combinados toma la fuerza de lo que podríamos llamar la "encarnación" del Espíritu en la vida de la Iglesia. Los apóstoles ya estaban reunidos y al recibir el Espíritu de Dios (lenguas de fuego) son capacitados y transformados para la misión en la que todos son destinatarios y en la que todos han de entender el mensaje de Jesús. Sucede lo contrario de Babel, aquella obra soberbia de quienes se unieron para verse a sí mismos ignorando a Dios trajo la dispersión como consecuencia. Ahora la Iglesia unida en la fuerza del Espíritu Santo vive la unidad en el entendimiento mutuo desde la diversidad de pueblos y de lenguajes. Los discípulos viven el milagro de poder hablar de Dios con tal claridad que cada quien los "oía hablar en la propia lengua". Que el mismo Espíritu de Pentecostés nos acompañe continuamente en el diálogo y la escucha atenta de entender para comprender.

II LECTURA Gálatas 5,16–25

Lectura de la carta del apóstol san Pablo a los gálatas

Inicia como san Pablo: exhortando con gran certeza; como un buen maestro a sus alumnos.

Hermanos:
Los **exhorto** a que vivan de acuerdo con las **exigencias**
    del Espíritu;
    así no se dejarán **arrastrar** por el desorden egoísta del hombre.
Este desorden está **en contra** del Espíritu de Dios,
    y el **Espíritu** está en contra de **ese** desorden.
 Y esta oposición es **tan radical,**
    que les impide a ustedes **hacer** lo que querrían hacer.
Pero si los **guía** el Espíritu, ya no están ustedes
    bajo **el dominio** de la ley.

Marca con fuerza la diferencia entre los términos que guían la enseñanza: carne y espíritu.

Son **manifiestas** las obras que proceden
    del desorden **egoísta** del hombre:
    la lujuria, **la impureza,** el libertinaje, **la idolatría,** la brujería,
    las enemistades, los pleitos, **las rivalidades,** la ira,
    las rencillas, **las divisiones,** las discordias, **las envidias,**
    las borracheras, las orgías **y otras cosas semejantes.**
Respecto a ellas **les advierto,** como ya lo hice **antes,**
    que quienes hacen estas cosas **no conseguirán** el Reino de Dios.

Los frutos de la carne deberán ser enunciados con tono de desdén y los del espíritu con gran gozo y júbilo.

En cambio, los **frutos** del Espíritu Santo son:
    el amor, la alegría, la paz, **la generosidad,**
    la benignidad, **la bondad,**
    la fidelidad, la mansedumbre y el dominio **de sí mismo.**
Ninguna ley existe que vaya **en contra** de estas cosas.

Y los que **son** de Jesucristo ya han **crucificado** su egoísmo,
    junto con sus pasiones y **malos deseos.**
Si **tenemos** la vida del Espíritu,
    actuemos conforme a ese **mismo** Espíritu.

Lectura alternativa: 1 Corintios 12,3–7.12–13

II LECTURA   Cuando hablamos del Espíritu Santo podríamos tener dos cosas en mente. La primera es que es la tercera persona de la Trinidad; no nace de Jesús. La segunda es que siempre procuramos hacer la relación como Espíritu "de" Cristo en el sentido de que es en la obra de Jesús en donde obtendremos más claridad de cómo vivir guiados por el mismo Espíritu. San Pablo explica con suma elocuencia y claridad lo que quiere decir vivir según el Espíritu. Lo hace en forma "negativa", es decir, nos muestra lo que no debemos hacer, lo que hay que evitar. En otros momentos de sus escritos, describe la verdadera vida espiritual cristiana dando orientaciones de que es lo que debemos hacer. Habla a los gálatas y la lista de tentaciones y pecados también nos hablan a nosotros para que evaluemos sinceramente donde esta nuestro corazón, nuestros pensamientos, nuestro tiempo y nuestras acciones. Toda esta exhortación de vivir según las exigencias del Espíritu Santo tiene que ver con un asunto mayor y de suma importancia y es la de orientar toda la existencia en la libertad cristiana. Evitar y superar el libertinaje es el primer paso siempre acompañado del amor al estilo de Jesús. Todos los bautizados somos capaces de vivir al ritmo del Espíritu desde lo más profundo de nuestra vida y lo más visible y practico también.

EVANGELIO   Juan 15,26–27; 16,12–15

Lectura del santo Evangelio según san Juan

En aquel tiempo, Jesús dijo a sus discípulos:
"Cuando venga **el Paráclito**
  que yo les **enviaré** a ustedes de parte del Padre,
  el Espíritu de la verdad que **procede** del Padre,
  él dará testimonio **de mí** y ustedes **también** darán testimonio,
  pues desde el **principio** han estado **conmigo**.

Aún tengo **muchas cosas** que decirles,
  pero **todavía** no las pueden comprender.
Pero cuando **venga** el Espíritu de la verdad,
  él los irá guiando hasta la verdad **plena**,
  porque no hablará **por su cuenta**,
  sino que dirá lo que haya **oído**
  y les **anunciará** las cosas que van **a suceder**.
Él me **glorificará**,
  porque primero recibirá **de mí** lo que les vaya comunicando.
Todo lo que tiene el Padre es **mío**.
Por eso he dicho que **tomará** de lo mío
  y se lo comunicará a **ustedes**".

Lectura alternativa: Juan 20,19–23

Proclama las palabras de Jesús con la fuerza de una promesa plena y segura. La asamblea litúrgica debe sentir la cercanía de lo que Jesús está ofreciendo.

Dan un tono magisterial a la explicación del Maestro. Todos deben captar que esta es una explicación para la vida mientras espera viviendo.

EVANGELIO   El texto que proclamamos hoy está compuesto de dos secciones del Evangelio según san Juan. Son el tercer y quinto anuncio del Espíritu Santo. Los capítulos 13–17 del Evangelio que algunos identifican como la sección de la Pasión y la gloria de Jesús en la forma como este Evangelio organiza su escrito.

Ambos momentos en los que Jesús anuncia y promete el Consolador guardan relación estrecha con la persona de Jesús y la identidad de sus discípulos. Es una promesa en orden al entendimiento de Jesús, pero

sobre todo para el bien de los apóstoles y de todo discípulo que decida permanecer en él, como las ramas al árbol, y así poder tener vida y dar frutos al mundo. Relación permanente e íntima es uno de los criterios principales: de los discípulos con Jesús, con el Espíritu Santo y del Espíritu como testigo de Jesús, que a su vez es testigo del Padre. El otro criterio que brota de esta cercanía profunda se refiere a los frutos. Siempre son frutos de Dios, en Jesús o en el Espíritu Santo. Los discípulos son beneficiarios de esos dones y de igual forma todo el que cree y se acerca a Jesús y se abre al Espíritu Santo.

Así como Dios siempre estuvo con su pueblo y llegando la plenitud de esos tiempos se nos manifestó en Jesús que vence la muerte y se queda con nosotros para siempre, en modo semejante, Dios Espíritu Santo siempre ha estado presente en la vida desde la Creación, en toda la vida y ministerio de Jesús, y ahora llegada la madurez del proyecto para un nuevo pueblo del que la Iglesia es fermento y testimonio, se hace realidad la promesa y la presencia de Dios que inicia una nueva creación en la vida de la Iglesia y del mundo.

SANTÍSIMA TRINIDAD

Que las preguntas de Moisés al pueblo vayan con sabor desafiante.

Transmite el contenido de cada pregunta como quien espera una respuesta clara y sincera. El tono viene sugerido por lo que dice la pregunta.

Como quien descansa de una lucha contra la incredulidad, concluye con tono exhortativo la invitación que Moisés hace al pueblo.

I LECTURA   Deuteronomio 4,32–34.39–40

Lectura del libro del Deuteronomio

En **aquellos** días, habló **Moisés** al pueblo y le dijo:
    "**Pregunta** a los tiempos pasados,
        investiga desde el día en que Dios **creó** al hombre
            sobre la **tierra**.
¿Hubo **jamás,** desde un extremo al otro del cielo,
    una cosa tan grande **como ésta**?
¿Se oyó algo **semejante**?
¿Qué pueblo ha oído, **sin perecer,**
    que Dios le hable **desde el fuego,**
    como **tú** lo has oído?
¿**Hubo** algún dios que haya ido a buscarse **un pueblo**
    en medio de otro pueblo,
    a fuerza de pruebas, **de milagros** y de guerras,
    con mano **fuerte** y brazo **poderoso**?
¿Hubo **acaso** hechos tan grandes como los que,
    ante sus **propios ojos,**
    hizo por ustedes en Egipto el Señor su Dios?

Reconoce, pues, **y graba hoy** en tu corazón
    que el **Señor** es el Dios del cielo y de la tierra
        y que **no hay otro**.
Cumple sus leyes y mandamientos, que **yo** te prescribo hoy,
    para que **seas feliz** tú y tu descendencia,
    y para que vivas **muchos años** en la tierra
    que el Señor, tu Dios, te da **para siempre**".

I LECTURA   Moisés tiene historia larga de liderazgo con un pueblo liberado por el Señor de la opresión de Egipto y de sus propios miedos. En más de una ocasión, este pueblo ha sucumbido ante la duda y la desesperanza, a veces dudando de la presencia de Dios, a veces por tener un entendimiento fácil de su compromiso con Dios. En la mayoría de los casos sucedidos durante el camino a la tierra prometida, Moisés ha sido reconocido, apreciado y en otras ocasiones hasta desafiado por el pueblo mismo. Pero Moisés nunca llegó a ver la Tierra Prometida por la cual camino con el pueblo en liberación.

Con todo, en este discurso está ofreciendo un sentido fuerte de esperanza basada en los hechos más significativos de su experiencia. Las cuestiones son centrales y hacen pensar seriamente en lo que ha sido Dios para ellos y con ellos. Esta memoria histórica se compone de los acontecimientos que siempre han de recordar como parte de su propia identidad. No es un recuerdo frío, ni basado en la información. Es la vida misma que, a través del corazón, resurge con nuevo sentido en el presente.

Dios en comunión de tres personas, el Dios que nos ha revelado Jesucristo, no contradice la fe en un solo Dios por parte del pueblo judío. Lo complementa y nos muestra como la revelación de Dios es progresiva, es un proceso pedagógico en el que todos formamos parte. En ese sentido no basta con repetir que Dios se revela al pueblo de Israel, es necesario conocer y valorar la historia de nuestro pueblo aquí y ahora para descubrir cómo nos habla Dios hoy.

II LECTURA   Es Dios el que salva, no los hombres. Es Jesús quien nos ha traído la redención. Por la fe en él, entramos en esa dinámica de salvación. Estas son básicamente las afirmación

Lectura de la carta del apóstol san Pablo a los romanos

Hermanos:

Los que se **dejan guiar** por el **Espíritu** de Dios,
    ésos son **hijos de Dios.**

No han recibido ustedes un espíritu **de esclavos,**
    que los haga **temer** de nuevo, sino un espíritu **de hijos,**
    en virtud del cual podemos llamar **Padre** a Dios.

El **mismo** Espíritu Santo, a una con nuestro **propio** espíritu,
    da testimonio de que somos **hijos** de Dios.

Y si somos hijos, somos también **herederos** de Dios
    y coherederos **con Cristo,**
    puesto que sufrimos **con él**
    para ser **glorificados** junto con él.

Al mencionara la palabra "Espíritu", hazlo con fuerza procurando que la asamblea sienta el poder de Dios en tu proclamación.

Dale intensidad y confianza a la frase que nos afirma capaces de llama Padre a Dios.

Enfatiza la pareja de conceptos en donde nos identificamos con la redención de Cristo. Es una forma hermosa de finalizar con esta afirmación de fe.

---

de la carta a los Romanos. San Pablo tiene muy claro su objetivo: hacernos ver que Jesús es la salvación del mundo. De eso habla carta y en este texto encontramos una bella conclusión en relación a las tres personas divinas. El Espíritu Santo de Dios como una fuerza de salvación que nos conduce en la vida como lo que somos: hijos, no esclavos; hermanos, no enemigos.

Hijos, y por lo tanto hermanos, solidarios en todo en el dolor y en la redención. La glorificación de Dios se hace patente en la redención humana. Vivir en el Espíritu Santo de Dios no debe conducir en manera alguna al desprecio del mundo o del cuerpo, sino a una vida nueva en donde todo y todos formamos parte de la herencia divina.

Ya en otras ocasiones se ha tocado el asunto de la fe en el Dios trino, lo cual nos lleva a la conclusión de que la concepción de Dios como una comunidad de tres personas en relación y diálogo profundo, no es algo posterior al nacimiento de la Iglesia. Es algo así como una explicación racional de la fe. Esta forma de vivir y entender a Dios está presente en la vida de Jesús mismo y en la vida de la Iglesia desde siempre.

En nuestra pastoral, y hasta en nuestra teología, corremos constantemente el riesgo de una atención desequilibrada a la revelación de Dios como Trinidad Santa. Se nota en nuestras imágenes, nuestra manera de hablar, de orar y de vivir. El sentido de comunidad de diálogo y amor podría ser un buen antídoto contra esta tendencia, inconsciente algunas veces.

EVANGELIO El Evangelio según san Mateo recoge la tradición que acompaña la vida de la Iglesia desde sus inicios: los puntos de la fe en un Dios trino. Compone un relato donde Jesús resucitado hace solemnemente el envió a la

Antes de proclamar este Evangelio, haz una breve meditación sobre tu vocación como discípulo de Jesús. En el mismo instante de proclamarlo estas actualizando el envío de Jesús en aquel tiempo.

Nota que "todo" y "todos" aparecen varias veces en el texto. Resáltalas con la fuerza que implica el Señor resucitado y pleno de poder.

Al proclamar el envío de Jesús, carga de solemnidad el nombre de las tres personas de la Santísima Trinidad.

EVANGELIO Mateo 28,16–20

Lectura del santo Evangelio según san Mateo

En aquel tiempo,
   los **once** discípulos se fueron a Galilea
   y **subieron** al monte en el que Jesús los **había citado.**
Al ver a Jesús, **se postraron,** aunque algunos **titubeaban.**

Entonces, Jesús **se acercó** a ellos y les dijo:
   "Me ha sido dado **todo** poder en el cielo y en la tierra.
Vayan, pues, y **enseñen** a todas las naciones,
   bautizándolas en el nombre del Padre
   y del Hijo y del Espíritu Santo,
   y **enseñándolas** a cumplir **todo** cuanto yo les he mandado;
   y **sepan** que yo estaré con ustedes **todos** los días,
   hasta el **fin** del mundo".

misión. Dicho solemnidad viene acompañada de un signo que es "el monte". En la tradición en la revelación de Dios en la historia de Israel, el monte representa el lugar donde Dios se revela a su pueblo como en el Sinaí Dios muestra las diez palabras que guiaran al pueblo en la historia. Como en el sermón del monte Jesús revela las bienaventuranzas que han de guiar al nuevo pueblo de Israel. Así ahora Jesús se muestra lleno de gloria por la Resurrección a sus discípulos. El texto es claro en un detalle de mucho significado cuando nos enseña que Jesús se acerco a ellos. No es una

misión cualquiera, es la misión del todopoderoso en cielo y tierra en el que promete acompañar la Iglesia por siempre. La misión de "enseñar a las naciones" tiene un criterio que nunca debemos olvidar que Dios es comunidad perfecta, comunidad de amor entre el Padre, el Hijo y el Espíritu Santo.

El cumplimiento de esta misión no se reduce a la enseñanza como la entendemos en el sentido moderno. No se trata de dar cursos; no se trata de adoctrinar consiste en dar testimonio de lo que Jesús es y significa en la vida de la Iglesia. La referencia a las naciones tampoco debe entenderse en el sentido moderno, que se refiere a todos

los confines de la tierra, a todos los rincones del mundo conocido en aquel tiempo. Vivimos un tiempo en la Iglesia en el que estamos redescubriendo el sentido de la misión. Dicho redescubrimiento que dará incompleto si descuidamos uno de los dogmas centrales de la fe católica: que Dios es comunidad, e inspirados en el Dios de Jesús somos llamados a construir un sentido nuevo de ser Iglesia que da testimonio del amor al Padre, la redención del Hijo con la fuerza renovadora que el Espíritu Santo imprime a todo lo que hacemos como nueva evangelización.

SANTÍSIMO CUERPO Y SANGRE DE CRISTO

Lo que Moisés trae consigo es a Dios mismo en su deseo y su palabra. Haz sentir la solemnidad de este momento.

Describe detalladamente los aspectos de esta liturgia popular.

La sección que cierra el rito es una conclusión que nos recordara automáticamente nuestra eucaristía. Sé muy consciente de esta conexión, ayuda al pueblo a que haga su parte.

I LECTURA   Éxodo 24,3–8

Lectura del libro del Éxodo

En aquellos días,
  Moisés **bajó** del monte Sinaí
  y refirió al pueblo **todo** lo que el Señor le **había dicho**
  y los **mandamientos** que le había dado.
Y el pueblo contestó **a una voz:**
  "Haremos **todo** lo que dice el Señor".

Moisés puso por escrito **todas** las palabras del Señor.
Se levantó **temprano,**
  construyó un altar al pie del monte
  y puso al lado del altar **doce** piedras conmemorativas,
  en **representación** de las doce tribus de Israel.

Después mandó a algunos jóvenes israelitas
  a ofrecer **holocaustos** e **inmolar** novillos,
  como sacrificios pacíficos **en honor** del Señor.
Tomó la mitad de la sangre, la puso en vasijas
  y **derramó** sobre el altar la otra mitad.

Entonces tomó el libro **de la alianza**
  y lo **leyó** al pueblo, y el pueblo respondió:
  "**Obedeceremos.** Haremos **todo** lo que manda el Señor".

Luego Moisés **roció** al pueblo con la sangre, diciendo:
  "**Ésta** es la sangre de **la alianza**
  que el Señor ha hecho **con ustedes,**
  conforme a las palabras que **han oído**".

En las diócesis de México, el Santísimo Cuerpo y Sangre de Cristo se celebra el 7 de junio de 2012. En las diócesis de los Estados Unidos de América, la solemnidad se celebra el 10 de junio de 2012.

I LECTURA   Una descripción detallada del rito a través del cual el pueblo acepta las palabras (mandamientos) del Señor para su vida. Generalmente se ha interpretado como si el pueblo promete y no cumple, y Dios sí. Ojalá que podamos distinguir entre una profesión falsa del compromiso y las fallas que siempre amenazan cualquier alianza. Digo esto porque en esa interpretación pueda esconderse el inconsciente desprecio por la humanidad con el pretexto de así elevar la dignidad de Dios. El rito de sacrificio acompaña el gesto de compromiso entre Dios y el pueblo. Ser rociado con la sangre del sacrificio significa sellar para siempre el acuerdo. Los israelitas pronunciaron su palabra antes la palabra (mandamiento) de Dios y hacen esta liturgia donde se vinculan las dos dimensiones de esta alianza: por parte de Dios y por parte del pueblo. El altar representando a Dios, las 12 piedras representando a las tribus de Israel; entre ambos el compromiso de vivir la palabra desglosada en diez (Decálogo).

II LECTURA Hebreos 9,11–15

Lectura de la carta a los hebreos

Con seguridad de apóstol refiere la afirmación de la supremacía de Cristo y su sacrificio.

Hermanos:
Cuando **Cristo** se presentó
    como **sumo** sacerdote que nos obtiene los bienes **definitivos,**
    penetró una **sola** vez y **para siempre** en el "lugar santísimo",
    a través de una tienda,
    que no estaba hecha por **mano de hombres,**
    ni **pertenecía** a esta creación.

Haz que tu voz suene un poco distante al relatar el rito del Antiguo Testamento.

No llevó **consigo** sangre de animales, sino su **propia** sangre,
    con la cual nos obtuvo una redención **eterna.**

Porque si la **sangre** de los machos cabríos
    y de los becerros y las cenizas de una ternera,
    cuando se **esparcían** sobre los impuros,
    eran **capaces** de conferir a los israelitas una pureza **legal,**
    meramente **exterior,**
    ¡**cuánto más** la sangre de Cristo

Irrumpe con emoción la narración haciendo sentir la presencia y la fuerza de un nuevo modo de alabar a Dios: Jesús mismo.

    purificará nuestra conciencia de **todo pecado,**
    a fin de que **demos culto** al Dios vivo,
    ya que a impulsos del **Espíritu Santo,**
    se **ofreció** a sí mismo como sacrificio **inmaculado** a Dios,
    y así podrá **purificar** nuestra conciencia
    de las obras que conducen **a la muerte,**
    para **servir** al Dios vivo!

Concluye las promesas que transmite Pablo mirando con decisión a la asamblea litúrgica.

Por eso, Cristo es el **mediador** de una alianza nueva.
Con su muerte
    hizo que fueran **perdonados** los delitos
    cometidos durante la **antigua** alianza,

II LECTURA La carta de los Hebreos nos muestra a Jesús como el verdadero sumo sacerdote que se ha ofrecido en sacrificio por toda la humanidad. Esta novedad de Jesús en la vida cristiana de ese tiempo creaba conflicto con los judíos acostumbrados desde siempre a un sacerdocio centrado en el templo, el altar y los sacrificios. Si observamos

bien, el autor se muestra como buen conocedor de la mentalidad judía. La preocupación por la pureza exterior era regulada por incontables normas resaltando así su importancia. La ofrenda que Jesús hace de sí mismo es totalmente diferente. Es total, de una vez y para siempre. Es diferente; él se ofrece a sí mismo, en el ministerio y en la pasión misma. En todo momento es la

totalidad de su entrega. Por eso, lo entendemos como entrega de su cuerpo y su sangre. No como signo de separación, sino como signo de totalidad. La expresión "cuanto más" nos pone en la actitud correcta para interpretar esta lectura. No promueve un sentido cristiano de superioridad contra el rito judío. Ofrece, en primer lugar el entendimiento del Misterio Pascual de

para que los **llamados** por Dios
   pudieran recibir la herencia **eterna**
   que él les había **prometido**.

EVANGELIO   Marcos 14,12–16.22–26

Lectura del santo Evangelio según san Marcos

El **primer** día de la fiesta de los panes **Ázimos**,
   cuando se sacrificaba el cordero **pascual**,
   le preguntaron a Jesús sus discípulos:
      "**¿Dónde** quieres que vayamos a prepararte la cena **de Pascua?**"
Él les dijo a dos de ellos:
   "**Vayan** a la ciudad.
Encontrarán a un hombre que lleva un cántaro de agua;
   síganlo y díganle al dueño de la casa en donde entre:
      'El Maestro manda preguntar:
      ¿**Dónde está** la habitación en que voy **a comer** la Pascua
      con mis discípulos?'
Él les enseñará una sala en el **segundo** piso,
   arreglada con divanes.
Prepárennos **allí** la cena".
Los discípulos se fueron, llegaron a la ciudad,
   encontraron lo que Jesús **les había dicho**
   y prepararon la cena de Pascua.

Mientras cenaban, Jesús **tomó** un pan,
   pronunció la bendición,
   lo partió y se lo dio a sus discípulos, diciendo:
      "**Tomen:** esto es **mi cuerpo**".

Cristo desde la fe cristiana como parte de
la tradición judía. Con una novedad que nos
da identidad y nos pone ante el mundo para
compartir: Jesús es nuestro Salvador, y
todos nosotros participamos en su sumo,
eterno y nuevo sacerdocio por medio del
sacramento del Bautismo.

EVANGELIO   La Última Cena narrada por san Marcos es un acontecimiento deseado ardientemente. Bien podríamos decir que refleja al mismo tiempo dos sentidos. Uno la despedida de Jesús con sus discípulos en la que se nota el amor por ellos por la vida compartida juntos. Al mismo tiempo es la despedida antes de su pasión en la que sufrirá uno de los peores castigos de la historia, el castigo de la "cruz". Las indicaciones de Jesús para preparar tan deseado banquete nos hacen verlo como el Maestro que sabe la ciencia cierta lo que esta haciendo o lo que va hacer. La señal de un hombre cargando un cántaro de agua es inconfundible ya que en ese tiempo las mujeres son quienes acarrean el agua.

La Cena del Señor se realiza en el ambiente y estilo de la cena judía de Pascua. Tradicionalmente se pronunciaba la siguiente oración: "Bendito sea el señor nuestro Dios

Al cerrar la proclamación del Evangelio, transmite el mismo sentido testimonial con que iniciaste. Ayudar a los presentes a entender la continuidad en la vida de Jesús.

Y tomando en sus manos **una copa** de vino, pronunció la **acción de gracias,** se la dio, **todos** bebieron y les dijo: "Ésta es mi sangre, sangre de la alianza, que se derrama **por todos.** Yo les **aseguro** que no volveré **a beber** del fruto de la vid hasta el día en que beba el vino nuevo en **el Reino de Dios".**

Después de **cantar** el himno, salieron hacia el **monte** de los Olivos.

rey del mundo que hace brotar frutos de la tierra". Sin duda, Jesús pronunció esta oración, pero también hizo un cambio significativo en la tradición cuando identifica el pan con su cuerpo y el vino con su sangre invitando a sus discípulos a tomarlo con ese sentido. Cada vez que nosotros celebramos la Eucaristía estamos no solo recordando, sino actualizando el misterio de esta cena en el que vivimos la nueva alianza de Jesús misma que en san Marcos tiene una

perspectiva profética de una fuerza incontenible. Su entrega radical a Dios atreves de la vida de los pobres. Todos aquellos que para el mundo no cuentan tienen un lugar especial en la mesa con Jesús. La celebración del Santísimo Cuerpo y Sangre de Cristo ha tomado una fuerza viva en el catecismo popular. El pueblo ha hecho con sus tradiciones que la Eucàristía recobre el realismo que Jesús le pone en esta cena antes de la Pasión.

X DOMINGO ORDINARIO

Con maestría de narrador, haz sentir el dialogo temeroso del hombre con la búsqueda potente de Dios.

Ve aumentando la entonación en la medida que el Señor se dirige a la serpiente, a la mujer y al hombre.

Medita con calma la lectura y busca el espíritu de Jesús para que te acompañe a transmitir la presencia poderosa de Dios amoroso y justiciero al mismo tiempo.

I LECTURA   Génesis 3,9–15

Lectura del libro del Génesis

Después de que el **hombre** y la **mujer** comieron del fruto
　　　del **árbol prohibido**,
　　el **Señor Dios** llamó al hombre y le preguntó: "**¿Dónde estás?**"
Este le **respondió**: "Oí tus pasos en el **jardín**;
　　y tuve **miedo**, porque estoy **desnudo**, y me **escondí**".
Entonces le dijo Dios: "**¿Y quién** te ha dicho
　　que estabas **desnudo?**
¿Has **comido** acaso del **árbol** del que te **prohibí** comer?"

Respondió **Adán**: "La **mujer** que me diste por **compañera**
　　me ofreció del fruto y **comí**".
El Señor Dios dijo a la **mujer**: "**¿Por qué** has hecho **esto?**"
Repuso la mujer: "La **serpiente** me **engañó** y comí".

Entonces dijo el Señor Dios a la **serpiente:**
"Porque has hecho **esto,**
　　serás **maldita** entre **todos** los animales
　　y entre **todas** las bestias salvajes.

Te arrastrarás sobre tu vientre y **comerás polvo**
　　todos los días de tu **vida.**
Pondré **enemistad** entre ti y la **mujer,**
　　entre **tu descendencia** y la **suya;**
　　y su descendencia **te aplastará** la cabeza,
　　mientras **tú** tratarás de **morder** su **talón**".

En las diócesis de los Estados Unidos de América, la solemnidad del Santísimo Cuerpo y Sangre de Cristo se celebra hoy en vez del Décimo Domingo Ordinario.

I LECTURA Esta lectura del Génesis retrata la historia del ser humano. Trata de la responsabilidad ante Dios y entre nosotros mismos de superar la trampa de la mentira que se encuentra en no reconocer nuestra dignidad y nuestro proyecto de realización. Por mucho tiempo se ha leído este relato con una mentalidad de fondo que no le hace justicia. Es aquella que se encamina inmediatamente a buscar culpables y chivos expiatorios; a echar la culpa al otro sin asumir la parte que nos toca. Es aquella actitud de escondernos para no responder a Dios y a nuestra conciencia respecto de aquello que hemos hecho o permitido que sucediera. El descaro de esta interpretación desviada ha sido en identificar a la mujer como la causa del pecado. O, finalmente, entender el trabajo como un castigo humano. Habría mucho que reflexionar y reorientar en estas líneas que aquí apuntamos, pero baste decir que Dios nos busca siempre. No porque no sepa dónde y cómo estamos, sino porque espera nuestra respuesta que debe de corresponsabilidad, es decir, personal y comunitaria siempre. Hemos cargado la mano a la serpiente, descuidando la enemistad que por siempre Dios ha puesto entre la persona y la mentira. Aquella que se disfraza y aceptamos y hasta reproducimos para que las personas y los pueblos crean que están siendo "salvados". El trabajo más noble que podemos hacer es vivir y anunciar el verdadero destino de las personas en el plan de Dios abriendo los ojos y la conciencia juntos para no escondernos de Dios.

Comienza la lectura haciendo una brevísima pausa frente a la asamblea, como quien continúa un tema del que ya se ha venido hablando.

En cada momento en que se hace referencia a la vida y a la fe, impregna tu voz de esperanza y ánimo para los presentes. Ellos deben sentir la convicción que brota de tu corazón.

Otra actitud que te ayudara como lector, es la confianza en la asamblea. Como indica repetidamente el texto, estás hablando a discípulos que sintonizan contigo. Saben también de que les estás hablando. Es una exhortación que confirma en la fe que ya se tiene.

El centro del mensaje está en la fe y en la persona de Jesús. Dale importancia a su nombre y los beneficios que ofrece.

II LECTURA   2 Corintios 4,13—5,1

Lectura de la segunda carta del apóstol san Pablo a los corintios

Hermanos:
Como poseemos el **mismo espíritu** de fe que se expresa
    en aquel texto de la **Escritura**:
  Creo, por eso **hablo**, también **nosotros** creemos
      y por eso **hablamos**,
    sabiendo que aquel que **resucitó** a Jesús **nos resucitará**
      también a **nosotros** con Jesús
    y nos colocará a su lado con **ustedes**.
Y **todo** esto es para bien de **ustedes**,
    de manera que, al extenderse la gracia a **más** y **más** personas,
    se multiplique la **acción de gracias** para gloria de Dios.

Por esta razón **no nos acobardamos**;
      pues **aunque** nuestro cuerpo se va **desgastando**,
      nuestro **espíritu** se renueva de **día en día**.
Nuestros sufrimientos **momentáneos** y **ligeros** nos producen
      una **riqueza eterna**,
    una **gloria** que los sobrepasa con **exceso**.

Nosotros **no** ponemos la mira en lo que **se ve**,
      sino en lo que **no se ve**,
    porque lo que se ve es **transitorio** y lo que no se ve es **eterno**.
Sabemos que, **aunque** se desmorone esta **morada terrena**,
      que **nos sirve** de habitación,
    Dios nos tiene **preparada** en el cielo una **morada eterna**,
    no construida por manos **humanas**.

II LECTURA   La vida del discípulo se basa en la fe en Jesús. Cuando decimos "vida" nos referimos a toda la existencia de la persona. Lo que da sustento a lo que somos, lo que hacemos y vivimos, los que sentimos y esperamos lo que somos y seremos aun por todo aquello que no vemos con claridad. San Pablo recurre a un dicho conocido por la comunidad en el que se centra la razón de ser del discípulo: creer. No es cualquier tipo de fe; es la fe en Jesús resucitado. Tampoco es verborrea o palabrería. Es el testimonio claro, coherente y bien articulado de lo que está haciendo la presencia de Dios en aquel que se decide por completo a vivir una vida mejor, superando todas las vicisitudes y problemas.

La imagen de la tienda (casa) que se pone aquí y se mueve allá es el recurso de san Pablo para referirse a lo transitorio de nuestra vida. No solo en cuanto que moriremos, sino a la misma inestabilidad que, como migrantes, conocemos muy bien. No hay lugar para siempre en la vida; lo único permanente es el amor y la fe en Jesús. Él nos lleva y lo llevamos como signo de nuestro destino divino. Es la confianza plena; aquel concepto en que nuestro padres y abuelos reunían la fe y la esperanza para buscar siempre agradar a Dios. En ese esfuerzo fuimos concebidos y en él debemos mantenernos atentos y animados. La esperanza de san Pablo, de que la llegada plena de Cristo le encontrará vivo, no es una ingenuidad histórica o una fe limitada por falta de comprensión. Es un signo contundente de una fe vivida en la cercanía impostergable de Jesús que nos encuentra y nos salva.

EVANGELIO   Marcos 3,20–35

Lectura del santo Evangelio según san Marcos

En aquel tiempo, **Jesús** entró en una **casa** con sus discípulos
   y acudió **tanta gente**, que no los dejaban ni **comer**.
Al enterarse sus **parientes**, fueron a buscarlo,
   pues **decían** que se había vuelto **loco**.

Los **escribas** que habían venido a Jerusalén, decían acerca
   de **Jesús**:
"Este hombre está **poseído** por Satanás,
   príncipe de los demonios,
y por eso los echa **fuera**".

Jesús llamó entonces a los **escribas** y les dijo en **parábolas**:
   "¿Cómo puede Satanás **expulsar** a Satanás?
Porque si un reino está **dividido** en bandos opuestos,
   no puede **subsistir**.
Una **familia** dividida **tampoco** puede subsistir.
De la **misma** manera, si **Satanás** se rebela contra sí mismo
   y se **divide**,
   no podrá **subsistir**, pues ha llegado su **fin**.
Nadie puede entrar en la casa de un **hombre fuerte**
   y **llevarse** sus cosas,
   si **primero** no lo **ata**.
Sólo así podrá saquear la casa.

Yo les **aseguro** que a los hombres se les perdonarán **todos**
   sus **pecados**
y **todas** sus **blasfemias**.
Pero el que blasfeme contra el **Espíritu Santo**
   nunca tendrá **perdón**;
   será **reo** de un pecado **eterno**".

Narra con elocuencia como quien estuvo presente en el escenario en que se encuentra Jesús y los dos tipos de "preocupaciones" contra él.

Imprime un todo autoritario y lleno de falsedad a la acusación por parte de los letrados.

En tono pausado y fuerte, haz sentir la claridad con la que Jesús desenmascara tales razonamientos. Resalta con fuerza a Jesús lleno del Espíritu de Dios.

EVANGELIO En este relato del Evangelio, encontramos a Jesús siendo considerado un loco por sus familiares y, de plano, un endemoniado por parte de los letrados, especialistas en religión de su tiempo. No es la primera vez que san Marcos nos narra la actitud de cerrazón contra la obra y la persona de Jesús (ver Marcos 2,7.16.18.24); la preocupación de su familia por la cordura de Jesús no brota de repente tampoco; esta debió haber ido creciendo en la medida que Jesús se iba saliendo de los esquemas del grupo y poniendo en peligro el honor de los suyos.

En ambos casos se nota la cerrazón a la buena noticia de Jesús. Sea por loco o por poseído de Belcebú este es un ataque de descrédito contra su persona que sugiere como totalmente errada y mala la actitud de todo aquel que se acerque a escucharle.

Marcos nos está llevando de la mano para que maduremos como discípulos del Maestro que es rechazado. El único argumento que presentan los letrados es su autoridad, actitud típica de quien se siente amenazado. El único pretexto de la familia que lo quiere proteger de sí mismo, cuando en realidad lo único que les importa es lo que diga la gente. Ante ambas posturas, Jesús responde con dos razonamientos. Uno está orientado a los letrados y consiste en desenmascarar con una lógica muy sencilla, lo absurdo de su razonamiento al mismo tiempo deja clara la fuente de su vida y acción: el Espíritu de Dios. Va mucho mas allá diciendo que lo imperdonable no es la acusación contra su persona, sino la negación de Dios que se esconde en tal cerrazón y ataque.

El segundo razonamiento es una visión enteramente nueva y amplia de la verdadera familia de Dios: la relación profunda que

Con mirada acusadora y orientada a la comunidad presente, plantea la visión en invitación de Jesús a formar la verdadera familia.

Jesús dijo esto, porque lo **acusaban** de estar **poseído** por un **espíritu inmundo**.

Llegaron entonces su **madre** y sus **parientes**; se quedaron **fuera** y lo **mandaron** llamar.
En torno a él estaba sentada una **multitud**, cuando le dijeron: "Ahí **fuera** están tu **madre** y tus **hermanos**, que te **buscan**".

El les respondió: "¿**Quién** es mi **madre** y **quiénes** son mis **hermanos**?"
Luego, mirando a los que estaban sentados a su **alrededor**, dijo: "**Estos** son mi **madre** y mis **hermanos**.
Porque el que **cumple** la voluntad de Dios, **ése** es mi **hermano**, mi **hermana** y mi **madre**".

brota de ser hermanados por vivir el evangelio. Este horizonte nuevo pone a la familia en su lugar. La crítica, la ubica y la supera. En otro comentario titulábamos que la plenitud de la mujer no está el hombre, sino Dios. Lo mismo podríamos decir de toda la familia ahora. Para quienes, seamos laicos u ordenados en el ministerio para seguir a Dios, este es un recordatorio del valor que el reino de Dios otorga a la vocación y al sentido de familia. Para la familia entera,

este relato es una poderosa invitación a salir toda ella de sí misma y vivir centrada en Jesús y orientada al servicio sin miedos ni pretextos.

XI DOMINGO ORDINARIO

Proclama con elocuencia y claridad esta lectura llena de imágenes. Cada miembro de la asamblea habrá de imaginar a Dios hablando a su pueblo.

Como quien ofrece un regalo envuelto con cuidado, mira a la asamblea invitándoles con emoción a entrar en esta imagen en donde aparece con inmensa claridad Dios cuidando a su pueblo.

La frase final deberá ser proclamada con máxima firmeza y convicción. Es el gran compromiso de Dios.

I LECTURA   Ezequiel 17,22–24

Lectura del libro del profeta Ezequiel

Esto dice el Señor **Dios**:
   "Yo tomaré un **renuevo** de la copa de un **gran cedro**,
   de su **más alta rama** cortaré un **retoño**.
Lo **plantaré** en la cima de un **monte excelso** y **sublime**.
Lo **plantaré** en la **montaña más alta** de Israel.
Echará **ramas**, dará **fruto**
   y se convertirá en un **cedro magnífico**.
En él anidarán **toda** clase de pájaros
   y **descansarán** al abrigo de sus **ramas**.

Así, **todos** los árboles del campo sabrán que yo, el **Señor**,
   humillo los árboles **altos**
   y **elevo** los árboles **pequeños**;
   que **seco** los árboles **lozanos**
   y **hago florecer** los árboles **secos**.
Yo, el Señor, lo he dicho y lo **haré**".

II LECTURA   2 Corintios 5,6–10

Lectura de la segunda carta del apóstol san Pablo a los corintios

Hermanos:
Siempre tenemos **confianza**, aunque **sabemos** que,
   mientras vivimos en el **cuerpo**,
   estamos **desterrados**, **lejos** del Señor.

Proclama esta lectura en tono exhortativo y testimonial de la fe de san Pablo como instrucción sabia para todos hoy.

I LECTURA Los tres versículos de esta lectura de Ezequiel forman parte de un tema más amplio (Ezequiel 17,1–24) en el que se hace una gran alegoría o imagen respecto de la situación histórica del pueblo de Israel. Sería muy conveniente leer todo el texto para comprender mejor el sentido de esta lectura dentro de sí misma. Aun así, estos tres versos refuerzan el sentido de las enseñanzas sobre el reino narradas en el Evangelio.

La imagen mencionada en todo el relato del profeta se refiere a la situación que vive el pueblo ante un rey (Sedecías) puesto por el imperio de Babilonia al deportar a rey Jeconias (sobrino de aquel) junto con el profeta Ezequiel en el año 597 a.C. Nabucodonosor había cortado la copa del cedro quitando al rey y había puesto al pueblo y al rey mismo en dependencia y servilismo quedando, a fin de cuentas, entre dos imperios, el egipcio y el babilónico. Sedecías se orilló al servicio del imperio egipcio, lo cual le costó duras críticas por no permanecer bajo la protección del otro imperio que se le consideraba mejor, aunque imperio al fin. En todo caso, el Señor Dios ratifica su decisión de poner un nuevo rey ("la copa de un cedro") y hacer crecer la dinastía de David y el destino de su pueblo en donde ha de reinar la justicia para todos, en el mismo modo como todos los pajaritos tienen su lugar y resguardo en un cedro magnífico.

II LECTURA San Pablo nos transmite aquí su propio deseo y esperanza: agradar en todo el Señor. El alimento una esperanza viva y personal de estar vivo cuando llegará Jesucristo en plenitud. Con ello nos transmite una fe profunda en la cercanía de la plenitud de la

Resalta con fuerte convicción la realidad de caminar con limitaciones fortalecidos por la fe.

Ayuda a la asamblea a recibir el mensaje del juicio final con un sentido de justicia y esperanza.

Después de haber meditado el sentido y el ritmo del texto, proclámalo con tal entusiasmo y claridad como si tú mismo estuvieses transmitiendo las parábolas que contó Jesús.

En ambos casos marca un énfasis especial en el centro de cada parábola, según hemos sugerido en el comentario.

Hay tres pequeñas secciones que puedes distinguir con una breve pausa en cada una. En ello se encuentra una intención del Evangelio que será condensada en la conclusión.

Caminamos guiados por la **fe**, sin ver **todavía**.
Estamos, pues, **llenos** de confianza y **preferimos** salir
de **este cuerpo**
para vivir con el **Señor**.

Por eso procuramos agradarle, en el **destierro** o en la **patria**.
Porque **todos** tendremos que comparecer ante el tribunal de **Cristo**,
para recibir el **premio** o el **castigo** por lo que hayamos hecho
en **esta vida**.

EVANGELIO Marcos 4,26–34

Lectura del santo Evangelio según san Marcos

En aquel tiempo, **Jesús** dijo a la **multitud**:
"El **Reino de Dios** se parece a lo que sucede
cuando un hombre siembra la **semilla** en la **tierra**:
que pasan las **noches** y los **días**,
y sin que él sepa **cómo**, la semilla **germina** y **crece**;
y la **tierra**, por sí sola, va produciendo el **fruto**:
primero los **tallos**, luego las **espigas** y después los **granos**
en las **espigas**.
Y cuando ya están **maduros** los granos, el hombre **echa mano**
de la **hoz**,
pues ha llegado el **tiempo** de la **cosecha**".

Les dijo **también**: "¿Con qué **comparemos** el Reino de Dios?
¿Con qué **parábola** lo podremos representar?
Es como una **semilla de mostaza** que, cuando se siembra,
es la **más pequeña**;
pero una vez **sembrada**, **crece** y se **convierte** en el **mayor**
de los **arbustos**

salvación y al mismo tiempo la calidad intensa de su entrega al Evangelio. No expresa ningún tipo de desprecio a la existencia corporal, más bien le otorga el justo lugar que le corresponde en el plano de una vida orientada por la fe.

El centro del mensaje se encuentra en saber agradar al Señor con toda nuestra existencia consciente de que al final recibiremos la recompensa de todo lo que hemos hecho o dejado de hacer. En el diario vivir de nuestra fe, el cuerpo en el que somos, existimos y por medio del cual nos

relacionamos tiene un papel esencial que no debemos ignorar. Por medio de él expresamos, sentimos, compartimos y padecemos el sentido de la fe que nos mueve y alimenta. Vivamos atentos a la vida que desempeñamos en la convivencia de amor, cariño y aceptación de los hermanos y de nosotros mismos para que seamos una esperanza viva y encarnada en nuestras relaciones familiares y comunitarias y podamos así saborear anticipadamente la plenitud de la salvación que ha de llegar en el momento que a Dios le parezca oportuno llamarnos el encuentro final y definitivo.

EVANGELIO No hay ninguna duda de que Jesús gustaba hablar del reino por medio de parábolas. Es un género literario o manera de hablar muy especial porque nos acerca a una realidad muy difícil de explicar: el reino de Dios. Pero el hecho de que sea difícil no impide (al contrario) que busquemos entenderla. Son dos las comparaciones del reino de Dios: con el grano que crece por sí solo y la del pequeñísimo grano de mostaza. Ambas parábolas son un complemento de la parábola del sembrador.

Concluye con tono íntimo y cordial la cercanía de Jesús con sus discípulos.

y echa ramas **tan grandes**, que los **pájaros** pueden anidar
a su **sombra**".

Y con **otras muchas parábolas** semejantes les estuvo exponiendo
su **mensaje**,
de acuerdo con lo que ellos podían **entender**.
Y no les hablaba **sino en parábolas**;
pero a sus **discípulos** les **explicaba todo** en **privado**.

Nuestro texto contiene cuatro líneas de mensaje: la primera está envuelta en la comparación del trigo que nos habla de la fuerza vital e incontenible que tiene el reino de Dios. El discípulo tiene una gran responsabilidad de anunciar y promover el reino de Dios, pero no tiene el control del crecimiento; Dios es quien hace producir los frutos. Esta verdad pone al discípulo y a toda la Iglesia en una actitud de servicio y empeño humilde en la misión: ni despreocupados ni angustiados que el reino es de Dios, no nuestro.

En segundo lugar, tenemos la valoración de lo pequeño e insignificante como primicia de los planes de Dios. Desde el nacimiento de Jesús hasta nuestros días, todos los discípulos hemos pasado por el gran desafío de ver el proyecto evangelizador al estilo de Dios. Lo apantallador de los números, las multitudes, las grandes elocuencias y complicadas doctrinas, así como los grandes éxitos pastorales se estrellan aquí con la belleza y la fuerza insignificante en su apariencia de lo pequeño que contiene y engendra ya el gran proyecto de Dios.

En tercer lugar, tenemos la aclaración que nos hace el Evangelio al final mencionando cómo el anuncio se hace para todos sin distinción y matizando la necesidad de

profundización que todo discípulo debe ir haciendo en cercanía con Jesús.

Finalmente, podemos retomar la importancia no solo del mensaje que contienen las parábolas sino lo que aprendemos del hecho mismo de que Jesús hablaba con sencillez en el lenguaje y símbolos de la gente campesina. Adecuar el mensaje a los destinatarios de culturas, campos, ciudades y espacios virtuales tecnotrónicos es una tarea en la que debemos continuar poniendo más empeño y creatividad.

Transmite con sorpresa y fuerza la experiencia de Jeremías. ¿Has sentido algo así alguna vez?

Dale fuerza y poder a las palabras de Dios que confirman y envían a este hombre llamado Jeremías. Así sucede con muchos más aunque no aparezcan en la Biblia.

Pronuncia las últimas palabras con doble seguridad: la del profeta y la tuya misma frente a tu pueblo.

I LECTURA   Jeremías 1,4–10

Lectura del libro del profeta Jeremías

En tiempo de Josías, el Señor me dirigió estas palabras:
  "Desde antes de formarte en el seno materno, te conozco;
  desde antes de que nacieras,
  te consagré profeta para las naciones".

Yo le contesté: "Pero, Señor mío,
  yo no sé expresarme,
  porque apenas soy un muchacho".

El Señor me dijo:
  "No digas que eres un muchacho,
  pues irás a donde yo te envíe
  y dirás lo que yo te mande.
No tengas miedo,
  porque yo estoy contigo para protegerte",
  palabra del Señor.

El Señor extendió entonces su brazo
  con su mano me tocó la boca y me dijo:
  "Desde hoy pongo mis palbras en tu boca
  y te doy autoridad sobre pueblos y reyes,
  para que arranques y derribes,
  para que destruyas y deshagas,
  para que edifiques y plantes".

I LECTURA La vocación del profeta Jeremías se ubica en uno de los momentos más difíciles del pueblo de Israel. Es al mismo tiempo uno de los más importantes: la caída o vencimiento del pueblo y su deportación a Babilonia. Pocos de los que leen y meditan esta lectura tienen siquiera una mínima idea de lo que todo esto significó en la vida de Israel y del profeta mismo. Las quejas personales se vuelven nada frente a una situación como esta en la que hay que ubicar la misión del profeta.

Dios no tiene ocurrencias vocacionales. Tiene un plan de salvación y en él todos tenemos un papel que debemos descubrir. Aquí está el caso de este hombre que viendo la realidad de su pueblo se cuestiona en serio por la voluntad de Dios en todo esto y las implicaciones para su propia vida.

Dios siempre está llamando, y hay que tener respuestas como la de este hombre que responde a manos llenas, con misiones grandes donde nuestras cualidades parecen limitaciones ("no se expresarme"). Pero el Señor que nos conoce desde antes de ser engendrados, garantiza su cercanía, su protección y nos lanza al camino.

II LECTURA 1 Pedro 1,8–12

Lectura de la primera carta del apóstol san Pedro

Hermanos:

Ustedes no han visto a Cristo **Jesús** y, **sin embargo**, lo **aman**;
   al **creer** en él ahora, **sin verlo**, se llenan de una **alegría
      radiante** e **indescriptible**,
   seguros de alcanzar la **salvación** de sus almas,
   que es la **meta** de la fe.

Los **profetas**, cuando predijeron la gracia destinada a **ustedes**,
   investigaron **también** profundamente acerca de la **salvación**
      de **ustedes**.
Ellos trataron de describir en qué **tiempo**
      y en qué **circunstancias**
   se habrían de **verificar** las indicaciones que el **Espíritu de Cristo**,
   que **moraba** en ellos,
   les había **revelado** sobre los **sufrimientos** de Cristo
   y el **triunfo glorioso** que los seguiría.
Pero se los dio a **conocer** que ellos no verían lo que **profetizaban**,
   sino que estaba **reservado** para **nosotros**.
Todo esto les ha sido anunciado ahora a **ustedes**,
   por medio de aquellos que les han predicado el **Evangelio**
      con la fuerza del **Espíritu Santo**,
   enviado del **cielo**,
   y **ciertamente** es algo que los **ángeles** anhelan **contemplar**.

Anuncia esta noticia con la convicción de quien está viendo y reconociendo la fe de su comunidad.

Todo es texto tiene la motivación de reanimar y dar confianza a los cristianos que sienten que no pueden o no valen mucho. Transmite ese sentimiento.

Marca especial énfasis en las palabras que refieren a la comunidad presente ("ustedes", por ejemplo).

II LECTURA La primera carta de san Pedro está llena de Evangelio para los cristianos que viven fuera de su tierra. Son como misioneros llevando el Evangelio en su corazón y en su esperanza "a pesar y en medio de todo". Por tal razón deben estar completamente seguros y firmes en su fe. No es una fe a "secas". Es una fe conectada a muchos hilos que deben saber tejerse y entretejerse: ¿cuál es la meta de lo que creemos? Decir "creo en Dios" no es suficiente. Necesitamos

descifrar mejor en qué tipo de Dios creemos y a que nos lleva. ¿Cómo debiera ser la vida del cristiano en relación a las leyes, el trabajo? Dentro de la propia comunidad, ¿qué es lo más importante? ¿Qué hacemos con el dolor, la tristeza y los padecimientos de vivir sin patria ni hogar? La lectura motiva fuertemente a vivir en la confianza de la presencia de Dios, respondiendo a esta y otras preguntas. Recomienda la sabiduría del profeta que "investiga profundamente" acerca de la salvación. Busca las

verificaciones del Espíritu de Dios que ya está presente, es decir, las señales de que en realidad esto está sucediendo. Es el mismo Espíritu de aquellos profetas, que está presente en la comunidad en tiempo presente y para el bien de los que vienen. Nosotros lo estamos viendo y viviendo también.

Lectura del santo Evangelio según san Lucas

Como si fueras un cronista de Israel que conoce a Isabel y a Zacarías. Así narra esta historia.

Hubo en tiempo de **Herodes**, rey de Judea, un **sacerdote**
    llamado **Zacarías**,
      del grupo de **Abías**, casado con una descendiente de **Aarón**,
      llamada **Isabel**.
Ambos eran **justos** a los ojos de **Dios**,
      pues vivían **irreprochablemente**,
      cumpliendo los **mandamientos** y **disposiciones** del Señor.
Pero no tenían **hijos**, porque Isabel era **estéril**
      y los dos, de **avanzada edad**.

Ve detallando ambos lados de la escena: Los detalles de la vida y la forma como se hace presente el Señor.

Un **día** en que le correspondía a su grupo desempeñar **ante Dios**
      los **oficios sacerdotales**,
      le tocó a **Zacarías**, según la **costumbre** de los sacerdotes,
      entrar al **santuario** del Señor para ofrecer el **incienso**,
      mientras **todo** el pueblo estaba afuera, en **oración**,
      a la hora de la **incensación**.

Se le apareció entonces un **ángel del Señor**, de pie, a la **derecha**
      del altar del **incienso**.
Al verlo, Zacarías se sobresaltó y un **gran temor** se apoderó
      de él.
Pero el ángel le dijo: "**No temas**, Zacarías,
      porque **tu súplica** ha sido **escuchada**.
Isabel, **tu mujer**, te dará un **hijo**, a quien le pondrás el **nombre**
      de **Juan**.

Describe con entusiasmo la descripción que el ángel hace de la misión de san Juan.

Tú te llenarás de **alegría** y **regocijo**,
      y otros muchos **se alegrarán también** de su nacimiento,
      pues él será **grande** a los ojos del **Señor**;
      no beberá **vino** ni **licor**, y estará **lleno** del Espíritu Santo,
      ya desde el **seno** de su **madre**.

EVANGELIO | **Cuando san Lucas nos narra la situación de los padres de Juan Bautista, no lleva inmediatamente a recordar al viejo Abraham y su esposa Sara. Su propia realidad personal familiar es reflejo de la situación que vive el pueblo: un largo camino recorrido en la vida y la fe en Dios, luchando para no dejar morir la esperanza. La esterilidad de la mujer no es culpa de ella, ni castigo de Dios. Hablando científicamente (como paréntesis) es el resultado de la historia (genética,**

biológica, social, etcétera) en la que muchos mas forman parte. Saliendo del paréntesis, digamos que la esterilidad de Zacarías y de Isabel es un signo de la esterilidad y esperanza de todo un pueblo, y, finalmente, que donde nosotros, por mas fe que tengamos, no vemos posibilidades, Dios está trabajando sorpresas de cambio y bendición.

La experiencia de la bendición toca al ser personal en lo más íntimo, pero no se queda ahí, es bendición para los demás.

Así podríamos introducirnos al entendimiento inicial de este texto de Lucas. Demos valorar a la experiencia de vida y de fe de estos dos ancianos antes de brincar a san Juan Bautista. Omitirles seria contradecir el sentido de Dios que revela su poder en la debilidad. Sería desvincular la persona y la misión del Bautista de la de sus padres que demostraban su fe inquebrantable con su propia vida. Como hará el Bautista con la fuerza de la juventud, su personalidad recia y la urgencia del momento histórico.

Convertirá a muchos israelitas al **Señor**;
irá delante del Señor con el **espíritu** y el **poder** de **Elías**,
para **convertir los corazones** de los padres hacia sus hijos,
dar a los **rebeldes** la cordura de los **justos**
y **prepararle** así al Señor un pueblo **dispuesto a recibirlo**".

La presencia de Dios no asusta a quien se revela, ni lo deja como estaba. Vemos aquí el mismo esquema de la anunciación del ángel a María. Porque es la intención de san Lucas ver la relación, porque es el estilo de Dios que se hace revelando en un modo diferente al concebido antiguamente. Recordemos que en el Antiguo Testamento, y la mentalidad judía no era concebible nombrar, dialogar o ver a Dios y quedar vivo. Desde la anunciación esto va cambiando radicalmente. El profeta que ha sido engendrado en Isabel trae la sangre de sus padres, y la fuerza de Elías, él partirá y abrirá camino al Señor.

NATIVIDAD
DE SAN JUAN BAUTISTA: Misa del día

I LECTURA   Isaías 49,1–6

Lectura del libro del profeta Isaías

Inicia la proclamación como una afirmación de seguridad y defensa ante la amenaza.

Escúchenme, islas;
  pueblos lejanos, **atiéndanme**.
El **Señor** me llamó desde el **vientre** de mi **madre**;
  cuando **aún** estaba yo en el **seno materno**,
  él pronunció mi **nombre**.

Hizo de mi boca una **espada filosa**,
  me **escondió** en la sombra de su **mano**,
  me hizo **flecha puntiaguda**,
  me **guardó** en su aljaba y me **dijo**:
  "Tú eres mi **siervo**, Israel;
  en ti manifestaré mi **gloria**".

Haz que las palabras del Siervo Sufriente tenga el sabor de cansancio y lucha, como de quien siente morir, pero no se rinde.

Entonces yo **pensé**: "En **vano** me he cansado,
  inútilmente he gastado mis **fuerzas**;
  en realidad mi **causa** estaba en manos del **Señor**,
  mi **recompensa** la tenía mi **Dios**".

Ahora habla el **Señor**,
  el que **me formó** desde el seno materno,
  para que fuera su **servidor**,
  para hacer que **Jacob volviera** a él
  y **congregar** a Israel en **torno suyo**
  —**tanto así** me honró el Señor
  y mi Dios fue mi **fuerza**—.

Cierra la lectura con una esperanza inmensa. La respuesta de Dios lleva al profeta mucho más allá de sus desafíos y sus desmayos. Más allá de su propia visión como profeta.

Ahora, pues, dice el Señor:
  "Es **poco** que seas mi siervo
  sólo para restablecer a las tribus de **Jacob**

I LECTURA   Cuando conoces la experiencia de un profeta ves que hay ciertos parecidos en su espíritu, su visión y su padecimientos también. Los profetas de Israel no son los únicos profetas del mundo, pero son la base del judaísmo y también del cristianismo. El profeta Isaías nos habla de su vocación entretejiendo la llamada de Dios con su experiencia de la realización de la misión. Es uno de los textos conocidos como poemas del Siervo de Yahvé. También combina con maestría enviidable la realidad personal de Isaías y la del propio pueblo como Siervo Sufriente. No se sabe con certeza a cuál de los dos se refiere y ese es un aspecto central del mensaje. Este Siervo Sufriente de Dios está en la vida del profeta y de su pueblo. No imaginemos la totalidad de Israel desgastándose por Dios y su justicia. Son los pocos que permanecen fieles y comprometidos en medio del sufrimiento. Son el "resto" esa minoría que conserva viva la esperanza como una piedra en el zapato de la realidad que les oprime. Son esa luz pequeña e intensa que quema los grandes proyectos de muerte impuesta a un pueblo que ya no ve, ni siente, ni piensa; tampoco pierde la fe en Dios. Estas minorías no se miden con números.

y reunir a los **sobrevivientes** de **Israel**;
te voy a **convertir** en **luz** de las naciones,
para que mi **salvación** llegue
hasta los **últimos rincones** de la tierra".

II LECTURA   Hechos 13,22–26

Lectura de los Hechos de los Apóstoles

En aquellos días, **Pablo** les dijo a los **judíos**:
   "**Hermanos:** Dios les dio a nuestros padres como **rey** a **David**,
   de quien hizo esta **alabanza**.
*He hallado a **David**, hijo de **Jesé**, hombre según mi **corazón**,
quien realizará **todos** mis designios.*

Del **linaje** de David, conforme a la **promesa**,
   Dios hizo **nacer** para Israel un **salvador**: Jesús.
Juan preparó su venida, predicando a **todo** el pueblo de Israel
   un **bautismo de penitencia**,
y hacia el **final** de su vida, Juan **decía**:
   'Yo **no** soy el que **ustedes** piensan.
Después de mí viene **uno** a quien no **merezco** desatarle
   las **sandalias**'.

Hermanos **míos**, descendientes de **Abraham**, y cuantos **temen**
   a **Dios**:
   Este mensaje de **salvación** les ha sido enviado a **ustedes**".

Haz que las palabras de san Pablo suene con la certeza doble de ser discípulos y paisanos.

Busca la mejor de tus cualidades como narrador de una historia con entusiasmo. Es la historia entendida como salvación.

Concluye con solemnidad y respeto la invitación de san Pablo. Es un hermano que sigue abriendo camino.

II LECTURA   Este relato forma parte de un conjunto más grande (Hechos 13,13–52) donde se nos da razón del anuncio del Evangelio en Antioquia de Pisidia. Ahí culmina Pablo su primer viaje dirigiendo un mensaje a dos grupos: los paganos y los judíos. Ambos están frente al Evangelio de Jesucristo. Hablando el sábado enfrente de todo un auditorio de paisanos que ya no lo veían con los mismos ojos, Pablo dejar salir su destreza de orador, y su profundidad de una teología comprendida desde la vida misma y la reflexión seria.

La lectura de hoy nos habla de la primera parte de este magnífico discurso. En ella hace un resumen de la historia de Israel y de las promesas al pueblo elegido. Demuestra la consistencia y continuidad del plan de Dios en la historia del pueblo judío en el que Juan, Jesús y él mismo, junto con los demás, forman parte. En buena lógica lo que hay es cumplimiento y crecimiento; no aceptar a Jesús, ni reconocer quien le precedió como profeta del cambio, es negar el propio sentido y dinamismo de su historia como pueblo de Dios. Ellos son los primeros destinatarios del mensaje de Dios que se confirma en Juan Bautista y llega a la plenitud con Jesús.

Cuenta la historia de esta familia como quien los conoció y vio caminar con el milagro en brazos. Hay ternura y poder en su presencia.

Haz sentir la fuerza y determinación de dos ancianos que dentro de su humildad saben a ciencia cierta el nombre y destino de su hijo y como de sí mismos.

Distingue claramente entre el gran júbilo de Zacarías y el temor del vecindario.

EVANGELIO   Lucas 1,57–66.80

Lectura del santo Evangelio según san Lucas

Por aquellos días, le llegó a **Isabel** la hora de dar a **luz**
    y tuvo un **hijo**.
Cuando sus **vecinos** y **parientes** se enteraron de que el **Señor**
    le había manifestado **tan grande misericordia**,
    se **regocijaron** con ella.

A los **ocho días** fueron a **circuncidar** al niño
    y le querían poner **Zacarías**, como su **padre**;
    pero la **madre** se **opuso**, diciéndoles:
    "**No**. Su nombre será **Juan**".
Ellos le decían: "Pero si **ninguno** de tus parientes se llama **así**".

Entonces le preguntaron por **señas al padre** cómo **quería**
    que se **llamara** el niño.
El **pidió** una **tabilla** y escribió: "**Juan** es su nombre".
Todos se quedaron **extrañados**.
En ese momento a Zacarías **se le soltó la lengua**,
    recobró el habla y **empezó** a bendecir a **Dios**.

Un sentimiento de **temor** se apoderó de los **vecinos**
    y en **toda** la región montañosa de Judea se **comentaba**
        este **suceso**.
Cuantos se enteraban de ello se preguntaban **impresionados**:
    "¿Qué va a ser de **este niño**?"
Esto lo decían, porque **realmente** la mano de **Dios** estaba con él.

El **niño** se iba desarrollando **físicamente**
    y su **espíritu** se iba **fortaleciendo**,
    y vivió en el **desierto** hasta el día en que se dio a **conocer**
        al pueblo de **Israel**.

EVANGELIO   Continuando con lo dicho y proclamado el domingo pasado, nos toca ver lo más obvio de la vida. Llega la hora. Quienes están atentos a la vida pueden percibir, como en el caso de un embarazo, que la vida tiene su proceso. Ni se detiene ni se va. Siempre llega el momento y Dios en él, aunque no siempre lo identifiquemos. Isabel y Zacarías vivieron dando vida y ahora la dan en su hijo y lo presentan al templo para circuncidarle y darle nombre. Dos actos para la identidad de la persona. Todo esto sucede en ambiente de regocijo y alegría como signo de la presencia de Dios y de tiempos nuevos que se avecinan.

Los cambios que para unos son alegría incontenible, representan para otros una ocasión de temor y asombro. Son dos actitudes que continuarán vivas y aumentando en el ministerio de Juan y sobre todo de Jesús. Hay muchos que guardan silencio y otros que se hacen oír a pesar de tener la limitación del habla. Me atrevo a pensar que Zacarías cambió por completo cuando vio la presencia del Señor por la que tanto había guardado un silencio cargado de sentido. Ahora que entiende no solo el don de tener un hijo, sino el significado en al plan de Dios brota el cambio desde lo más profundo de su interior.

El canto de bendición a Dios de Zacarías tiene relación con el Magníficat de María. Los hijos cambian la vida en un modo mucho más profundo del que se acostumbra entender. Cuando todo esto se ve dentro del plan de Dios la familia se transforma y la sociedad estará entonces siendo fermentada por verdaderas células de esperanza y fuerza transformadora. Ojalá que una profunda comprensión de la fe y el Evangelio lleve a nuestras familias a entrar en la misión con todo lo que los hijos son y pueden ser.

Aun siendo una lectura muy corta, la asamblea deberá escuchar una proclamación solemne de un misterio que a todos nos preocupa.

Mira atentamente a la comunidad anunciando con plena certeza y seguridad en tu voz el mensaje de esperanza y de vida.

Imprime un énfasis alentador a la inmortalidad de la vida que Dios ofrece por medio de la justicia. Es una relación clave para que todos entendamos el sentido de este texto.

Estos son cuatro pensamientos importantes que deben ser proclamados con tono exhortativo y animoso, invitando a la generosidad.

I LECTURA — Sabiduría 1,13–15; 2,23–24

Lectura del libro de la Sabiduría

Dios no hizo la **muerte**,
 ni se recrea en la **destrucción** de los **vivientes**.
Todo lo creó para que **subsistiera**.
Las **criaturas** del mundo son **saludables**;
 no hay en ellas veneno **mortal**.

Dios **creó** al hombre para que **nunca** muriera,
 porque lo hizo a **imagen** y **semejanza** de **sí mismo**;
 mas por **envidia** del diablo entró la **muerte** en el **mundo**
 y la **experimentan** quienes le **pertenecen**.

II LECTURA — 2 Corintios 8,7.9.13–15

Lectura de la segunda carta del apóstol san Pablo a los corintios

Hermanos:
Ya que ustedes se **distinguen** en **todo**:
 en **fe**, en **palabra**, en **sabiduría**, en **diligencia** para todo
 y en **amor** hacia **nosotros**,
 distínganse **también** ahora por su **generosidad**.

Bien saben lo generoso que ha sido nuestro Señor **Jesucristo**,
 que siendo **rico**, se hizo **pobre** por **ustedes**,
 para que **ustedes** se hicieran **ricos** con su **pobreza**.

I LECTURA El libro de la Sabiduría nos acerca a uno de los enigmas más grande que aquejan al ser humano: la muerte. Para entender este texto debemos tomar en cuenta que en la mentalidad del pueblo de Israel y su fe, la muerte y la inmortalidad se entienden en relación a Dios. Una persona que vive según la voluntad del Señor es considerada con vida abundante. Matusalén, por ejemplo, es mencionado en Génesis 5,27 como alguien que alcanzo a vivir 969 años. Esto contradice cualquier dato histórico de la edad de un ser humano, pero lo que nos refiere en realidad es el sentido de la vida de alguien dentro del plan de salvación de Dios. Si Dios nos ha creado para la inmortalidad no quiere decir que no moriremos, sino que nuestra existencia entre mas buena y saludable sea con Dios y nuestros hermanos, nunca será destruida por la muerte física. Digamos que la muerte es parte de la vida y estamos muriendo en cada momento que estamos viviendo. Pero en la medida que vivamos la voluntad de Dios, aunque sigamos envejeciendo, nuestra existencia permanecerá para siempre más allá de la muerte física.

En Jesús, esta verdad ha tomado su máxima expresión y es continuada en la vida de nuestros hermanos y hermanas a quienes reconocemos como ejemplos (santos) en la fe. Nuestros propias familiares y amigos nos enseñan esta sabiduría de Dios: el amor y la fe nos hacen vivir más allá de la muerte. Al pecado y la injusticia es la real y verdadera amenaza en nuestra vida.

II LECTURA La relaciones de solidaridad dentro de la Iglesia deben ser planteadas y vividas en todas las dimensiones de la vida, incluidas las del

Esfuérzate por crear un balance entre los valores de la fe, la generosidad de Cristo y el objetivo de crear igualdad. Mira a la comunidad como quien trata de convencer de un gran valor eclesial.

Cierra el mensaje bíblico final con un tono conclusivo haciendo sentir que la generosidad aquí planteada es parte de la voluntad de Dios.

No se trata de que los demás vivan **tranquilos**,
    mientras ustedes están **sufriendo**.
Se trata, **más bien**, de aplicar durante nuestra vida
    una medida **justa**;
    porque entonces la **abundancia** de ustedes remediará
    las **carencias** de **ellos**,
    y ellos, por su parte, los **socorrerán** a **ustedes**
    en sus necesidades.
En esa forma habrá un **justo** medio, como dice la **Escritura**:
    *Al que recogía **mucho**, nada le **sobraba**;*
    *al que recogía **poco**, nada le **faltaba**.*

EVANGELIO   Marcos 5,21–43

Lectura del santo Evangelio según san Marcos

Inicia la narración con tono de cronista, como si hubieses estado presente en los acontecimientos que narras.

En aquel tiempo, cuando **Jesús** regresó en la barca al **otro** lado
    del **lago**,
    se quedó en la orilla y ahí se le reunió **mucha** gente.
Entonces se acercó uno de los **jefes** de la sinagoga, llamado **Jairo**.
Al ver a **Jesús**, se echó a sus pies y le suplicaba con **insistencia**:

Imprime un tono de preocupación y angustia en la súplica del Jairo. La asamblea debe sentir y comprender la preocupación de un padre que está perdiendo a su hija.

    "Mi hija está **agonizando**. Ven a imponerle las manos para que
    se **cure** y **viva**".
Jesús se fue con él y **mucha** gente lo **seguía** y lo **apretujaba**.

Haz una breve pausa antes y después de relatar el versículo 24: "se fue con él . . .". Esto ayudara a sentir el silencio de Jesús ante la petición del Jairo y la preparación a la siguiente escena.

Entre la gente había una **mujer** que padecía flujo de **sangre**
    desde hacía doce años.
Había sufrido **mucho** a manos de los **médicos**
    y había **gastado** en eso toda su **fortuna**,
    pero en vez de **mejorar**, había **empeorado**.

compartimiento de los bienes entre unos y otros en el Espíritu de Cristo y para el bien de la misión. San Pablo había tenido un acuerdo con la Iglesia de Jerusalén de participar en una colecta para el bien de toda la Iglesia. La comunidad de Corinto, al parecer, se había desentendido de cumplir con su apoyo económico para la Iglesia hermana que coordinaba el apóstol Santiago y san Pablo recuerda a sus hermanos este compromiso—no como algo separado de sus dones de la fe (cariño, conocimiento, anuncio de la Palabra de Dios), sino como una expresión de esos mismos dones. El planteamiento recibe una referencia de suma importancia y es la generosidad que Cristo mismo ha mostrado entregándose por completo a todos.

Junto al criterio cristiano de la generosidad añade otro también de mucha validez y es el de saber compartir para el bien común de la Iglesia: la equidad y la igualdad. Este principio que la doctrina social de la Iglesia ha asumido fuertemente en su enseñanza a través de los siglos nos muestra el indudable valor que la Iglesia ha alimentado desde siempre y es la administración y el cuidado de los bienes. Mucha tinta se ha derramado para criticar la supuesta riqueza de la Iglesia en el mundo, olvidando los proyectos de solidaridad entre las Iglesias.

Menciono dos ejemplos y apunto una consecuencia para nuestros ministerios latinos en la actualidad. A nivel mundial tenemos las obras misionales que entre el Vaticano y los obispos de cada país desarrollan para anunciar el Evangelio y ayudar a la misión en áreas mas necesitadas del continente, también tenemos la organización de Caridades Católicas a nivel internacional. A nivel de nuestro país, la Iglesia

Dale mucha importancia a los pensamientos y acción de la mujer que toca a Jesús. Él está sumida en la enfermedad, y perdida en la multitud que siguiendo a Jesús ni se percata de su existencia.

Oyó hablar de Jesús, vino y se le **acercó** por detrás entre la gente
   y le tocó el manto, **pensando** que, con sólo tocarle el vestido,
     se **curaría**.
Inmediatamente se le secó la fuente de su **hemorragia**
   y sintió en su cuerpo que estaba **curada**.

Jesús notó al **instante** que una **fuerza curativa** había salido de él,
   se volvió hacia la gente y les **preguntó:**
     "**¿Quién** ha tocado mi manto?"
Sus discípulos le **contestaron:**
   "Estás viendo cómo te **empuja** la gente y **todavía** preguntas:
     '**¿Quién** me ha tocado? ' "

Marca con diferentes tonos la diferencia de actitudes: la de Jesús que siente la cercanía de la mujer y la de los discípulos que no ve sentido en la pregunta.

Pero él **seguía** mirando alrededor,
   para descubrir **quién** había sido.
Entonces se acercó la mujer, **asustada** y **temblorosa**,
    al **comprender** lo que había pasado;
   se postró a sus **pies** y le **confesó** la verdad.
Jesús la tranquilizó, **diciendo:**
   "Hija, tu fe te ha **curado**. Vete en **paz** y queda **sana**
    de tu **enfermedad**".

En todo momento dale importancia y fuerza a la actitud y palabra de Jesús que es fuente de vida y esperanza, junto a quienes agobiados por la angustia se acercan a él.

Todavía estaba hablando **Jesús**, cuando unos **criados** llegaron
   de casa del jefe de la sinagoga para decirle a **éste:**
    "Ya se **murió** tu hija. **¿Para qué** sigues molestando
    al **Maestro**?"
Jesús alcanzó a oír lo que **hablaban** y le dijo al **jefe**
   de la sinagoga:
    "**No temas,** basta que tengas **fe**".
No permitió que lo **acompañaran** más que **Pedro, Santiago**
   y **Juan**, el hermano de **Santiago**.

Al llegar a la **casa** del **jefe** de la sinagoga, vio Jesús el **alboroto**
   de la **gente**
    y oyó los **llantos** y los **alaridos** que daban.

---

se distingue por su apoyo financiero para América Latina, entre otras. Esto nos enseña como latinos a vivir con mayor conciencia valorando los bienes que, aunque nos parezcan siempre pocos, se destinan a programas de formación y apoyo para los latinos y otras minorías católicas. También nos invita a participar con generosidad y responsabilidad aportando nuestros dones de tiempo, dinero y talento para el bien de toda la Iglesia.

EVANGELIO   **El Evangelio, para ser vivido y comprendido,**

siempre va a tener un doble impacto en nuestra vida. El primero tiene que ve con nuestra fe, ya que no podemos adentrarnos en su significado sin este don y apertura que nos dispone a escuchar con atención, a buscar con anhelo. El don de la fe que nos mueve, nos debe sacar de donde estamos, nos hace caminar para encontrarnos con Jesús que está también en el camino, pues está vivo. Este primer impacto o movimiento lo encontramos en el Evangelio que quiere movernos a Jesús que atraviesa las orillas, cruza las fronteras encontrándose con la gente en su propia realidad como el Jairo

y su hija, la multitud y esta mujer. Tanto el relato en sí mismo, como la lectura del Evangelio por parte nuestra son una confirmación de que la fe nuestra esta movida por las preocupaciones (grandes o pequeñas) de la vida pero no debe quedarse ahí, nuestra fe es más grande que nuestras angustias porque se centra en Dios mismo, en el encuentro con Jesús, su persona.

    La segunda dinámica o impacto de este encuentro se encuentra en Jesús y en el Evangelio. San Marcos tiene un mensaje de salvación para nosotros envuelto en el relato de estas dos curaciones. No solo nos

La actitud de quienes no creen, no ponen atención o de plano se burlan de él deberá ser notable en tu proclamación, pero sobre todo al narrar contundentemente los efectos y el poder de las palabras de Jesús.

Entró y les dijo:

"¿Qué significa **tanto** llanto y alboroto? La niña no está **muerta**, está **dormida**".

Y se **reían** de él.

Entonces Jesús **echó** fuera a la gente,
y con los **padres** de la **niña** y sus **acompañantes**,
entró a donde estaba la **niña**.

La tomó de la **mano** y le dijo: "**¡Talitá, kum!**",
que significa: "**¡Óyeme**, niña, **levántate!**"

La **niña**, que tenía doce años, se levantó **inmediatamente**
y se puso a **caminar**.

Todos se quedaron **asombrados**.

Jesús les ordenó **severamente** que no lo dijeran a **nadie**
y les **mandó** que le dieran de comer a la **niña**.

Forma breve: Marcos 5,21–24.35-43

"cuenta" un pasado. Es el Espíritu de Jesús vivo que no abre a vivir de una manera diferente, a confiar en Jesús entregando nuestra vida, superando la muerte profunda que se agazapa en la pérdida de la esperanza.

El Evangelio y nosotros, y Jesús y la vida de las personas, son como dos capas de la cebolla que envuelven este Evangelio en donde podemos encontrar como mensaje central la fecundidad de la vida y de la fe. La vida es fecunda aun en medio de la desgracia de la muerte o de los padecimientos más difíciles. Esta fecundidad está animada por la fe y por Dios mismo que, en Jesús, sana y restituye. Con la fe y con Jesús, no se justifica el dolor y el sufrimiento; tampoco se le ignora. Con Jesús se da una superación y liberación de la persona. Es un proceso en donde se asume la vida como es; se abre el encuentro real con Jesús y se vive este cambio que, abrazando la vida, nos lleva a vivir mejor, con mayor plenitud. Si Jesús nos sale al encuentro en nuestras propias dolencias de la vida, aceptemos su presencia con fe y confianza para seguir caminando. Si Jesús no excluye, no lo hagamos nosotros, con otros ni con nosotros mismos.

XIV DOMINGO ORDINARIO

Estás transmitiendo una experiencia íntima y profunda del profeta, hazlo con respeto y solemnidad.

Ayuda a que la asamblea identifique con claridad el perfil de la gente a quien el profeta ha de dirigir su mensaje.

I LECTURA   Ezequiel 2,2–5

Lectura del libro del profeta Ezequiel

En aquellos días,
    el espíritu entró en mí,
    hizo que me pusiera **en pie** y oí una voz que me decía:

    "**Hijo de hombre,** yo te **envío** a los israelitas,
    a un pueblo **rebelde,** que se ha sublevado **contra mí.**
Ellos y sus padres me han traicionado **hasta el día de hoy.**
También sus hijos son **testarudos** y obstinados.
A ellos te envío para que les comuniques **mis palabras.**
Y ellos, **te escuchen o no,**
    porque son una raza **rebelde,**
    sabrán que **hay un profeta** en medio de ellos".

I LECTURA El profeta Ezequiel es uno de los personajes más influyentes en el nacimiento del pueblo judío. Su vocación y misión se lleva a cabo en medio del pueblo deportado (597 a.C.) a Babilonia en tiempos del rey Nabucodonosor. Cuatro años después de iniciada dicha deportación recibe el llamado que es narrado en forma extensa en los primeros tres capítulos de su libro. En este trozo que leemos hoy queda claro el sentido místico y realista de su identidad como profeta. La dureza del pueblo israelita tiene como origen el haber rechazado al Señor. Bien podríamos apuntar aquí también la dureza interior que imprime el vivir como esclavos en tierra extranjera. De cualquier modo, la cerrazón del pueblo no impide que Dios suscite profetas como Ezequiel en medio de ellos. ¡Al contrario! Él mismo nos narra con ardiente realismo la situación en donde ha de proclamar el mensaje del Señor. El profeta de un pueblo desterrado tiene como destino sufrir con ellos mismos las consecuencias de tan profunda experiencia ayudándoles a salir adelante, a sacar la cabeza de esa situación que los atrapa poniendo en duda el poder de Dios que nunca les abandona. Inmediatamente vemos una relación a distancia entre el mensaje de Ezequiel y el relato del Evangelio según san Marcos.

San Pablo está ofreciendo la enseñanza que brota de su propia experiencia. Hazlo con sinceridad y humildad.

La respuesta de Dios debe sonar ante la asamblea con una voz firme y decida de tal modo que todos queden impactados la eficacia del actuar de Dios.

Con franqueza menciona los pensamientos de san Pablo donde asume sus propias debilidades.

II LECTURA   2 Corintios 12,7–10

Lectura de la segunda carta del apóstol san Pablo a los corintios

Hermanos:
Para que yo **no me llene** de soberbia
    por la sublimidad de las revelaciones **que he tenido,**
    llevo una espina **clavada** en mi carne,
    un enviado de **Satanás,**
    que me **abofetea** para humillarme.
Tres veces le he pedido al Señor que me **libre** de esto,
    pero él me ha respondido:
    "**Te basta** mi gracia,
    porque mi poder se manifiesta **en la debilidad**".

Así pues, de **buena gana**
    prefiero gloriarme **de mis debilidades,**
    para que se manifieste en mí **el poder** de Cristo.
Por eso **me alegro** de las debilidades,
    los insultos, las necesidades, las persecuciones
    y las dificultades **que sufro por Cristo,**
    porque cuando soy más débil, **soy más fuerte.**

II LECTURA   San Pablo, que, en muchos de sus escritos, se presenta a sí mismo como el apóstol por designio directo del Señor, ahora nos comparte uno de los aspectos más preocupantes de su persona: una "espina" que tiene clavada en su persona o en su personalidad y que continuamente él hace poner los pies en la tierra. Es un sufrimiento propio que le preocupa en forma especial. Se han hecho

elucubraciones que no vale la pena mencionar, pues solo son eso. Solo nos queda la pregunta inquietante de si fue algo físico o moral. Él ha pedido intensamente al Señor que le quite eso, pero la respuesta es diferente, sorprendente y de mucha esperanza: "Te basta mi gracia". Cuando soy débil, entonces soy fuerte es una conclusión del apóstol que nos muestra la grandeza de su fe y la fortaleza de su espíritu. Podríamos decir que es un criterio de sana humanidad para nosotros hoy. La situación que vivimos

en la Iglesia en relación a los abusos sexuales es una crisis que debiera conducirnos a una fe más humilde de nuestro ser Iglesia. Identificar el "propio aguijón" personal también nos hará más dóciles a la gracia y mas hermanos en la misión del Señor.

EVANGELIO   En el Evangelio según san Marcos, la actuación de Jesús está íntimamente ligada con la revelación de su identidad. Anteriormente ha sanado a la hija de un jefe de la sinagoga ante la admiración de todos. Ahora en su propia tierra los suyos rechazan su

EVANGELIO   Marcos 6,1–6

Lectura del santo Evangelio según san Marcos

Inicia la lectura como un experto narrador de hecho conocidos por sí mismo y que transmite como noticia creíble.

En aquel tiempo,
  Jesús fue **a su tierra** en compañía de sus discípulos.
Cuando llegó el sábado, se puso a **enseñar** en la sinagoga,
  y la multitud que lo escuchaba
  se preguntaba **con asombro:**
  "¿**Dónde** aprendió este hombre tantas cosas?

Haz que suenen incrédulas las preguntas que los paisanos se hacen a sí mismos. Es una reflexión dudosa de su propia identidad y dignidad.

¿**De dónde le viene** esa sabiduría
    y **ese poder** para hacer milagros?
¿Qué no es éste **el carpintero,**
  el **hijo** de María, **el hermano** de Santiago, José, Judas y Simón?
¿No viven **aquí,** entre nosotros, sus hermanas?"
Y estaban **desconcertados.**

Combina un tono de reclamo con declaración la conclusión que presenta Jesús. Es un resultado negativo.

Pero **Jesús** les dijo:
  "**Todos** honran a un profeta,
  menos **los de su tierra,** sus parientes y los de su casa".
Y no pudo hacer allí **ningún milagro,**
  sólo curó a **algunos enfermos** imponiéndoles las manos.
Y estaba extrañado de **la incredulidad** de aquella gente.
Luego se fue a **enseñar** en los pueblos vecinos.

---

enseñanza. Podríamos intuir que al no aceptar la persona y la predicación de Jesús, el pueblo se impide a sí mismo ver la obra salvífica. De este texto hemos sacado la conclusión aligerada de que nadie es profeta en su propia tierra. Como justificando la falta de credibilidad en nuestra tarea misionera cuando no somos exitosos en lugares donde nos conocen muy bien. No parece ser esta la conclusión a la que nos lleve esta parte del Evangelio; necesitamos ponernos en la situación del pueblo que dada su familiaridad y cercanía con Jesús, se quedan atrapados en su propia experien-

cia respecto a él: vecino desde chiquillo, hijo y pariente de sus vecinos. Desde el Evangelio se hace notar la incredulidad de un pueblo para creer en Jesús y, en el fondo, es una proyección de la falta de fe en ellos mismos. Un carpintero que no ve en un compañero de oficio un valor más profundo demuestra poca apreciación que tiene de sí mismo. Estos vecinos son incrédulos doblemente.

  No ven en Jesús nada mas allá de lo que han visto. A pesar, valga la redundancia, de ver y escuchar lo que está diciendo. En el fondo, como nos apunta el texto, lo que

viven es una experiencia de desconcierto y asombro de que Jesús no sea únicamente lo que siempre han pensado (uno de ellos). Esta situación es una lección para el discipulado. Estemos atentos para descubrir a Jesús en lo ordinario de la vida; para dar testimonio de Jesús entre aquellos que nos conocen. También deberíamos buscar estar alertas para descubrir a Jesús de una forma siempre nueva, ya que la cercanía y familiaridad con él podría llevarnos a la costumbre de una imagen de Jesús a nuestra medida y conveniencia.

XV DOMINGO ORDINARIO

Ofrece a todos los presentes las palabras de Amasías con todo de solemnidad despreciable. Es un sacerdote servil al rey.

La respuesta de Amós debe estar cargada de reclamo seguro de quien habla en nombre de Dios, no por sí mismo.

La bendición bautismal debe ser escuchada como un agradecimiento y profesión de fe.

I LECTURA   Amós 7,12–15

Lectura del libro del profeta Amós

En aquel tiempo,
   Amasías, sacerdote de Betel, le dijo al profeta Amós:
   "**Vete de aquí,** visionario, y **huye** al país de Judá;
   gánate allá el pan, profetizando;
   pero no vuelvas **a profetizar** en Betel,
   porque es **santuario** del rey y **templo** del reino".

Respondió Amós:
   "Yo **no soy** profeta ni hijo de profeta,
   sino **pastor** y cultivador de higos.
El Señor **me sacó** de junto al rebaño y me dijo:
   'Ve y **profetiza** a mi pueblo, Israel'".

II LECTURA   Efesios 1,3–14

Lectura de la carta del apóstol san Pablo a los efesios

Bendito sea Dios, **Padre** de nuestro Señor Jesucristo,
   que nos **ha bendecido** en él
   con **toda clase** de bienes espirituales y **celestiales.**
Él **nos eligió** en Cristo, **antes** de crear el mundo,
   para que fuéramos **santos**
   e **irreprochables** a sus ojos, por el amor,
   y **determinó,** porque **así** lo quiso,
   que, por medio de **Jesucristo,** fuéramos **sus hijos,**

I LECTURA En la historia de Israel existen tres personajes que desarrollan su propia función: el rey, el sacerdote y el profeta. Aparentemente, pueden cumplir con su tarea en forma separada. Pero esta separación es ficticia y cuando se descubre la relación, brota la tensión. Amós es un profeta nuevo, no tiene antecedentes proféticos familiares. Es un pastor de un pueblecito de Judá (Tecoa). Desde su realidad recibe la llamada para profetizar en el reino del norte donde el rey Jeroboan II—un rey bien visto por muchos

(los beneficiados), pues había traído riqueza y prosperidad al reino. Los lujos y riquezas de la corte y de los sacerdotes que lo avalaban con su culto eran conseguidos a costa del empobrecimiento y opresión de las mayorías. Este profeta, sacado de la vida ordinaria como pastor, profetiza desenmascarando los pecados sociales (lujo, injusticia y opresión) y los pecados religiosos (hipocresía cultual y falsedad en la fe). Su crítica es frontal y sin pelos en la lengua. Con toda razón será acusado por el sacerdote Amasías de atentar contra el rey, contra el reino, la religión y el futuro de este

reino (del norte) de Israel. Amós explica su origen como persona y como un profeta enviado por Dios. Asunto que Amasías desoye, pero en el cual la historia le dará la razón cuando años más tarde dicho reino sufre la destrucción anunciada por este visionario de Dios rechazado.

II LECTURA La carta a los Efesios tiene destinarios precisos por su titulo, pero por su contenido parece estar dirigida a toda las Iglesias de la región. La expansión de la fe está haciendo surgir una nueva realidad y nuevos desafíos con la

Haz resaltar la gracia de que brota de la muerte de nuestro Señor Jesucristo. La asamblea debe sentirse dentro de tal bendición, porque lo está en realidad.

para que alabemos **y glorifiquemos** la gracia
con que nos **ha favorecido** por medio de su **Hijo** amado.

Pues **por Cristo,** por su sangre,
hemos recibido la redención,
el **perdón** de los pecados.
Él ha prodigado sobre nosotros **el tesoro** de su gracia,
con **toda** sabiduría e inteligencia,
dándonos a conocer **el misterio** de su voluntad.
Éste es **el plan** que había proyectado realizar **por Cristo,**
cuando llegara **la plenitud** de los tiempos:
hacer que **todas** las cosas, las del cielo y **las de la tierra,**
tuvieran a Cristo por cabeza.

Con Cristo somos **herederos** también nosotros.
Para esto estábamos destinados,
por **decisión** del que lo hace todo según **su voluntad:**
para que fuéramos **una alabanza continua** de su gloria,
nosotros, los que ya antes **esperábamos** en Cristo.

Cuando prepares esta lectura medita en tu propia participación de la redención cristiana. Ello debe animarte a proclamar con el mismo espíritu a la asamblea litúrgica.

En él, también **ustedes,**
después de **escuchar** la palabra de la verdad,
el **Evangelio** de su salvación, y después **de creer,**
han sido **marcados** con el Espíritu Santo prometido.
Este Espíritu es **la garantía** de nuestra herencia,
mientras llega **la liberación** del pueblo adquirido por Dios,
para **alabanza** de su **gloria.**

Forma breve: Efesios 1,3–10

presencia de paganos convertidos. Al parecer contiene la preocupación de que esta presencia de la diversidad ocasiones dudas en la fe y el particularismo de grupos. Después de un breve saludo pasa el autor a una presentación doctrinal del plan divino de salvación. Las personas que forman este plan salvífico no son paganos, ni judíos, es Dios mismo que en Cristo nos ha elegido y en el Espíritu garantiza la gracias para todos y todas. Al leer con atención el texto se percibe que el mensaje va dirigido tanto a los judíos ("los que ya esperábamos en Cristo") como a los nuevos miembros de la Iglesia

("ustedes, al escuchar el mensaje de la verdad, creyeron en la buena noticia"). Cuando, en la vida ordinaria de nuestra experiencia eclesial actual, nos sentimos tan católicos que rechazamos el comportamiento de otros católicos; cuando nos aferramos a ciertos privilegios de antigüedad en la parroquia, el grupos o los ministerios, estamos cayendo en el peligro de confundir nuestro plan con el plan de Dios, al grado de poner riesgo la autenticidad de la propia fe y el futuro de la Iglesia.

EVANGELIO No hay llamado sin envío, tampoco hay discípulo si no cumple con la misión encomendada por el maestro. Ningún comentarista de la Biblia que cuente con algo de formación podrá aducir que el envío de los Doce se refiere solo a los sacerdotes y obispos. Es una referencia a las Doce tribus y sobre todo una alusión a los discípulos de Jesús que aceptan serlo y seguir sus indicaciones para realizar la misión al estilo y modo del maestro. Él que recorría los pueblos anunciando, sanando y liberando da recomendaciones precisas por si acaso no haya

EVANGELIO Marcos 6,7–13

Lectura del santo Evangelio según san Marcos

En aquel tiempo,
llamó Jesús **a los Doce**,
los **envió** de dos en dos
y les **dio poder** sobre los espíritus inmundos.
Les mandó que no llevaran **nada** para el camino:
ni pan, ni mochila, **ni dinero en el cinto**,
sino **únicamente** un bastón, sandalias y **una sola** túnica.

Y les dijo: "Cuando **entren** en una casa,
quédense en ella hasta que se vayan de ese lugar.
Si en alguna parte no los reciben **ni los escuchan**,
al abandonar ese lugar, **sacúdanse** el polvo de los pies,
como una **advertencia** para ellos".

Los **discípulos** se fueron a **predicar** el arrepentimiento.
Expulsaban **a los demonios**,
ungían con aceite a los enfermos y **los curaban**.

Transmite la seguridad y optimismo de este Evangelio que narra el envío misionero en equipo.

Reproduce en ti mismo la actitud de Jesús, lleno de autoridad y seguridad.

El final del Evangelio manifiesta un gozo y satisfacción que toda la asamblea debe sentir como parte de su propio llamado hoy.

---

quedado claro: la ropa puesta, calzado apropiado para el camino y un bastón para poder apoyarse.

La desprotección del discípulo nos enseña a profundidad las intenciones que se esconden detrás de quien lleva una bolsa para guardar dinero por recompensa de lo que piensa hacer. Ir de este modo significa, además de la recta intensión de no buscar el beneficio propio, la total apertura a la voluntad de Dios y la confianza en la gente. Había la costumbre judía de sacudirse el polvo antes de entrar a su propio territorio para no contaminarlo con lo que se les haya

pegado en el camino. Pero aquí el rito de sacudirse es presentado a la inversa. No como un rechazo a quienes rechazan el anuncio, sino, muy probablemente, como un signo de dejar la responsabilidad de tal decisión en la casa donde no se ha dado uno de los mejores signos en la tradición de Israel y de la misión de Jesús: la hospitalidad.

El discipulado y la misión realizados bajo estos parámetros rompen con toda intención de negocio en la misión evangelizadora. Apunta a la construcción de relaciones solidarias y de corresponsabilidad

en la tarea evangelizadora. Aunque en la actualidad parezca prácticamente imposible ser discípulos de Jesús en este modo, la exigencia del evangelio sigue vigente si vemos la actitud y el comportamiento del propio Jesús y el nuestro.

XVI DOMINGO ORDINARIO

Haz sonar con voz enérgica la crítica de Jeremías contra los falsos pastores.

La determinación de Dios por encargarse él mismo de cuidar a su rebano debe infundir esperanza en la comunidad.

Aumenta el tono de tu proclamación enunciando con entusiasmo la promesa de Dios por enviar pastores auténticos a su pueblo.

I LECTURA   Jeremías 23,1–6

Lectura del libro del profeta Jeremías

"**¡Ay** de los pastores que **dispersan**
y **dejan perecer** a las ovejas de mi rebaño!", dice el Señor.

Por eso **habló así** el Señor, Dios de Israel,
contra los pastores que apacientan **a mi pueblo:**
"Ustedes han rechazado y **dispersado** a mis ovejas
y **no** las han cuidado.
Yo me encargaré de **castigar** la maldad de las acciones de **ustedes.**
Yo mismo reuniré al resto de mis ovejas,
de **todos** los países a donde las había expulsado
y las **volveré a traer** a sus pastos,
para que ahí **crezcan** y se multipliquen.
Les pondré pastores que las apacienten.
Ya **no temerán** ni se espantarán y **ninguna** se perderá.

Miren: Viene un tiempo, dice el Señor,
en que **haré surgir** un renuevo en el tronco de David:
será un rey **justo y prudente**
y hará que en la tierra **se observen** la ley y la justicia.
En sus días será **puesto a salvo** Judá,
Israel habitará **confiadamente**
y a él lo llamarán con **este nombre**:
'El Señor es **nuestra** justicia'".

I LECTURA Parece que en el tiempo litúrgico más "ordinario" nos encontramos con temas proféticos más extraordinarios. Es conveniente tener esta conciencia clara ya que los acontecimientos centrales celebrados (Navidad, Cuaresma, Pascua) son, como decimos de la Eucaristía, "fuente y culmen" de la vida que día a día se va realizando. El profeta Jeremías nos acompaña hoy con un mensaje de parte de Dios pleno de verdad. No hay amargura ni odio en dicho mensaje, pero tampoco hay ignorancia e ingenuidad de la realidad de las cosas. El mensaje es de parte de Dios y dirigido a todos. Directamente a quienes se aprovechan injustamente de los demás mediante sus posiciones y responsabilidades de liderazgo. La imagen del pastor y las ovejas es en toda la Sagrada Escritura un hilo que hay que estudiar para comprender mejor. A Dios con el pueblo, los líderes y la imagen de Jesús mismo. Por lo pronto, Jeremías da un mensaje extremadamente incomodo para los falsos pastores que viven a costa de la vida del pueblo, dejándoles morir por medio del rechazo y la dispersión. Nadie querría estar ante el dedo de fuego de Dios que promete castigo y destitución. Muchos, por otro lado, verán en este anuncio una esperanza de vida con pastores amigos y hermanos responsables, con pastos rebosantes de vida y la alegría inmensa de sentir la presencia de Dios que protege a su pueblo. ¡Tanto que aprender del talante profético! ¡Tanto que descubrir de la presencia de Dios entre nosotros!

II LECTURA Ya hemos dicho anteriormente algo sobre la carta a los Efesios, su tema y destinarios. Es como una carta en el aire con un mensaje para

Maneja un tono inclusivo y hospitalario al dirigirte a la asamblea presente. Todos estamos sedientos de cercanía fraternal.

Los verbos que nos hablan de la obra de reconciliación por parte de Jesús deben son llenos de consistencia y poderío.

Reflexiona como podría servir la Palabra de Dios para impulsar la unidad en la comunidad parroquial que asiste a Misa cada domingo.

II LECTURA   Efesios 2,13–18

Lectura de la carta del apóstol san Pablo a los efesios

Hermanos:

Ahora, unidos a Cristo Jesús,
　ustedes, que antes estaban **lejos,** están cerca,
　en virtud de **la sangre** de Cristo.

Porque **él** es nuestra paz;
　él hizo de los judíos y de los no judíos **un solo pueblo;**
　él **destruyó,** en su propio cuerpo,
　la barrera que los separaba: el odio;
　él **abolió** la ley, que consistía en mandatos y **reglamentos,**
　para crear en **sí mismo,**
　de los dos pueblos, **un solo hombre nuevo,**
　estableciendo **la paz,**
　y para reconciliar **a ambos,** hechos **un solo** cuerpo,
　con Dios, por medio de la cruz,
　dando muerte **en sí mismo** al odio.

Vino para anunciar **la buena nueva** de la paz,
　tanto **a ustedes,** los que estaban **lejos,**
　como a los que estaban **cerca.**

Así, unos y otros podemos **acercarnos** al Padre,
　por la acción de **un mismo** Espíritu.

todos. Su temática doctrinal tiene especial importancia para la realidad de la Iglesia en los Estados Unidos de América. Es una Iglesia de migrantes. La migración no es únicamente un signo de número que caracteriza nuestros tiempos desde mediados del siglo XX y principios del XXI. Es signo de los tiempos en cuanto a la variedad de significados y desafíos que comporta en sentido social, cultural, religioso y político.

Migración y catolicismo es casi un tema especial, no separado. La Iglesia católica tiene en la experiencia de los Estados Unidos la oportunidad más grande de su

historia: edificar una nueva catolicidad eclesial donde el cristianismo recobra un nuevo sentido para el mundo del siglo XXI. Estamos descubriendo las barreras y fronteras que nos han mantenido a "salvo" de los demás. El autor de la carta a los Efesios nos menciona los que están "cerca" y los que han estado "lejos" están unidos en Cristo. El camino a Dios pasa por nuestros hermanos. Cruzar la diversidad y desigualdad social que vivimos actualmente es para la Iglesia un camino inevitable hacia una autentica unidad en Cristo que no será posible sin la reconciliación que asume las fronteras y rompe las desigualdades.

EVANGELIO El relato de este domingo da la sensación de estar incompleto en cuanto a la organización del material siguiendo el sentido dentro del Evangelio según san Marcos. Conviene leer personalmente hasta el versículo 42 para tener una idea más amplia como referencia. Casi siempre encontraremos la referencia "en aquel tiempo". Esto nos indica que las cosas sucedieron en realidad. Que todo relato evangélico tiene un contexto en que se sustenta. Los apóstoles entregan un reporte a Jesús de sus acciones. Por la

Dirígete a la asamblea como quien narra un hecho que sucedió hace poco y del cual todos los presentes podemos dar crédito.

Proclama las palabras de Jesús como un gesto de intimidad y ternura del Maestro compasivo.

La sección de la gente buscando a Jesús y su respuesta ha de crear un hondo sentido de confianza en la asamblea litúrgica. Jesús siempre esta pronto a responder al pueblo que le busca.

EVANGELIO   Marcos 6,30–34

Lectura del santo Evangelio según san Marcos

En aquel tiempo,
los apóstoles **volvieron** a reunirse con Jesús
y le contaron **todo** lo que habían hecho y **enseñado.**
Entonces él les dijo:
"**Vengan** conmigo a un lugar solitario,
para que **descansen** un poco".
Porque eran **tantos** los que iban y venían,
que no les dejaban tiempo **ni para comer.**

Jesús y sus **apóstoles** se dirigieron en una **barca**
hacia un lugar **apartado y tranquilo.**
La gente los vio irse y **los reconoció;**
entonces **de todos** los poblados fueron **corriendo** por tierra a
aquel sitio y se les **adelantaron.**

Cuando Jesús **desembarcó,**
vio una **numerosa** multitud que lo estaba **esperando**
y se **compadeció de** ellos,
porque andaban como ovejas **sin pastor,**
y se puso a enseñarles **muchas cosas.**

reacción de Jesús, suponemos que dicho reporte fue positivo.

En un segundo momento, se presenta el tema del descanso bien merecido en el trajín apostólico y la insaciable necesidad de las multitudes. Pastoralmente hablando, aquí podríamos extendernos en varias líneas de reflexión que únicamente apuntamos. Las líneas del Evangelio entretejen el gran celo y entrega apostólica en medio de dos extremos: la necesidad de la persona del discípulo y la necesidad de la gente. La sabiduría que ofrece el Evangelio para nuestro discernimiento está en la actitud

de Jesús: la ternura y el cuidado compasivo en ambos cosas, con un detalle final para quienes no pasan del discernimiento a la acción. Y es la prioridad que pone en el sentido comunitario. La sociología y antropología cultural aplicada como recurso en los estudios bíblicos en el mundo mediterráneo ha demostrado la diferencia entre las sociedades y culturas orientadas a la persona y las que se orientan más hacia la comunidad, como es el caso de las culturas donde nace el Evangelio y Jesús mismo. Esta "distinción" podría llevarnos a suavi-

zar la opción comunitaria de Jesús presente en todo el Nuevo Testamento.

En la pastoral y los ministerios casi nos mata la prisa y descuidamos tiempo personal (oración, retiro, tiempo para reflexionar sobre la experiencia), con el riesgo de no dar atención a las prioridades pastorales de una comunidad que necesita saber descubrir cómo conducirse por sí misma, con su propio liderazgo. Tenían hambre y lo único que necesitaban era el milagro de organizar y compartir sus propios dones en el Espíritu de Jesús (ver Marcos 6,35–42).

XVII DOMINGO ORDINARIO

Proclama con tono sereno de cronista la llegada de aquel hombre ante el profeta Eliseo. Es un encuentro con historia de fondo.

Haz que las palabras de Eliseo sean escuchadas con energía. Lo más importante no es la limitación, sino la generosidad, el dar y compartir; lo demás es añadidura.

Cumple la última frase como un cierre de balance positivo ante lo que parecía absurdo.

Motiva y anima a la asamblea para recibir con apertura las recomendaciones prácticas válidas para cualquier ser humano. Por ahí empieza la fe en Cristo.

I LECTURA   2 Reyes 4,42–44

Lectura del segundo libro de los Reyes

En **aquellos** días, llegó de Baal-Salisá
   un hombre que traía para el siervo de Dios,
   Eliseo, como primicias,
   veinte panes de cebada y **grano tierno** en espiga.

Entonces **Eliseo** dijo a su **criado:**
   "**Dáselos** a la gente para que coman".
Pero él le respondió:
   "¿Cómo voy **a repartir** estos panes entre cien hombres?"

Eliseo **insistió:** "Dáselos a la gente **para que coman,**
   porque **esto** dice el Señor: 'Comerán todos y **sobrará**'".

El **criado** repartió los **panes** a la **gente;**
   todos comieron y todavía **sobró,** como había **dicho** el Señor.

II LECTURA   Efesios 4,1–6

Lectura de la carta del apóstol san Pablo a los efesios

Hermanos:
Yo, Pablo, **prisionero** por la causa del Señor,
   los exhorto a que lleven **una vida digna**
   del llamamiento que **han recibido.**
Sean **siempre** humildes y amables;
   sean **comprensivos** y sopórtense **mutuamente** con amor;

I LECTURA   Los escritos que conocemos con el nombre de "Libro de los Reyes" forma un solo libro de la Biblia Hebrea completando, junto con Josué, Jueces y los dos libros de Samuel, el conjunto conocido como "profetas anteriores". Ambos escritos abarcan unos 400 años de la historia de Israel desde la entronización de Salomón por el año 971 a.C. En el escrito de los reyes, encontramos narraciones sobre reyes y profetas en el proceso de construir y edificar la nación de Israel. El texto que proclamamos hoy forma parte de una sección más amplia conocida como "el ciclo de Eliseo" que abarca los capítulos 2 al 8. Una serie de milagros nos muestran el poder de Dios por medio de Eliseo quien ejerce sus poderes especiales. Si leemos con atención 2 de Reyes 4,1–42, veremos que lo especial del profeta Eliseo no es que tenga tales poderes, sino la forma y la finalidad con que los utiliza. Definitivamente, no son poderes para la muerte, sino a favor de la vida. Tampoco son ejercidos para beneficio propio sino de los demás. La multiplicación de los panes es un ejemplo que habla por sí mismo, y adquiere mayor sentido si lo vemos en el contexto que acabamos de plantear y en relación con el ministerio y el poder de Jesús. Específicamente con la multiplicación de los panes narrada por los relatos evangélicos.

II LECTURA   La carta a los efesios contiene una densa teología sobre la unidad eclesial en medio del pluralismo. El fundamento es Cristo y su proyecto de unidad de todo el género humano. En la medida en que se quita a Jesús del centro de referencia para la unidad, en esa medida dicha unidad se imposibilita y desvirtúa convirtiéndose en un pretexto para imponer y excluir. San Pablo exhorta con

esfuércense **en mantenerse unidos** en el espíritu
con el **vínculo** de la paz.

Porque no hay más que **un solo** cuerpo y **un solo** Espíritu,
como también **una sola** es la esperanza
del llamamiento que ustedes **han recibido.**
Un solo Señor, **una sola fe, un solo** bautismo,
un solo Dios y Padre **de todos,** que reina **sobre todos,**
actúa a través de todos **y vive** en todos.

Poniendo importancia en la paz y la unidad, contempla a la asamblea con confianza.

EVANGELIO   Juan 6,1–15

Lectura del santo Evangelio según san Juan

En aquel tiempo,
Jesús se fue **a la otra orilla** del mar de Galilea
o lago de Tiberíades.
Lo seguía **mucha** gente,
porque **habían visto** las señales milagrosas
que hacía **curando** a los enfermos.
Jesús subió al **monte** y **se sentó** allí con sus **discípulos.**

Estaba cerca **la Pascua,** festividad de los judíos.
Viendo Jesús que **mucha** gente lo seguía, le dijo a Felipe:
"¿**Cómo** compraremos pan **para que coman** éstos?"
Le hizo esta pregunta para ponerlo **a prueba,**
pues él bien sabía **lo que iba a hacer.**
Felipe le respondió:
"Ni doscientos denarios **bastarían** para que a cada uno
le tocara **un pedazo** de pan".
Otro de sus discípulos, **Andrés,**
el **hermano** de **Simón Pedro**, le dijo:

Sitúate ante la asamblea como un enviado a transmitir el Evangelio con vivacidad. Eres un testigo y el tono de tus palabras tu sabor.

La cercanía y la paz de Jesús y los discípulos es justa y validad, como también la presencia de las multitudes. Define estos dos escenarios cambiando de un tono más íntimo a uno más entusiasta y abierto.

---

fuerza en esta sección a tomar en serio la unidad en Cristo que ha de traducirse en una vida digna. ¿Qué es la unidad? Es un problema muy serio en nuestra experiencia actual de la Iglesia actual. Hay dos razones, para empezar: la unidad entre nosotros generalmente se entiende como uniformidad o relaciones de poder, o ambiente de paz donde el pensamiento de unos prevalece sobre los otros. Es la matriz de pensamiento que nos llegó de los griegos, pasando por los romanos y las versiones actuales que las escuelas entre otras instituciones se encargan de continuar.

La unidad cristiana de la que habla san Pablo y el cristianismo tiene como modelo el Dios de Jesús: Trinidad en diálogo creador. Lo que prevalece en la relación no es el poder. De Dios Padre, Hijo y Espíritu Santo se desprende esta unidad abierta a la que refiere el texto. De ahí que nos exhorte a vivir tal dignidad con humildad, amabilidad, conciencia y apoyo. Solo actitudes y comportamientos como estos podremos saborear la unidad en nuestras parroquias, grupos y diversidad cultural. Muy sabia la opción de la Iglesia en los Estados Unidos por celebrar hace diez años (Jubileo 2000)

el sueño católico de la unidad cultural. Estamos atravesando todos apenas el desafío de aceptar el sueño apreciando la diversidad. Hagamos del consejo práctico de san Pablo una buena guía en nuestras relaciones ordinarias. Las ideas cambiaran después.

EVANGELIO **En la lectura del Evangelio del domingo anterior, el texto de Marcos nos enfoca en el cuidado y la ternura de Jesús con su pueblo y discípulos. No proclamamos la multiplicación de los panes que venía en seguida. Ahora**

Muestra la actitud de los discípulos con sabor a desconfianza incapaz en la gente y en sí mismos.

"**Aquí** hay un muchacho que trae **cinco** panes de cebada
  y **dos** pescados.
Pero, ¿qué es eso **para tanta gente?**"
Jesús le respondió:
  "**Díganle** a la gente **que se siente**".
En aquel lugar había **mucha** hierba.
Todos, pues, se sentaron ahí;
  y tan sólo los hombres eran unos **cinco mil**.

Las órdenes de Jesús deben ser mencionadas con tono firme y enérgico como quien sabe exactamente lo que es más importante en tales casos.

Enseguida **tomó** Jesús los panes, y después de **dar gracias** a Dios,
  se los fue **repartiendo** a los que se habían sentado a comer.
Igualmente les fue dando de los pescados **todo lo que quisieron**.
Después de que todos **se saciaron**, dijo a sus discípulos:
  "Recojan los pedazos **sobrantes**, para que no **se desperdicien**".
Los recogieron y con los pedazos que sobraron
  de los cinco panes llenaron doce canastos.

Entonces la gente, **al ver el signo**
  que Jesús había hecho, decía:
  "**Éste es**, en verdad, el profeta que **había de venir** al mundo".
Pero Jesús, sabiendo que iban a llevárselo para **proclamarlo rey**,
  se **retiró** de nuevo a la montaña, **él solo**.

tenemos esta bella pieza literaria al estilo de san Juan. Este relato de la multiplicación de los panes merece mucha más atención de la que comúnmente le damos en nuestra reflexión y acción pastoral. En los relatos evangélicos, se le encuentra varias veces (ver Mateo 14,13–21; 15,32–39; Marcos 6,32–44; Lucas 9,10–17) en relación a Jesús, el pueblo y el liderazgo de los discípulos.

En Juan es un signo que sirve de punto de partida para una explicación doctrinal.

La forma como se desarrolla el signo (milagro) nos hace ver varias capas de sentido en el relato. Lo primero e inmediato, es la importancia de no separar la religión de los acontecimiento ordinarios e importantes de la vida, como es el sentido del hambre, de compartir y el hecho de comer juntos. A mayor profundidad, podemos distinguir en los gestos de Jesús cierta similitud con la Cena de Pascua: les pide que se sienten, y mientras están recostados, da gracias a Dios y reparte el pan. Revelando así a Dios en su generosidad por dar a su pueblo la

esperanza a través de la vida en su expresión más humana. Una vez más encontramos el riesgo de las multitudes: el inmediatismo y la falta de un adecuado discernimiento. Confunden el dulce con la envoltura e interpretan el milagro a su conveniencia practica inmediata (hambre y comida) queriendo proclamarlo su rey.

XVIII DOMINGO ORDINARIO

Las quejas de los israelitas llevan un sabor de molestia ante Dios y contra ellos mismos. Haz sentir en la asamblea el tono quejumbroso.

Proclama la respuesta de Dios con seguridad y comprensión. No está enojado. Las quejas de un pueblo en camino de liberación apenas empiezan.

I LECTURA   Éxodo 16,2—4.12—15

Lectura del libro del Éxodo

En aquellos días,
   toda la comunidad de los hijos de Israel
   murmuró **contra Moisés** y Aarón en el desierto, **diciendo:**
   "Ojalá **hubiéramos** muerto
   a manos del Señor **en Egipto,**
   cuando nos **sentábamos** junto a las ollas de **carne**
   y **comíamos** pan hasta **saciarnos.**
Ustedes nos han **traído** a este desierto
   para **matar de hambre** a toda esta multitud".

Entonces **dijo** el **Señor** a Moisés:
   "Voy a hacer que llueva **pan del cielo.**
Que el pueblo salga a **recoger cada día** lo que necesita,
   pues quiero **probar si guarda** mi ley o no.
He oído las murmuraciones de los hijos de Israel.
Diles de parte mía:
   'Por **la tarde** comerán carne
   y por **la mañana** se hartarán de pan,
   para que **sepan que yo** soy el Señor, su **Dios**' ".

Aquella **misma** tarde,
   una **bandada de codornices** cubrió el campamento.
A la mañana **siguiente**
   había en torno a él una **capa de rocío** que,
   al **evaporarse,** dejó el suelo cubierto
   con una especie de **polvo blanco** semejante a la escarcha.

| I LECTURA | La experiencia del pueblo en su proceso de fe, de vida y de liberación es siempre un desafío abierto. Apenas habían cruzado la barrera más grande (del miedo a la confianza) al salir de Egipto, ahora en una prueba menor reclaman como niños el alimento, casi amenazando con "regresar" al pasado lleno de comida y de esclavitud. Dios responde a Moisés saciando el hambre de un pueblo débil por la nueva experiencia de caminar |

por sí mismo, en el desierto donde no hay autoridad que les dirija la vida, solo Dios y sus líderes (Moisés entre ellos) que acompañan, escuchan y guían. El alimento que con admiración ("maná") reciben del cielo no es únicamente para que se llenen, es "para que sepan" que Dios es su Señor. Los cristianos hemos visto siempre una anticipación de Jesús como verdadero alimento que procede de Dios y nos alimenta para ser de Dios. Tener vida en el desierto es

confirmación de que nuestro destino no se reduce a los problemas y los desafíos, como nuestra hambre tampoco se llena con cosas que comer. ¿Para qué nos sirve el hambre? ¿Por qué caminamos y qué buscamos?

Concluye la lectura con el sentido de quien entiende las cosas a mayor profundidad.

Al ver eso, los **israelitas se dijeron** unos a otros:
    "¿**Qué** es esto?", pues **no sabían** lo que era.
Moisés les dijo:
    "**Éste es** el pan que el Señor **les da** por alimento".

Lectura de la carta del apóstol san Pablo a los efesios

Presenta la recomendación y testimonio de san Pablo con tal convicción, que la misma asamblea sienta el mensaje para ellos mismos.

Observa a los presentes mientras pronuncias la palabra "ustedes".

Hermanos:
Declaro y doy **testimonio** en el Señor,
    de que **no deben** ustedes **vivir** como lo paganos,
    que **proceden** conforme a lo vano de sus **criterios**.
Esto no es lo que ustedes **han aprendido** de Cristo;
    han oído hablar de él y en él **han sido** adoctrinados,
    conforme a la verdad de Jesús.
Él les **ha enseñado** a abandonar su **antiguo** modo de vivir,
    ese **viejo yo, corrompido** por deseos de placer.

Como quien ha sido renovado por el Espíritu Santo a través del ministerio de la Palabra de Dios, concluye la lectura con fuerte convicción.

Dejen que el Espíritu **renueve** su mente
    y **revístanse** del nuevo yo,
    creado a **imagen** de Dios,
    en la justicia y en la **santidad** de la verdad.

Lectura del santo Evangelio según san Juan

Recuerda tu propia experiencia de multitudes hambrientas de Dios que andan buscando al Señor en muchos lados y con hábiles personalidades. Que esta imagen anime el inicio de la lectura.

En aquel tiempo,
    cuando **la gente** vio que en aquella parte del lago
    no estaban **Jesús** ni sus **discípulos**,
    se embarcaron y **fueron a Cafarnaúm** para buscar a Jesús.

Al **encontrarlo** en la otra orilla del lago, le **preguntaron**:
    "Maestro, ¿**cuándo** llegaste acá?".

II LECTURA La amonestación de san Pablo apunta directamente a aquellos que se consideran buenos cristianos y, sin embargo, en lugar de imitar a Cristo, imitan a los modelos de vida del mundo en que viven. Dicho reclamo suena como quien corrige a niños que solo imitan lo que ven. El Bautismo y la fe nos hacen nacer a una vida nueva cuyos criterios nos llevan a vivir en libertad y santidad como Jesús nos ha enseñado con su vida. Esta es la nueva vida, el hombre nuevo que supera y suplanta la mentalidad del hombre viejo, el antiguo modo de ver, pensar y vivir

guiados por los instintos y los arrebatos, más que por el discernimiento y el corazón. El hombre viejo vive bajo la ley de cumplir por cumplir y vivir en el inmediatismo. El hombre nuevo es aquella persona compenetrada en el Espíritu de Jesús, que nos lleva a vivir con intensidad la libertad que da la práctica del amor que nos hace de Dios (santos).

EVANGELIO El discurso del pan de vida en san Juan se puede comprender mejor si consideramos dos

actitudes presentes en este mensaje: la exigencia de Jesús para que tengamos fe y la resistencia de los discípulos a creer. Leyendo con atención, podremos descubrir estos dos pensamientos en todo el diálogo. La gente busca a Jesús, lo sigue de un lugar a otro, muchas veces no se dan cuenta cuando llega. El seguimiento de Jesús se basa en las maravillas de sus obras milagrosas, pero no alcanzan en muchas ocasiones, a descubrir a Dios y su mensaje que está mucho más allá del alimento material o sentimental de su presencia. Jesús es

La respuesta de Jesús debe ser clara y directa dejando al descubierto las verdaderas intenciones de aquella gente amontonada.

Jesús le **contestó**:
"Yo les **aseguro** que ustedes no me andan **buscando**
por **haber visto** señales milagrosas,
sino por **haber comido** de aquellos panes hasta **saciarse**.
No **trabajen** por ese alimento que se **acaba**,
sino por **el alimento** que dura
para la **vida eterna** y que **les dará** el Hijo del hombre;
porque a éste, el Padre Dios **lo ha marcado** con su sello".

Ellos le **dijeron**:
"¿Qué **necesitamos** para llevar a cabo las **obras de Dios**?".
Respondió Jesús:
"La obra de Dios **consiste**
en que **crean en aquel** a quien él ha enviado".
Entonces la gente le preguntó a Jesús:
"¿**Qué** señal vas a **realizar** tú,
para que la **veamos** y podamos **creerte**?
¿**Cuáles** son tus obras?
Nuestros padres comieron **del maná** en el desierto,
como está escrito: *Les dio a comer pan del cielo*".

El diálogo entre Jesús y algunos que representan a la mayoría debe ser vivo y en crecimiento.

Jesús les **respondió**:
"Yo **les aseguro**:
No fue Moisés quien les dio pan del cielo;
es **mi Padre** quien les da el **verdadero** pan del cielo.
Porque el **pan de Dios** es aquel que baja del cielo
y da la vida al **mundo**".

Entonces **le dijeron**: "Señor, **danos** siempre de **ese pan**".
Jesús les **contestó**:
"**Yo soy** el pan de la vida.
El que viene a mí no **tendrá hambre**
y el que cree en mí nunca **tendrá sed**".

mucho más que los propios milagros que realiza en la vida de la gente. La multiplicación de los panes es el caso ejemplar. Le siguen por el interés de saciar el hambre inmediata. Para Jesús, esto no es suficiente. No es un signo de ser discípulos de Jesús. Es más bien una muestra de ser un pueblo disperso, sin dirección y sin liderazgo, con más hambre que ganas de comer. Jesús sentía compasión por esta realidad. Desafiaba a sus discípulos a cambiarla. A la misma multitud está planteando siempre la exigencia de la fe como signo de creer

en su persona, sin quedarnos atorados en sus obras y en el beneficio o satisfacción personal de la necesidad inmediata.

El asunto es vital. Es una invitación a ver con mayor profundidad la vida de Jesús y la nuestra. Porque haciéndonos uno con él nuestra vida será totalmente nueva y plena. Nuestra vida estará incompleta y vacía si no alimentamos una fe profunda y sincera en Jesús. El mismo acto de comer en la vida diaria es mucho más que llenarse de cosas comestibles por compromiso, costumbre o ansiedad. Es un gran gesto

humano que simboliza la vida (trabajo, amigos, familia, comunidad, fiesta, despedida, bienvenida, etcétera). Somos lo que comemos, con quien compartimos los alimentos y también somos la razón por la que alimentamos nuestra vida. De modo semejante, y mucho mas, en relación a Jesús, el Pan de Vida. La fe y la comunión con él nos hacen ver el milagro y sentir su presencia en el camino de la vida, no al revés.

XIX DOMINGO ORDINARIO

Narra los hechos como alguien que ha analizado detalladamente las causas de la situación que vive el profeta.

Recita angustiadamente la petición de Elías. La asamblea debe sentir la dureza de su experiencia.

Después de narrar con todo de alivio la presencia de la ayuda celestial, imprime ánimo y fuerza la recuperación de Elías.

I LECTURA   1 Reyes 19,4–8

Lectura del primer libro de los Reyes

En aquellos tiempos, caminó Elías por el desierto **un día entero**
    y finalmente se **sentó** bajo un árbol de retama,
    sintió deseos **de morir** y dijo:
"Basta **ya,** Señor. **Quítame** la vida,
    pues yo no valgo más que mis padres".
Después **se recostó** y se quedó **dormido.**

Pero un **ángel** del Señor llegó a despertarlo y le dijo:
    "**Levántate** y come".
Elías **abrió** los ojos y vio a su cabecera
    un pan cocido en las brasas
    y un jarro de agua.
Después de comer y beber, **se volvió** a recostar y se durmió.

Por **segunda** vez, el ángel del Señor **lo despertó**
    y le dijo: "**Levántate** y come,
    porque aún te queda **un largo camino**".
Se **levantó** Elías. Comió y bebió.
Y con la **fuerza** de aquel alimento,
    caminó **cuarenta días** y cuarenta noches hasta el Horeb,
        el monte de Dios.

I LECTURA Elías es perseguido a muerte por Jezabel, esposa del rey Ajab, con quienes el profeta vivía tiempos muy difíciles debido a su labor profética. En la defensa de la soberanía de Dios, Elías había declarado la muerte del dios Baal, con quien el rey simpatizaba por influencia de su esposa. En su huida por el desierto se sintió desfallecer y deseo la muerte. En respuesta a su petición desesperada lo que recibe es la atención divina que le provee descanso y alimento para que recupere sus fuerzas pues, según el plan de Dios, aún le queda mucho camino recorrer. Resistió 40 días, el tiempo que

necesitan para llegar al monte Horeb, lugar donde el Señor se había manifestado a Moisés y al pueblo después de su duro camino por el desierto. La situación de Elías no solo nos recuerda al pueblo en sus luchas por el camino de liberación de Egipto hacia la tierra prometida; también nos ilumina en la jornada como pueblo de Dios hoy. Un serio análisis profético de la situación actual nos lleva a ver una serie de dioses del mercado. Somos inducidos a endiosar el consumo desmedido, el poder de la guerra y el rechazo a todo el que se sale de los criterios que marcan quienes pretenden orientar el destino del mundo.

Tanto compras o debes, tanto vales. Hagamos valida la presencia del Dios de Jesús en nuestra sociedad, empezando por discernir ¿Qué imagen de Dios dirige y orienta nuestra vida?

II LECTURA Decíamos en otro momento que la carta a los Efesios desarrolla con mucha profundidad el tema de la unidad en la pluralidad de la Iglesia. En esta exhortación vuelve al asunto desde una perspectiva de espiritualidad práctica. Es sabido que nuestro comportamiento no puede causar ni alegría ni

Como un hermano que se preocupa sinceramente por sus hermanos y hermanas en la fe, comparte con buen ánimo esta lectura.

Ve mencionando con claridad la lista de males que debemos arrancar como un buen campesino que al revisar su campo, arranca la plaga que amenaza contra todo el fruto del campo.

De forma pausada e iniciativa, menciona los frutos de la vida en Cristo, pues si no partimos de aquí, la lucha contra la maldad se vuelve una trampa sin final.

Expresa con un tono de duda y desconfianza las cuestiones que preocupan a los judíos.

II LECTURA   Efesios 4,30 — 5,2

Lectura de la carta del apóstol san Pablo a los efesios

Hermanos:
No le causen **tristeza** al Espíritu Santo,
    con el que Dios **los ha marcado**
    para el día de **la liberación** final.

Destierren de ustedes la aspereza, la ira, la indignación,
    los insultos, la maledicencia y **toda clase** de maldad.
Sean buenos y comprensivos, y **perdónense** los unos a los otros,
    como Dios **los perdonó**, por medio de Cristo.

Imiten, pues, a Dios como hijos **queridos.**
Vivan amando **como Cristo,**
    que nos amó y **se entregó** por nosotros,
    como ofrenda y víctima de fragancia **agradable** a Dios.

EVANGELIO   Juan 6,41–51

Lectura del santo Evangelio según san Juan

En aquel tiempo,
    los judíos **murmuraban** contra Jesús, porque había dicho:
    "Yo soy **el pan vivo** que ha bajado del cielo", y decían:
    "¿No es éste, Jesús, **el hijo de José?**
¿Acaso no conocemos **a su padre y a su madre?**
¿Cómo nos dice ahora que **ha bajado** del cielo?"

Jesús les **respondió:**
    "**No murmuren.**

dolor al Espíritu Santo; sin embargo, san Pablo recurre a esta comparación para llegar al corazón del cristiano en cuanto a su pertenencia al Espíritu Santo. La vida en el Espíritu Santo debe considerarse tan íntima y cercana que impacta a quienes viven en esa relación. La marca o "sello" al que se refiere nos hace pensar con toda seguridad en el Bautismo. Mediante este sacramento, entramos a formar parte del proyecto de Dios por el cual somos capaces de arrancar (desterrar) de raíz toda clase de maldad. Esto solo es posible mediante la fuerza del Espíritu; solos no podemos.

Un buen modo de empezar a erradicar el mal entre nosotros consiste en aceptar el perdón de Cristo viviendo en el amor.

EVANGELIO San Juan presenta todo el tiempo a Jesús como la vida en plenitud. En el prólogo, por ejemplo, es el Verbo Divino que llega al mundo, durante el Evangelio hay todo un proceso de signos vitales donde él se va revelando pero los discípulos y la gente tiene continuamente la dificultad para comprender. El discurso de Jesús como Pan de Vida que

estamos considerando ahora se enmarca en ese pensamiento de san Juan. ¿Cómo en una persona puede realizarse lo que Dios hizo directamente y por sí mismo alimentando a su pueblo en el desierto? Más aún, ¿como "esta" persona, uno del propio pueblo, se atreve a decir semejante cosa?

La duda escandalosa se vuelve más fuerte en la medida en que es más local: este galileo cuya reputación y familia es conocida. Se nota aquí una mentalidad que rechaza la encarnación histórica de Dios, y se opone por tanto a la cercanía de la divinidad manifestada en Jesús y su origen

Haz que la respuesta de Jesús suena a reclamo con firmeza que va al fondo de la cuestión: él nos revela a Dios Padre.

La declaración central de Jesús como el Pan de Vida atraviesa toda la conciencia del pueblo judío y abarca toda la historia de Israel. Haz que se escuche con solemnidad.

Nadie puede venir a mí, si no lo atrae el Padre,
     que me ha enviado; y a ése **yo lo resucitaré** el último día.
Está **escrito** en los profetas: *Todos serán discípulos de Dios.*
Todo aquél que **escucha** al Padre y **aprende de él,** se acerca **a mí.**
No es que alguien **haya visto** al Padre,
     fuera de aquel que **procede** de Dios.
Ése sí ha visto al Padre.

Yo **les aseguro:** el que cree en mí, tiene **vida eterna.**
Yo soy **el pan de la vida.**
Sus padres **comieron el maná** en el desierto
     y sin embargo, **murieron.**
Éste es el pan que **ha bajado** del cielo para que,
     quien lo coma, **no muera.**
Yo soy el pan vivo que **ha bajado** del cielo;
     el que coma de este pan **vivirá para siempre.**
Y el **pan** que yo les voy a dar **es mi carne**
     para que el mundo **tenga vida".**

cercano a ellos mismos. Jesús calla la murmuración humana ratificando su vida como ofrenda y alimento de salvación cuyos efectos son inmensos y cercanos: la vida en plenitud expresada en "ver" al Padre, "ser" discípulo, "vivir" para siempre, etcétera.

La Eucaristía, como celebración litúrgica y como el cuerpo y la sangre de Cristo, es en todo sentido el centro de la vida cristiana en cuanto que celebramos la vida. La vida de Jesús y de la Iglesia juntos, en comunión que alimenta al nuevo pueblo para que vivamos en la libertad, como hijos de Dios. Convendría intensificar no solo la

celebración de la Misa, sino una catequesis apropiada para que quienes celebramos, podamos entender y vivir la fe que nos convoca cada domingo y en cada Eucaristía. La intimidad y comunión con Jesús por medio de su cuerpo y su sangre, es un alimento para vivir, no evadir, el amor verdadero entre las personas.

ASUNCIÓN DE LA VIRGEN MARÍA: Misa vespertina de la vigilia

Narra los preparativos con el detalle de quien estuvo presente en este suceso.

Con voz de júbilo y emoción, proclama las ofrendas y sacrificios que componen esta fiesta religiosa.

La parte final deberá ser puesta como una conclusión solemne del rito.

I LECTURA · 1 Crónicas 15,3–4.15–16; 16,1–2

Lectura del primer libro de las Crónicas

En aquellos días,
    David **congregó** en Jerusalén a **todos** los israelitas,
    para **trasladar** el arca de la alianza
    al lugar que le **había preparado.**
Reunió también a los hijos de Aarón y a los levitas.
Éstos **cargaron** en hombros los travesaños
    sobre los cuales estaba **colocada** el arca de la **alianza,**
    tal como lo **había mandado** Moisés, por orden del Señor.

David **ordenó** a los jefes de los levitas
    que entre los de su tribu
    nombraran **cantores** para que entonaran cantos festivos,
    acompañados de arpas, cítaras y platillos.

Introdujeron, pues, **el arca de la alianza**
    y **la instalaron** en el centro de la tienda
    que David le había **preparado.**
Ofrecieron a Dios holocaustos y **sacrificios** de comunión,
    y cuando David **terminó** de ofrecerlos,
    bendijo al pueblo **en nombre** del Señor.

I LECTURA El Arca de la Alianza contiene las tablas de la ley de Dios. Aquellas diez palabras que han de iluminar el camino del pueblo para permanecer libre viviendo como pueblo de Dios. El rey David la coloca en un lugar especialmente designado para su resguardo y recuerdo constante. Significa una elevación para la contemplación de Dios que sigue caminando en medio del pueblo, pero además tiene ahora un lugar especial en donde todos habrán de convocarse y rendir culto. Este mismo sentido ha sido otorgado a María por los Padres de la Iglesia y por toda la Iglesia en sí. María contiene en su seno a Jesús y nos lo ofrece como la Luz verdadera para vivir el mandamiento que resume toda la antigua ley: el amor. El Papa Pío XII proclamó en el año 1950 el dogma de la Asunción de María como un gran reconocimiento de la Iglesia por la madre de Jesús. Este dogma es para nosotros una motivación a reconocer la dignidad de nuestra Madre María en el papel de la redención humana a través de Jesús.

II LECTURA San Pablo proclama con fe inquebrantable el sentido de la Resurrección para los cristianos de Corinto. Vivían preocupados por la vida y el sentido final de ella en medio de los desafíos planteados por el ambiente de su tiempo. El Concilio Vaticano II nos recuerda la muerte como uno de los más grandes interrogantes de la humanidad. Tanto Pablo como la Iglesia reafirman nuestra fe en la Resurrección de Cristo que ha vencido la muerte más aniquiladora de la existencia humana: la muerte por pecado. Aquella experiencia que amenaza continuamente el proyecto de vivir en Dios, es un aguijón que ha perdido su amenazante fuerza aniquiladora mediante la obra de Jesús. María

Proclama esta breve lectura con un tono de sabiduría solemne y certera. Nuestro pueblo necesita creer al texto con la ayuda de tu voz y tu presencia.

Haz un breve espacio antes de finalizar con la acción de gracias como profesión de fe de san Pablo y tuya.

II LECTURA   1 Corintios 15,54–57

Lectura de la primera carta del apóstol san Pablo a los corintios

Hermanos:
Cuando nuestro ser corruptible y mortal
   se revista de incorruptibilidad e inmortalidad,
   entonces **se cumplirá** la palabra de la Escritura:
*La muerte ha sido **aniquilada** por la victoria.*
*¿**Dónde está,** muerte, tu victoria?*
*¿**Dónde está,** muerte, tu aguijón?*
El aguijón de la muerte **es el pecado**
   y la fuerza del pecado **es la ley.**
Gracias a Dios, que nos ha dado **la victoria**
   por nuestro Señor **Jesucristo.**

Después de narrar con estilo de cronista la primera parte del Evangelio, imprime un tono de gran júbilo a la honrosa proclamación de la mujer.

Dale a la respuesta de Jesús un énfasis de quien responde agradecido superando la visión de la mujer.

EVANGELIO   Lucas 11,27–28

Lectura del santo Evangelio según san Lucas

En aquel tiempo, mientras Jesús hablaba **a la multitud,**
   una mujer del pueblo, **gritando,** le dijo:
   "¡**Dichosa** la mujer que te llevó en su **seno**
   y cuyos pechos te **amamantaron**!"
Pero Jesús le **respondió**:
   "Dichosos **todavía más** los que escuchan la **palabra de Dios**
   y la ponen **en práctica**".

es ejemplo patente de la vocación y el destino de las personas que asuman totalmente el proyecto de Dios en sus vidas. Nuestra devoción a la madre de Jesús está llena de esperanza como lo muestra la devoción de un pueblo que sumido en los desafíos de la vida diaria pone su vida en las manos de María como nuestra madre y madre del Redentor.

EVANGELIO El Evangelio según san Lucas muestra continuamente a Jesús con rasgos de ternura, cariño y cuidado. Dios mismo se comunica con

esas cualidades. También destaca el lugar de la mujer en la aceptación del Evangelio como discípulas de Jesús. Es bueno tomar en cuenta esta perspectiva teológica de san Lucas para no evadir el significado que el mismo Evangelio nos muestra aquí en boca de la mujer alabando a Jesús por la madre que le trajo al mundo y lo acompañó en su fe y crecimiento como persona.

Todos sabemos por experiencia propia de la intimidad entre un hijo y su madre. El amor de la madre por su hijo se convierte en una matriz que marcara para siempre la vida de la persona. En el Evangelio de hoy,

la respuesta de Jesús no desvía el honor que se le ha dado a su madre, más bien amplia el contexto de sentido en el que todo tiene que desembocar: vivir la Palabra de Dios. Debemos intensificar esfuerzos a nivel pastoral por liberar el Evangelio de una interpretación machista, y así poder descubrir y disfrutar con mayor plenitud su mensaje. Comenzando por el significado de María en nuestras vidas, en la participación de la Iglesia y su lugar en la vida de Jesús. Esta humilde esclava del Señor es también la mujer profética fiel a su misión.

ASUNCIÓN DE LA VIRGEN MARÍA: Misa del día

I LECTURA Apocalipsis 11,19; 12,1–6.10

Lectura del libro del Apocalipsis del apóstol san Juan

Se **abrió** el templo de Dios en el cielo
   y **dentro de él** se vio el arca **de la alianza.**
Apareció entonces en el cielo una figura **prodigiosa:**
   una mujer **envuelta** por el sol,
   con la luna **bajo sus pies**
   y con una **corona** de doce estrellas en **la cabeza.**
Estaba encinta y a punto de **dar a luz**
   y **gemía** con los dolores del parto.

Pero **apareció** también en el cielo **otra figura:**
   un **enorme** dragón, color de fuego,
   con **siete** cabezas y **diez** cuernos,
   y una corona **en cada una** de sus siete cabezas.
Con su cola **barrió** la tercera parte de las estrellas del cielo
   y las **arrojó** sobre la tierra.
Después se detuvo **delante de la mujer** que iba a dar a luz,
   para **devorar** a su hijo, en cuanto éste **naciera.**
La mujer dio a luz **un hijo varón,**
   destinado a **gobernar** todas las naciones con cetro **de hierro;**
   y su hijo **fue llevado** hasta Dios y hasta su trono.
Y la mujer huyó **al desierto,**
   a un lugar **preparado** por Dios.

Entonces **oí** en el cielo una **voz poderosa,** que decía:
   "Ha sonado la hora **de la victoria** de nuestro Dios,
   de su dominio y **de su reinado,**
   y del poder **de su Mesías".**

Esta lectura debe ser proclamada con un estilo profético y misterioso que no asusta sino que eleva los ánimos de la asamblea presente.

Señala detalladamente los detalles que describe a la mujer, es una visión super-lativa de María y de la Iglesia misma.

El culmen de este texto está en el nacimiento y la exaltación del Hijo. Dale fuerza y contundencia a tus palabras.

I LECTURA En un lenguaje cargado de simbolismo del libro del Apocalipsis nos relata una visión cuyo mensaje principal consiste en que ya no hay frontera entre el cielo y la tierra, entre Dios y la humanidad. El Arca de la Alianza, signo de la presencia de Dios, es comple-tada por la presencia de María quien repre-senta tanto a la Madre de Dios como al nuevo pueblo que abraza a Jesús como su Señor. Las doce estrellas hacen referencia al pueblo de Israel que, en María, repre-senta a la totalidad de la humanidad con-templada desde la Luz (Jesús) que ella nos ofrece. El Dragón, como oponente de este proyecto cósmico de nueva humanidad en Dios, significa al mismo tiempo el pecado en general, pero específicamente a todo imperio y sus proyectos que se alzan contra Dios cuando atentan contra la humaniza-ción de los pueblos y de las personas. La amenaza sucumbe ante el nuevo rey que gobierna con fuerza invencible el destino de todos porque ha llegado el tiempo de Dios. El autor anima a todos los cristianos a resistir al poder amenazador de la bestia confiando en Jesús resucitado. Esta visión cósmica de la redención en Jesús y María, aunque nos podría sonar increíble, era para los cristianos de Asia Menor un anuncio de esperanza que podían descifrar a partir de su propia experiencia.

II LECTURA No se puede separar la Resurrección de Cristo de la Resurrección de los cristianos. San Pablo expone la Resurrección de Cristo como la plenitud que corrige superando el origen de la humanidad. Él es el nuevo Adán en quien se origina una nueva vida y una nueva humanidad superando la muerte y el pecado. No debe quedar lugar para la duda.

II LECTURA 1 Corintios 15,20—27

Lectura de la primera carta del apóstol san Pablo a los corintios

La proclamación inicial debe sonar como si toda la asamblea estuviese hablando por medio de tu voz: es profesión de fe.

Hermanos:
Cristo **resucitó**, y resucitó como la **primicia** de todos los muertos.
Porque si **por un hombre** vino la muerte,
  también por un hombre
  vendrá **la resurrección de los muertos.**

Marca el contraste entre Adán y Cristo, estas resumiendo toda la historia de la salvación en esta comparación.

En efecto, así como en Adán **todos mueren,**
  así en Cristo todos **volverán a la vida;**
  pero cada uno **en su orden: primero Cristo,** como primicia;
  después, a la hora de **su advenimiento,** los que **son de Cristo.**

Enseguida será la **consumación,**
  cuando Cristo entregue el Reino **a su Padre,**
  después de haber **aniquilado** todos los poderes **del mal.**

Los pensamientos finales se centra en Cristo y su obra salvadora. Concluye convencido.

Porque él tiene **que reinar**
  hasta que el Padre ponga **bajo sus** pies a **todos** sus enemigos.
El **último** de los enemigos en ser aniquilado, será **la muerte,**
  porque **todo** lo ha sometido Dios **bajo los pies** de Cristo.

EVANGELIO Lucas 1,39—56

Lectura del santo Evangelio según san Lucas

Inicia el relato con un tono familiar como quien narra un asunto bien conocido en la experiencia de los oyentes.

En aquellos días,
  María se encaminó **presurosa**
  a un pueblo de las montañas de Judea,
  y **entrando** en la casa de Zacarías, saludó **a Isabel.**
En cuanto ésta **oyó** el saludo de María, la creatura **saltó** en su seno.

Entonces Isabel **quedó llena** del Espíritu Santo,
  y levantando la voz, **exclamó:**

El fundamento de tal certeza está en la Resurrección misma de Jesús en quien se origina, como primicia, la Resurrección de todos.

La Resurrección de los que mueren creyendo en Jesús es una certeza que nos anima en dos momentos conectados entre sí. El momento final que esperamos cuando todo sea retomado en manos de Dios con la segunda venida de Jesús y también el momento presente: la vida y la muerte actual goza desde ya de los beneficios de

la redención de Cristo. El tiempo de nosotros (pasado-presente-futuro) no es el tiempo de Dios. Él entra en otra dimensión donde la totalidad de la vida está abrazada y envuelta en el reino de Dios, que abarca la vida y la muerte, y supera las limitaciones del tiempo dando a nuestra existencia un modo nuevo de vivir y de morir, de anticipar y esperar la llegada definitiva del Señor en su gloria.

EVANGELIO San Lucas nos presenta el encuentro de María e Isabel, dos mujeres embarazadas de quienes cambiaran la historia: Juan Bautista y Jesús. Antes de que eso suceda María y su prima viven la experiencia de acompañamiento y reconocimiento muto al estar iluminadas con la presencia de la nueva vida en su seno. El embarazo de María no fue ocasión para centrarse en sí misma; al contrario, la puso en el camino de la solidaridad tierna de quien desde ahora empieza a vivir

Isabel se expresa con sorpresa
y emoción ante la presencia de María.
Recuerda al ángel de la Anunciación
mientras dices sus palabras.

"¡**Bendita** tú entre las mujeres y bendito **el fruto** de tu vientre!
¿Quién **soy yo** para que la madre **de mi Señor** venga a verme?
Apenas llegó tu saludo **a mis oídos**,
   el niño saltó **de gozo** en mi seno.
Dichosa tú, que has creído,
   porque **se cumplirá** cuanto te **fue anunciado**
      de parte del Señor".

Entonces dijo **María**:
   "Mi alma **glorifica** al Señor
   y mi espíritu se **llena de júbilo** en Dios, mi salvador,
   porque **puso** sus ojos en la humildad **de su esclava**.

El cántico de María es un poema
profético de la Madre de Dios. Medítalo
antes de realizar esta lectura frente
a la asamblea.

Desde ahora me llamarán **dichosa** todas las generaciones,
   porque ha hecho en mí **grandes cosas** el que **todo** lo puede.
Santo es su nombre
   y su misericordia
      llega **de generación en generación**
   a los que lo temen.
Ha hecho sentir **el poder** de su brazo:
   dispersó a los de corazón **altanero**,
   destronó a los potentados
      y **exaltó** a los humildes.
A los hambrientos **los colmó** de bienes
   y a los ricos **los despidió** sin nada.

Concluye esta lectura con el mismo tono
que iniciaste.

Acordándose de su misericordia,
   vino **en ayuda** de Israel, su siervo,
   como lo había prometido **a nuestros padres**,
   a Abraham y a su descendencia **para siempre**".

María permaneció **con Isabel** unos tres meses
   y luego **regresó** a su casa.

la que será un distintivo de la vida de su hijo: ir al encuentro de los demás. Isabel por su parte también sale de sí misma y, apreciando la presencia prometedora de su prima, bendice su presencia reconociendo la bendición de la que es portadora.

Es un encuentro de dos mujeres que ven la amplitud de la presencia de Dios en su propia vida, la vida del otro, y el fruto de esperanza del que están llenas por pura misericordia divina. Es de destacar el himno profético de María. Conocido como el Magnificat ("Mi alma glorifica . . .") por el modo como inicia en latín, este salmo está lleno de referencias al Antiguo Testamento en el que se resalta un sentimiento de gozo y gratitud por el cumplimiento de la promesas de Dios.

En el marco de nuestra fiesta de la Asunción de María, bien podríamos este cántico como la comprobación de la presencia de Dios en nuestra madre María, que, desde siempre, fue destinada a desempeñar un papel fundamental en vida y la obra de Jesús y de la Iglesia.

XX DOMINGO ORDINARIO

Imagina la sabiduría personificada realizando estos preparativos. Esto dará más sentido a tu proclamación.

Haz la invitación con tono de urgencia y hospitalidad dirigiendo tu mirada a los presentes. Tanto ellos como tú deben sentir dicha invitación de Dios.

I LECTURA   Proverbios 9,1–6

Lectura del libro de los Proverbios

La sabiduría se **ha edificado** una casa,
   ha preparado un banquete,
   ha mezclado el vino
   y puesto la **mesa**.
Ha **enviado** a sus criados para que,
   desde los puntos que **dominan** la ciudad, **anuncien** esto:
   "Si alguno es sencillo, que **venga** acá".

Y a los faltos de juicio **les dice:**
   "Vengan a comer **de mi pan**
   y a beber del vino **que he preparado.**
Dejen su ignorancia **y vivirán;**
   avancen por el camino de la **prudencia**".

I LECTURA   Los Proverbios recogen la sabiduría que se ha ido acumulando en el pueblo de Dios a partir de su experiencia. Es una sabiduría popular, de la que los latinos en forma casi natural podemos dar testimonio. Son dichos y sentencias que sirven de guía para la vida. Puede darse el caso, especialmente en la gente sencilla, que es la única sabiduría de la que dispone para analizar y discernir lo que es bueno o no, lo que agrada a Dios o no. En Israel es atribuida muchas veces al rey Salomón, pero siempre tiene como fuente principal a Dios mismo. En algunas ocasiones, se llega a identificar como sabiduría divina. Que la vida tenga "sabor" en realidad, dependerá siempre de si se vive según la voluntad de Dios. El corazón (la conciencia) es el mejor testigo de ello. Aquí se nos presenta la sabiduría de la sencillez. El sencillo es invitado a disfrutar (saborear) el banquete que Dios le ha preparado. Esta sabiduría que brota de la auténtica humildad es un alimento para caminar con los ojos abiertos, con prudencia.

II LECTURA   Efesios 5,15–20

Lectura de la carta del apóstol san Pablo a los efesios

Hermanos:

Tengan **cuidado** de portarse no como insensatos,
   sino como **prudentes,** aprovechando el momento **presente,**
   porque los tiempos **son malos.**

No sean **irreflexivos,** antes bien,
   traten de entender **cuál es** la voluntad de Dios.
No se embriaguen, porque el vino lleva **al libertinaje.**
Llénense, más bien, del **Espíritu Santo;**
   expresen sus sentimientos con salmos,
   himnos y **cánticos espirituales,**
   cantando **con todo el corazón** las alabanzas al Señor.
Den **continuamente** gracias a Dios Padre por **todas las cosas,**
   en el nombre de nuestro Señor **Jesucristo.**

Sin coraje, pero con un sentido de llamada de atención fuerte recita esta lectura haciendo notar claramente las recomendaciones.

Siente el mismo Espíritu en tu corazón cuando invitas a la asamblea a llenarse de él.

II LECTURA   San Pablo recuerda a los cristianos de Éfeso las consecuencias de pertenecer a Dios en el nombre de la persona de Jesús. Ser consecuente, pues, habrá de notarse en el comportamiento con criterios claros en la vida. No habla de una lista de leyes o recetas de qué hacer o qué no hacer, o "hasta donde" un cosa es mala o buena. Los criterios que ofrece el apóstol son guías de discernimiento para vivir la fe en Jesús en cada momento del presente. Ante la falta de sensatez la prudencia ha de guiarnos, es decir, el análisis de las cosas teniendo a Dios como referencia, no nuestro egoísmo ciego. "No pensar" antes de actuar es un signo de actuar bajo la fuerza del instinto; es una imitación de los animales. Debemos ser reflexivos; no solo pensar, sino pensar porque pensamos lo que pensamos, porque actuamos del modo como lo estamos haciendo. El ejemplo de la borrachera nos ayuda mucho, es no conducirnos por nosotros mismos, es caminar como dormidos. El criterio fundamental es llenarnos del Espíritu Santo de Dios para vivir y caminar despierto continuamente, con el corazón alerta, como Jesús.

Ubica con tono de narrador equilibrado el momento en que hablara Jesús.

La reacción de los judíos es más de molestia que de sorpresa. Es casi un rechazo.

Las palabras de Jesús deben sonar con fuerza y determinación de quien sabe todo de sí mismo.

Retoma el mismo estilo de cuando hablo Jesús hace un momento. La asamblea debe encontrar consistencia en el mensaje de Jesús.

EVANGELIO   Juan 6,51–58

Lectura del santo Evangelio según san Juan

En aquel tiempo, Jesús dijo **a los judíos:**
   "Yo soy **el pan vivo** que ha bajado del cielo;
      el que coma de este pan **vivirá** para siempre.
Y el pan que yo les voy a dar **es mi carne,**
      para que el mundo tenga vida".

Entonces **los judíos** se pusieron a discutir entre sí:
   "**¿Cómo** puede éste **darnos a comer** su carne?"

Jesús les dijo: "Yo **les aseguro:**
Si **no comen** la carne del Hijo del hombre y **no beben** su sangre,
      no podrán **tener vida** en ustedes.
El que come mi carne y **bebe** mi sangre,
      tiene **vida eterna** y yo lo resucitaré **el último día.**

Mi carne es **verdadera** comida y mi sangre es **verdadera** bebida.
El que come **mi carne** y bebe **mi sangre,**
      permanece en mí y yo en él.
Como **el Padre,** que me ha enviado,
      posee la vida y yo vivo **por él,**
      así **también** el que me come vivirá **por mí.**

Éste es el pan que **ha bajado** del cielo;
      no es como el maná que comieron sus padres, pues murieron.
El que come de este pan **vivirá** para siempre".

EVANGELIO **Este texto del Evangelio** se ubica en el amplio discurso de Jesús como el Pan de Vida en el que se hace referencia directa a la eucaristía cristiana. Cuando Jesús proclama su ofrecimiento personal total (cuerpo y sangre) bajo el signo del pan y el vino, surge el malentendido. Recordemos que el Evangelio jónico esto es un recurso para dar mayor énfasis en la verdad que se nos está revelando; lo cual nos quiere decir que dicho malentendido no es un invento del Evangelio, de hecho no menciona a los discípulos sino su identidad cultural "los judíos", como remarcando la dificultad que muchas veces nos llega por la cultura propia cerrándonos a entender una revelación que superan nuestras limitaciones. Jesús aclara el sentido de su entrega y de su ofrecimiento: es la vida eterna. Esta vida eterna puede ser entendida no como un escape fuera de esta existencia nuestra, sino más bien como una amplitud de sentido y plenitud que nos lleva a la superación de todos los límites (pecado, muerte, incredulidad) por la obra de Jesús. "Vivir para siempre" es para el cristiano vivir con Jesús y como Jesús. Es una invitación a permanecer en Jesús, no como quietos e inmovilizados, idea tan promovida por una supuesta espiritualidad que se presume de profunda, sino incorporados y enviados por él que a su vez ha sido enviado por el Padre.

XXI DOMINGO ORDINARIO

La introducción debe ser enfatizada con solemnidad. Se prepara un importante momento para el pueblo y su compromiso con Dios.

Haz que las palabras de Josué resuenen en la asamblea presente como un planteamiento para todos los presentes.

La respuesta del pueblo debe sentirse en ambos casos como una determinación sincera y colectiva. Modula tu voz de tal manera que suene un poco diferente.

I LECTURA   Josué 24,1–2.15–17.18

Lectura del libro de Josué

En aquellos días, **Josué** convocó en Siquem
    a **todas** las tribus de Israel y reunió a los ancianos,
    a los jueces, a los jefes y a los escribas.
Cuando **todos** estuvieron en **presencia** del Señor,
    Josué le dijo al pueblo:
    "Si no les agrada **servir** al Señor,
    digan aquí y ahora a **quién quieren servir**:
    ¿a **los dioses** a los que sirvieron sus antepasados
    al otro lado del río **Éufrates**,
    o a los dioses **de los amorreos**, en cuyo país ustedes habitan?
En cuanto a mí toca, mi familia y yo **serviremos** al Señor".

El **pueblo** respondió:
    "Lejos de nosotros **abandonar** al Señor para **servir**
      a otros dioses,
    porque el Señor **es nuestro Dios;**
él fue quien **nos sacó** de la esclavitud de Egipto,
    el que hizo ante nosotros **grandes prodigios,**
    nos **protegió** por todo el camino que recorrimos
    y en los pueblos **por donde pasamos.**
Así pues, también nosotros **serviremos** al Señor,
    porque **él** es nuestro Dios".

I LECTURA Con Josué nos encontramos en la renovación de la alianza. Todos son convocados para recordar, actualizar y renovar las promesas hechas a Dios. En medio de esta liturgia renovadora Josué encara a todos con una pregunta que no deja una tercera opción. Es un "sí" o un "no". Los presentes no tienen más que recordar tanto las promesas y hazañas por parte de Dios, como la propia experiencia de servir a otros dioses que pedían sacrificios humanos y mostraban su falsedad en el poco aprecio por el pueblo. Forzados o no ya sabían el precio de no servir al Señor de Israel. Con libre invitación también sabían de la experiencia de liberación que acarrea seguir los mandamientos de la alianza. Era casi obvia la respuesta del pueblo, pero era necesario reavivar la conciencia y hacer un compromiso público ante Dios y ante ellos mismos. De este modo, la decisión de Josué y su familia también recordó que en un pueblo aparentemente todo infiel, siempre hay un resto que se conserva fiel a Dios. Identifiquemos ese "resto" de familias y grupos que podrían hacer pensar y decidir a las multitudes que sirven, consciente o inconscientemente, a los nuevos dioses del mercado del poder, el placer y el tener.

Tú sabes de la vida matrimonial y los desafíos actuales. Proclama los criterios que san Pablo ofrece aquí como un consejo directo para nosotros.

Al pronunciar la recomendación a las esposas, hazlo con una voz tierna mostrando cariño y respeto.

Remarca la obligación del amor por parte de los maridos. Este texto ha sido muy mal utilizado para favorecer el machismo. No hay ese espíritu en la lectura.

Finaliza la lectura con un todo de solemne importancia. Todo lo dicho une el sentido de Iglesia universal e Iglesia en el hogar.

II LECTURA Efesios 5,21–32

Lectura de la carta del apóstol san Pablo a los efesios

Hermanos:
Respétense unos a otros, por reverencia a Cristo:
　que las mujeres **respeten** a sus maridos,
　como si se tratara **del Señor,**
　porque el marido **es cabeza** de la mujer,
　como Cristo es cabeza y **salvador** de la Iglesia, que es **su cuerpo.**
Por tanto, así como la Iglesia **es dócil** a Cristo,
　así **también** las mujeres sean dóciles a sus maridos **en todo.**

Maridos, **amen** a sus esposas como Cristo amó a su Iglesia
　y **se entregó** por ella para santificarla,
　purificándola con el agua y la palabra,
　pues él quería presentársela a sí mismo toda **resplandeciente,**
　sin mancha ni arruga ni cosa semejante,
　　sino **santa e inmaculada.**

Así los maridos **deben amar** a sus esposas,
　como **cuerpos suyos** que son.
El que ama a su esposa se ama **a sí mismo,**
　pues nadie **jamás** ha odiado a su propio cuerpo,
　sino que **le da** alimento y calor, como **Cristo** hace con la Iglesia,
　porque somos **miembros** de su cuerpo.
Por eso **abandonará** el hombre a su padre y a su madre,
　se unirá a su mujer y serán los dos **una sola cosa.**
Éste es un **gran** misterio, y yo lo refiero a Cristo y a la Iglesia.

Forma breve: Efesios 5,2a.25–32

II LECTURA El mensaje de este texto es una propuesta muy valiosa para la vida matrimonial de entonces y de ahora. San Pablo, quien ha sido catalogado varias veces como poco sensible al valor de la mujer, nos da muestra aquí de una gran lucidez que supera los condicionamientos de la cultura de su tiempo donde la mujer era valorada como un cero a la izquierda. En primer lugar, nos propone el respeto mutuo como criterio fundamental y signo de fe y reverencia a Cristo. El respeto se muestra; no se "guarda". Es decir, es una actitud relacional, no una forma de ignorar al otro. El poner al marido como cabeza de la mujer no justifica ninguna relación de supuesta superioridad, sino de cuidado, al estilo de Cristo con la Iglesia.

La relación de docilidad y sometimiento entre el esposo y la esposa tiene el criterio del amor como medida de entrega mutua y generosa. Dicha relación de amor no tiene como punto de partida a uno mismo, sino al otro: el mero estilo de Jesús. Este gran misterio de relación de amor entre dos personas diferentes nos ayudará a comprender más el misterio de Cristo y de la Iglesia. Más aún, podríamos decir que una Iglesia que tiene a Cristo como cabeza debe promover el respeto y la dignidad del matrimonio como patrimonio de la sociedad. Del mismo modo, cada matrimonio que se esfuerza por vivir y convivir en amor digno irá construyendo una Iglesia como la que Jesús soñó y la que san Pablo nos presenta.

La afirmación de Jesús debe sonar como un testamento en sentido afirmativo.

Realza la actitud de rechazo por parte de los discípulos. Esto prepara una mejor recepción de la respuesta superlativa de Jesús que les desafía aún más.

Todas las afirmaciones de Jesús, incluyendo las preguntas que plantea, son contundentes y desafían a seguirle de verdad. Procura que la asamblea sienta este mensaje.

Procura humildad y apertura en la respuesta de Pedro. La asamblea deberá identificarse con su actitud.

EVANGELIO   Juan 6,55.60—69

Lectura del santo Evangelio según san Juan

En aquel tiempo, **Jesús** dijo a los judíos:
  "Mi carne es **verdadera** comida
  y mi sangre es **verdadera** bebida".
Al oír sus palabras, **muchos discípulos** de Jesús dijeron:
  "Este modo de hablar **es intolerable,**
  ¿**quién** puede admitir eso?"

Dándose cuenta Jesús de que sus discípulos **murmuraban,**
    les dijo:
  "¿**Esto** los escandaliza?
¿Qué sería si vieran al Hijo del hombre **subir** a donde
    estaba antes?
El Espíritu es **quien da la vida;** la carne **para nada** aprovecha.
Las palabras que les he dicho son **espíritu y vida,**
  y a pesar de esto, algunos de ustedes **no creen**".
(En efecto, Jesús sabía **desde el principio** quiénes no creían
  y quién lo habría de **traicionar**).
Después **añadió:**
  "Por eso les he dicho que **nadie** puede venir a mí,
  si el Padre no se **lo concede**".

Desde **entonces,**
    muchos de sus discípulos se echaron para **atrás**
    y ya **no querían** andar con él.
Entonces Jesús les dijo **a los Doce:**
  "¿También ustedes quieren **dejarme?**"
Simón Pedro le respondió:
  "Señor, ¿**a quién** iremos? **Tú tienes** palabras de vida eterna;
  y nosotros **creemos** y sabemos que **tú eres** el Santo de Dios".

EVANGELIO La plenitud de vida está sembrada en todo ser humano como un anhelo de siempre. Especialmente cuando la vida se presenta bajo ciertas amenazas como la enfermedad, la guerra o el promedio de vida muy corto, como es el caso del tiempo de Jesús. Ante una humanidad así, entonces y ahora, el ofrecimiento de Jesús de participar de su vida eterna debería ser una excelente noticia más que un escándalo imposible de soportar. Los mismos discípulos son los que rechazan esta posibilidad. Ya en otros relatos evangélicos se nos da noticia del rechazo a otras propuestas de Jesús por razones semejantes: porque ponía en duda la Gran Tradición de su cultura y de su fe, porque quebraba los moldes e ideas que ellos mismos se habían hecho de su maestro y también por la resistencia a creer que algo tan nuevo y mejor pudiera venir de un vecino de su propio pueblo.

El escándalo se combinaba con sentimientos de sorpresa y, en el fondo, sospecha de traición a la tradición acostumbrada. No es casualidad que san Juan haya colocado el más bello signo de humildad y servicio (el lavatorio de los pies) en lugar de la Última Cena antes de su Pasión y Crucifixión. Con todo, san Juan nos narra la disyuntiva que vive el discípulo: echarse para atrás o confiar en Jesús y dar el gran paso que nos propone, con la plena certeza de que él es el Santo de Dios. Este Evangelio nos enseña el desafío para que el discípulo pueda entrar en una vida en Cristo: nos escandalizarse de su propuesta y hacer una opción fundamental por vivir la comunión con su persona y el reino de amor.

XXII DOMINGO ORDINARIO

Tú eres un líder y servidor del pueblo como Moisés. Asume ese rol al proclamar esta lectura.

Detalladamente, ve enunciando las indicaciones para que la ley de Dios sea comprendida y vivida.

Piensa en la dignidad del pueblo latino y de las demás culturas con quien convivimos cuando alabas la grandeza de la nación de Dios.

I LECTURA   Deuteronomio 4,1–2.6–8

Lectura del libro del Deuteronomio

En aquellos días, habló Moisés al pueblo, diciendo:
"Ahora, Israel, **escucha** los mandatos y preceptos que te enseño,
para que los pongas **en práctica**
y puedas así **vivir** y entrar a tomar posesión de la tierra
que el Señor, **Dios de tus padres,** te va a dar.
No añadirán **nada** ni quitarán **nada** a lo que les mando:
Cumplan los mandamientos del Señor **que yo** les enseño,
como me **ordena** el Señor, mi Dios.
Guárdenlos y cúmplanlos
porque ellos son **la sabiduría** y la prudencia de ustedes
a los **ojos** de los pueblos.
Cuando tengan noticias de **todos estos** preceptos,
los pueblos se dirán:
'**En verdad** esta gran nación es un pueblo **sabio y prudente**'.

Porque, ¿**cuál** otra nación hay tan grande
que tenga dioses **tan cercanos** como lo **está** nuestro Dios,
siempre que lo invocamos?
¿**Cuál es** la gran nación cuyos mandatos y preceptos
sean **tan justos** como **toda** esta ley que **ahora** les doy?"

I LECTURA Continuamente se recuerda al pueblo el sentido de la alianza y los beneficios de su cumplimiento. Por ello la máxima principal que marcara toda la historia de Israel será la invitación "Recuerda, Israel". La falta de memoria es signo de muerte; en las generaciones pérdida de identidad, de ahí que alguien haya dicho que la memoria es peligrosa. Un pueblo desmemoriado es presa fácil de manipulación, como una persona que no sabe ni recuerda quien es. Moisés hace este ejercicio con el pueblo para que recuerde al Señor y los mandamientos de la alianza. Tener presente dicha alianza es la primera garantía que hace posible su cumplimiento y en esto probaran su verdadera sabiduría. En esto también cumplirán su función en la historia ante otros pueblo que habrán de conocer a Dios por el testimonio de un pueblo consciente de lo que es: el pueblo que vive y celebra lo que es: el pueblo de Dios.

En una reunión nacional sobre el liderazgo latino católico en los Estados Unidos de América, el obispo José Gómez, cardenal de la Arquidiócesis de los Ángeles, llamaba la atención, entre otras cosas, sobre la seriedad del asunto de la memoria histórica del pueblo hispano. Seamos promotores de una memoria viva de la historia y la experiencia de fe de nuestro pueblo en nuestras parroquias.

II LECTURA El apóstol Santiago desempeñó una gran responsabilidad en la Iglesia de Jerusalén, considerada la Iglesia Madre. Entre él y san

II LECTURA   Santiago 1,17–18.21–22.27

Lectura de la carta del apóstol Santiago

Mientras proclamas la lectura, asegúrate de transmitir un espíritu de agradecimiento a Dios por la fe y por la Iglesia.

Hermanos:
Todo beneficio y **todo don perfecto** viene de lo alto,
   del **creador** de la luz, en quien no hay **ni cambios ni sombras.**
Por su propia voluntad **nos engendró** por medio del Evangelio
   para que **fuéramos,** en cierto modo, primicias de sus creaturas.

Acepten **dócilmente** la palabra que ha sido **sembrada** en ustedes
   y es **capaz** de salvarlos.
Pongan en práctica esa palabra y **no se limiten** a escucharla,
   engañándose **a ustedes mismos.**
La religión pura e intachable **a los ojos** de Dios Padre,
   consiste en **visitar** a los huérfanos y a las viudas
      en sus tribulaciones,
      y **en guardarse** de este mundo corrompido.

Imprimiendo importancia a la escucha dócil de la palabra y la visita a los huérfanos y las viudas, estarás dando ya el mensaje al corazón de la asamblea.

EVANGELIO   Marcos 7,1–8.14–15.21–23

Lectura del santo Evangelio según san Marcos

Inicia con la seguridad de testigos de los hechos. La asamblea debe visualizar con claridad este marco del escenario donde se ubican las palabras de Jesús.

En aquel tiempo,
   se **acercaron** a Jesús los fariseos y algunos escribas venidos
      de Jerusalén.
Viendo que algunos de los discípulos de Jesús
   comían **con las manos impuras,**
   es decir, **sin** habérselas lavado,
   los fariseos y los escribas le preguntaron:
   "**¿Por qué** tus discípulos comen con manos **impuras**
   y **no siguen** la tradición de nuestros mayores?"

Haz que la pregunta de los fariseos y escribe suene a reclamo autoritario. Ellos en realidad no querían saber más de lo que ya sabían.

Pablo tuvieron serias desavenencias por una doble actitud eclesial común también en nuestros días: Santiago es más conservador de la tradición; Pablo es más abierto a los nuevos caminos y culturas como se presentaba en los caminos de la misión. En este texto, el apóstol Santiago ofrece unos criterios de sumo valor para ambos modelos de la misión. La importancia de escuchar y obedecer la Palabra de Dios y la atención por los pobres y desamparados. Poniendo en práctica estos dos criterios cualquier discípulo puede andar seguro los caminos del anuncio del Evangelio, sea cual sea su postura personal sobre los métodos de evangelización. Nuestra practica pastoral y ministerial podrá ser distinta en diversas parroquias, o grupos, nuestra personalidad de discípulo podrá, sin duda alguna, ser también diferente, lo que no debe faltar en ningún caso es el amor obediente a la Palabra de Dios y con los pobres en busca de la justicia. Aquí está planteado el verdadero futuro de nuestra unidad entre católicos y entre cristianos, y la deseada unidad en la diversidad.

EVANGELIO   Es muy conveniente y oportuno para identificar al inicio del texto los personajes (los fariseos y escribas) con mentalidad judía en el estilo de Jerusalén. El asunto en discusión es en relación a lo "puro" e "impuro". Desde ahí viene el reclamo a Jesús por el comportamiento de sus discípulos. Israel regía su vida y sus relaciones por un sistema de pureza avalado por la religión. Es como una especie de "mapa" que impone fronteras entre las personas en base a los "lugares": el templo era el lugar sagrado y lo demás automáticamente era "no sagrado" o impuro.

Asume un tono informativo muy claro cuando dices la aclaración "los fariseos y los judíos . . .". Dirige tu mirada a la asamblea como un buen conversador.

(Los fariseos y los judíos, **en general,**
no comen **sin lavarse antes** las manos hasta el codo,
siguiendo la tradición **de sus mayores;**
al volver del mercado, no comen **sin hacer primero**
las abluciones,
y observan **muchas otras cosas** por tradición,
como **purificar** los vasos, las jarras y las ollas).

La respuesta de Jesús está cargada de fuerza; es un estilo profético citando a otro profeta. Asume este tono y actitud.

Jesús les contestó:
"**¡Qué bien** profetizó Isaías sobre ustedes,
hipócritas, cuando escribió:
Este pueblo me honra **con los labios,**
pero su corazón **está lejos** de mí.
Es **inútil** el culto que me rinden, porque enseñan **doctrinas**
que no son sino preceptos **humanos!**
Ustedes dejan a un lado **el mandamiento** de Dios,
para **aferrarse** a las tradiciones de los hombres".

La parte final del Evangelio es magistral. Jesús está enseñado a la gente y sus discípulos la conclusión de todo esto. Es Evangelio puro.

Después, Jesús llamó a la gente y **les dijo:**
"**Escúchenme** todos y **entiéndanme.**
Nada que entre **de fuera** puede **manchar** al hombre;
lo que **sí** lo mancha es lo que **sale de dentro;**
porque **del corazón** del hombre salen las intenciones **malas,**
las fornicaciones, **los robos,** los homicidios, los adulterios,
las codicias, **las injusticias,** los fraudes,
el desenfreno, **las envidias,** la difamación,
el orgullo y la frivolidad.
Todas estas maldades salen **de dentro** y manchan al hombre".

En base el "tiempo" el sábado contra los demás días. Esta mentalidad se traducía en las relaciones humanas con extremo cuidado influyendo en los alimentos y detallados signos de purificación. Los impuros que eran la mayoría del pueblo, los pobres, enfermos y mujeres no podían acercarse a Dios. Por consecuencia, quedaban excluidos.

Por otro lado, los puros debían mantenerse en ese estado evitando todo lo que podía contaminarles y apartarles de Dios.

Es impresionante como reina esta mentalidad en nuestros tiempos y muchas veces en nuestra propia Iglesia. Jesús responde a este reclamo citando al profeta Isaías, identificando esta actitud hipócrita como blanco de la crítica profética y como una trampa o artimaña para no cumplir la voluntad de Dios y quedar con la conciencia tranquila. El Evangelio llama la atención sobre lo central en toda esta artimaña de mentiras: el mal no tiene su origen afuera

(los alimentos, el otro, los extranjeros, los que no son de mi grupo, los que no piensan y actúan como yo), sino dentro de uno mismo, dentro del propio corazón. Todos los males de los que nos cuidamos y que nos motivan a defendernos, excluir y atacar deben ser revisados desde su raíz: nosotros mismos.

XXIII DOMINGO ORDINARIO

El anuncio de "Esto dice el Señor" tiene que ser puesto como quien presenta al Señor mismo que saldrá en escena para anunciar por sí mismo su palabra.

Este poema esta colmado de esperanza. Imprime ese sabor cuidando que la comunidad presente no lo tome como algo imposible de suceder.

Después de proclamar esta lectura, haz una oración personal sobre tu vocación profética de animar y acompañar a tu comunidad. Sueña sin miedo cual sería tu anuncio esperanzador.

I LECTURA   Isaías 35,4–7

Lectura del libro del profeta Isaías

Esto dice el Señor:
    "**Digan** a los de corazón apocado:
        '¡**Ánimo! No teman.**
He aquí que su Dios,
        vengador y **justiciero,**
        viene ya para salvarlos'.

Se **iluminarán** entonces los ojos de los ciegos
        y los oídos de los sordos **se abrirán.**
Saltará como un venado el cojo
        y la lengua del mudo **cantará.**

Brotarán aguas en el desierto
        y **correrán** torrentes en la estepa.
El páramo se convertirá **en estanque**
        y la tierra seca, **en manantial**".

I LECTURA   Se está celebrando el regreso del pueblo a su tierra. La migración forzada al imperio de Babilonia ha tenido efectos graves en el pueblo de Israel. Especialmente en cuanto a la esperanza y confianza en Dios. Su corazón se ha ido marchitando poco a poco por muchas causas. Digamos tres: el dolor del desarraigo, fueron cómo arrancados de su realidad al ser deportados. La injusticia de la opresión, pues solo eran números no personas, mano de obra no rostros. Otra causa de la desgracia es la incapacidad de hacer algo por ellos mismos como pueblo de la alianza. Atrapados en esta dinámica de realidad reciben el mensaje desbordante de esperanza por parte del profeta Isaías. Nota la belleza con la que se describen las promesas. La salvación de Dios irrumpe en la vida con novedad total y sorpresiva. Como si estuvieras viendo a un cojo tirado que de repente salta como un venado. Tan solo esta imagen nos muestra la fuerza de la presencia de Dios. ¿Qué necesitamos nosotros?

Por lo pronto aumentar nuestra fe en Dios, no dejarnos comer por la realidad que vivimos y formar profetas que animen y acompañen al pueblo de Dios.

Esta lectura requiere un tono de mucha sinceridad y fraternidad. No es un regaño, sino una invitación a vivir el Evangelio de Jesucristo en la vida diaria.

Describe con claridad la situación que describe el apóstol. Son situaciones que ya conocemos de sobra y conviene ver la similitud para entender el mensaje.

Mientras proclamas la lectura siente en tu corazón el espíritu del apóstol Santiago hablándonos a todos hoy.

II LECTURA   Santiago 2,1–5

Lectura de la carta del apóstol Santiago

Hermanos:

Puesto que ustedes **tienen fe** en nuestro Señor Jesucristo
glorificado, **no tengan** favoritismos.

Supongamos que entran al **mismo tiempo** en su reunión
un hombre con un anillo de oro, **lujosamente** vestido,
y un pobre **andrajoso**, y que **fijan ustedes** la mirada
en el que lleva el traje **elegante** y le dicen:
"Tú, **siéntate aquí**, cómodamente".

En cambio, le dicen al pobre:
"Tú, **párate allá** o siéntate aquí **en el suelo**, a mis pies".

¿No es esto tener **favoritismos** y juzgar con criterios **torcidos**?

Queridos hermanos,
¡acaso no ha elegido Dios **a los pobres** de este mundo
para hacerlos **ricos** en la fe
y **herederos** del Reino que prometió **a los que lo aman**?

II LECTURA   Ojalá que este mensaje de Santiago lo tengamos grabado todos en el corazón para llevarlo a todos los lugares donde vamos. Santiago jala un hilo del Antiguo Testamento que en Jesús se volvió más fuerte y claro: la prohibición de excluir, ignorar y rechazar a los pobres. La tradición profética se encargó de echar en cara este olvido en Israel. El apóstol lo pone en la mesa de la vida cristiana. Parece un aviso para prevenir situaciones como esta. Parece también que en nuestra Iglesia y nuestras prácticas católicas podrían entenderse en ese sentido.

Santiago describe la situación con tanta claridad cómo podríamos hacerlo nosotros hoy. Esto confirma que es una realidad y ésta contradice los criterios de Dios. Este tipo de acciones son el reflejo de una fe que dista mucho de ser la fe en Jesús. Es muy común que idealicemos el pasado. Así hemos hecho con la Iglesia de los apóstoles Santiago y todo el Nuevo Testamento son un testimonio de su lucha por ser fieles al Evangelio; hagamos nuestra parte con responsabilidad y alegría de ser llamados a una vida nueva. Empecemos por nosotros mismos, entre nosotros mismos. El camino para la unidad multicultural en la Iglesia

será o muy fácil o muy lejano si desoímos este Evangelio de la carta de Santiago.

EVANGELIO   Jesús se encuentra continuamente con la desolación y pobreza humana por un lado, la hipocresía desafiante de los grupos que detentan el poder por el otro y en medio de todo esto, para colmo, unos discípulos fieles pero duros de entendimiento. Los discípulos son, como el mismo Jesús, de esta tierra y de esta gente, viven en medio de esta realidad y mentalidad. ¿Cómo podrá salir triunfante el Evangelio de Jesucristo? Con un

Si es posible investiga un poco acerca de la geografía bíblica a la que se refiere el texto. O imagina a Jesús cruzando fronteras de pueblos y culturas, de puros e impuros. Eso da un espíritu apropiado para leer este Evangelio.

La situación del enfermo y quienes lo llevan debe ser proclamada con tono compasivo. Nos recuerda una realidad de nuestro pueblo que busca más la sanación que a Jesús mismo.

Concluye la lectura con el doble entusiasmo que aquí aparece: hace bien y hace oír a los sordos. Este segundo es también doble: el gozo de poder hablar y comunicarse, así mismo el gozo de poder escuchar lo que este sordomudo tiene que decir.

EVANGELIO Marcos 7,31–37

Lectura del santo Evangelio según san Marcos

En aquel tiempo,
    salió Jesús de la región de Tiro y vino de nuevo, por Sidón,
    al mar de Galilea, **atravesando** la región de Decápolis.
Le llevaron entonces a un hombre **sordo y tartamudo,**
    y le suplicaban que **le impusiera** las manos.
Él **lo apartó** a un lado de la gente,
    le **metió** los dedos en los oídos y **le tocó** la lengua con saliva.
Después, mirando al cielo, **suspiró** y le dijo:
    "**¡Effetá!**" (que quiere decir "¡Ábrete!").
Al momento se le **abrieron** los oídos,
    se **le soltó** la traba de la lengua y empezó a hablar
        sin dificultad.
Él les mandó que no lo dijeran a **nadie**;
    pero cuanto **más** se lo mandaba,
    ellos con **más insistencia** lo proclamaban;
    y todos estaban **asombrados** y decían:
    "**¡Qué bien** lo hace todo!
Hace **oír** a los sordos y **hablar** a los mudos".

proceso fuerte de ir rompiendo barreras. El Evangelio va abriéndose paso con dolor, sorpresa y bendición. Marcos es un Evangelio que nace en la vida de los paganos, es decir, los no-judíos, y han vivido esta experiencia entre ellos y con la mentalidad de los cristianos de origen judío.

    Tres elementos del texto confirman y hacen relación con lo que hemos dicho: que Jesús salga de una región a otra, no solo indica su movilidad, nos enseña que está cruzando fronteras. Apenas ha recibido el rechazo de la cerrazón cultural e hipocresía legalista religiosa, ahora recurren a él para

que haga lo que "sabe hacer muy bien". Jesús realiza el milagro de sanación. No lo hace por la obligación que imponen las masas, ni por revancha contra los incrédulos. Lo realiza por compasión con la persona y su situación en el contexto de su anuncio del reino de Dios. Es un acto de salvación y revelación. Los discípulos deben entender que para hablar y anunciar con claridad el Evangelio de Jesucristo debemos aprender a escuchar. Quien no escucha pierde el donde hablar y comunicar.

    La indicación de Jesús de guardar silencio es un bellísimo recurso literario de san

Marcos conocido como el "secreto mesiánico" poniendo en importancia el mensaje para un autentico discipulado. Reconocer que a Jesús se le conoce en la realidad del camino. Es un proceso que tiene como eje fundamental la apertura radical al mensaje de Jesús, y dicha apertura se muestra en la actitud de escucha. Oír no basta es necesario aceptar a Jesús como se presenta no como nos conviene, quedándonos en nuestras comodidades sean las que sean.

XXIV DOMINGO ORDINARIO

Inicia tu proclamación con la seguridad de quien está hablando de su propia experiencia.

Mira con ternura a toda la asamblea como quien está hablando en su nombre.

Pronuncia las preguntas en tono desafiante como quien está protegido por Dios en todo momento.

I LECTURA   Isaías 50,5–9

Lectura del libro del profeta Isaías

En aquel entonces, dijo Isaías:
"El Señor **Dios** me ha hecho oír sus **palabras**
    y yo no he opuesto **resistencia**,
ni me he **echado** para **atrás**.
Ofrecí la **espalda** a los que me **golpeaban**,
    la **mejilla** a los que me **tiraban** de la barba.
No **aparté** mi rostro de los **insultos y salivazos**.

Pero el Señor me **ayuda**,
por eso no quedaré **confundido**,
por eso endurecí mi **rostro** como **roca**
y sé que no quedaré **avergonzado**.
Cercano está de mí el que me hace **justicia**,
    ¿quién luchará **contra** mí?
¿Quién es mi **adversario**? ¿Quién me **acusa**?
Que se me **enfrente**.
El Señor es mi **ayuda**,
    ¿quién se **atreverá** a **condenarme**?"

I LECTURA Los poemas del siervo de Yahvé en Isaías nos mueven a reconocer la fuerza y el poder de Dios en medio de una situación de debilidad, dolor y desfallecimiento. Los judíos que vuelven a la tierra de donde fueron deportados no son los mismos. Isaías, de hecho comprueba decepcionado que la mayoría se han olvidado de Dios y la reconstrucción que intenta hacer de la nación, se parece más bien a una proyección de su infidelidad. Entonces dirige estos cantos al "resto" que son pocos pero que se han mantenido fieles. Refuerza el valor y la importancia del ministerio de la palabra como un sostén continuo de quienes en verdad escuchan con atención a Dios. Esto será una actitud clave para llenarse de fortaleza en medio de las dificultades. Imposible no ver aquí el potencial para una seria reflexión de la Palabra de Dios en la vida de los migrantes y refugiados que en todo el mundo debieren ser identificados como el Siervo Sufriente y profeta al mismo tiempo.

II LECTURA Santiago 2,14–18

Lectura de la carta del apóstol Santiago

Hermanos míos:
¿De qué le **sirve** a uno decir que tiene **fe**,
    si no lo **demuestra** con **obras**?
¿Acaso podrá salvarlo esa **fe**?

Supongamos que algún hermano o hermana **carece** de ropa
    y del alimento **necesario** para el día,
    y que uno de **ustedes** le dice:
    "Que te vaya bien; **abrígate** y **come**",
    pero no le da lo **necesario** para el **cuerpo**,
    ¿de qué le **sirve** que le digan eso?
Así pasa con la fe;
    si no se traduce en **obras**, está completamente **muerta**.

Quizá alguien podría decir:
    "Tú tienes **fe** y yo tengo **obras**.
A ver cómo, **sin obras**, me demuestras tu **fe**;
    yo, **en cambio**, con mis **obras** te demostraré mi **fe**".

EVANGELIO Marcos 8,27–35

Lectura del santo Evangelio según san Marcos

En aquel tiempo,
    Jesús y sus discípulos se **dirigieron** a los poblados
        de **Cesarea de Filipo**.
Por el camino les hizo esta **pregunta**:
    "¿**Quién** dice la gente que soy **yo**?"

Mira con insistencia la comunidad
cuando haces las preguntas iniciales.

Recuerda los comportamientos cristianos
que más han marcado tu vida como
testimonio de obra más que de palabra.

Inicia tu proclamación mirando hacia un
determinado lugar de la asamblea, como
quien mira el camino. Es en el camino
donde se realiza esta escena.

II LECTURA En nuestro ambiente de pastoral latina en la Iglesia y sociedad de los Estados Unidos de América suele hacer una crítica en contra de quienes lo único que buscan es resultados, eficacia y acción: obras, en una palabra. Santiago viene a decirnos que la fe no es una idea abstracta, tampoco un sentimentalismo ocasional. Es un modo de continuo vivir eficazmente. La fe en este sentido solo existe en el mundo de la vida, no en una acción calculadora, pero si en la vivencia consciente de cada día. Una vida orientada con criterios claros que guían la acción de la persona y de la comunidad.

Uno de esos criterios es vivir la caridad con los más necesitados—no al simplista estilo de bien-hechor, sino en el profundo modo de Jesús: vivir como hermanos con Dios en medio de nosotros. Estar enterados de las verdades correctas de la fe no nos distingue en nada ni nos libra de parecernos al mal en persona. En medio de esta tensión entre fe y vida, el apóstol no tiene ni un ápice de duda en donde debemos poner el mayor empeño. Al dar prioridad a la experiencia de vivir el Evangelio en orden a dar razón de nuestra fe, estamos invirtiendo mucho en lo que debiera ser la formación de los ministerios (todos) en la misión de la Iglesia actual.

EVANGELIO La confesión de san Pedro es el único asunto que aquí se trata directamente. Indirectamente, debemos notar las siguientes reflexiones. Primero, san Marcos hace tres declaraciones centrales sobre la identidad de Jesús como el Hijo de Dios. Al inicio, al final y está

Enfatiza las dos preguntas de Jesús sobre su identidad. Son de máxima importancia para conocer también al discípulo.

Ellos le **contestaron**:
"**Algunos** dicen que eres Juan el **Bautista**;
otros, que **Elías**;
y otros, que alguno de los **profetas**".

Entonces él les preguntó:
"Y **ustedes**, ¿**quién** dicen que soy **yo**?"
Pedro le respondió:
"**Tú** eres el **Mesías**".
Y él les ordenó que **no** se lo dijeran a **nadie**.

Luego se puso a explicarles que era **necesario** que el **Hijo del hombre** padeciera **mucho**,
que fuera **rechazado** por los **ancianos**,
los **sumos sacerdotes** y los **escribas**,
que fuera entregado a la **muerte** y **resucitara** al tercer día.

Todo esto lo dijo con **entera** claridad.
Entonces **Pedro** se lo llevó **aparte** y trataba de **disuadirlo**.
Jesús se volvió, y mirando a sus discípulos, **reprendió** a **Pedro** con estas palabras:
"**¡Apártate** de mí, **Satanás**!
Porque tú no **juzgas** según **Dios**, sino según los **hombres**".

Cierra la afirmación final como quien invita a conocer un importante secreto.

Después llamó a la **multitud** y a sus discípulos, y les **dijo**:
"El que quiera venir conmigo, que **renuncie** a sí mismo,
que cargue con su **cruz** y que me **siga**.
Pues el que quiera **salvar** su vida, la **perderá**;
pero el que **pierda** su vida por mí y por el **Evangelio**,
la **salvará**".

---

a la mitad de su Evangelio. El resto es un proceso de revelación continuada de Jesús en donde todos deben encontrar el verdadero sentido de su propuesta y de sí mismos en cuantos seguidores de él. La propuesta de san Marcos, no es la de una de intelectual o sentimentalista. Es muy probable que en ambos casos sea un acomodo a cierto conformismo que rechaza el esfuerzo, los desafíos y la misma cruz de Jesús.

Segundo, la confesión de Pedro es una conclusión del evangelista y, muy posiblemente el mismo Pedro, pero no una proclamación de fe. Es correcto saber, la verdad

sobre Jesús (cuando estudiamos o somos catequizados), pero eso no es fe. La fe es asumir en la vida lo que esa verdad implica. Y con toda seguridad, Pedro aun seguía viendo a Jesús como el Mesías el Hijo de Dios a su propio estilo, sin cruz ni sufrimiento.

En tercer lugar hay el valor del silencio. Cuando no tenemos claras algunas cosas sobre la verdad de Jesús, o nuestra propia experiencia de ello. Una actitud muy sabia es guardar silencio. Especialmente en estos días en que la elocuencia y verborrea sobre los misterios de Dios son tan alabadas. Se ha dicho que la realidad es el acto primero,

y la reflexión de fe sobre ella el acto segundo. Bien podríamos avisar que dentro de la realidad de Dios y la fe, el silencio ocuparía un lugar más primordial.

XXV DOMINGO ORDINARIO

I LECTURA   Sabiduría 2,12.17–20

Lectura del libro de la Sabiduría

Remarca la fuerza de tu proclamación como quien quiere desenmascarar a los malvados.

Los **malvados** dijeron entre sí:
 "Tendamos una **trampa** al justo,
 porque nos **molesta** y se **opone** a lo que hacemos;
 nos echa en cara nuestras **violaciones** a la **ley**,
 nos reprende las **faltas**
 contra los **principios** en que fuimos **educados**.

Ofrece en detalle las excusas justificadoras de los malvados. Muestra la falsedad de los razonamientos con un tono de desprecio al justo y desafío a Dios.

Veamos si es **cierto** lo que dice,
 vamos a ver qué le pasa en su **muerte**.
Si el **justo** es **hijo** de Dios,
 él lo **ayudará** y lo **librará** de las manos de sus **enemigos**.
Sometámoslo a la **humillación** y a la **tortura**,
 para conocer su **temple** y su **valor**.
Condenémoslo a una **muerte ignominiosa**,
 porque dice que hay quien **mire** por él".

II LECTURA   Santiago 3,16—4,3

Lectura de la carta del apóstol Santiago

Imprime a esta lectura la fuerza de quien no quiere ver a sus hermanos vivir en la ignorancia. Hay mucho más que podemos hacer como católicos.

Hermanos míos:
Donde hay envidias **y rivalidades**,
 ahí hay **desorden** y **toda clase** de obras malas.
Pero los que tienen la sabiduría que **viene de Dios**
 son **puros**, ante **todo**.

I LECTURA | La comunidad judía que vivía en Egipto unos 50 años antes de Cristo habían olvidado la central de la ley de Dios: la práctica de la justicia. El escrito de Sabiduría que tenemos enfrente refleja los conflictos y enredos en que estaba aquella comunidad en Alejandría, pues llegaban a imponer la injusticia contra la gente justa que les molestaba, respaldándose en un razonamiento absurdo: "si son de Dios, Dios los salvará". Ejecutaban a quien les movía el tapete desafiando así a Dios, mientras tanto el problema se acababa y ellos quedaban intactos, aparentemente. Es verdad que el comportamiento de la persona justa tiene su fuerza en Dios y es capaz de padecer el sufrimiento impuesto por las fuerzas y el poder que se opone a él. En ese proceso, el poder queda desarmado en su aparente triunfo. Veamos a profundidad el sentido de la Pasión de Cristo, y los nuevos modos como se impone la justicia a las personas justas en nuestro mundo actual. La muerte de profetas no solo se da en crucifixiones públicas, o ejecuciones sangrientas, hay nuevas y sutiles formas y métodos de reprimir y matar a profetas.

II LECTURA | Nota que en esta lectura Santiago da pistas de su carácter y sabor judío, al recomendar la pureza, por ejemplo. Sin embargo, es solo un detalle, pues lo más importante es ver como enmarca toda la vida del cristiano en los criterios que vienen de Dios: la sabiduría. Con la sabiduría como estilo de vida, los cristianos serán reconocidos por sus frutos en la misericordia, la sinceridad y la comprensión, por solo mencionar algunos. Al contrario, las luchas y conflictos que llevan a la muerte tienen su origen en la codicia y la ambición. La realidad que

Además, son **amantes** de la paz, comprensivos, **dóciles,**
  están **llenos** de misericordia y buenos frutos,
  son imparciales y **sinceros.**
Los pacíficos **siembran** la paz y cosechan frutos **de justicia.**

¿**De dónde** vienen las luchas y los conflictos **entre ustedes**?
¿No es, **acaso,** de las malas pasiones,
  que **siempre** están en guerra **dentro** de ustedes?
Ustedes **codician** lo que no pueden tener y acaban **asesinando.**
Ambicionan algo que **no pueden** alcanzar,
  y entonces **combaten** y hacen la guerra.
Y si no lo alcanzan, es porque **no se lo piden** a Dios.
O si se lo piden y **no lo reciben,**
  es porque **piden mal,** para **derrocharlo** en placeres.

Haz notar la distinción entre quienes viven con la sabiduría de Dios y quienes son presas de su propia codicia e ignorancia.

EVANGELIO Marcos 9,30–37

Lectura del santo Evangelio según san Marcos

En aquel tiempo,
  Jesús **y sus discípulos** atravesaban Galilea,
  pero él no quería que **nadie** lo supiera,
  porque iba **enseñando** a sus discípulos.
Les decía:
  "El Hijo del hombre **va a ser entregado**
  en manos de los hombres;
  le **darán muerte,** y **tres días** después de muerto, **resucitará**".
Pero ellos **no entendían** aquellas palabras
  y tenían **miedo** de pedir explicaciones.

Llegaron a **Cafarnaúm,** y una vez en casa, les preguntó:
  "¿De qué **discutían** por el camino?"

Dale un sentido de reserva al inicio de este Evangelio. El evangelista da el dato de una escena más bien íntima entre Jesús y los discípulos.

Después de las palabras de Jesús pronunciadas con fuerza, dale un sabor incierto a la afirmación del evangelista sobre la falta de entendimiento.

---

estamos viviendo ahora recibe en este texto unos criterios muy valiosos para hacer nuestro propio análisis de la cosas. Nos demuestra que la vida cristiana y la pastoral que anima a esta no deben quedarse en simplezas como "hay que ser buenos" y punto. Es necesario crear instrumentos de análisis de las situaciones, tensiones y conflictos que enfrentamos en los lugares que vivimos. Ver la realidad con sentido crítico, evaluarla a la luz de los criterios del Evangelio y proyectar acciones conscientes para vivir una nueva realidad.

EVANGELIO Siempre que Jesús anuncia a sus discípulos los acontecimientos que se avecinan al final de su vida, lo hace anexando una instrucción o explicación. Viendo el texto solamente se dice que es una instrucción para que los discípulos aprendan y entiendan el tipo de Mesías que es Jesús. Eso no impide que tomemos en cuenta otro sentido, el de la humanidad y la persona misma de Jesús. Cuando uno comparte el sufrimiento y explica las razones que ve en ello, es una forma de fortalecimiento y clarificación, y ayuda a descubrirse uno mismo frente al

futuro desafiante que se acerca. En este caso la instrucción de quien ocupará los primeros lugares tiene que ver con la propia experiencia que se aproxima: la cruz.

Todo discípulo de Jesús recibe en primer lugar la garantía de padecer el destino de Jesús. Para poder asumir una realidad tan fuerte como esa, es necesario vivir en el servicio y en la sencillez. Digámoslo de otra manera: no se puede entender a Jesús sin la cruz. Nosotros no podemos pretender ser sus seguidores sino vivimos la radicalidad de su opción. Cuando hagamos esto estaremos preparando al mismo tiempo nuestra

Como quien retoma la palabra con más seguridad e interrogatorio plantea la afirmación de Jesús mirando a la asamblea.

Las palabras y el ejemplo final de Jesús deben ser proclamadas con elocuencia y claridad. Servicio e inocencia acompañan este mensaje.

Pero ellos se quedaron **callados,**
        porque en el camino habían discutido
        sobre **quién** de ellos era el **más importante.**
Entonces Jesús se sentó, llamó a **los Doce** y les dijo:
        "Si alguno quiere ser **el primero,**
        que sea el último **de todos** y **el servidor** de todos".

Después, tomando a **un niño,**
        lo puso en medio de ellos, **lo abrazó** y les dijo:
        "El que reciba **en mi nombre** a uno de estos niños,
        a mí me recibe.
Y el que me reciba **a mí,** no me recibe a mí,
        sino a aquel que **me ha enviado**".

suerte con Jesús, pero también la fuerza que brota de vivir con él y como él. A fin de cuentas, la sencillez de un niño encierra la felicidad y alegría más profunda para nosotros. Hagamos la prueba.

XXVI DOMINGO ORDINARIO

I LECTURA Números 11,25–29

Lectura del libro de los Números

En aquellos días,
  el Señor **descendió** de la nube y **habló** con Moisés.
Tomó del **espíritu** que **reposaba** sobre Moisés
  y se lo dio a los **setenta** ancianos.
Cuando el espíritu **se posó** sobre ellos, se pusieron a **profetizar**.

Se habían **quedado** en el campamento dos hombres:
  uno llamado **Eldad** y otro, **Medad**.
También sobre ellos se **posó** el espíritu,
  pues aunque no habían ido a la reunión, **eran** de los **elegidos**
  y ambos comenzaron a **profetizar** en el **campamento**.

Un **muchacho** corrió a **contarle** a Moisés
  que Eldad y Medad estaban **profetizando** en el **campamento**.
Entonces **Josué**, hijo de Nun,
  que desde **muy joven** era **ayudante** de Moisés, le dijo:
  "Señor mío, **prohíbeselo**".
Pero **Moisés** le **respondió:**
  "¿Crees que voy a ponerme **celoso**?
Ojalá que todo el **pueblo** de Dios fuera **profeta**
  y **descendiera** sobre todos ellos el **espíritu del Señor**".

Proclama con solemnidad y credibilidad la distribución del espíritu de liderazgo a los setenta ancianos del pueblo. Es una respuesta de la sabiduría de Dios.

Cuando el espíritu y el liderazgo se reparte y comparte brotan frutos y lideres inesperados. Dale un todo sorpresivo a este hecho donde aparecen nuevos profetas.

Combina, con tono de contraste, la actitud de Josué y la sabiduría tranquila de Moisés y su gran deseo.

I LECTURA El relato nos cuenta sobre los desafíos que vive el pueblo en su marcha por el desierto. Si no es fácil para el pueblo, menos fácil es para Moisés como líder y organizador. Acude en la ayuda del Señor y su respuesta es un ejemplo para corregir la visión de cómo debe operar un líder en medio de su pueblo. Ya no es únicamente Moisés quien profetiza, ni tampoco está en el toda la responsabilidad de acompañar al pueblo. Cuando el liderazgo y el ministerio se concentran en una sola persona se resuelven aparentemente todos los problemas. Los demás se dejan guiar y la responsabilidad—junto con el gran peso—recae en uno solo. El pueblo no madura. De ahí la sabiduría de este texto cuando todos participan en la misión compartiendo diferentes responsabilidades. La actitud del muchacho que pide la prohibición por parte de Moisés provoca una de los más bellos sueños para el pueblo de Israel: "Ojalá que todo el pueblo de Dios fuera profeta".

El afán de riqueza está desplazando Dios de nuestro horizonte. Proclama estas palabras de la lectura con tono acusatorio cargado de denuncia.

Ve describiendo poco a poco el reclamo del texto, como quien va desnudando una realidad de pecado público que no se quiere ver.

II LECTURA   Santiago 5,1–6

Lectura de la carta del apóstol Santiago

Lloren y **laméntense,** ustedes, **los ricos,**
   por las desgracias que **les esperan.**
Sus riquezas se han **corrompido;**
   la polilla se **ha comido** sus vestidos;
   enmohecidos están su oro y su plata,
   y ese moho será una prueba **contra ustedes**
   y **consumirá** sus carnes, como el fuego.
Con esto ustedes han atesorado **un castigo** para los últimos días.

El salario que **ustedes** han **defraudado**
   a los trabajadores que segaron sus campos
   está **clamando** contra ustedes;
   sus gritos **han llegado** hasta el oído del Señor de los ejércitos.
Han vivido ustedes en este mundo entregados **al lujo y al placer,**
   engordando como reses para el **día** de la matanza.
Han condenado a los **inocentes** y los han matado,
   porque **no podían** defenderse.

EVANGELIO   Marcos 9,38–43.45.47–48

Lectura del santo Evangelio según san Marcos

En aquel tiempo, **Juan** le dijo a Jesús:
   "Hemos visto a uno que **expulsaba** a los demonios
      en tu nombre,
   y como **no es** de los nuestros, se lo **prohibimos**".

II LECTURA   Santiago ha tomado opciones de sabor claramente profético en su carta. Este es un ejemplo clarísimo. Primero, hace una declaración de la amenaza que se avecina a quienes se enriquecen a costa de los pobres, de su trabajo, sus aspiraciones y de su lucha por lograr una vida mejor. En sus grandes logros plagados de injusticia, se encierra su propia destrucción y castigo. Luego menciona la causa por la cual dicho castigo es no solo una amenaza social, sino un resultado de lo más alto: el Señor Dios no es ajeno a la situación de la injusticia. No es

sordo al clamor de los pobres o, más bien, de los empobrecidos. La condena y la muerte de los inocentes están ligadas a la propia condena de todos aquellos que, sin saberlo tal vez, se engordan a sí mismos como reses listas para el matadero. Poco o rara vez se escucha en las predicaciones actuales del Evangelio juicios tan claros y severos como este que Santiago emitió en su tiempo y que la Iglesia consagró en la Biblia como Palabra de Dios. Hay mucho que perder. Pero estamos perdiendo mas por no retomar esta tradición profética eclesial para el mundo de hoy.

EVANGELIO   El Evangelio nos muestra un problema que debería estremecernos como Iglesia: el de los discípulos que rechazan a quienes sigue a Jesús por la simple "razón" de no ajustarse a las exigencias de un grupo, de "pertenecer" a él. El asunto está claro "vimos a uno que expulsaba demonios en tu nombre". El problema también: "como no es de los nuestros" se lo prohibimos. La situación que nos narra el Evangelio según san Marcos no es con toda seguridad un problema entre quienes son la Iglesia y aquellos que no lo son.

Pero Jesús le respondió:

"**No** se lo prohiban,
porque no hay **ninguno** que haga milagros **en mi nombre**,
que luego sea capaz de hablar mal **de mí**.
Todo aquél que no está **contra** nosotros, está a **nuestro** favor.

Todo aquél que **les dé a beber** un vaso de agua
por el hecho de que **son de Cristo**,
les aseguro que **no se quedará** sin recompensa.

Al que sea **ocasión de pecado**
para esta gente sencilla que cree en mí,
más le valdría que **le pusieran al cuello** una de esas **enormes**
piedras de molino y lo **arrojaran** al mar.

Si tu mano te es **ocasión** de pecado, **córtatela**;
pues más te vale **entrar manco** en la vida eterna,
que ir con tus dos manos al lugar de castigo,
al fuego **que no se apaga.**
Y si tu pie te es **ocasión** de pecado, **córtatelo**;
pues más te vale entrar **cojo** en la vida eterna,
que con tus dos pies **ser arrojado** al lugar de castigo.
Y si tu ojo te es ocasión de pecado, **sácatelo**;
pues **más te vale** entrar tuerto en el Reino de Dios,
que ser **arrojado** con tus dos ojos al lugar de castigo,
donde el gusano **no muere** *y el fuego* **no se apaga".**

Imprime fuerza y seriedad a la respuesta de Jesús. Es un mandato muy claro de lo equivocado de tal actitud de falsas pretensiones.

Marca una pausa antes y después de los ejemplos tajantes que menciona el Maestro. En ellos nos revela la seguridad del asunto.

Es una problemática interior y Marcos la aborda directamente desde Jesús como criterio central.

He aquí algunos elementos para reflexionar y discernir. Primero, los celos entre los discípulos vienen de una visión inmadura sobre la tarea de la evangelización: pretender apoderarse de lo que pertenece a Jesús. Segundo, es más grave ser obstáculo para el crecimiento de la fe de los sencillos que creen en Jesús y que, por nuestros falso comportamiento, se escandalizan. Su visión es estrecha, por ello se escandalizan tanto por los defectos de los hermanos; el punto es que no debemos olvidar que el don de la fe es una gran responsabilidad personal y para con toda la comunidad. El ejemplo drástico que pone Jesús es crucial para no echar en saco roto la invitación a vivir con integridad. La discordia entre grupos al interior de la Iglesia no se resuelve desacreditándonos unos a otros, tampoco se soluciona imponiendo criterios personales a la misión cuando el criterio central es la misma persona de Jesús y el cuidado del crecimiento de todo el cuerpo eclesial en donde los más sencillos son el punto al que hay que poner mayor atención.

XXVII DOMINGO ORDINARIO

Lectura del libro del Génesis

Imprime un tono de cierta preocupación a la declaración divina sobre el asunto de la soledad humana.

En aquel día, dijo el Señor Dios:
"**No** es bueno que el hombre **esté solo**.
Voy a hacerle a alguien **como él**, para que **lo ayude**".
Entonces el Señor Dios **formó** de la tierra
todas las bestias del campo
y todos los pájaros del cielo
y los llevó ante Adán para que **les pusiera nombre**
y así **todo ser viviente** tuviera el nombre puesto **por Adán**.

La creación de la vida en sus diferentes manifestaciones debe estar llena de fuerza y ternura. Nos revela al Dios de la vida.

Así, pues, Adán **les puso nombre**
a todos los animales domésticos,
a los **pájaros** del cielo y a **las bestias** del campo;
pero **no hubo** ningún ser **semejante** a Adán para ayudarlo.

La creación de la mujer es un don de Dios. Relata este hecho con solemnidad.

Entonces el Señor Dios
hizo caer al hombre en un **profundo sueño**,
y mientras dormía, le sacó **una costilla**
y **cerró la carne** sobre el lugar vacío.
Y de la costilla que **le había sacado** al hombre,
Dios formó **una mujer**.
Se la llevó al hombre y éste **exclamó**:

Con voz de júbilo y entusiasmo, proclama la exclamación del varón por ver a su semejante como complemento.

"**Ésta sí** es **hueso** de mis huesos
y **carne** de mi carne.
Ésta será llamada **mujer**,
porque ha sido formada **del hombre**".

I LECTURA

Dios es comunión, no soledad. Y nosotros como creados a su imagen y semejanza somos llamados desde lo más profundo de nuestro ser a vivir con los demás, para los demás. Todo el relato está centrado en la importancia de la visión de Dios para el hombre: no estar solo. La soledad humana a la que se refiere es aquella que mata la existencia. Toda la creación cumple esta función relacional de la persona como hijo (con Dios), hermano (con el hombre/mujer) y señor que cuida y vive en armonía con la creación. Ninguna de estas dimensiones suple a la otra. Se puede notar más bien el desequilibrio en la vida cuando se ignora a Dios en la relación con los hermanos o la naturaleza o viceversa. De modo muy especial, el hombre encuentra sentido en las relaciones fraternales de amistad y solidaridad con los de su misma naturaleza. En ese contexto de fraternidad y vida en común, este relato nos ofrece una de las más bellas formas de ver la relación entre hombre y mujer. La diferencia sexual de un semejante que es diferente y complementario en el destino humano y en el plan de Dios, es bellísima y cargada de sentido. Ambos quedan, dentro de la propia fragilidad humana, frente a frente para convivir dignamente para convivir en la entrega generosa para cumplir el destino que Dios ha sembrado en el corazón de la humanidad: crecer en el amor.

Por eso el hombre **abandonará** a su padre y a su madre,
y se **unirá** a su mujer y serán los dos **una sola cosa.**

II LECTURA   Hebreos 2,8–11

Lectura de la carta a los hebreos

En un tono pausado, proclama el sentido pleno que todo lo creado toma en Cristo.

Hermanos:
Es verdad que ahora **todavía** no vemos el universo entero
sometido al hombre; pero sí **vemos ya** al que *por un momento*
Dios hizo **inferior** *a los ángeles,*
a **Jesús,** que por haber sufrido **la muerte,**
está *coronado de* **gloria y honor.**
Así, por la gracia de Dios, la muerte que **él sufrió**
redunda **en bien de todos.**

El designio amoroso de Dios por salvarnos a través de su Hijo debe sentirse cargado serenidad y decisión.

En efecto, el creador y Señor de **todas** las cosas
quiere que todos sus hijos **tengan parte** en su gloria.
Por eso **convenía** que Dios consumara **en la perfección,**
mediante el sufrimiento, a **Jesucristo,**
autor y **guía** de nuestra salvación.

Procura convencer a la asamblea de la intima relación que existe entre Jesús y todos los hermanos y hermanas.

El santificador y los santificados
tienen **la misma** condición humana.
Por eso no se avergüenza de llamar **hermanos** a los hombres.

EVANGELIO   Marcos 10,2–16

Lectura del santo Evangelio según san Marcos

Proclama con cierto cinismo la pregunta insidiosa de los fariseos contra Jesús; en su respuesta debe sentirse un tono directo y claro.

En aquel tiempo, se acercaron a Jesús unos **fariseos**
y le preguntaron, para ponerlo **a prueba:**
"¿Le es lícito a un hombre **divorciarse** de su esposa?"

II LECTURA En pocos pensamientos la carta a los Hebreos nos ayuda a ver la humanidad y divinidad de Jesús. Llama la atención cierta inversión de las cosas. Nos menciona el sometimiento de todo el universo a la humanidad de Jesús para luego elevarnos en la visión de su coronación después de haber sufrido la muerte. La plenitud de Jesús queda puesta en claro a partir de su humanidad y su entrega hasta la muerte. El autor también pone un énfasis especial en la íntima relación de nosotros con él. Es, en Jesús, un himno que eleva a la humanidad toda, invitándonos a ver con buenos ojos todas las dimensiones de nuestro ser. Por falseamientos en el entendimiento de la fe cristiana hemos cometido errores vergonzosos en la historia de la humanidad atentando contra nosotros mismos. Ojalá que la fe en Jesús nos lleve a mejores cotas de entendimiento y vivencia de nuestra propia humanidad en el espíritu por el que fuimos creados.

EVANGELIO La pregunta sobre la disolución del matrimonio es solo para poner a prueba a Jesús. El Evangelio lo aclara inmediatamente. Todos sabían de la práctica común, machista por cierto, avalada por la ley (Deuteronomio 24), ya que la mujer era considera propiedad del marido. En el ambiente cercano al pueblo judío (griego y romano), también era permitida esta práctica, con una variante imposible de pensar entre los judíos: la

Recita las explicaciones de Jesús con un tono pausado y certero, como el de un auténtico maestro .

Él les **respondió**:
"**¿Qué** les prescribió Moisés?"
Ellos contestaron:
"Moisés **nos permitió** el divorcio
mediante la entrega de **un acta** de divorcio a la esposa".
Jesús les dijo: "Moisés prescribió **esto**,
debido a la **dureza** del corazón de ustedes.
Pero desde **el principio**, al crearlos,
Dios *los hizo* **hombre y mujer.**
Por eso **dejará** *el hombre a su padre y a su madre*
y **se unirá** *a su esposa y serán los dos una sola carne.*
De modo que **ya no son dos**, sino una **sola** carne.
Por eso, lo que Dios **unió**, que **no lo separe** el hombre".

Ya en casa, los discípulos
le **volvieron** a preguntar sobre el asunto.
Jesús les dijo: "Si uno se divorcia **de su esposa** y se casa **con otra**,
comete adulterio **contra la primera.**
Y si ella se divorcia **de su marido** y se casa con otro,
comete **adulterio**".

Haz una breve pausa antes de la escena de los niños con Jesús. Es un breve cambio de escena que complementa la respuesta antes dada por Jesús.

Después de esto,
la gente le llevó a Jesús unos niños para que **los tocara,**
pero los discípulos trataban **de impedirlo.**

Al ver aquello, Jesús se **disgustó** y les dijo:
"**Dejen** que los niños **se acerquen a mí** y no se lo impidan,
porque el **Reino de Dios** es de los que **son como ellos.**
Les **aseguro** que el que no reciba el Reino de Dios **como un niño,**
no entrará en él".

Después **tomó en brazos** a los niños
y **los bendijo** imponiéndoles las **manos.**

Forma breve: Marcos 10,2–12

mujer también podía abandonar al esposo. La mentalidad judía se quedó atrapada en el pasado cuando Moisés, como explica Jesús, determinó esta medida por la dureza de su corazón. Es decir, que hay un proceso de crecimiento en la forma como se debe entender el mandato de cumplir la voluntad de Dios. La actitud farisaica queda al desnudo en sí misma, pues escogen de la ley solo lo que conviene a su interés.

Con todo, Jesús explica la radicalidad que debe acompañar la vida a la luz de los criterios de Dios: lo que Dios unió que no lo separe el hombre. Este asunto aun dejaba duda en los discípulos y Jesús pone la igualdad de responsabilidad tanto del hombre como de la mujer. La sociedad de ese tiempo depositaba toda la responsabilidad de pecado en la mujer ignorando o pasando por alto la responsabilidad del varón. Semejante a nuestros días cuando la prostitución se piensa, por ejemplo, únicamente en términos femeninos, ignorando una tradición de machismos culturales que impactan nuestra forma de ver y entender a Dios y la relación humanas y hasta eclesiales. La escena de los niños refuerza la cerrazón de los discípulos por un lado y es ocasión para que Jesús ponga una de las más bellas y profundas imágenes del reino y la actitud propicia para ser parte de él.

XXVIII DOMINGO ORDINARIO

Recalca con fuerza y determinación el lugar de la sabiduría dentro y por encima de todo.

I LECTURA   Sabiduría 7,7–11

Lectura del libro de la Sabiduría

Supliqué y se me concedió la **prudencia;**
   invoqué y **vino sobre mí** el espíritu de sabiduría.
La **preferí** a los cetros y a **los tronos,**
   y en comparación con ella **tuve en nada** la riqueza.
No se puede **comparar** con la piedra más preciosa,
   porque **todo** el oro, junto a ella, es un **poco** de arena
   y la plata es **como lodo** en su presencia.

La tuve en más que la **salud** y la **belleza;**
   la preferí **a la luz,** porque su resplandor **nunca** se apaga.
Todos los bienes me vinieron **con ella;**
   sus manos me trajeron riquezas **incontables.**

Procura que la comunidad presente distinga las comparaciones que presenta el texto. A todos nos hará mucho bien que esta actitud sabia quede clara en nuestros esfuerzos de vivir.

II LECTURA   Hebreos 4,12–13

Lectura de la carta a los hebreos

Hermanos:
La **palabra** de Dios es viva, **eficaz**
   y más **penetrante** que una espada de **dos** filos.
Llega hasta lo **más íntimo** del alma,
   hasta **la médula** de los huesos
   y **descubre** los pensamientos e intenciones del corazón
Toda creatura **es transparente** para ella.
Todo queda **al desnudo** y al descubierto
   ante los **ojos** de aquél a quien debemos **rendir** cuentas.

Este hermoso y profundo himno a la Palabra de Dios deberá sonar con fuerza en toda la asamblea. Es una promesa que no debe dejarnos quietos.

Todos somos oyentes e intérpretes de la Palabra de Dios. También somos destinatarios de ella que nos pone al descubierto. Proclama esta lectura con un corazón sincero y dispuesto a este encuentro profundo.

I LECTURA La sabiduría atribuida al rey Salomón nos enseña en este trozo una verdad que en vez de desanimarnos debería darnos un aliento mucho más grande que nosotros mismos. Nosotros no somos la fuente de tal sabiduría, es Dios. Ninguna otra cosa, por más valiosa e importante que esta sea, podrá darnos lo que necesitamos para vivir como Dios quiere. Todo es medio que adquiere su sentido y su justo lugar en los criterios de quien nos ha dado la vida y el destino de felicidad plena. El texto nos plantea un serio desafío: no dejarnos poseer por lo poco o mucho que tengamos, ni por lo que sabemos. Todo, incluido nuestro esfuerzo (ojalá que sea grande) por realizarnos en la vida (salud, trabajo, familia, educación, salvación) recibe su sentido y plenitud en Dios.

II LECTURA Este es uno de los textos más conocidos de la carta a los Hebreos. Será como un criterio para evaluar nuestra vida cristiana ante la fuerza y efectividad de la Palabra de Dios en nuestras vidas y la vida de la Iglesia. Impresiona la forma tan clara y profunda como se expone lo que es dicha palabra y lo que somos frente a ella. En la exhortación apostólica cobre la Palabra de Dios en la vida y la misión de la Iglesia, el Papa Benedicto XVI, hace una invitación a "conocer para comprender y vivir" esta Palabra, invitándonos a leer y profundizar la Sagrada Escritura para encontrarnos con ella. Es decir, que la Palabra de Dios se encuentra en la Biblia y no solo ahí. También está en la vida, los sacramentos, la liturgia y sobre todo en el hermano más necesitado, como nos decía Juan Pablo II en la exhortación *Iglesia de América* (1999). El texto de Hebreos suena como un criterio, o una declaración

EVANGELIO   Marcos 10,17–30

Lectura del santo Evangelio según san Marcos

En aquel tiempo, cuando salía Jesús **al camino,**
    se le acercó **corriendo** un hombre,
    se **arrodilló** ante él y le preguntó:
    "**Maestro** bueno, ¿qué debo **hacer** para **alcanzar** la vida eterna?"
Jesús le contestó:
    "**¿Por qué** me llamas bueno? Nadie es bueno sino **sólo Dios.**
Ya sabes los mandamientos:
No matarás, no cometerás **adulterio,**
    no **robarás,** no levantarás *falso* testimonio,
    no *cometerás fraudes,*
    honrarás *a tu padre y a tu madre".*

Entonces **él** le contestó:
    "Maestro, **todo eso** lo he cumplido desde **muy** joven".
Jesús lo miró **con amor** y le dijo:
    "Sólo **una cosa** te falta: Ve y vende **lo que tienes,**
    da el dinero **a los pobres** y así tendrás un tesoro **en los cielos.**
Después, **ven** y sígueme".
Pero al oír **estas palabras,**
    el hombre se **entristeció** y se fue **apesadumbrado,**
    porque tenía **muchos** bienes.

Jesús, mirando **a su alrededor,** dijo entonces a sus discípulos:
    "**¡Qué difícil** les va a ser a los ricos **entrar**
        en el Reino de Dios!"
Los discípulos quedaron **sorprendidos** ante estas palabras;
    pero Jesús **insistió:**
    "Hijitos, **¡qué difícil** es para los que confían **en las riquezas,**
    entrar en el Reino de Dios!

Narra los hechos como un testigo fiel de Jesús que conoce las exigencias de ser su discípulo. Que la comunidad presente sienta tu fe y entusiasmo de haberlo dejado todo por el Señor.
Haz del encuentro entre este hombre y Jesús un diálogo con mucha honestidad y sinceridad.

Da un tono preocupado a la explicación que Jesús hace a sus discípulos y a todos los demás presentes.

de misión para nuestro encuentro con la Palabra de Dios, Jesús mismo.

EVANGELIO   Este texto ha causado siempre mucha inquietud y reservas ante la forma como Jesús plantea la salvación, el discipulado y el asunto de las riquezas. En el fondo siempre está el esfuerzo de quienes quieren salvarse sin desprendimiento de aquello que más nos ata: las riquezas. El hombre rico aparece como un hombre bueno, pero que no es capaz de desprenderse de las ataduras que el mismo ha creado y seguir a Jesús. Los discípulos por su parte han dejado todo lo que tenían por andar el camino del Maestro. El asunto no es simplista. Muchos discípulos actuales hacen malabares de interpretación con tal de reconciliar lo que a los ojos de Jesús es irreconciliable: Dios y las riquezas. No basta cumplir los mandamientos al estilo personal, mucho menos cuando el individualismo rige un estilo de vida ajeno a la práctica de la solidaridad. Es necesario el desprendimiento de todo para entrar en relaciones de amor en la comunidad cristiana donde la mayor riqueza será el compartir. No es suficiente la buena fama que brota de los desprendimientos calculados para el beneficio propio. Los mismos discípulos se sienten desafiados por esta

Al llegar a las palabras de Jesús sobre el poder de Dios para que se cumplan los criterios del reino, hazlo con un tono de contundencia.

Después de mencionar la respuesta de Pedro con un sabor de humildad, concluye en tono magistral las promesas de Jesús.

Más fácil le es a un camello **pasar** por el ojo de una aguja,
    que a un rico **entrar** en el Reino de Dios".

Ellos se asombraron **todavía más** y comentaban entre sí:
    "Entonces, ¿**quién** puede salvarse?"
Jesús, mirándolos **fijamente,** les dijo:
    "Es **imposible** para los hombres,
    mas no **para Dios.** Para Dios **todo** es posible".

Entonces **Pedro** le dijo a Jesús:
    "Señor, ya ves que nosotros **lo hemos dejado todo**
        para seguirte".

Jesús le **respondió:**
    "Yo les **aseguro:**
Nadie que **haya dejado** casa, o hermanos o hermanas,
    o padre o madre, o hijos o tierras,
    por mí y por **el Evangelio,**
    dejará de recibir, **en esta vida,** el ciento por uno en casas,
    hermanos, hermanas, madres, hijos y tierras,
    junto con **persecuciones,**
    y en el otro mundo, la **vida eterna**".

Forma breve: Marcos 10,17–27

forma tan radical como Jesús plantea la entrada en la vida eterna. La imposibilidad de que un camello pase por esa puerta (tipo aguja) hecha solo para personas, es desconcertante desde entonces. Pero la respuesta de la salvación y el cambio profundo de las personas no es imposible para Dios.

XXIX DOMINGO ORDINARIO

Proclama esta lectura con serenidad profunda, estamos ante el sentido más pleno del sufrimiento más grave.

Da una fuerza especial a la presencia de Dios. No es sádico que disfruta el dolor de sus hijos. Es amor poderoso que no los deja perecer en medio de todo ello.

I LECTURA   Isaías 53,10–11

Lectura del libro del profeta Isaías

El Señor quiso **triturar** a su siervo con el sufrimiento.
Cuando **entregue** su vida como expiación,
    verá a sus descendientes, **prolongará** sus años
    y por **medio de él** prosperarán los designios del Señor.
Por las fatigas de su alma, **verá** la luz y se **saciará;**
    con sus sufrimientos **justificará** mi siervo a muchos,
    cargando con los crímenes de ellos.

Proclama el sacerdocio de Cristo con seguridad desde tu propia fe y la fe de toda la Iglesia. La asamblea debe sentirse dentro de esta proclamación.

Con entonación agradecida y humilde, haz sentir en la asamblea la misericordia de Cristo como nuestro sacerdote primordial y único.

II LECTURA   Hebreos 4,14–16

Lectura de la carta a los hebreos

Hermanos:
Puesto que Jesús,
    el **Hijo** de Dios, es nuestro **sumo sacerdote,**
        que ha entrado en el cielo,
    mantengamos **firme** la profesión de nuestra fe.
En efecto,
    no tenemos un **sumo sacerdote**
    que no sea capaz de **compadecerse** de nuestros sufrimientos,
    puesto que **él mismo** ha pasado
    por las **mismas pruebas** que nosotros, **excepto** el pecado.

Si su parroquia celebra el Domingo Mundial de las Misiones hoy, las lecturas correspondientes aparecen en las páginas 256–258.

I LECTURA Los cantos del Siervo Sufriente nos revelan la crudeza del dolor y el sufrimiento del inocente y como en medio de todo eso que parece perdido, va surgiendo la obra de Dios. Hoy estamos leyendo los últimos versos del cuarto cántico (Isaías 52,13—53,12). Es muy recomendable leer atentamente todo el poema. El mensaje está íntimamente vinculado a la conciencia cristiana de que todo esto adquiero sentido pleno en la Pasión, muerte y Resurrección de Jesucristo. Una antropóloga británica, Mary Douglas, comentó hace varios años que la restauración de la dignidad del pobre y el derrumbamiento de los poderosos es la broma cósmica más grande que se haya inventado y que nunca se ha logrado en realidad. Si ella, mujer culta y primer mundista, pensaba así, ¿qué hay en el corazón de quienes dentro de la angustia de una vida injusta y dolorosa no escuchan ni la promesa siquiera? En algunos círculos bíblicos con campesinos migrantes o indígenas guatemaltecos en el estado de Ohio descubrimos el potencial liberador de la Palabra de Dios cuando el pueblo identifica el sentido de su dolor con el de Cristo mismo. No para justificarlo, sino para encontrar la fuerza de Dios en el sufrimiento solidario en el que germina una nueva esperanza.

II LECTURA La compasión y la misericordia se vuelven cada vez más escasas y necesarias en nuestros tiempos. No digamos a nivel nacional e internacional, ahí casi hemos perdido la

Concluye con sabor esperanzador y alegre la invitación de acercarnos a Cristo y su gracia.

Acerquémonos, por tanto,
 con **plena** confianza al trono de la **gracia,**
 para recibir **misericordia,** hallar la gracia
 y obtener ayuda en el momento **oportuno.**

EVANGELIO   Marcos 10,35–45

Lectura del santo Evangelio según san Marcos

Presenta la petición de Santiago y Juan con cierta humildad fingida. Se quieren adelantar a sus hermanos con ambición.

En aquel tiempo,
 se **acercaron** a Jesús Santiago y Juan,
 los hijos de Zebedeo, y le dijeron:
 "**Maestro,** queremos que **nos concedas** lo que vamos a pedirte".
Él les dijo:
 "**¿Qué es** lo que desean?"
Le respondieron:
 "Concede que nos sentemos uno **a tu derecha**
 y otro **a tu izquierda,** cuando estés en tu gloria".
Jesús les replicó:
 "**No saben** lo que piden.

Haz que la pregunta de Jesús sobre el deseo de este par, se sienta en calma y con seguridad. Jesús es de una sola pieza. Entiende la humanidad de los suyos.

¿**Podrán** pasar la prueba que yo voy a pasar
 y **recibir** el bautismo con que seré bautizado?"
Le respondieron: "**Sí podemos**".
Y Jesús les dijo:
 "Ciertamente **pasarán** la prueba que yo voy a pasar
 y **recibirán** el bautismo con que yo seré bautizado;
 pero eso de sentarse a mi derecha o a mi izquierda
 no me toca a mí concederlo;
 eso es para quienes está **reservado**".

---

esperanza. Hablando entre todos aquellos que creemos en el mismo Dios. Específicamente quienes decidimos orientar nuestra vida y todo lo que ella envuelve a la luz de Jesucristo. El autor de la carta a los Hebreos nos exhorta a darle firmeza y consistencia a nuestra fe en Cristo. Este "mantenernos firmes" nos invita a despojarnos de nuestras propias seguridades y poner nuestra seguridad en el sacerdocio de Jesús. El texto desglosa sintéticamente el sentido del sacerdocio de Cristo. Solidario con la humanidad, él mismo ha pasado por lo que nosotros estamos pasando; él sabe

de la existencia humana y ofrece su gracia a quienes se acerquen a él. Hagamos de nuestra oración y espiritualidad cristiana un continuo acercamiento a Jesús para que aumente en nosotros la capacidad de escucha, comprensión y misericordia con nuestros hermanos. Esta sería una sabia actitud de pedir a Dios la gracia de vivir nuestro sacerdocio bautismal en la entrega.

EVANGELIO **Ya anteriormente (Marcos 9,33–37) los discípulos** iban discutiendo camino a Cafarnaúm sobre quién de ellos era el más importante. En

aquel relato se nos dice que ellos se quedaron callados ante la pregunta de Jesús. Ahora son Santiago y Juan, los hijos del Zebedeo quienes se acercan con la misma duda y preocupación. En ambos casos, la respuesta de Jesús es muy clara y contundente poniendo el servicio como criterio que rompe toda pretensión extraña al evangelio. Hay que reconocer que los discípulos dan lástima y ternura con sus preocupaciones de ser reconocidos y valorados con el mejor lugar o el mejor puesto solo por andar detrás de su maestro y en el preciso momento en que esta presintiendo su

Sin interrumpir el ritmo del diálogo, haz una breve pausa y énfasis a la reacción de los otros diez apóstoles. Esta distinción entre el mismo afán de unos y de todos, es muy importante para el evangelista.

Cuando los otros diez apóstoles oyeron **esto**,
se **indignaron** contra Santiago y Juan.
Jesús reunió entonces **a los Doce** y les dijo:
"Ya saben que los jefes de las naciones
las gobiernan **como si fueran** sus dueños
y los poderosos **las oprimen**.
Pero no debe ser así **entre ustedes**.
Al **contrario**:
el que quiera ser **grande** entre ustedes, que sea su **servidor**,
y el que quiera ser **el primero**, que sea el esclavo **de todos**,
así como el **Hijo** del hombre,
que **no ha** venido a que lo sirvan, sino **a servir**
y a **dar su vida** por la redención de **todos**".

Forma breve: Marcos 10,42–45

muerte como consecuencia de su entrega y servicio. San Marcos desea que veamos este contraste.

La otra lección (9,33–37) sobre el servicio en la vida del discípulo como único distintivo ante las pretensiones de imagen y poder sobre los demás, Jesús colocó la sencillez de un niño como ejemplo. En esta sección, nos da el mismo criterio del servicio mediante una enseñanza que nos pone como Iglesia y como discípulos ante un programa de vida consciente entre el poder y el servicio. El versículo 42 es una entrada al análisis de la propia experiencia de la

tiranía del poder que pretende ser dueño de la vida de los demás y la lucha frontal que representa vivir de otra manera.

El servicio como estilo de vida en la Iglesia debe ser consciente de, por lo menos tres consideraciones: el afán de poder, es fácilmente perceptible, por más que se intente disimular, con el espíritu de servicio. Las masas tienen en muchos sentidos una conciencia de oprimidos, es decir, necesitan el poder al estilo de los jefes de las naciones para estar seguros. Los que están despertando al servicio y corresponsabilidad saben que esta forma de ser

Iglesia impacta todo lo que hacemos mediante un espíritu de servicio y es un gran desafío dentro de los propios grupos, ministerios y equipos de trabajo. En la medida que como Iglesia vayamos superando el modelo de "los jefes de las naciones" entonces iremos siendo capaces de ofrecer una propuesta nueva y mejor (alternativa) en nuestro mundo.

XXIX DOMINGO DEL TIEMPO ORDINARIO (DOMINGO MUNDIAL DE LAS MISIONES)

Proclama con voz potente y segura la promesa de Dios para todo pueblo y nación que se decida por tener a Dios como centro de sus planes y proyectos.

Con voz apresurada y animosa, resalta la acción decidida de quienes se ponen en camino a encontrarse con el Señor.

Haz un énfasis especial en los extranjeros que descubren y aceptan la presencia de Dios en un pueblo que no es el suyo.

I LECTURA   Zacarías 8,20–23

Lectura del libro del profeta Zacarías

Esto dice el **Señor** de los **ejércitos**:
   "Vendrán **pueblos** y **habitantes** de muchas ciudades.
Y los **habitantes** de una ciudad irán a ver a los de la **otra**
      y les **dirán**:
   '**Vayamos** a orar ante el **Señor** y a implorar la **ayuda** del **Señor**
      de los **ejércitos**'.
'Yo **también** voy'.
Y vendrán **numerosos** pueblos y naciones **poderosas** a orar
      ante el **Señor Dios** en **Jerusalén**
   y a implorar su **protección**".
Esto dice el **Señor** de los **ejércitos**:
   "En aquellos días, diez hombres de **cada lengua extranjera**
      tomarán por el borde del manto a un **judío** y le **dirán**:
   '**Queremos** ir **contigo**, pues hemos oído decir que Dios **está**
      con ustedes'".

Si su parroquia no celebra el Domingo Mundial de las Misiones hoy, las lecturas correspondientes aparecen en las páginas 253–255.

I LECTURA   El profeta Zacarías pronuncia una lista de diez promesas de cambio que Dios hace para su pueblo. Estas promesas parecerán imposibles, pero no para él que, apasionado por su pueblo, tiene la firme determinación de residir en medio de ellos convocando a todos. Por mucho tiempo el pueblo de Israel fue madurando la idea de tener una misión como pueblo de Dios para todo el mundo. Pero lo que se perdió de vista, o más bien lo que se confundió, fue quien es el centro de atracción y de protección: ¿el pueblo, la raza, la nación o Dios?

Los habitantes de diversas naciones acuden al pueblo porque ven que Dios está con ellos, y lo que buscan es la protección de Dios. En tiempos de Jesús la fe del pueblo judío se estaba enquistando en la cultura y la organización política y religiosa. Él abrió desde dentro el horizonte para construir el verdadero pueblo de Dios en el que todas las culturas y todas las naciones tienen un lugar en la misión salvadora si aceptan a Dios sin artimañas que pretendan manipularle. El Dios de Jesús sigue cruzando fronteras de naciones y continentes en su obra salvífica. El pueblo latino está llamado a reconocer la presencia de Dios en la propia cultura sin que este reconocimiento lo incapacite para ver al mismo Dios que nos salva y nos protege en la expresión de otros hermanos y hermanas. Las culturas y países dominantes de cualquier parte del planeta deberán darse cuenta que su afán de dominación disfrazado de protección es evidente y nunca será igual en nada a la promesa y protección del verdadero Dios.

II LECTURA   Romanos 10,9–18

Lectura de la carta del apóstol san Pablo a los romanos

Hermanos:
Basta que cada uno **declare** con su **boca** que Jesús es el **Señor**
    y que **crea** en su **corazón** que Dios lo **resucitó**
        de entre los **muertos**,
    para que pueda **salvarse**.
En efecto, hay que **creer** con el **corazón** para **alcanzar** la **santidad**
    y **declarar** con la **boca** para **alcanzar** la **salvación**.
Por eso dice la **Escritura**:
    Ninguno que crea en él quedará defraudado,
    porque no existe **diferencia** entre **judío** y **no judío**,
    ya que **uno mismo** es el Señor de **todos**,
    espléndido con **todos** los que lo **invocan**,
    pues **todo el que invoque como a su Dios, será salvado por el**.
Ahora bien, ¿cómo van a **invocar** al Señor, si no **creen** en él?
¿Y cómo van a **creer** en él, si no han **oído hablar** de él?
¿Y cómo van a **oír hablar** de él, si no hay nadie que se lo **anuncie**?
¿Y cómo van a haber quienes lo **anuncien**, si no son **enviados**?
Por eso dice la **Escritura**:
¡Qué hermoso es ver correr sobre los montes al mensajero
        que trae buenas noticias!
Sin embargo, **no todos** han creído en el Evangelio.
Ya lo dijo **Isaías**:
Señor, ¿quién ha creído en nuestra predicación?
Por tanto, la **fe** viene de la **predicación**
    y la **predicación** consiste en **anunciar** la **palabra** de **Cristo**.
Entonces yo **pregunto**: ¿Acaso no habrán **oído** la **predicación**?
¡Claro que la han **oído!**, pues la **Escritura** dice:
    La **voz** de los **mensajeros** ha resonado en **todo el mundo**
        y sus **palabras** han llegado hasta el **último** rincón de la **tierra**.

Proclama con tono elocuente y claro de un maestro esta enseñanza de san Pablo en la que resume doctrinalmente gran parte de su experiencia y visión de la fe cristiana.

Al proclamar esta lectura, sea consciente de los condicionantes ("pero", "ahora bien", "por tanto"). Dales importancia ayudando así a la asamblea a captar mejor el ritmo del texto y su contenido.

Finaliza con un tono sereno y claro esta gran verdad de la fe cristiana. Siempre esperamos participar de la gloria plena de Dios y ese es un mensaje muy poderoso.

II LECTURA   La carta a los Romanos es uno de los escritos más maduros de san Pablo por el mensaje que contiene, la crítica situación personal del apóstol en ese tiempo y también por el anhelo de evangelizar la capital y centro del imperio romano. Bien diríamos que es un gran estratega evangelizador que combina el sentido doméstico de la Iglesia con las implicaciones y dimensiones políticas del anuncio del Evangelio.

Pensemos en la misma dificultad y desafío ahora: no podemos decir que ser bautizado basta y garantiza vivir como Dios quiere. En la política, los negocios, y los puestos de poder por mas grandes o simples que parezcan no es fácil decir quien está fuera del Espíritu de Cristo, pero si es muy fácil percibir quien está viviendo orientado al amor y servicio de los demás. La vida según el Espíritu de Cristo ha sido retomada en el catecismo como la opción de vida del cristiano conocida también como proyecto moral integral de vida que incluye a toda la persona: pensamientos, intensiones, actitudes, virtudes y acciones concretas. Esforcémonos por entrar de lleno en los caminos del Espíritu Santo que es fuerza de cambio, consuelo en la lucha y desafío esperanzador.

EVANGELIO   La Iglesia encontrará mayor claridad del envío en el contenido y mensaje de todo el Evangelio que en estos cinco versículos del Evangelio según san Marcos. Antes de que los discípulos reciban este bello y poderoso envío de parte de Jesús resucitado, han recibido un fuerte reproche por su incredulidad y terquedad por no confiar en el testimonio de sus hermanos. La conclusión que nos arrojan estas dos anotaciones es que es imposible encaminarse en la misión evangelizadora si no se cree firmemente en Jesús crucificado y resucitado.

EVANGELIO Marcos 16,15–20

Lectura del santo Evangelio según san Marcos

Inicia la proclamación de este envío con la solemnidad de Jesús resucitado que tiene una visión total de la historia y confianza plena en la persona de los discípulos.

En aquel tiempo, se **apareció** Jesús a los Once y les dijo:
  "**Vayan** por todo el mundo
  y **prediquen** el Evangelio a **toda** creatura.
El que **crea** y se bautice, se **salvará**;
  el que se **resista** a creer, será **condenado**.

Expresa con tono seguro y fuerte los signos que representan la fuerza de quien cree y confía en Jesús.

Éstos son los milagros que **acompañarán** a los que hayan creído:
  arrojarán demonios **en mi nombre**,
  hablarán lenguas nuevas,
  cogerán serpientes **en sus manos**,
  y si beben un veneno mortal, **no** les hará daño;
  impondrán las manos a los enfermos
y éstos quedarán **sanos**".

Combina el tono misterioso de la Ascensión del Señor con el realismo de la misión de los discípulos. Nuestro pueblo está ansioso de sentir la presencia viva de Jesús en medio de nosotros.

El Señor Jesús, después de hablarles,
  subió al cielo y está sentado **a la derecha** de Dios.
Ellos fueron y proclamaron el Evangelio por **todas partes**,
  y el Señor **actuaba** con ellos
  y **confirmaba** su predicación con los milagros que hacían.

La misión no es un trabajo, ni una profesión. Es la consecuencia de una fe viva. Siguiendo el texto que proclamamos hoy, vemos que el anuncio del Evangelio es para todo el mundo y todo lo que existe. Por más claras que sean o parezcan las opciones en la misión, siempre deberán enfrentar el desafío de no ser exclusivas ni excluyentes. No somos nosotros los que habremos de emitir el juicio de quien se condena o se salva; esto corresponde a Dios. Lo que nos corresponde es vivir en la misión anunciando la persona y la obra de Jesucristo.

Nuestra fe ha de llenar la vida de fuerza y poder invencible ante cualquier adversidad y desafíos. La Ascensión de Jesús y la misión de los discípulos tienen una relación de sentido profundo. No significa que Jesús "se fue" dejándonos desamparados, pues se menciona al mismo tiempo como continuaba asistiendo y confirmando en el camino. Es una nueva presencia de Jesús que libera a los suyos de la ceguera para que puedan abrir los ojos, el corazón y la conciencia a sus hermanos y hermanas. En el mundo global a interconectado que vivimos hoy, la misión está siendo replanteada

con mucha fuerza. Hay una nueva geografía para la misión, y también una nueva mentalidad que nos conduce a corregir estereotipos misioneros.

Considerando la realidad de la migración y la fe de los pueblos, bien podríamos hacer eco a los obispos de América Latina que convocan a una nueva actitud misionera: todos somos llamados a ser discípulos, a acoger la misión para nosotros mismos y con los demás.

XXX DOMINGO ORDINARIO

I LECTURA Jeremías 31,7–9

Lectura del libro del profeta Jeremías

Con emoción y júbilo desbordante, proclama este himno de retorno triunfal de un pueblo con Dios a su lado.

Esto dice el Señor:
"**Griten** de alegría por Jacob,
regocíjense por el mejor de los pueblos;
proclamen, alaben **y digan**:
'El Señor **ha salvado** a su pueblo,
al grupo de los **sobrevivientes** de Israel'.

Con fuerza y orgullo deben sonar las palabras que hacen ver la poderosa presencia de Dios con su pueblo.

He aquí que yo los **hago volver** del país del norte
y los congrego desde los **confines** de la tierra.
Entre ellos vienen el **ciego y el cojo**,
la mujer **encinta** y la que acaba de dar a luz.

La descripción de la realidad de estos desterrados debe ser hecha con serenidad y respeto. Es una multitud sincera en todo sentido.

Retorna una gran **multitud**;
vienen llorando, pero yo **los consolaré** y los guiaré;
los llevaré a **torrentes** de agua
por un camino llano en el que **no** tropezarán.
Porque yo soy para Israel **un padre**
y Efraín es mi **primogénito**".

I LECTURA No se sabe con exactitud a quienes está dirigido este texto. Unos dicen que va para los israelitas (reino del norte, o de Judá) que están volviendo del destierro. Otros, que es más bien para los habitantes de Jerusalén para que reciban con alegría y bondad a sus hermanos repatriados. Con toda seguridad podríamos decir que es para ambos. La alegría y el gozo de este regreso no disimulan la realidad. Es una multitud de gente físicamente derrotada pero con una gran esperanza de edificar la realidad de una vida mejor con aquellos que siempre han sido parte de su historia y con quienes habrán de compartir ahora un nuevo camino. El encuentro, la mutua aceptación y la colaboración sincera en el pueblo Dios de hoy, es un proyecto que debemos continuar animando y promoviendo a todos los niveles. Los hilos que sostienen viva la relación deben continuar haciendo fuerte el tejido de familias, comunidades y de la Iglesia misma. Juntos en la jornada de la esperanza, ya no somos extranjeros, declararon los obispos de México y de los Estados Unidos de América.

Menciona con solemnidad las tareas cumplidas por Jesús como nuevo y sumo sacerdote.

Con tono de nostalgia, haz notar las limitaciones del sacerdocio del Antiguo Testamento. Nuestro pueblo necesita comprender esta verdad.

Menciona con dignidad y fortaleza la dignidad del sacerdocio de Jesucristo.

II LECTURA   Hebreos 5,1—6

Lectura de la carta a los hebreos

Hermanos:

Todo sumo sacerdote es un hombre **escogido** entre los hombres
    y está **constituido** para intervenir **en favor** de ellos ante Dios,
    para **ofrecer** dones y sacrificios **por los pecados.**
Él **puede** comprender a los ignorantes y extraviados,
    ya que **él mismo** está envuelto en **debilidades.**
Por eso, así como **debe** ofrecer sacrificios
    por los pecados **del pueblo,**
    debe ofrecerlos **también** por los **suyos propios.**

Nadie puede **apropiarse** ese honor,
    sino sólo **aquel** que es llamado **por Dios,** como lo fue Aarón.
De **igual** manera, Cristo no se confirió **a sí mismo**
    la dignidad de sumo sacerdote;
    se la **otorgó** quien le había dicho:
Tú eres mi Hijo, yo te **he engendrado** hoy.
O como **dice** otro pasaje de la Escritura:
Tú eres **sacerdote eterno,** *como Melquisedec.*

II LECTURA   En todo momento la carta a los Hebreos está haciendo referencia no al "sacerdocio" a secas, sino a Cristo como nuevo y eterno sacerdote. Las lecturas que hemos comentado antes nos invitan a fortalecer nuestra fe en Jesús acercándonos a él, y viviendo dicha cercanía conviviendo con las cualidades de este sacerdocio que compartimos por medio del bautismo. Este lenguaje de nueva alianza y nuevo sacerdocio tiene como intensión principal mostrar la novedad de Jesús y del cristianismo mismo en los ambientes donde el ser judío seguía siendo una lucha por encerrar el Evangelio dentro de sus propios marcos y valores culturales. En Cristo se asumen y superan todos los valores religiosos y culturales de cualquier cultura. Aquí se nos da un ejemplo del judaísmo, pero bien podríamos reflexionar sobre el Evangelio y la(s) cultura(s) latin(as). La diversidad de expresiones vivas dentro del catolicismo hispano/latino nos plantean un desafío profundo para hacer de nuestros valores (mexicoamericanos, mexicanos, centro americanos, etcétera) no una frontera sino un camino para vivir nuestro llamado de hacer, en Cristo, una ofrenda hermosa a Dios y el resto de los hermanos.

EVANGELIO Marcos 10,46–52

Lectura del santo Evangelio según san Marcos

Narra este relato lleno de vivacidad y certeza, como quien estaba con Jesús cuando esto sucedió.

En aquel tiempo,
   al salir Jesús **de Jericó** en compañía de sus discípulos
       y de **mucha gente,**
   un ciego, llamado **Bartimeo,**
   se hallaba sentado al borde del camino pidiendo **limosna.**
Al oír que el que pasaba era **Jesús Nazareno,** comenzó a gritar:
   "¡**Jesús,** hijo de David, **ten compasión** de mí!"
Muchos lo reprendían para que **se callara,**
   pero él **seguía** gritando todavía **más fuerte:**
   "¡Hijo de David, **ten compasión** de mí!".

Esfuérzate porque la asamblea perciba todos los detalles que san Marcos nos está comunicando acerca de este ciego que se convierte en fiel discípulo.

Jesús se detuvo entonces y dijo: "**Llámenlo**".
Y llamaron al ciego, diciéndole:
   "¡**Ánimo**! Levántate, porque **él te llama**".
El ciego **tiró** su manto;
   de un salto **se puso en pie** y se acercó a Jesús.
Entonces le dijo Jesús: "¿**Qué quieres** que haga por ti?"
El ciego le contestó: "Maestro, **que pueda ver**".
Jesús le dijo: "**Vete;** tu fe **te ha salvado**".
Al momento **recobró la vista** y comenzó a **seguirlo**
       por el **camino.**

Haz una reflexión acerca de tu propia experiencia del llamado a seguir al Señor. Tu corazón es el camino para ver a Jesús en tu vida. Que esta oración anime tu ministerio en esta proclamación.

EVANGELIO El domingo anterior nos encontramos con la ceguera de los discípulos que pedían un lugar especial en la gloria de Jesús. Ahora el mismo Evangelio según san Marcos nos relata el milagro de la curación de un ciego llamado Bartimeo. Leamos el texto primero en una forma pausada y atenta saboreando cada detalle. Entre otras cosas descubriremos que Marcos se esfuerza grandemente en los detalles del ciego: su persona, su situación, su nombre. Qué, dónde y cómo estaba y qué estaba haciendo. Su anhelo de ver y de ser sanado. No espera a que el Señor lo vea, él, siendo ciego, lo ve, lo anhela y se levanta ágilmente "tirando" el manto (lo único que tenía) se acerca a Jesús. Su única petición es poder ver. No quiere primeros lugares, ni reconocimientos, ni el respeto por grande o por bueno o por lo que sea. El evangelista nos muestra la respuesta inmediata de Jesús. Su interés no está en resaltar el milagro ni siquiera la persona de Jesús, sino la situación y—especialmente—la actitud de Bartimeo que esta casando de estar "sentado a la orilla del camino" y su mayor deseo es poder ver y así ponerse en camino con Jesús.

Este Evangelio tendrá un mensaje en dos sentidos completamente válidos y complementarios. La crítica que deja en evidencia la ceguera de aquellos discípulos que siguen a Jesús sin ver ni comprender, más allá de sus propios deseos y aspiraciones. Por el otro lado, tenemos el anhelo de quienes, como Bartimeo, escuchan del Señor y lo buscan con anhelo profundo sin temor a dejarlo todo en el mismo momento en que se ponen en camino con un desprendimiento que se hace hermano simultáneo de la generosa entrega.

TODOS LOS SANTOS

I LECTURA   Apocalipsis 7,2–4.9–14

Lectura del libro del Apocalipsis del apóstol san Juan

Narra con fuerza y emoción la visión de san Juan, enfatizando la voz poderosa del ángel que da las órdenes a los demás.

Yo, Juan, vi a un **ángel** que **venía** del oriente.
Traía consigo el **sello** del **Dios vivo** y gritaba con voz **poderosa**
a los **cuatro ángeles** encargados de hacer daño
a la tierra y al mar.
Les dijo: "¡**No hagan daño** a la tierra, ni al **mar**, ni a los **árboles**,
hasta que terminemos de **marcar** con el **sello**
la frente de los **servidores** de nuestro **Dios**!"

Ve escribiendo con animosidad las imágenes de la acción salvífica y misteriosa. La asamblea puede captar el mensaje si visualiza los gestos simbólicos.

Y pude oír el **número** de los que habían sido **marcados**:
eran ciento **cuarenta** y **cuatro mil**,
procedentes de **todas** las **tribus** de Israel.

Vi luego una **muchedumbre** tan grande,
que **nadie** podía contarla.
Eran individuos de **todas** las **naciones** y **razas**,
de **todos los pueblos y lenguas**.
Todos estaban **de pie**, delante del **trono** y del **Cordero**;
iban **vestidos** con una túnica **blanca**;
llevaban **palmas** en las **manos** y **exclamaban**
con voz poderosa:
"La **salvación** viene de nuestro **Dios**,
que está **sentado** en el **trono**, y del **Cordero**".

Lo que dice el anciano debe hacerse con un tono de profundidad inquietante.

Y todos los **ángeles** que estaban alrededor del **trono**,
de los **ancianos** y de los **cuatro** seres **vivientes**,
cayeron rostro en tierra delante del trono
y **adoraron** a **Dios**, diciendo:

I LECTURA   El libro del Apocalipsis es fascinante por el modo como nos introduce en un mundo de lleno de simbología y misterio. También se le conoce como profético. No porque infunda miedo y temor catastrófico sino porque está destinado a los cristianos que viven la persecución en tiempos del imperio romano. El peligro se encuentra en la persecución, pero también en la seducción. De este modo podemos decir que la amenaza viene de fuera, pero también se encuentra dentro de la propia comunidad cristiana, pues hay

grupos que se han apartado de la fe verdadera. La acción de los cuatro ángeles que marcan en la frente a los cristianos que han permanecido fieles, se ubica inmediatamente después de la apertura del sexto sello y antes del séptimo (número de plenitud, como bien sabemos). El número simbólico de los 144.000 representa a los cristianos que han sido marcados por el sello del Bautismo. Estos liberados de toda clase de males representan una totalidad que resulta de multiplicar las 12 tribus de Israel por 12 y luego por mil, que es el número simbólico de toda la historia de la

salvación. La salvación cristiana es un proyecto universal. Ni la misión de la Iglesia y mucho menos la acción salvadora de Cristo, se limita a unos cuanto elegidos.

II LECTURA   San Juan muestra una gran ternura y amor con sus hermano y hermanas de la comunidad, animándoles disfrutar enormemente el amor que Dios ha manifestado para todos nosotros por medio de su Hijo. Por si alguna duda quedara de eso en lo recóndito de nuestra conciencia, Juan refuerza con un

"**Amén**. La alabanza, la gloria, la sabiduría,
la acción de gracias, el **honor**, el poder y la **fuerza**,
se le **deben** para **siempre** a nuestro **Dios**".

Pronuncia las palabras de alabanza con agradecimiento y fortaleza de sentir la presencia de Dios.

Entonces uno de los ancianos me preguntó:
"¿**Quiénes** son y de **dónde** han venido
los que llevan la **túnica blanca**?"
Yo le respondí:
"Señor mío, **tú** eres quien lo **sabe**".
Entonces él me **dijo**:
"Son los que han **pasado** por la gran **persecución**
y han **lavado y blanqueado** su **túnica**
con la sangre del **Cordero**".

Cierra la narración con la certeza de quien sabe y conoce la verdad de todos los que han pasado por la persecución y llegado a la pertenecía con Cristo mediante el martirio.

II LECTURA   1 Juan 3,1–3

Lectura de la primera carta del apóstol san Juan

Queridos hijos:
Miren cuánto **amor** nos ha tenido el **Padre**,
pues no sólo nos **llamamos** hijos de **Dios**, sino que lo **somos**.
Si el **mundo** no nos reconoce,
es porque **tampoco** lo ha **reconocido** a él.

Llena de cariño y ternura el saludo de san Juan para todos los cristianos.

Hermanos **míos**,
ahora **somos hijos** de Dios,
pero aún **no** se ha **manifestado** cómo seremos al fin.
Y ya sabemos que, cuando él se **manifieste**,
vamos a ser **semejantes** a él,
porque lo **veremos** tal cual es.

Haz una pausa antes de iniciar con la explicación. Ve aumentando el tono que de explicativo se va tornando en proclamación de fe.

Todo el que tenga **puesta** en Dios esta **esperanza**,
se **purifica** a sí **mismo** para ser tan puro como **él**.

Finaliza tu proclamación con un tono que combine la animosidad y la invitación solemne.

testimonio afianzándonos en la fe, diciéndonos que somos hijos en realidad profunda, no solo de nombre. Como si un padre asegurara a su hijo, a un hermano a su hermano lo que somos en realidad para que no quepa ninguna duda. La certeza de la fe no debe ser puesta en duda a causa de las incomprensiones de la vida. Si vivimos como hijos de Dios, como redimidos por Cristo, eso basta y es suficiente para mantenernos firmes en medio de las dificultades. Mientras vivimos en esta vida y nos purificamos en la esperanza, esa misma esperanza se verá realizada en el encuentro final con Dios.

La devoción a los santos difuntos nos hace entrar en una hermosa tradición y expresión de nuestra fe católica: la Comunión de los Santos. Vivimos unidos a través del amor en otra dimensión (de la fe) que supera las barreras de la muerte, el tiempo y el espacio. Hasta que llegue la hora de Dios, de su manifestación plena.

EVANGELIO   Cada Evangelio tiene una distribución propia de los materiales que nos cuentan la vida de Jesús

y de la comunidad donde se gestó dicho Evangelio. San Mateo es conocido por su gran habilidad pedagógica; es un buen catequista. Organiza su mensaje en discursos y acciones de Jesús, mostrándolo como el verdadero maestro de palabra y obra. Las bienaventuranzas forman parte un de sus discursos conocido como "el Sermón del Monte" (Mateo 5–7). Son en primer lugar declaraciones de felicidad en presente para quienes se encuentran en estos parámetros de vida que se mencionan. También representan un auténtico programa de vida para

EVANGELIO Mateo 5,1–12

Lectura del santo Evangelio según san Mateo

En aquel tiempo,
   cuando Jesús vio a la **muchedumbre**,
   subió al monte y se sentó.
Entonces se le acercaron sus **discípulos**.
Enseguida comenzó a **enseñarles**, hablándoles así:

   "**Dichosos** los pobres de **espíritu**,
      porque de ellos es el **Reino** de los **cielos**.
   Dichosos los que **lloran**,
      porque serán **consolados**.
   Dichosos los **sufridos**,
      porque **heredarán** la tierra.
   Dichosos los que tienen **hambre** y sed de **justicia**,
      porque serán **saciados**.
   Dichosos los **misericordiosos**,
      porque **obtendrán misericordia**.
   Dichosos los **limpios** de **corazón**,
      porque **verán** a Dios.
   Dichosos los que **trabajan** por la **paz**,
      porque se les **llamará** hijos de **Dios**.
   Dichosos los **perseguidos** por causa de la **justicia**,
      porque de ellos es el **Reino** de los **cielos**.
   Dichosos serán ustedes, cuando los **injurien**,
      los **persigan** y **digan** cosas falsas de ustedes **por** causa **mía**.
   Alégrense y salten de contento,
      porque su **premio** será **grande** en los **cielos**".

Inicia con serenidad la proclamación donde se preparan los presentes para escuchar uno de los más hermosos discursos de Jesús.

Ve detallando con fuerza y contundencia cada una de las declaraciones de felicidad para todos. Siente la presencia de la comunidad.

Haz que la asamblea se quede con la resonancia que declara "¡Dichosos!" a su pueblo y a cada persona.

todos los cristianos, no solo para unos cuantos. (Hubo un tiempo en que eran consideradas como guía para la vida de perfección de ciertos elegidos). La proclamación (sermón) de las bienaventuranzas es la enseñanza principal, de ahí el detalle de sentarse en actitud de escucha. El hecho de que se ubique en un monte no es casualidad, sino un signo cargado de gran significado: Jesús es el nuevo Moisés. Así como en el Sinaí se mostraron las Diez Palabras que guiarán la vida del pueblo de Dios, estas bienaventuranzas son la nueva "ley" por

las cuales ha de edificarse el nuevo pueblo de Dios, el verdadero "Israel".

En Mateo 5,20 encontramos una clave o criterio de interpretación para una adecuada valoración de este texto en donde, según algunos, se resumen de manera excepcional el proyecto de vida de la Iglesia y de cada discípulo. Es el modo como le daremos sentido a nuestra vida y a la vida de la Iglesia en el mundo: sal y luz. Este trozo evangélico ha animado el corazón de muchas personas en la historia, siendo considerada una de las perlas más valiosas del Evangelio al que los cristianos deben

dirigir su atención con benevolencia y entrega. Una de esas personas fue Gandhi.

TODOS LOS FIELES DIFUNTOS

Anuncia los acontecimientos del profeta con tono firme y decidido. Estas inyectando esperanza en tu pueblo presente.

Dale una entonación majestuosa a esta revelación. Este es el centro del mensaje del profeta en todo su escrito.

Cierra la lectura con entusiasmo esperanzador. Que tu mirada acompañe tu voz recorriendo por los pasillos centrales del lugar donde te encuentras.

I LECTURA   Daniel 12,1–3

Lectura del libro del profeta Daniel

En aquel tiempo, se levantará **Miguel**,
   el gran **príncipe** que defiende a tu pueblo.

Será aquél un tiempo de **angustia**,
   como no lo hubo desde el **principio** del mundo.
Entonces se **salvará** tu pueblo;
   todos aquellos que están escritos en **el libro**.
Muchos de los que **duermen** en el polvo, **despertarán**:
   unos para la vida **eterna**,
   otros para el eterno castigo.

Los guías sabios **brillarán** como el esplendor del firmamento,
   y los que enseñan a muchos la **justicia**,
   resplandecerán como **estrellas** por toda la eternidad.

Hoy se pueden utilizar otras lecturas de las Misas de Difuntos.

I LECTURA Los profetas se distinguen por su esperanza en medio de la lucha. Daniel sabe eso y dedica su ministerio a reanimar la vida de sus hermanos judíos en la persecución, unos doscientos años antes de Cristo. También él está convencido de las existencias de la Resurrección. El anuncio de la vida que supera todas las vicisitudes y persecuciones actuales, incluso la muerte, es un anuncio sembrado en la fe en Dios. No es una estrategia falsa para que el pueblo aguante, mucho menos una manera de evitar confrontar las dificultades de la injusticia y el dolor. Es la fuerza de la salvación de Dios hecha realidad ahí donde todo parece perdido. Nadie queda fuera de la mirada del Señor, mucho menos aquellos que luchan por vivir su voluntad. Sea la vida eterna o el eterno fracaso, Dios no dejará perecer para siempre a nadie. La celebración de los fieles difuntos es una celebración de fe en la vida más allá de la muerte. La Iglesia con rostro latino reviste de signos y gestos esta celebración que nos llevan un sentido fraterno entre los hermanos de "aquí" y de "allá". Todos los símbolos hablan de cercanía y fiesta en el tiempo y espacio de Dios donde todos tenemos un lugar.

Inicia la proclamación mirando con seguridad a toda la asamblea de bautizados.

Procura convencer a los presentes de la grandeza de ser bautizados y participar de la vida de Cristo. Usa un tono exhortativo, siente esta verdad desde lo más profundo de ti mismo.

Cierra la lectura como un testamento llevándose a cabo: somos personas nuevas en Cristo.

II LECTURA   Romanos 6,3—9

Lectura de la carta del apóstol san Pablo a los romanos

Hermanos:
¡No saben **ustedes** que **todos** los que hemos sido **incorporados** a Cristo **Jesús**
    por medio del **bautismo**,
    hemos sido **incorporados** a él en su muerte.
En efecto,
    por el **bautismo** fuimos sepultados con él en su muerte,
    para que, así como Cristo **resucitó** de entre los **muertos**
    por la **gloria** del Padre,
    así también nosotros **llevemos** una vida nueva.

Porque, si hemos estado **íntimamente** unidos a él
    por una muerte **semejante** a la suya,
    también lo estaremos en su **resurrección**.
Sabemos que **nuestro viejo** yo fue crucificado con **Cristo**,
    para que el cuerpo del **pecado** quedara **destruido**,
    a fin de que ya no **sirvamos** al pecado,
    pues el que ha **muerto** queda **libre** del **pecado**.

Por lo tanto,
    si hemos **muerto** en Cristo,
    estamos seguros de que también **viviremos** con él;
    pues sabemos que **Cristo** una vez **resucitado**
        de entre los muertos,
    ya **nunca** morirá.
La muerte **ya no** tiene **dominio** sobre él.

II LECTURA   San Pablo afirma con audacia el sentido de la fe como el vivir en Cristo. En cierto modo relaciona el Bautismo a la fe en Cristo de tal manera que no se puede entender a plenitud en forma separada. Con ello, está criticando una actitud que tiende a considerar el Bautismo como un rito mágico, algo con lo que hay que cumplir, o una acción aislada de la vida. De hecho, Pablo en otra ocasión hace conciencia de esta situación llamando a algunos "creyentes" y a otros más "bautizados" (Gálatas 3,26—27). La incorporación a Cristo tiene consecuencias para toda la vida. Para expresar esta verdad del cristianismo, Pablo recurre a un lenguaje novedoso de vinculación íntima entre la vida nuestra y la vida de Jesús. Todo bautizado participa de la Crucifixión de Jesús por la obra redentora de la propia vida, es un con-crucificado, co-sepultado, coheredero y con-glorificado. Es, en una frase, alguien que vive con Cristo y Cristo con él, como ha sido el propio testimonio y experiencia del apóstol.

EVANGELIO Juan 6,35–40

Lectura del santo Evangelio según san Juan

Siente a la asamblea y su presencia
en esta eucaristía buscando a Jesús.
Proclámales con entusiasmo la noticia
de este Evangelio.

En aquel tiempo,
Jesús dijo a la **multidud**:
"Yo soy el **pan** de la vida.
El que **viene** a mí no tendrá **hambre**,
el que **cree** en mí nunca tendrá **sed**.
Pero como ya les he **dicho**:
me han **visto** y no creen.
Todo aquél que me **da** el **Padre** viene hacia **mí**;
y al que **viene** a mí yo no lo echaré **fuera**,
porque he bajado del **cielo**,
no para **hacer** mi voluntad,
sino la **voluntad** del que me envió.

Remarca la presencia de Dios Padre en la
vida de Jesús en un todo seguro de que
los planes de Dios se han realizado en
Cristo.

Y la **voluntad** del que me envió
es que yo no **pierda** nada de lo que él me ha dado,
sino que lo **resucite** en el **último** día.
La **voluntad** de mi Padre **consiste** en

Cierra el Evangelio con la confianza que
invade a todo aquel que ha hecho lo que
tenía que hacer.

que todo el que **vea** al **Hijo** y crea en él,
tenga vida **eterna** y yo lo **resucitaré** en el último **día**".

EVANGELIO Este pequeño relato forma parte de un discurso mucho más amplio conocido como "Jesús, Pan de Vida" en donde se realiza la multiplicación de los panes antes (Juan 6,1–16) y un discurso eucarístico (6,51–59) en el que Jesús promete la vida eterna e invita a sus discípulos a permanecer en él. Este discurso del pan de vida sonaría mas "lógico" para la cena de Pascua antes de la Pasión y muerte. Pero a san Juan le ha parecido mejor ubicar allá el gesto de la entrega y el servicio con el lavatorio de los pies, y aquí éste referido a la vida de los discípulos y a la manifestación de Jesús: pan de vida verdadera y abundante para todo aquel que le acepta en la fe y en la Eucaristía. Juan es el Evangelio de la Eucaristía como sacramento de comunión íntima con Jesús. En ella vivimos y celebramos el significado de la vida cristiana en Jesús: en el pan de su palabra, su cuerpo y su sangre; en la reconciliación y la comunión, la paz y la presencia de la comunidad. Es por eso que la celebración eucarística sea considerada como el centro y culmen de la vida cristiana. Porque en ella actualizamos el único sacrificio de Cristo por la humanidad, y nos ofrecemos como Iglesia para continuar viviendo y proclamando la salvación que es Jesús.

Nuestras celebraciones están llamadas desde el Concilio Vaticano II (ver la Constitución sobre la Sagrada Liturgia) a prepararse y llevarse a cabo con diligencia y cuidado (no en sentido escrupuloso) para que haya una participación digna, plena y consciente de los misterios que celebramos. Dicha celebración es un don en la Iglesia; por lo tanto, es también un derecho al que debemos responder con entusiasmo y entrega siempre.

XXXI DOMINGO ORDINARIO

I LECTURA — Deuteronomio 6,2–6

Lectura del libro del Deuteronomio

Como un narrador experto, proclama esta lectura como quien está dando un consejo para toda la humanidad empezando por los presentes en la asamblea litúrgica.

En aquellos días, habló Moisés al pueblo y le dijo:
    "**Teme** al Señor, tu **Dios**,
  y **guarda** todos sus **preceptos** y **mandatos**
    que yo te **transmito** hoy, a ti,
  a tus **hijos** y a los **hijos** de tus hijos.
Cúmplelos y ponlos en **práctica**, para que seas **feliz**
    y te **multipliques**.
Así serás **feliz**, como ha dicho el **Señor**, el **Dios** de tus **padres**,
  y te **multiplicarás** en una **tierra** que mana **leche** y **miel**.

Dale fuerza y contundencia a las palabras del Señor. En tono ascendente ve marcando el crecimiento de la importancia de este mensaje.

    "**Escucha**, Israel: El **Señor**, nuestro Dios, es el **único** Señor;
  amarás al Señor, tu **Dios**, con todo tu **corazón**,
  con toda tu **alma**, con todas tus **fuerzas**.
Graba en tu **corazón** los **mandamientos**
    que hoy te he **transmitido**".

La última frase deberá sonar como un testamento último para ser guardado en el corazón de todos los presentes. Acompaña tu voz con la mirada llegando a todos.

II LECTURA — Hebreos 7,23–28

Lectura de la carta a los hebreos

Inicia la lectura con un sentido nostálgico haciendo notar lo antiguo de la primera parte del mensaje.

Proclama con intensidad las características del nuevo sacerdocio realizado por Jesucristo.

Hermanos:
Durante la **antigua** alianza hubo muchos **sacerdotes**,
  porque la **muerte** les impedía **permanecer** en su oficio.
En cambio, **Jesús** tiene un sacerdocio **eterno**,
  porque él permanece **para siempre**.

I LECTURA Israel tenía "temor de Dios" en mucho sentidos y dependía muchas veces del momento histórico en que se encontraba. Era un temor de respeto ante su gran poder divino, en otras ocasiones el temor era reflejo de la desobediencia del pueblo a sus mandatos. El mismo culto se impregnaba de estas formas de percibir el temor a Dios. Una cosa es ofrecer salmos, alabanza y sacrificios como muestra de amor y ofrecimiento de la vida misma que está orientada a Dios. Otra cosa muy distinta es ofrecer un culto con la pretensión de calmar la ira de Dios,

o incluso para pretender ocultar una vida de desobediencia a su plan divino centrado en el amor a Dios y a los hermanos. Tanto el pueblo de Israel como nosotros hemos en estas y otras formas de vivir el temor a Dios. Jesús buscará erradicar por completo el temor de la lejanía por el amor de la cercanía. Este mensaje de Moisés al pueblo abre ese camino de fe donde toda la existencia (corazón, alma y fuerzas) está orientada a poner por obra el amor a Dios. El temor a Dios pues, nunca será miedo sino adhesión y entrega confiada, obediencia, escucha y seguimiento.

II LECTURA El concepto y la experiencia del "sacerdocio" según el Antiguo Testamento no son el modelo para nuestro entendimiento y la vivencia del sacerdocio cristiano católico. Por eso, usamos otro concepto que le acompaña y decimos que todos los bautizados vivimos el sacerdocio bautismal, es decir, que por el Bautismo nos constituimos en partícipes del sacerdocio de Cristo y miembros vivos de su cuerpo que es la Iglesia. Los sacerdotes en la Iglesia católica son miembros del sacerdocio de Cristo en primer lugar y ante todo por el bautismo. Desde

De ahí que sea capaz de salvar, para siempre,
    a los que **por su medio** se acercan a Dios,
    ya que vive **eternamente** para interceder por **nosotros**.

Ciertamente que un sumo sacerdote como **éste** era el que
    nos **convenía**:
    santo, **inocente**, **inmaculado**, **separado** de los pecadores
    y **elevado** por encima de los cielos;
    que no necesita, como los demás sacerdotes,
    ofrecer **diariamente** víctimas,
    primero por sus pecados y **después** por los del pueblo,
    porque **esto** lo hizo de una vez **para siempre**,
    ofreciéndose a **sí mismo**.
Porque los sacerdotes constituidos por la **ley** eran **hombres**
    llenos de **fragilidades**;
    pero el **sacerdote** constituido por las palabras del juramento
    posterior a la ley,
    es el Hijo **eternamente** perfecto.

La parte final debe marcar un tono con-clusivo ("en efecto") y un balance nuevo y definitivo del sacerdocio del Hijo de Dios.

EVANGELIO   Marcos 12,28b–34

Lectura del santo Evangelio según san Marcos

En aquel tiempo, uno de los **escribas** se acercó a **Jesús**
    y le **preguntó**:
    "¿Cuál es el **primero** de todos los **mandamientos**?"

Proclama este Evangelio con la convicción y fuerza de quien se siente plenamente amado por Dios y viviendo la fraternidad con los hermanos en la comunidad.

esa identidad y misión como cristianos nuestros hermanos (sacerdotes, diáconos, obispos) reciben el sacramento del orden sacerdotal incorporándose al único sacerdote sumo y pleno que es Jesús. En la Eucaristía, no somos nosotros los que nos ofrecemos en sacrificio, sino que celebramos el misterio del único sacrificio pleno y eterno de Jesús. La carta a los Hebreos quiere dejar bien claro la centralidad de Jesús en la vida cristiana. Ninguno de nosotros es el "centro" de la fe ni del ministerio. Cristo es el centro que nos garantiza una

vida totalmente nueva cuando nos acercamos y nos hacemos uno con él. El texto no responde preguntas que tenemos hoy sobre el sacerdocio ministerial y el sacerdocio bautismal, pero pone la afirmación fundamental de la vida de la Iglesia centrada en Cristo y su obra salvadora.

EVANGELIO   El amor a Dios y el amor al prójimo son dos dimensiones de la misma realidad vista desde la fe. Notemos que el amor es el centro de la cuestión. No son dos "amores" sino uno solo expresado en dos direcciones. Cuando

nos decidimos a vivir una vida orientada en el amor, no podemos excluir ni a Dios ni al hermano. En este sentido cuando nos apartamos del amor como opción fundamental de toda nuestra existencia, estamos privándonos a nosotros mismos de vivir con un sentido plenamente religioso y auténticamente humano. La pregunta del escriba es sincera. Eso lo notamos en la conclusión que nos muestra el Evangelio sobre la sensatez de la respuesta que lleva a Jesús a garantizarla que no está lejos del modo como Dios ve el mundo de la vida y de la fe.

Pronuncia la pregunta del letrado con sinceridad, como quien busca claridad en medio de un mundo oscurecido por infinidad de normas y preceptos.

Jesús le **respondió**:

"El **primero** es: *Escucha, Israel: El **Señor**, nuestro Dios, es el **único** Señor;*
amarás al Señor, tu Dios, con todo tu **corazón**,
*con toda tu **alma**, con toda tu mente y con todas tus **fuerzas**.*
El **segundo** es éste:
*Amarás a tu **prójimo** como a ti **mismo**.*
No hay **ningún** mandamiento mayor que éstos".

El escriba replicó:

"Muy bien, **Maestro**.
Tienes **razón**, cuando dices que el Señor es **único**
y que no hay **otro** fuera de él, y **amarlo** con todo el **corazón**,
con toda el **alma**, con todas las **fuerzas**,
y amar al **prójimo** como a uno **mismo**,
vale más que **todos** los holocaustos y **sacrificios**".

Jesús, viendo que había hablado muy **sensatamente**, le dijo:

"No estás **lejos** del Reino de Dios".
Y ya **nadie** se atrevió a hacerle **más** preguntas.

Usa un tono de confianza plena en tu voz al pronunciar la respuesta de Jesús. En ella está la respuesta para toda la vida y las preocupaciones que nos aquejan.

La religión judía contaba con una inmensa cantidad de preceptos (más de 600) que dirigían la puesta en práctica de la fe. Esto podía llevar a la dispersión o desorientación de la vida, de ahí la importancia de poder identificar que es lo fundamental. Esta misma pregunta se había hecho a los maestros y rabinos de ese tiempo. Unos respondían con la máxima de "no hagas a otro lo que no quieras para ti mismo"; otros rechazaban la posibilidad de contestar dicha pregunta, pues todas las reglas de comportamiento era precisamente, para ellos, la respuesta. Jesús con-testa contundentemente vinculando la relación íntima entre Dios y las personas, relación que define todos los aspectos de la vida practica. Es la regla de oro que convierte el "no hacer" en una acción. Y no en una acción que evita el mal, sino que está marcada por la búsqueda del bien. Por la vivencia del amor.

San Agustín la simplificó, diciendo: "Ama y haz lo que quieras, pero fíjate bien que es lo que amas". Esto nos lleva a considerar vivir no únicamente haciendo cosas buenas, o realizando actos buenos, sino a ir mucho más profundo: al nivel de las acti-tudes que respaldan lo que hacemos y a la propia opción de vivir totalmente orientados en el amor. Sin un continuo discernimiento y evaluación, esto no será posible, pues implica también y sobre todo la aceptación del amor de Dios en nosotros y la experiencia de procesos de reconciliación y perdón aceptando y ofreciendo el amor como proyecto de vida.

XXXII DOMINGO ORDINARIO

I LECTURA   1 Reyes 17,10–16

Lectura del primer libro de los Reyes

Narra la situación como un testigo fiel de este acontecimiento. Es un signo de solidaridad entre personas de gran fe en Dios. Dan de comer al hambriento.

En aquel tiempo, el profeta **Elías** se puso en **camino** hacia **Sarepta**.
Al llegar a la **puerta** de la ciudad, encontró **allí** a una **viuda**
    que recogía **leña**.
La llamó y le **dijo**:
    "**Tráeme**, por favor, un poco de **agua** para beber".
Cuando ella se **alejaba**, el profeta le **gritó**:
    "Por favor, tráeme **también** un poco de **pan**".
Ella le **respondió**:
    "Te **juro** por el Señor, tu Dios,
    que no me queda ni un **pedazo** de pan;
    tan **sólo** me queda un **puñado** de **harina** en la tinaja
    y un poco de **aceite** en la vasija.
Ya ves que estaba **recogiendo** unos cuantos **leños**.
Voy a **preparar** un pan para **mí** y para mi **hijo**.
Nos lo **comeremos** y luego **moriremos**".

En tono de urgencia creciente, narra tanto la petición del profeta como la generosidad diligente de la mujer.

Elías le dijo: "**No temas**.
Anda y **prepáralo** como has dicho;
    pero **primero** haz un **panecillo** para mí y **tráemelo**.
Después lo **harás** para **ti** y para tu **hijo**,
    porque así dice el Señor **Dios** de **Israel**:
    'La tinaja de harina no se **vaciará**, la vasija de aceite
        no se **agotará**,
    hasta el día en que el Señor envíe la **lluvia** sobre la **tierra**' ".

Recordando la generosidad de nuestros abuelos y abuelas dando de comer a todo el caminante que pasaba por el camino, cierra esta lectura con la certeza de que Dios premia a quienes se desprenden de lo que tienen para dar vida.

I LECTURA | Es el milagro del aceite y la harina bien junto con otro milagro realizado por el profeta Elías: la resurrección del hijo de la viuda. En ambos casos se hace ver la autoridad del profeta y la eficacia de sus palabras, porque es profeta de Dios. La viuda, personaje que evoca también el Evangelio, es un personaje que representa en Israel a los pobres entre los pobres. Cuando una mujer enviudaba quedaba totalmente desamparada, sin su familia y sin vínculos con la familia propia y la de su esposo. Muriendo la cabeza y jefe de la casa ella tenía que luchar por sí misma para salir adelante. Que el profeta le pida alimento a ella, es una situación de extrema necesidad (de ambos) y de máximo significado para todos. De aquí que la generosidad de esta mujer sea recompensada por Dios mediante la abundancia que no se acaba, simbolizada en sus propios alimentos.

Entonces ella **se fue,** hizo lo que el profeta le había **dicho**
   y **comieron** él, ella y el niño.
Y tal como había dicho el **Señor** por medio de **Elías,**
   a partir de ese momento ni la tinaja de harina se **vació,**
   ni la vasija de aceite se **agotó.**

II LECTURA   Hebreos 9,24–28

Lectura de la carta a los hebreos

Hermanos:
Cristo no entró en el santuario de la **antigua** alianza,
   construido por mano de **hombres** y que sólo era **figura**
     del **verdadero,**
    sino en el cielo **mismo,** para estar ahora en la **presencia**
     de Dios, **intercediendo** por nosotros.

En la **antigua** alianza, el **sumo sacerdote** entraba **cada año**
   en el **santuario**
   para ofrecer una **sangre** que no era la **suya;**
   pero **Cristo** no tuvo que ofrecerse una y otra vez a **sí mismo**
    en **sacrificio,**
   porque en tal caso habría tenido que padecer **muchas veces**
    desde la **creación** del **mundo.**
De **hecho,** él se manifestó **una sola** vez, en el momento
   culminante de la historia,
   para **destruir** el **pecado** con el sacrificio de **sí mismo.**

Así como está **determinado** que los hombres mueran
   una sola vez
   y que después de la **muerte** venga el **juicio,**
   así también Cristo se ofreció **una sola vez** para quitar
    los pecados de **todos.**

Inicia la proclamación con la solemnidad que merece la obra realizada por Cristo.

Ve narrando en forma pausada los detalles de la obra de Cristo en contraste con la antigua alianza.

II LECTURA   Nuestro texto forma parte de un relato más grande (Hebreos 9,1—10,18) en donde la carta a los Hebreos reflexiona sobre la imperfección de la antigua alianza y la perfección del sacrificio realizado por Jesús, nuevo y eterno sacerdote. Una de las grandes diferencias está en que Cristo no repite su sacrificio. Es total, de una vez y para siempre, es perfecto. Pero dicha perfección no debe quedarse ahí. La diferencia más profunda está en que él entrega su vida con un sentido nuevo. ¿Dónde encontrar ese sentido? En la propia vida de Jesús. Su nacimiento, su predicación llena de vida, de entrega y de desafíos para todos. No podremos entender el mensaje de la carta a los Hebreos si descuidamos el testimonio de los relatos evangélicos. El vencimiento total del pecado y de la muerte se realizó en la cruz y en la Resurrección, dos acontecimientos fundamentales en la obra redentora de Cristo—mismos que no hubiesen acontecido si este Cristo no hubiese sido como fue el joven galileo que vivió a plenitud su entrega al proyecto del Padre en medio de la gente.

EVANGELIO   Jesús señala fuertemente la actitud de los escribas, previniendo a los discípulos y a la gente de aquella actitud y comportamiento falso que permeaba la vida religiosa de Israel. El templo se había convertido en un pretexto para excluir a los pobres, mientras los que

Con certidumbre contundente cierra esta lectura mostrando a la asamblea la fuerza de las palabras conclusivas de esta carta.

Da un tono de advertencia fuerte y clara a las palabras de Jesús sobre la actitud de la que todo discípulo debe resguardarse.

Haz una pausa antes de la narración de Jesús iniciada "frente a las alcancías del templo". Ayuda a la asamblea a visualizar a Jesús en ese contexto.

Pronuncia con ternura y admiración la presencia de esta mujer pobre y sola a quien Jesús dirige su mirada. Procura que los demás vean lo que Jesús está mirando.
Imprime un tono magistral a la conclusión de Jesús donde enseña a los discípulos.

Al final se manifestará por **segunda** vez,
    pero **ya no** para quitar el pecado,
    sino para **salvación** de aquéllos que lo aguardan
    y en él tienen puesta su **esperanza**.

EVANGELIO   Marcos 12,38–44

Lectura del santo Evangelio según san Marcos

En aquel tiempo, enseñaba **Jesús** a la multitud y le **decía**:
    "¡Cuidado con los **escribas**!
Les **encanta** pasearse con amplios ropajes y recibir **reverencias**
        en las calles;
    buscan los asientos de **honor** en las sinagogas
        y los **primeros puestos** en los **banquetes**;
    se echan sobre los bienes de las viudas haciendo **ostentación**
        de **largos** rezos.
Éstos recibirán un castigo muy **riguroso**".

En una ocasión Jesús estaba sentado frente a las **alcancías**
        del templo,
    mirando cómo la gente echaba allí sus **monedas**.
Muchos ricos daban en **abundancia**.
En esto, se acercó una **viuda pobre** y echó dos **moneditas**
        de muy **poco valor**.
Llamando entonces a sus discípulos, Jesús les **dijo**:
    "Yo les **aseguro** que esa **pobre viuda** ha echado en la alcancía
        más que todos.
Porque los demás han echado de lo que les **sobraba**;
    pero **ésta**, en su **pobreza**, ha echado **todo** lo que tenía para **vivir**".

Forma breve: Marcos 12,41–44

detentaban el poder religioso lo usaban para lucirse y enriquecerse. Jesús pronuncia estas palabras en el templo mismo. Hace un contraste fuertísimo entre la actitud de aquellos y la de la pobre mujer que, desamparada por completo, ofrece todo lo que tiene (dos moneditas) y todo lo que es, como ofrenda que Dios valora inmensamente. No debemos desconectar la ofrenda de la viuda de las grandes cantidades que se manejaban en este centro de poder económico y religioso.

Siendo conscientes de esto podremos captar con más realismo la exaltación que Jesús hace de esta mujer. Es un ejemplo para los discípulos ante aquel otro, el de los escribas, que según el Evangelio se opone al proyecto de Dios. Con este Evangelio podemos concluir algo para nuestros días a nivel pastoral: la necesidad de promover un sentido de corresponsabilidad económica en la comunidad católica para evitar depender de las limosnas que, siendo escasas no garantizan la creación y mantenimiento de lugares dignos de oración en donde todos se sientan bienvenidos. Esta falta de responsabilidad común propicia la necesidad de recurrir a grandes donaciones que bien pueden corromper o comprometer el sentido del templo y su atención para todos por igual. Con todo, la generosidad de los pobres sigue siendo un ejemplo a seguir valorando su presencia y su fe desinteresada con Dios y con la Iglesia.

XXXIII DOMINGO ORDINARIO

I LECTURA   Daniel 12,1–3

Advierte a la asamblea de la presencia del tiempo y el poder de Dios. Esto merece un tono fuerte y solemne.

Relata con júbilo la suerte de los sabios y con tono de dolor el castigo de los necios.

Las promesas de esta lectura deben hacerse sentir en un cierre elocuente y esperanzador.

Lectura del libro del profeta Daniel

En aquel tiempo, se levantará **Miguel,**
    el **gran príncipe** que defiende a tu pueblo.

Será aquél un tiempo **de angustia,**
    como **no lo hubo** desde el principiot del mundo.
Entonces **se salvará** tu pueblo;
    todos aquellos que están escritos **en el libro.**
Muchos de los que duermen en el polvo,
    despertarán: unos para la vida **eterna,**
    otros para el **eterno castigo.**

Los guías sabios **brillarán** como el esplendor del firmamento,
    y los que **enseñan** a muchos la justicia,
    resplandecerán como estrellas por **toda** la eternidad.

II LECTURA   Hebreos 10,11–14.18

Relata la descripción de la antigua alianza con un sentido de respeto y de lejanía.

La eficiencia y plenitud de la obra de Cristo deberá ser proclamada con júbilo victorioso. Infunde en la asamblea esta convicción.

Lectura de la carta a los hebreos

Hermanos:
En la **antigua alianza** los sacerdotes **ofrecían** en el templo,
    diariamente y de pie, los **mismos sacrificios,**
    que **no podían** perdonar los pecados.
Cristo, en cambio, ofreció **un solo sacrificio** por los pecados
    y *se sentó* **para siempre** a la derecha de Dios;
    no le queda sino **aguardar** a que *sus enemigos*
        sean puestos **bajo sus pies.**

I LECTURA El profeta Daniel anuncia la promesa de resurrección en tiempos de angustia. Dicha resurrección viene acompañada de la justicia divina en donde los justos que han vivido conforme a la verdadera sabiduría serán premiados y los otros serán llevados al tribunal donde la vergüenza será su realidad y el castigo su recompensa. Miguel, quien es el ángel protector de Israel y jefe del ejército celestial, será quien se encargue de realizar el día del Señor.

En las lecturas apocalípticas, la intensión fundamental no es crear angustia catastrófica, pero tampoco se trata de dejar a los oyentes "durmiendo en sus laureles". Es al mismo tiempo una llamada de atención y una invitación a entrar en el tiempo de Dios en donde la fidelidad a su proyecto es al mismo tiempo urgente y exigente, como segura es la certeza de que él está a cargo del destino de la historia y de todo lo creado.

II LECTURA La carta a los Hebreos establece continuamente un contraste entre la antigua alianza que dirige y orienta la vida y la identidad del pueblo de Israel y la nueva alianza de Cristo que se entrega de una vez y para siempre, constituyéndose en Nuestro Señor y redentor. El centro de la historia y de la vida del nuevo pueblo con esta nueva alianza.

Santificación y perfección son en Jesús un hecho completo y en nosotros un proyecto que debemos realizar en unión con él y en comunión con nuestros hermanos. En otras palabras, estamos salvados en Cristo y es a partir de ello que debemos ir desenvolviendo ese regalo. En la medida que aceptamos a Jesús como modelo de nuestra vida, en esa medida vamos realizando lo que ya somos. Estamos llamados

Termina la última frase con fuerza como quien abre una puerta a la vida. Esto ayudará mucho a la asamblea a sentir la esperanza que Cristo nos ofrece.

Así, con **una sola** ofrenda,
hizo perfectos **para siempre** a los que ha **santificado.**
Porque **una vez** que los pecados han sido **perdonados,**
ya **no hacen falta** más ofrendas por ellos.

EVANGELIO Marcos 13,24–32

Lectura del santo Evangelio según san Marcos

Proclama el Evangelio con voz serena y confiada. Es un anuncio de plenitud, no de miedo.

En aquel tiempo, Jesús dijo a sus **discípulos:**
"Cuando lleguen **aquellos días,** después de la gran **tribulación,**
la luz del sol **se apagará,** no brillará la luna,
caerán del cielo las estrellas
y el universo entero **se conmoverá.**

Enfatiza con fuerza el momento culminante en que llega el Hijo. Llama la atención de la asamblea con tu mirada.

Entonces **verán venir** al Hijo del hombre sobre las nubes
con **gran poder** y majestad.
Y él **enviará** a sus ángeles a congregar **a sus elegidos**
desde los **cuatro** puntos cardinales
y desde lo **más profundo** de la tierra a lo más alto del cielo.

Al llegar a la explicación que Jesús hace a sus discípulos, toma una actitud de exhortación y confianza.

Entiendan esto con el ejemplo de la **higuera.**
Cuando las ramas se ponen **tiernas** y brotan las hojas,
ustedes saben que el verano **está cerca.**
Así también, cuando vean ustedes que suceden **estas cosas,**
sepan que el fin **ya está cerca,** ya está a la puerta.
En verdad que **no pasará** esta generación
sin que **todo esto** se cumpla.

Las frases finales deberán ser proclamada con la misma serenidad inicial. Es un signo de esperanza, no de amenaza.

Podrán dejar **de existir** el cielo y la tierra,
pero mis palabras **no dejarán** de cumplirse.
Nadie conoce el día ni la hora.
Ni los ángeles del cielo **ni el Hijo;**
solamente **el Padre".**

---

a ser. Es el mismo llamado que brota desde la creación ("Hagamos al hombre"), solo que en Cristo adquiere plenitud y claridad. Cada vez que saboreamos el misterio de Cristo en nuestras vidas, comprobamos esta gran verdad que encierra el misterio de la redención.

EVANGELIO El lenguaje que usa el Evangelio en esta lectura está acompañado de símbolos fuertes que indican cambio. Es el lenguaje apocalíptico a través del cual se transmite un mensaje más profundo, no por incomprensible sino por su significado de cambio radical, de cumplimiento del plan de Dios.

Siguiendo este mismo género literario o modo de hablar y transmitir mensaje, se indican una serie de símbolos que darán cuenta de que el final se acerca. Al meditar este Evangelio conviene tener en cuenta tres líneas de reflexión: el tema central es la segunda venida de Cristo donde se realizará a plenitud el tiempo de nuestra espera. Toda la simbología es un recurso para entender la plenitud de esta venida. Nada quedará fuera; nada ni nadie quedará igual. Segundo, el pueblo en general tiende

a quedarse con el símbolo y especialmente ahora que vivimos catástrofes ecológicas y de crisis globales, se refuerza una interpretación fatalista. El Evangelio no está respondiendo a nuestras preguntas sobre el calentamiento global y el tsunami. Son preguntas que debemos de responder nosotros. En tercer lugar, es un mensaje de esperanza para la humanidad y la Iglesia en su misión de vivir la fidelidad en Cristo.

NUESTRO
SEÑOR JESUCRISTO, REY DEL UNIVERSO

La visión del profeta Daniel ha de ser proclamada con serenidad y plena confianza.

Describe los detalles del texto con claridad. En ellos se prefigura el sentido cristiano de Cristo rey del universo.

I LECTURA Daniel 7,13–14

Lectura del libro del profeta Daniel

Yo, **Daniel,** tuve una visión nocturna:
Vi a alguien **semejante** a un hijo de hombre,
   que **venía** entre las nubes del cielo.
Avanzó hacia el anciano de muchos siglos
   y fue **introducido** a su presencia.
Entonces **recibió** la soberanía, la gloria **y el reino.**
Y **todos** los pueblos y naciones
   de **todas** las lenguas lo servían.
Su poder **nunca** se acabará, porque es un poder **eterno,**
   y su reino **jamás** será destruido.

I LECTURA La lectura del profeta Daniel tiene un contexto anterior en el que muestra la ruina inminente de los cuatro imperios en turno que son simbolizados en las cuatro bestias. Estos imperios han ejercido la tiranía contra el pueblo de Dios (Israel) y por ello merecen la destrucción y el aniquilamiento. Inmediatamente aparece en la visión del profeta la figura de alguien semejante. El Hijo del Hombre que viene con el poder de Dios para reinar en el universo para siempre. Es el reinado de Dios a través de un Mesías que reinará para siempre y al cual todas las lenguas y naciones han de reconocer y servir. Jesús de Galilea recibió continuamente este título de "Hijo del hombre"; él mismo se lo atribuyó más de una vez. Es también la identificación que la Iglesia desde sus inicios ha visto en Jesús, como cumplimiento de la visión profética de Daniel, en gran consonancia y con pleno sentido de la glorificación de Jesús confesado como Cristo resucitado que reina desde la derecha del Padre para todo el universo y la humanidad.

II LECTURA El mensaje del libro del Apocalipsis a las siete Iglesia de Asia es un mensaje para reconfortar y animarles en las grandes luchas bajo el imperio romano. En este saludo queda perfectamente clara la intensión de

Proclama con júbilo enorme el saludo entre los hermanos que se saben y se siente redimidos y llamados por Cristo resucitado.

Mira fijamente a la asamblea cuando narres la venida de Cristo en medio de nubes. Es una visión que todos podrán entender por la fe, don del Espíritu Santo.

Haz una breve pausa antes de proclamar con solemnidad cósmica las palabras de Jesús mismo autoproclamándose todo poderoso.

II LECTURA   Apocalipsis 1,5–8

Lectura del libro del Apocalipsis del apóstol san Juan

Hermanos míos:
Gracia y paz a ustedes, de parte de **Jesucristo,**
  el testigo **fiel**, el **primogénito** de los muertos,
  el **soberano** de los reyes de la tierra;
  aquél que **nos amó** y **nos purificó**
  de nuestros pecados con **su sangre**
  y ha hecho de nosotros un reino de sacerdotes
    para su Dios y Padre.
A él **la gloria y el poder** por los siglos de los siglos. Amén.

Miren: él viene entre las nubes, y **todos** lo verán,
  aun aquéllos que lo **traspasaron.**
Todos los pueblos de la tierra harán duelo **por su causa.**

  "**Yo soy** el Alfa y la Omega, dice **el Señor Dios,**
  el que es, el que era y **el que ha de venir,**
  el **todopoderoso**".

todo su contenido. Jesucristo, el testigo fiel, es el fundamento de la vida de la Iglesia en la historia. Su entrega nos ha salvado y constituido en un pueblo capaz de ofrecer a Dios al ejemplo de Jesucristo en quien Dios se ha glorificado. En quien ha manifestado su poder resucitándole como primicia de nuestra propia Resurrección. En Cristo se cumple la promesa de Dios, y toda la Iglesia reconoce como rey de principio

a fin. Sean los cristianos de entonces como los de ahora, quienes demos gloria a Dios que en Jesús nos ha revelado el proyecto de salvación del que ya somos parte por medio de Cristo y en el que debemos mantenernos firmes con la decisión de quienes buscan la vida y el amor que nos salva.

EVANGELIO   **Para comprender este Evangelio y nuestra fe en Jesucristo como el Rey del Universo, necesitamos recordar las lecturas anteriores**

donde el lenguaje estilo apocalíptico nos narra con fuerza la amplitud y totalidad que implica la presencia de Dios. También ayudara mucho que nos despojemos de todos los significados que para nosotros tiene el concepto de "rey" y la acción de "reinar". Ahora bien, atendiendo al texto de san Juan, se nos presenta a Jesús aceptando ser rey justamente en frente de Poncio Pilato. Este contexto es muy bien aprovechado por el

El inicio de la proclamación del Evangelio debe estar impregnada de un tono contrastante: entre la pregunta irónica de Pilato y la respuesta contundente de Jesús.

El reino que describe Jesús debe sonar pleno y seguro como quien ha vivido lo que dice de sí mismo.

La última respuesta de Jesús esta refiriéndose a toda su vida, desde el nacimiento hasta su próxima entrega e la cruz. Proclámala con un tono solemne y elocuente.

EVANGELIO Juan 18,33–37

Lectura del santo Evangelio según san Juan

En aquel tiempo, preguntó **Pilato** a Jesús:
"¿**Eres tú** el rey de los judíos?"
Jesús le **contestó**:
"¿Eso lo preguntas **por tu cuenta** o te lo han dicho otros?"
Pilato le respondió: "¿**Acaso** soy yo judío?
Tu **pueblo** y los sumos **sacerdotes** te han **entregado** a mí.
¿Qué es lo que has **hecho**?"
Jesús le contestó:
"Mi Reino no es de este **mundo**.
Si mi **Reino** fuera de este mundo,
    mis **servidores** habrían luchado
    para que **no cayera** yo
    en manos de **los judíos**.
Pero **mi Reino** no es de **aquí**".

Pilato le dijo: "¿Conque tú eres **rey**?"
Jesús le contestó:
"Tú lo has dicho. **Soy rey.**
Yo **nací** y vine al **mundo** para ser testigo de la **verdad**.
Todo el que es de la **verdad**, escucha mi **voz**".

Evangelio para transmitir la lección donde se aclara el sentido en que Jesús es rey. Jesús está en el momento de mayor entrega de sí mismo. Un juicio injusto por la causa que ha defendido con todo su ser: el reino de Dios en la vida de la gente, devolviendo la dignidad, restaurando la vida, sanando la persona y sus relaciones, rompiendo fronteras de todo tipo para que Dios sea "vivenciado" en la justicia, el amor y la verdad. Está entregando su vida por el reino de Dios, está siendo consecuente hasta la muerte de cruz de que Dios reina a través de su persona. Un mal entendido queda aquí

al descubierto: aquel que entre algunos cristianos suele alimentarse diciendo o dando a entender que las cosas de Dios (su reino) no son para esta vida, sino para la otra. La vida de Jesús prueba lo contrario. También comprueba que él no reina con la imposición del poder en contra de la vida de las personas, el único poder que manifestó en todo momento, fue el poder del amor y de la entrega.

Este es el Rey del Universo en quien proclamamos en el credo que es nuestro Señor. Desde siempre, esta proclamación de fe ha tenido un sentido profético ante

los reyes que en este mundo pretenden adueñarse de la vida y el destino de los pueblos y las personas pretendiendo ocupar el lugar de Dios. Sea Jesús, Rey del Universo, quien reine en nuestras vidas y en la vida de la Iglesia para que todo tenga en él los valores del reino en el que estamos llamados a vivir, teniendo vida en abundancia, especialmente aquellos que en su dolor y en su lucha buscan ardientemente encontrarse personalmente con el rey del amor que ha dado todo por un mundo nuevo.